6

GL Ü CK.

**The New World Book
of Happiness**

Herausgegeben von
Leo Bormans

GLÜCK.

The New World Book of Happiness

Mit den neuesten Erkenntnissen
aus der Glücksforschung

DUMONT

Übersetzung aus dem Englischen: Sofia Blind

© 2017 der deutschen Ausgabe DuMont Buchverlag, Köln
Alle Rechte vorbehalten

Vollständig überarbeitete und erweiterte Neuausgabe
von *Glück. The World Book of Happiness*

Lektorat: Christina Holona; Christine Fellhauer
Satz: Silke Rieks
Umschlaggestaltung: Birgit Haermeyer

Die Originalausgabe erschien 2016 unter dem Titel
Geluk 2.0. The World Book of Happiness
© 2016 Lannoo Publishers, Leo Bormans und die Autoren

Design: Kris Demey
Fotografien: Imageselect und Getty Images / S. 55: Hilde Coddens
Bildredaktion: Kris Demey

Printed in Slovenia
ISBN 978-3-8321-9931-9

www.dumont-buchverlag.de   www.theworldbookofhappiness.com

Viel Freude

Die Arbeit zum Thema subjektives Wohlbefinden hat Forscher aus Wirtschaftswissenschaften, Soziologie, Psychologie, politischen Wissenschaften, Hirnforschung und anderen Gebieten zusammengeführt. Der **Dialog** zwischen Wissenschaftlern aus verschiedenen Disziplinen ist schwierig, aber unerlässlich, und ich bin sehr froh, dass die Glücksforschung diese Aufgabe erleichtert hat. Obwohl wir eine Vorstellung davon haben, wie manches funktioniert, sollten wir nicht unterschätzen, wie **wenig** wir tatsächlich wissen. Jeder, der etwas anderes behauptet, ist wahrscheinlich ein Scharlatan. Der größte Teil unserer wissenschaftlichen Erkenntnisse über das Glück bezieht sich auf reiche Länder und ist vielleicht auf die **Mehrheit** der Weltbevölkerung nicht anwendbar: Wieder einmal wissen wir es zurzeit einfach nicht. Bevor wir sicher sein können, muss noch einiges an Arbeit geleistet werden, und ich bin sicher, dass das viel Freude bereiten wird.

Professor Andrew Clark (Frankreich)

Keine Pflicht

„Wie sollen wir leben?" Diese Frage stand im Lauf der Jahrhunderte auf dem ethischen Spielplatz der Philosophen im Mittelpunkt. Bei Philosophen war es üblich, bei der Klärung des Themas, was ein gutes Leben wirklich bedeutet, **von der theoretischen Ebene auszugehen**; leider enthalten ihre Einschätzungen keine Informationen darüber, wie die Menschen dieses Leben tatsächlich wahrnehmen. Insofern hatte der philosophische Ansatz eher verordnenden als beschreibenden Charakter – die philosophischen Vorschläge zu der Frage, wie wir leben sollen, haben einen Beigeschmack von **Pflichtgefühl** und werden meist von Sanktionen für diejenigen begleitet, die sie nicht befolgen.

Die Glücksforschung beruht auf Untersuchungen darüber, **wie Menschen ihr eigenes Leben bewerten**, und auf der Identifizierung jener Faktoren, die erkennbar und systematisch die Lebenszufriedenheit der Menschen fördern oder beeinträchtigen. Wie die Philosophie entwickelt auch die Glücksforschung Vorschläge, wie wir ein zufriedenstellendes Leben führen können. Allerdings tragen diese Vorschläge eher den Charakter von **Empfehlungen** als den von Pflicht: Man ist nicht genötigt, ihnen zu folgen. Es ist sogar nicht einmal jedem möglich, ihnen zu folgen. Außerdem gibt es keine Sanktionen bei Nichtbefolgung – eine Nichtbefolgung geht jedoch meistens mit Bedauern einher.

Professor Mariano Rojas (Mexiko)

„Wo ist die Weisheit, die wir im Wissen verloren haben?

Wo ist das Wissen, das wir in der Information verloren haben?"

T.S. Eliot, Nobelpreisträger für Literatur 1948

Willkommen zu *Glück – The New World Book of Happiness.* Mit den neuesten Erkenntnissen aus der Glücksforschung

Liebe Leserinnen und Leser,

wir werden von Smileys verfolgt. Es ist, als wären wir dazu verpflichtet, immer und überall glücklich zu sein. Aber das sind wir nicht. Für viele von uns ist das Leben wirklich kein Zuckerschlecken. Die meisten Menschen haben ihre Hochs und Tiefs, trotzdem bezeichnen sich viele als wirklich glücklich, selbst im Angesicht schwieriger Umstände und Rückschläge. Was also ist es genau, das Glück? Als ich im Jahr 2008 mit diesem Projekt begann, beschloss ich, diese Frage 100 Wissenschaftlern aus 50 Ländern zu stellen. Die Positive Psychologie erwies sich als relativ neues Gebiet: **Sie geht nicht von den Dingen aus, die bei Menschen Schmerzen und Krankheiten verursachen, sondern von dem, was sie aufheitert und glücklich macht.**

Glück – The World Book of Happiness wurde ein internationaler Erfolg. Es ist in mehr als zwölf Sprachen übersetzt worden. Der ehemalige Präsident des Europäischen Rates, Herman Van Rompuy, machte das Buch sogar allen Staatsführern der Welt zum Geschenk. Jeden Tag bekomme ich E-Mails von Menschen aus aller Welt, die von dem Buch inspiriert wurden und es auf ihre eigene Weise nutzen. Ich reise als Botschafter des Glücks durch die Welt. Das Glück liegt darin, Glück zu teilen.

In den darauffolgenden Jahren erkundete ich zwei eng verwandte Themen: Hoffnung und Liebe. In *Liebe – The World Book of Love* und *Hoffnung – The World Book of Hope* teilen jeweils 100 Professoren aus aller Welt ihr Expertenwissen mit uns. Nobelpreisträger Kofi Annan schrieb das erste Kapitel von *Hoffnung*. Beide Bände wurden Standardwerke für alle, die eine liebevolle, hoffnungsvolle Lebenshaltung suchen und anderen dabei helfen möchten, dieses Ziel ebenfalls zu erreichen. Weitere Bücher entstanden aus den ersten dreien, darunter ein Band mit Vorlesegeschichten mit dem Titel *Glück für Kinder*.

Mein Ziel ist es, eine Brücke zu schlagen – zwischen wissenschaftlichen Entdeckungen und der Anwendung des neuen Wissens zur Veränderung unseres Verhaltens im Alltag. **Oft wissen wir, was wir für unser Glück tun sollten, und doch handeln wir nicht danach.** Viele Leser schreiben mir, dass sie sich in den wissenschaftlichen Untersuchungen wiedererkennen. Das ist keine Überraschung, denn Wissenschaftler erforschen menschliche Wesen, und wir alle sind menschlich.

Wir sind verschieden und wandelbar, aber wir haben mehr gemeinsam, als wir denken – beispielsweise unser universelles Streben nach Glück. Dabei geht es nicht nur um individuelles Glück. Es gibt immer eine soziale Komponente: den Fokus auf andere und auf die Gesellschaft.

Der erste Schritt ist zu wissen, was Glück eigentlich ist. Unser eigenes Glück und das anderer zu fördern, ist der nächste Schritt. Deshalb haben wir zusammen mit der Universität Leuven in Belgien eine großangelegte Studie mit Tausenden von Menschen durchgeführt, bei der es um die Wirkung sogenannter „positiver Interventionen" ging. Das Ergebnis? **Wir fanden heraus, dass unser Glück zu einem gewissen Grad in unseren eigenen Händen liegt. Es hängt nicht nur von unserem Charakter oder unseren Lebensumständen ab. Wir können es beeinflussen.** Manche Menschen sind darin besser als andere. Die größte Wirkung zeigt sich bei Menschen, die offen und lernwillig sind, sichere Bindungen und ein gutes Netzwerk haben, ihre Gefühle auszudrücken lernen und nicht von Angst, sondern von Hoffnung gesteuert werden. Das gilt selbst in schwierigen Zeiten.

Die neue Wissenschaft von Glück und Lebensqualität entwickelt sich schnell weiter. Neue und genauere Erkenntnisse kommen jeden Tag hinzu, und wissenschaftliche Veröffentlichungen erscheinen zuhauf. Insofern ist es Zeit für eine aktualisierte Ausgabe von *Glück – The World Book of Happiness*. Über 50 neue Beiträge beschreiben die aktuellsten Forschungsergebnisse und erklären, wie wir sie auf unser Alltagsleben anwenden können. Die relevantesten Texte der vorigen Auflage sind gleich geblieben; einige Autoren haben ihre Beiträge leicht verändert. ***Glück* bietet damit einen aktuellen Überblick über unser gesichertes Wissen zum Thema Glück und darüber, wie wir dieses Wissen in unserem eigenen Leben und in der Gesellschaft nutzen können.** Die Autoren untersuchen noch gründlicher, bis zu welchem Grad wir das Glück beeinflussen können, welche Rolle die Gene spielen, wie positive Interventionen wirken und wie wichtig Erziehung und Bildung sind. Außerdem erforschen sie Wohlbefinden am Arbeitsplatz, Ziele, Politik, Fähigkeiten und Einstellungen. Sie erzählen eine fein nuancierte Geschichte, die Schmerz, Leid und Kummer zulässt – die ganze Bandbreite der Gefühle, von denen einige enger verwoben sind, als wir denken. Das erklärt, warum wir manchmal vor Glück weinen.

Wir können unsere eigenen Lehren aus den Forschungsergebnissen ziehen. Jeder von uns wird etwas anderes damit anfangen. Das Entscheidende ist, zumindest irgendetwas zu tun. Etwas über Glück zu lesen, macht uns nicht unbedingt glücklich. Unser Leben selbst in die Hand zu nehmen und uns auf das Positive zu konzentrieren, in der Regel schon. Eine positive Perspektive öffnet uns die Augen für andere, lehrt uns, immer mehr neue Möglichkeiten zu sehen, fördert unsere Gesundheit und hilft uns dabei, mehr Sinn in unserem Leben zu finden. Das darf allerdings nicht zur Pflicht oder zur Besessenheit werden. Unser Streben nach Glück ist etwas Zartes, es macht uns verwundbar. Ich hoffe, dass Sie im Kaleidoskop dieses Buches Raum und Hilfe für das Leben finden werden, das Sie führen wollen. Seien Sie glücklich.

Leo Bormans

Ich widme dieses Buch
all den Menschen auf der Welt,
die es nie lesen werden.

Mit besonderem Dank an alle, die an diesem
wunderbaren Projekt mitgewirkt haben,
an meine Familie, meine Freunde und die
vielen Menschen, die mich unterstützt haben.

Obwohl es feine Bedeutungsunterschiede
zwischen den Begriffen „subjektives
Wohlbefinden", „Lebenszufriedenheit"
und „Glück" gibt, gehen wir in diesem Buch
davon aus, dass sie das Gleiche bedeuten.

Inhalt

„Wirklich entscheidend ist, wie wir

die wichtigen Momente im Leben begrüßen.“

Sieben Mythen über das Glück

Wir alle neigen zu dem Glauben, dass bestimmte Erfolge im Leben uns für immer glücklich machen werden. **Sonja Lyubomirsky** ist als führende Glücksforscherin eine weltweite Autorität. Sie enthüllt sieben Mythen über das Glück, an die wir nicht länger glauben sollten.

Fast alle von uns fallen auf das herein, was ich die Glücksmythen nenne – den Glauben daran, dass uns bestimmte Erfolge als Erwachsene (Ehe, Kinder, Job, Reichtum) für immer glücklich machen und dass bestimmte Misserfolge oder Unglücksfälle des Erwachsenenlebens (Gesundheitsprobleme, Scheidung, finanzielle Schwierigkeiten) uns für immer ins Unglück stürzen. Allerdings enthüllt eine überwältigende Menge von Forschungsergebnissen, dass es keine Zauberformel für Glück und keinen sicheren Weg ins Unglück gibt. Wichtige Momente und Krisen im Leben bringen nicht als solche dauerhaftes Glück oder Unglück, sondern sie können Gelegenheiten für Erneuerung, Wachstum oder bedeutsame Veränderungen sein. Wirklich entscheidend ist die Art, wie wir solche Momente begrüßen.

1. „Ich werde glücklich sein, sobald ich mit dem oder der Richtigen verheiratet bin“

Einer der hartnäckigsten Glücksmythen ist die Vorstellung, dass wir glücklich werden, sobald wir den perfekten Partner gefunden haben – sobald wir „Ja“ sagen. Die falsche Versprechung ist nicht, dass die Ehe uns glücklich machen wird. Für die große Mehrheit der Menschen trifft

das zu. Das Problem ist, dass die Ehe – selbst wenn sie anfangs vollkommen zufriedenstellend ist – uns nicht so intensiv (oder so lange) glücklich macht, wie wir glauben. Tatsächlich zeigen Untersuchungen: **Der Glücksschub durch die Ehe hält im Durchschnitt nur zwei Jahre lang an.** Wenn diese zwei Jahre um sind und die Erfüllung unseres Ziels, den Idealpartner zu finden, uns nicht so glücklich gemacht hat wie erwartet, haben wir oft das Gefühl, mit uns stimme etwas nicht oder wir seien die Einzigen, die so empfinden.

2. „Ich kann nicht glücklich sein, wenn meine Beziehung zerbrochen ist"

Wenn eine feste Beziehung in die Brüche geht, reagieren wir oft übertrieben. Besonders akut ist die Angst vor Scheidungen. Wir haben das Gefühl, wir könnten nie wieder glücklich sein, und unser Leben, wie wir es gekannt haben, wäre jetzt vorüber. Allerdings sind Menschen bemerkenswert resilient, und **der Tiefpunkt des Glücks liegt zwei Jahre vor einer Scheidung**, wie wissenschaftliche Untersuchungen zeigen. Schon vier Jahre nach dem Ende einer krisenhaften Ehe sind Menschen deutlich glücklicher als zu irgendeinem Zeitpunkt der Beziehung.

3. „Ich brauche einen Partner, um glücklich zu sein"

Viele von uns sind davon überzeugt, dass es uns für immer unglücklich machen würde, keinen Partner zu haben. Zahlreiche Studien zeigen allerdings: **Alleinlebende Menschen sind nicht unglücklicher als Verheiratete**, und Singles können großes Glück und Sinn in anderen Beziehungen und Beschäftigungen finden. Leider kann der Glaube an diesen Mythos sehr schädlich sein. Wenn wir die Kraft der Resilienz und die Belohnungen des Single-Daseins (zum Beispiel mehr Zeit für Freunde oder für eigene Projekte und Abenteuer) nicht erkennen, kann es passieren, dass wir uns auf eine schlechte Partie einlassen.

4. „Wenn ich meinen Traumjob bekomme, werde ich glücklich"

Diesem Glücksmythos liegt der Irrglaube zugrunde, dass wir, auch wenn wir jetzt nicht glücklich sind, bestimmt glücklich werden, wenn wir diesen Traumjob bekommen. Wir haben allerdings ein Problem, wenn uns dieser scheinbar perfekte Job nicht so glücklich macht wie erwartet und wenn dieses Glück nur kurz währt. Diese unliebsame Erfahrung lässt sich durch den unaufhaltsamen Prozess der „hedonistischen Anpassung" erklären: **Menschliche Wesen haben die bemerkenswerte Fähigkeit, sich an die meisten Veränderungen im Leben zu gewöhnen und gegen sie abzuhärten.** Wenn wir davon überzeugt sind, dass ein bestimmter Job uns glücklich machen würde (und das nicht geschieht), kann es passieren, dass wir gute Berufswege aufgeben, weil wir die Kraft hedonistischer Anpassung missverstehen. Insofern besteht der entscheidende erste Schritt darin zu verstehen, dass jeder und jede sich an den Reiz des Neuen, die Aufregung und die Herausforderungen eines neuen Jobs oder Projekts gewöhnt. Dieses Bewusstsein wird uns eine alternative Erklärung für berufliche Unzufriedenheit liefern – und zwar, dass mit unserem Beruf, unserer Motivation oder unserer Arbeitsethik möglicherweise alles in Ordnung ist. In Wahrheit durchleben wir vielleicht einfach einen natürlichen, nur allzu menschlichen Prozess.

5. „Ich werde glücklich sein, sobald ich reich und erfolgreich bin"

Viele von uns sind fest davon überzeugt, dass wir (wenn wir jetzt nicht glücklich sind) glücklich sein werden, sobald wir es geschafft haben – wenn wir endlich ein bestimmtes Wohlstands- und Erfolgsniveau erreicht haben. Erweist sich dieses Glück allerdings als flüchtig oder kurzlebig, erleben wir gemischte Gefühle, Enttäuschung oder sogar eine Depression. Wenn wir – zumindest auf dem Papier – einen Großteil dessen erreichen, was wir angestrebt hatten, kann das Leben langweilig oder sogar leer werden. **Nichts steht vor der Tür, worauf man sich freuen könnte.** Viele wohlhabende erfolgreiche Menschen verstehen diesen natürlichen Anpassungsprozess nicht und kommen zu dem Schluss, dass sie noch mehr Geld brauchen, um wirklich glücklich zu werden. Sie erkennen nicht, dass der Schlüssel zum käuflichen Glück nicht in unserem Erfolg liegt, sondern eher darin, was wir mit unserem Erfolg bewerkstelligen. Es geht nicht um die Höhe unseres Einkommens, sondern um seine Verwendung.

6. „Ich werde nie über diese Diagnose hinwegkommen"

Wenn unsere schlimmsten Ängste hinsichtlich unserer Gesundheit wahr werden, können wir uns nicht vorstellen, je über das Stadium von Weinen und Verzweiflung hinwegzukommen. Wir können uns nicht vorstellen, je wieder Glück zu empfinden. Und dennoch werden unsere Reaktionen und Vorahnungen in Bezug auf dieses Worst-Case-Szenario von einem Glücksmythos gesteuert. Angesichts eines positiven Testresultats kann man vieles tun, um die Chancen dafür zu erhöhen, dass die Zeit des Lebens mit der Krankheit nicht nur aus Elend und Sinnlosigkeit besteht. Sie kann sogar eine Zeit des Wachstums und der Sinnfindung sein – Hunderte von Studien belegen das.

Es ist wissenschaftlich erwiesen, dass wir die Macht haben, darüber zu entscheiden, welche Erfahrungen wir machen und welche nicht. Denken Sie daran, dass Sie sich in jeder Minute Ihres Tages dafür entscheiden, Ihre Aufmerksamkeit auf einige Dinge zu richten, und die meisten anderen ignorieren, übersehen, unterdrücken oder umgehen. **Was wir als Fokus wählen, wird Teil unseres Lebens; der Rest fällt weg.** Sie können beispielsweise eine chronische Krankheit haben und einen Großteil Ihrer Zeit damit zubringen, darüber nachzugrübeln, wie sie Ihr Leben ruiniert hat. Oder Sie können Ihre Tage darauf ausrichten, Sport zu treiben, Ihre Nichten besser kennenzulernen oder Verbindung zu Ihrer spirituellen Seite aufzunehmen. Wir können unser Leben verändern, einfach, indem wir unsere Geisteshaltung ändern.

7. „Die besten Jahre meines Lebens sind vorüber"

Ob jung, mittelalt oder alt – die meisten Menschen glauben, das Glück nehme mit dem Alter ab und werde mit jedem Jahrzehnt geringer, bis der Punkt erreicht ist, an dem unser Leben von Trauer und Verlust geprägt wird. Insofern mag es überraschen, was Forschungsergebnisse eindeutig belegen: Die vielen Menschen, die denken, ihre besten Jahre seien längst vorüber, könnten nicht weiter von der Wahrheit entfernt sein. **Tatsächlich sind ältere Menschen glücklicher und mit ihrem Leben zufriedener als jüngere.** Sie erleben mehr positive und weniger negative Emotionen, und ihr Gefühlsleben ist stabiler und weniger anfällig für die Wechselfälle von negativen Alltagserfahrungen und Stress.

Obwohl noch unklar ist, wann genau das Wohlbefinden seinen Höhepunkt erreicht – drei neuere Studien ermittelten das Lebensalter von 64, 65 bzw. 79 Jahren als Gipfelpunkt positiver emotionaler Erfahrungen – ist eines ganz klar: Jugend und frühes Erwachsenenalter sind nicht die sonnigsten Zeiten des Lebens.

Woran liegt das? Wenn wir allmählich erkennen, dass unsere Jahre endlich sind, verändern wir unsere Sicht auf das Leben grundsätzlich. Der kürzere Zeithorizont motiviert uns dazu, uns mehr auf die Gegenwart zu konzentrieren und unsere (relativ begrenzte) Zeit und Kraft in die Dinge im Leben zu investieren, die wirklich von Bedeutung sind. So bekommen zum Beispiel mit zunehmendem Alter unsere bedeutsamsten Beziehungen deutlichen Vorrang gegenüber dem Kennenlernen neuer Menschen oder dem Eingehen von Risiken; wir investieren mehr in diese Beziehungen und geben andere auf, die uns weniger Unterstützung bieten. In gewisser Hinsicht werden wir beim Altern emotional weiser.

Die Glücksschlüssel

→ **Fast alle von uns fallen auf das herein, was ich die Glücksmythen nenne – den Glauben daran, dass uns bestimmte Erfolge als Erwachsene (Ehe, Kinder, Job, Reichtum) für immer glücklich machen, bestimmte Misserfolge oder Unglücksfälle (Gesundheitsprobleme, Scheidung, finanzielle Schwierigkeiten) für immer unglücklich.**

→ **Eine überwältigende Menge von Forschungsergebnissen zeigt allerdings, dass es keine Zauberformel für Glück und keinen sicheren Weg ins Unglück gibt.**

→ **Wichtige Momente und Krisen im Leben bringen nicht als solche dauerhaftes Glück oder Unglück, sondern können Gelegenheiten für Erneuerung, Wachstum oder bedeutsame Veränderungen sein.**

Prof. Sonja Lyubomirsky ist experimentell arbeitende Sozialpsychologin und führt seit mehr als 20 Jahren Untersuchungen zum Thema Glück durch. Sie hat an den Universitäten Harvard und Stanford studiert und arbeitet an der Fakultät für Psychologie der University of California (USA). In erfolgreichen populärwissenschaftlichen Büchern hat sie beschrieben, wie wir das Leben bekommen, das wir wollen: *Glücklich sein* und *The Myths of Happiness* (Die Mythen des Glücks).

„Ein hoffnungsvolles Gemüt ist ein glückliches Gemüt.“

Zukunftsangst

„Wie wir über die Zukunft denken – positiv oder negativ –, hat beträchtliche Auswirkungen auf unsere gegenwärtige Lebenszufriedenheit“, erläutert **Alan Piper**. Er schreibt über das, was die Deutschen „Zukunftsangst“ nennen. Ängstliche Menschen sind weniger zufrieden mit ihrem Leben.

Unsere Lebenszufriedenheit heute wird von unseren Gedanken über die Zukunft beeinflusst. Hoffnung für die Zukunft ist ein wichtiger Beitrag zur gegenwärtigen Lebenszufriedenheit. Aktuelle Forschungen belegen, dass dieser Effekt erheblich ist: nicht so groß wie die Auswirkungen von sehr guter körperlicher Gesundheit, aber ungefähr **zwei- bis dreimal größer als die Zufriedenheitswirkung einer Ehe.** Das ist ein beträchtlicher Effekt. Wer mit seinem Leben zufrieden sein möchte, sollte das Ziel haben, hoffnungsvoll oder optimistisch in die Zukunft zu sehen.

Im Gegensatz dazu gehen Ängste oder Pessimismus in Bezug auf die Zukunft mit niedriger gegenwärtiger Lebenszufriedenheit einher. **Arbeitslosigkeit wirkt bekanntermaßen negativ auf die Lebenszufriedenheit; die Auswirkungen einer pessimistischen Zukunftssicht sind sogar noch größer.** Wir müssen sehr vorsichtig sein, was unsere Gedanken über die Zukunft angeht: Hoffnungsvoll zu sein, schafft mehr Lebenszufriedenheit, während Angst sie reduziert.

Die Zukunft ignorieren

Vor ungefähr 2000 Jahren befand der stoische Philosoph Seneca: „Bedauernswert ist das Herz, das sich wegen der Zukunft ängstigt." Aktuelle wissenschaftliche Untersuchungen haben mit modernen quantitativen Methoden bewiesen, dass Seneca recht hatte. Wichtig ist, dass es auch empirische Belege für den umgekehrten Fall gibt: Das Herz, das hoffnungsvoll in die Zukunft schaut, ist glücklich. Wenn Lebenszufriedenheit unser Ziel ist, sollten wir Hoffnung für die Zukunft suchen und pflegen – unabhängig von unserer Persönlichkeit oder unseren Lebensumständen. Die empirischen Belege wurden mit Methoden erbracht, die unterschiedliche Persönlichkeiten und Veranlagungen berücksichtigen. Außerdem können diese modernen Methoden die Möglichkeit berücksichtigen, dass Zukunftswahrnehmung und Lebenszufriedenheit eines Menschen voneinander abhängen (wissenschaftlich gesagt: endogen sind); mit älteren Methoden war das schwierig.

Verwandte Studien zeigen, dass unsere gegenwärtige Lage (Ehe, Beschäftigungsstatus, Gesundheit) viel zu unserer aktuellen Lebenszufriedenheit beiträgt; Lebenszufriedenheit entsteht also weitgehend zeitgleich. In ähnlicher Weise beeinflussen unsere gegenwärtigen Gedanken über die Zukunft unsere aktuelle Lebenszufriedenheit. **Für mehr Lebenszufriedenheit sollten wir versuchen, uns auf positive Aspekte der Zukunft zu konzentrieren und diese zu erschaffen, für uns und für andere.** Unser gegenwärtiges Leben ist wichtig, und dieses Denken an die Zukunft sollte man nicht einfach als Vermeidung der Gegenwart betrachten. Entscheidend ist, dass unsere Hoffnungen und Ängste in Bezug auf die Zukunft für unser gegenwärtiges Leben wichtig sind. Diese Forschungsergebnisse bedeuten nicht, dass wir versuchen sollten, die Zukunft zu ignorieren. Allerdings ist es – wenn es gelingt – für die aktuelle Lebenszufriedenheit besser, die Augen vor der Zukunft zu verschließen und möglichst gar nicht an sie zu denken, als sie pessimistisch zu sehen. Noch besser ist es, hoffnungsvoll an die Zukunft zu denken.

Denkprozess

Dieser Befund zur Bedeutung unserer aktuellen Zukunftssicht für unsere Lebenszufriedenheit stützt die Forderung nach mehr Ressourcen, um seelische Gesundheit genauer zu erforschen und mehr Menschen dazu zu verhelfen. Wissenschaftliche und praktische Ansätze im Bereich der seelischen Gesundheit wie beispielsweise die kognitive Verhaltenstherapie versuchen, Gedanken und Denkprozesse zu verstehen; **sie helfen Menschen dabei, ihre Reaktionen auf die eigenen Gedanken besser zu kontrollieren und nicht in Teufelskreise negativen Denkens zu geraten.**

Aus ähnlichen Gründen gilt Meditation als hilfreich – sie trägt dazu bei, dass wir unsere Gedanken besser verstehen und sie durch dieses Verständnis und Bewusstsein besser kontrollieren können. Alles, was unsere Gedankenmuster verbessert, hilft uns dabei, hoffnungsvoller an die Zukunft zu denken und dadurch mehr Lebenszufriedenheit im Jetzt zu genießen.

Die Glücksschlüssel

→ **Hoffnungsvoll zu sein, schafft mehr Lebenszufriedenheit in der Gegenwart, während Angst sie reduziert.**

→ **Wenn Lebenszufriedenheit unser Ziel ist, sollten wir Hoffnung für die Zukunft suchen und pflegen – unabhängig von unserer Persönlichkeit oder unseren Lebensumständen.**

→ **Wenn es gelingt, ist es für die aktuelle Lebenszufriedenheit besser, die Augen vor der Zukunft zu verschließen und möglichst gar nicht an sie zu denken, als sie pessimistisch zu sehen. Noch besser ist es, hoffnungsvoll an die Zukunft zu denken.**

Alan Piper, Ph.D., hat an der Universität Staffordshire (Großbritannien) studiert und geforscht, bevor er nach Flensburg (Deutschland) zog, wo er an der Europa-Universität arbeitet. Sein wichtigstes Forschungsgebiet ist die Ökonomie der Lebenszufriedenheit. Er interessiert sich für das Gehirn, Kreativität, Glück, Einwanderung, seelische Gesundheit, Poker, Sport und Reisen. Er ist sich der Bedeutung bewusst, die Zukunftshoffnungen für unsere gegenwärtige Lebenszufriedenheit haben, und freut sich sehr darauf, sich mit Hilfe der anderen Kapitel dieses Buches weiter mit der Hoffnungswissenschaft vertraut zu machen.

„Manchmal wird positives Denken zum Zwang."

Die Tyrannei des positiven Denkens

Es gibt schätzungsweise 14 Millionen Krebsfälle auf der Welt. Nach Angaben des World Cancer Research Fund ist zu erwarten, dass diese Zahl bis zum Jahr 2035 auf 24 Millionen ansteigen wird. Hin- und hergerissen zwischen Hoffnung und Verzweiflung, begegnen Patienten wahrscheinlich jemandem, der sie dazu ermuntert, positiv zu denken. Das könnte helfen. Aber **Miles Little** stellt fest: Ganz so einfach ist es nicht.

Hoffnung ist ein positiver Geisteszustand, der sich auf ein als wünschenswert empfundenes Ziel richtet. Das kann die Hoffnung auf Wohlstand, Glück, Rache, Gesundheit oder vieles mehr sein, das uns Überleben, Sicherheit oder Wohlergehen irgendwelcher Art sichert. **Die Bewegung des positiven Denkens legt nahe, Hoffnung instrumental zu betrachten.** Sie behauptet, dass sich die eigenen Heilungschancen messbar verbessern, wenn man Verzweiflung oder die Bedrohung, die Teil von Krankheit und Unglück ist, aus der Wahrnehmung ausblendet. Das heißt: Wenn Sie Krebs haben und Ihr Denken in die richtigen Bahnen lenken, werden Sie Ihre Krankheit überwinden, länger leben und sich wohler fühlen. Sie werden die physische Bedrohung besiegen, die weniger optimistische Leidensgenossen niederstreckt.

Scham

Dadurch wird Hoffnung mit Heilung verbunden. Heilung ist das Ziel, auf das man seine ganze Existenz ausrichten soll – selbst wenn es Beweise dafür gibt, dass die Krankheit jenseits des behandelbaren Stadiums ist. Denke positiv, und du wirst obsiegen. Die Bürde, die den Patienten damit auferlegt wird, ist zum Gegenstand der Untersuchung unterschiedlicher Forscher geworden, die zu gegensätzlichen Ergebnissen gekommen sind, was messbare Wirkungen auf das Überleben angeht.

Als ich Krebspatienten im fortgeschrittenen Stadium betreute, gehörten **Patienten, deren Krankheit fortgeschritten war, obwohl sie ernsthaft und vertrauensvoll an Programmen der Positiven Psychologie teilgenommen hatten**, zu den traurigsten Fällen, mit denen ich konfrontiert war. Sie sprachen von ihrer Scham darüber, ihre Mentoren enttäuscht zu haben; diese hatten ihnen versichert, sie könnten ihren Krebs kontrollieren, wenn sie ihr Denken in die „richtigen" Bahnen lenkten. Ihre Belastung wurde durch ihr „Versagen" noch verstärkt.

Wunder

Ich weiß sehr gut, dass Meditation und menschlicher Beistand dazu beitragen, dass Menschen mit Krebs eine höhere Lebensqualität genießen, und ich ermutige jeden dazu, dem dieser Weg hilfreich erscheint. Aber das ist nicht dasselbe wie die Verpflichtung zum positiven Denken, die inzwischen zu einem Zwang, ja einer Tyrannei geworden ist. Die Hoffnung auf Heilung ist nicht die einzige Hoffnung, die Patienten zugestanden oder nahegelegt werden sollte. **Die Hoffnung auf einen sinnvollen Tod kann ein ebenso legitimes Ziel sein, wenn die Zeit gekommen ist.** Es gibt immer die Hoffnung auf ein Wunder, aber sie darf nicht die einzige Hoffnung sein, die Menschen gegen Ende ihrer Tage erlaubt ist.

Die Glücksschlüssel

→ **Meditation und menschlicher Beistand tragen dazu bei, dass Menschen mit Krebs eine höhere Lebensqualität genießen. Dieser Weg sollte immer empfohlen werden, wenn er hilfreich erscheint.**

→ **Das ist nicht dasselbe wie die Verpflichtung zum positiven Denken, die inzwischen zum Zwang, ja zur Tyrannei geworden ist.**

→ **Die Hoffnung auf Heilung ist nicht die einzige Hoffnung, die Patienten zugestanden oder nahegelegt werden sollte.**

Miles Little ist emeritierter Professor für Chirurgie an der Universität Sydney (Australien). Er ist Gründungsdirektor des Zentrums für Werte, Ethik und Recht in der Medizin am Fachbereich Chirurgie der Universität Sydney.

Das Recht auf Traurigkeit

Are we ready for some fun?
You and me and everyone
This is the happy, happy, happy song
We gonna sing it all night long

This is the happy, happy, happy song
So let's smile
This is the happiest song
In the world…

Dies ist der Text des sogenannten „glücklichsten Liedes der Welt" aus dem Internet. Aber *The Journal of Happiness Studies* hat eine Untersuchung über 230.000 Lieder veröffentlicht, die seit 1960 komponiert worden sind. Das Ergebnis: Die Lieder sind immer trauriger geworden. Der Sozialwissenschaftler **Grant Duncan** untersucht, ob wir ein Recht auf – oder sogar eine Pflicht zum – Glück haben. Dürfen wir uns traurig fühlen?

Ich schlage vor, dass wir die politische Idee, es könne ein Recht auf Glück geben, fallenlassen. Bei meiner wissenschaftlichen Arbeit geht es hauptsächlich um die politische Verwendung des Glücks und um den Gedanken, dass Regierungen die Verpflichtung haben könnten, das Glück des Volkes zu maximieren. Meine Schlussfolgerungen zu dieser Idee sind skeptisch, aber wie andere Menschen interessiere ich mich trotzdem dafür, wie wir unser eigenes Glück und Wohlergehen als Individuen mehren können. Sicherlich tragen Regierungen eine Verantwortung dafür, gewisse Güter und Dienstleistungen – wie Bildung und Schutz der Menschenrechte – zur Verfügung zu stellen, die unerlässlich für unser Wohlbefinden sind. Aber subjektiv gesehen ist Glück die individuelle Sorge jedes und jeder Einzelnen von uns, und derer, die uns nahestehen. Das heißt auch, dass wir jeden Gedanken daran abschütteln können, dass es irgendeine soziale Verpflichtung zum Glücklichsein geben könnte. Manchmal frage ich mich, ob Menschen die Erwartung verspüren, sie *sollten* glücklich sein, und es fehle ihnen in den Augen anderer etwas, wenn sie nicht glücklich sind. Nun, Glück ist wünschenswert, aber nicht vorgeschrieben.

Schwermut und Traurigkeit sind normale und gesunde Gefühle. Sicher kann tiefe und andauernde Traurigkeit, die anscheinend nichts mit den Ereignissen im Leben zu tun hat, ein Zeichen für eine echte Depression sein und Hilfe notwendig machen. **Wir sollten jedoch die kreative und gesunde Seite normaler Traurigkeit akzeptieren, und sogar einige Formen der Mühsal.** Für die größten Leistungen unseres Lebens, besonders wenn sie Kreativität oder Sorge um andere erfordern, ist es oft nötig, dass wir einige der Dinge opfern, die in der Zwischenzeit unserem Wohlbefinden gedient haben mögen.

Bilanz

Um zum Glück zurückzukehren: Einfach aufzuhören, Dinge zu tun, die uns unglücklich machen, wäre ein guter Anfang. Manchmal ist es so etwas Einfaches wie mehr Schlaf zu bekommen. Schon das kann das Glück einer Person vervielfachen. Aber manchmal müssen wir uns ein paar schwierigere Fragen stellen: Trinke ich zu viel? Suche ich verzweifelt nach Liebe und Lob? Schikaniere ich andere, um meinen Willen durchzusetzen? Setzen Sie sich Ziele, um solches Verhalten zu ändern. Etwas anderes, das Sie beenden sollten, wenn Sie glücklich sein wollen, sind Vergleiche mit anderen. Sicher ist es ganz natürlich, in eine soziale Gruppe passen zu wollen. Aber Neid und Missgunst sind zersetzende Gefühle, die dem persönlichen Glück wirklich schaden. Ziehen Sie persönliche Bilanz und würdigen Sie die guten Dinge, die Sie besitzen und die Sie erreicht haben. **Feiern Sie die Erfolge anderer und zollen Sie sich Anerkennung für Ihre eigenen.**

Zum Schluss möchte ich vorschlagen, dass wir für eine Weile aufhören, über unser eigenes Glück nachzudenken. Reichen Sie jemand anderem die Hand und helfen Sie ihm oder ihr. Echte Erfüllung im Leben geht damit einher, zum Wohlbefinden anderer beizutragen und ihnen in schweren Zeiten beizustehen, sodass wir Zusammengehörigkeit und Unterstützung als Belohnung ernten.

Die Glücksschlüssel

→ **Befreien Sie sich von dem sozialen Zwang, glücklich zu sein, und sehen Sie Glück nicht als Recht an.**

→ **Akzeptieren Sie ein bestimmtes Maß an Traurigkeit und Leid im Leben als notwendig oder manchmal sogar wertvoll.**

→ **Hören Sie auf, Dinge zu tun, die Sie unglücklich machen, und denken Sie für eine Weile nicht über Ihr eigenes Glück nach.**

Dr. Grant Duncan lebt als Autor, Sozialwissenschaftler und Dozent der Massey University in Auckland (Neuseeland). Er ist Verfasser vieler wissenschaftlicher Veröffentlichungen über Sozialpolitik (*Gesellschaft und Politik*) und interessiert sich für die politischen Aspekte des Glücks (*Sollten Regierungen Glücksmaximierung anstreben?*). Sein Lieblingsbuch ist Marcel Prousts *Auf der Suche nach der verlorenen Zeit*.

„Geber empfinden größeres Glück als Empfänger."

Lehren aus der Glückswissenschaft

Die World Happiness Reports der Vereinten Nationen sind die wichtigsten Veröffentlichungen zum Thema. Der Pionier **John F. Helliwell** ist einer der Verfasser und treibende Kraft hinter diesen Berichten. Als Wirtschaftswissenschaftler hat er sein Leben lang das menschliche Wohlbefinden erforscht. Welche Erkenntnisse zieht er aus der jungen Disziplin der Glückforschung?

Heute ist es möglich, vergleichbare Glücksmaße aus Gemeinden und Ländern auf der ganzen Welt zu beziehen. Dadurch wiederum können wir mehr darüber lernen, was diese Messungen bedeuten, und das Interesse von Öffentlichkeit und Politik stärker darauf lenken, wie man die Glücksforschung nutzen kann: um bessere Lebensbedingungen zu schaffen und mit verschiedenen Methoden zur Glückssteigerung zu experimentieren – gemessen anhand der Bewertungen, die Menschen über ihr eigenes Leben abgeben.

Was bedeuten die Maße?

Die moderne Forschung bestätigt die früheren Ergebnisse von Ed Diener und seinen Kollegen, dass es drei wichtige Methoden zur Messung des subjektiven Wohlbefindens gibt, die jeweils einzeln betrachtet werden müssen. Dazu gehören *Lebensbewertungen* (Wie glücklich sind Sie mit Ihrem Leben insgesamt? Wie zufrieden sind Sie mit Ihrem Leben? Wie würden Sie Ihr Leben auf einer Skala von 0 bis 10 bewerten, wobei 10 das für Sie bestmögliche Leben ist?), *positive Gefühle* (positiver Affekt, üblicherweise ablesbar an einer Reihe gegenwärtig oder vor Kurzem erlebter positiver Emotionen, darunter Glück) und *negative Gefühle* (negativer Affekt, messbar anhand einer Reihe negativer Emotionen wie Zorn, Angst, Furcht und Niedergeschlagenheit). Unter diesen drei Glücksmaßen liefern die Lebensbewertungen das beste übergreifende Maß für subjektives Wohlbefinden, denn sie unterscheiden sich von Land zu Land stärker – und auf erklärbare Weise – als positive oder negative Gefühle.

Neuere Forschungen, über die in den World Happiness Reports berichtet wird, haben außerdem gezeigt, dass alle drei gängigen Fragen zur Lebensbewertung konsistente Erklärungen dafür liefern, was ein besseres Leben ausmacht. Wenn man darüber hinaus positive und negative Gefühle als erklärende Variablen für Lebensbewertungen betrachtet, tragen positive Emotionen signifikant zum Glücksempfinden bei, während das Vorhandensein oder Nicht-Vorhandensein negativer Emotionen keine nennenswerte Rolle spielt.

Was bestimmt das Glück?

Der World Happiness Report zeigt, dass sechs Faktoren ungefähr drei Viertel der Unterschiede in den durchschnittlichen Lebensbewertungen aus über 150 Ländern erklären, die 2005 bis 2015 jährlich im Gallup World Poll untersucht wurden. Dazu gehören das Pro-Kopf-Einkommen, zu erwartende gesunde Lebensjahre, soziale Unterstützung, Großzügigkeit, Freiheit beim Treffen von Lebensentscheidungen und fehlende Korruption in Wirtschaft und Regierung. Es gibt einen siebten Faktor, der nicht in den Gallup-Daten vorkommt, aber schon seit Aristoteles angeführt wird, nämlich das Gefühl, dass das eigene Leben einen Sinn hat. Aktuelle britische Daten zeigen, dass er Lebensbewertungen sehr positiv beeinflusst. Zwei der genannten Faktoren – soziale Unterstützung und Großzügigkeit – verdienen besondere Aufmerksamkeit, weil sie als Quellen des Wohlbefindens oft vernachlässigt werden, obwohl detailliertere nationale Analysen und Experimente zeigen, dass sie einen wichtigen Beitrag zum Glück leisten.

Der wichtigere und bisher weniger untersuchte der beiden ist Großzügigkeit oder prosoziales Verhalten. In den letzten 100 Jahren wurden Menschen vor allem in der Volks- und Betriebswirtschaftslehre oft als selbstsüchtige, am besten durch materielle Anreize zu motivierende Wesen betrachtet. Aber Experimente im Labor und in Gemeinden zeigen ganz im Gegenteil, dass schon bei Kleinkindern prosoziale Instinkte und Verhaltensweisen deutlich erkennbar sind. Auch später zeigen sie sich in Form von deutlich kooperativerem Verhalten, als durch Eigeninteresse erklärbar wäre, und darin, dass Geber größeres Glück empfinden als Empfänger.

Wie lässt sich Glück steigern?

Studien an kanadischen Immigranten aus 100 verschiedenen Ländern haben gezeigt, dass sich deren Lebenszufriedenheit schnell an den kanadischen Durchschnitt anpasst – ein Anzeichen dafür, dass die Lebensumstände psychologische Sollwerte prägen, die unsere Lebenszufriedenheit bestimmen. Was kann getan werden, um das durchschnittliche Glücksniveau einer Gemeinde oder eines Landes zu steigern? Experimente zeigen immer deutlicher, dass prosoziale Einstellungen und Verhaltensweisen zum Glück der Gebenden ebenso beitragen wie zu dem ihres Umfelds und dass es relativ einfach ist, soziale Kontexte entscheidend zu verbessern.

Zwei Beispiele sind vielleicht hilfreich, um die Möglichkeiten zu illustrieren: Das erste davon ist eine aktuelle Studie von Fabian Kosse und anderen Wissenschaftlern der Universität Bonn über die Rolle der sozialen Umgebung bei der Entstehung prosozialen Verhaltens. Sie zeigte, dass Kinder aus benachteiligten Familienverhältnissen deutlich weniger prosoziales Verhalten an den Tag legten als Kinder, die in einer stabileren Umgebung aufwuchsen. Diesen Abstand konnten die Kinder allerdings im Lauf eines Jahres vollständig aufholen, wenn sie nur einmal wöchentlich Zeit mit einem freiwilligen Mentor verbrachten. Die erheblichen Verbesserungen von Altruismus, Vertrauen und rücksichtsvollem Verhalten waren auch zwei Jahre nach der Testperiode noch nachweisbar.

Das zweite Beispiel ist ein einfaches Programm, das darauf ausgelegt war, soziale Verbindungen und prosoziales Verhalten zwischen Bewohnern von Altenheimen zu unterstützen. Es bewirkte verblüffende Verbesserungen bei physischer Gesundheit und Glück, selbst bei Patienten mit schweren körperlichen und geistigen Beeinträchtigungen.

Die Glücksschlüssel

→ **Es gibt drei wichtige Methoden zur Messung des subjektiven Wohlbefindens. Lebensbewertungen liefern das beste übergreifende Maß.**

→ **Sechs Faktoren erklären ungefähr drei Viertel der Unterschiede in den durchschnittlichen jährlichen Lebensbewertungen; hinzu kommt das Gefühl, dass das eigene Leben einen Sinn hat.**

→ **Experimente zeigen immer deutlicher, dass prosoziale Einstellungen und Verhaltensweisen zum Glück der Gebenden ebenso beitragen wie zu dem ihres Umfelds und dass es relativ einfach ist, soziale Kontexte entscheidend zu verbessern.**

John F. Helliwell ist emeritierter Professor für Volkswirtschaftslehre an der Universität von British Columbia in Vancouver (Kanada). Er ist Senior Fellow des Canadian Institute for Advanced Research (CIFAR) und Kodirektor des CIFAR-Programms zu sozialen Interaktionen, Identität und Wohlbefinden. Zusammen mit Richard Layard und Jeffrey Sachs ist er Verfasser des World Happiness Report 2016 für das Sustainable Development Solutions Network der Vereinten Nationen, verfügbar unter http://worldhappiness.report/ed/2016/.

„Lächeln wird nicht Gold und Dollars ersetzen."

Die Umstellung auf Wohlbefinden

„Glück hat in einer Welt voller Leiden immer einen bitteren Beigeschmack, aber es fließt, wenn wir mit anderen zusammenarbeiten, die ähnliche Ziele teilen", erläutert der Wirtschaftswissenschaftler **Marc Fleurbaey**. Wie können wir den Wechsel von Wohlstand zu Glück vollziehen, auf individueller wie auf politischer Ebene?

Wir leben in einer interessanten Epoche der Geschichte: Bei den individuellen wie politischen Kernzielen wird das Streben nach Wohlstand durch Wohlbefinden ersetzt. Aber **dieser Übergang findet langsam und zufällig statt, und aus verschiedenen Ecken gibt es gewissen Widerstand**. Manche glauben immer noch an Reichtum und verkünden, junge Leute sollten davon träumen, „Milliardäre zu werden". Andere finden, dass wir zur notwendigen Armutsbekämpfung weiterhin unsere Aufmerksamkeit auf Ressourcen richten sollten, wieder andere sorgen sich, der Kult um das Glück könne uns krasse Ungleichheiten vergessen lassen.

Eine Methode, diese schwierigen Themen zu erhellen, liegt in der **Unterscheidung zwischen zwei Wegen zum Glück**: Der eine besteht darin, das Gewünschte zu bekommen und die eigenen Ziele zu erreichen. Der andere darin, die eigenen Ziele und Ideale so zu modifizieren, dass es leichter wird, sie als erreicht zu betrachten. In der Debatte über den Übergang zu einer Wohlbefindensorientierung spielen beide Wege eine Rolle.

Der große Sprung nach vorn

Weil es inzwischen um ökologische Nachhaltigkeit und insofern um das langfristige Überleben geht, müssen wir unsere Ziele auf individueller wie auf kollektiver Ebene umstellen – weg vom Anhäufen von Ressourcen und dem Ausbau von Produktionskapazitäten, hin zum Verfolgen höherer Ziele, die weniger materialistisch und stärker kulturell, emotional, sozial und spirituell sind. Das bedeutet allerdings nicht, dass eine fairere Ressourcenverteilung nicht mehr ganz oben auf unserer Prioritätenliste stehen sollte. Es wäre schockierend, wenn wir es schaffen würden, bei allen Menschen glückliche Gemütszustände hervorrufen, sodass sie sich einfach „gut fühlen" und dabei empörende Ungleichheit und große Armut tolerieren. **Wohlbefinden ist nicht einfach Wohlfühlen; es enthält einen realen materiellen Anteil, der sich nicht durch bloße Psychologie und Seelenmanagement umgehen lässt.**

Das heißt, für die Umstellung auf Wohlbefinden braucht es sowohl einen Wechsel der Ziele, weg vom Konsum-Materialismus, als auch die reale Arbeit, niemanden in Bezug auf Ressourcen zurückzulassen. Für besonders benachteiligte Bevölkerungsgruppen liegt die wichtigste Veränderung in besseren Lebensbedingungen und dem Zugang zu einer Grundversorgung – zu bekommen, was man will, statt sich mit dem zu behelfen, was man hat. Die Völker, die der Armut entwachsen, müssen allerdings akzeptieren, dass der ressourcenaufwendige Lebensstil der entwickelten Länder des 20. Jahrhunderts nicht der richtige Weg war – auch sie müssen an ihren Zielen arbeiten, nicht nur an ihren Errungenschaften. Sie müssen direkt den großen Sprung nach vorn zu einem post-konsumistischen Lebensstil machen und sich schnell auf eine Wohlbefindensorientierung umstellen. Die am höchsten entwickelten Gesellschaften tragen die Verantwortung, den Weg zu weisen.

Vergleich

Für diejenigen, die sich sorgen, dass soziale Ungleichheit vernachlässigt werden könnte, wenn das Wohlbefinden ins Rampenlicht rückt, ist es wichtig, ein Wohlbefindensmaß zu finden, das für interpersonelle Vergleiche geeignet ist. Selbst bekundete Zufriedenheit oder Glück, wie sie in den üblichen Umfragen zum subjektiven Wohlbefinden erhoben werden, können wegen zweier Störungsquellen unvollkommen sein: Zum einen verstehen Menschen die Zufriedenheits- oder Glücksfrage auf vielfältige Weise. Manche denken beispielsweise an den heutigen Tag oder die aktuelle Woche, andere an dauerhaftere Aspekte ihrer Situation. Das zweite, gravierendere Problem ist: **Typische Befragte drücken in Umfragen ihre Zufriedenheit in Bezug auf ihre eigenen Ziele, Hoffnungen und Vergleichsmaßstäbe aus.**

Es ist ziemlich wahrscheinlich, dass in solchen Umfragen oft Umkehrungen vorkommen, bei denen Benachteiligte sich im Vergleich zu sehr ungünstigen Aussichten im Vorteil fühlen, während Privilegierte wegen kleinster Ärgernisse das Leben verbittert sehen. Neuere Forschungen zeigen beispielsweise, dass besonders benachteiligte Menschen sich auf der Basis subjektiven Wohlbefindens nicht zufriedenstellend identifizieren lassen, weil dabei viele Leute mitgerechnet werden, die objektiv in einer komfortablen Situation sind. Es scheint vernünftiger, subjektive Wohlbefindensdaten nur zu verwenden, um die relative Bedeutung verschiedener Lebensthemen (Gesundheit, Stellung im Beruf, Familienstand) zu ermitteln und die Ungenauigkeit zu eliminieren, die dadurch entsteht, dass Bewertungen wie „5 von 10" oder „7 von 10" für verschiedene Menschen nicht das Gleiche bedeuten.

Anderen helfen

In einer anderen Studie haben wir kürzlich herausgefunden, dass Menschen, die sich mehr um ihr eigenes subjektives Wohlbefinden zu bemühen scheinen, tatsächlich weniger Zufriedenheit erreichen als Menschen, die andere Lebensziele verfolgen. Dies hängt wohl mit der Tatsache zusammen, dass diejenigen, die andere Ziele verfolgen, das typischerweise aus Fürsorge um andere Menschen tun. Anderen zu helfen scheint kurzfristig nicht gut für das egoistische subjektive Wohlbefinden zu sein, aber es kann sich letztlich auszahlen, weil es bessere Beziehungen und gute, auf Gegenseitigkeit beruhende Netzwerke fördert. Eine weitere mögliche Erklärung ist, dass diejenigen, die offener für andere und für vielfältige Lebensziele sind, auch sonniger veranlagt sind und eher dazu neigen, sich zufrieden zu fühlen.

Hier zeichnet sich folgender Schluss ab: **Eine Umstellung von Wohlstand auf Glück, individuell wie politisch, sollte nicht bedeuten, dass ein engstirniges Streben nach Glück einsetzt, das der früheren engstirnigen Fixierung auf Geld ähnelt.** Lächeln wird nicht Gold und Dollars ersetzen. Worauf wir hinsteuern, ist ein Leben und eine Gesellschaft, die mehr Wert auf Qualität, Beziehungen und Denken legt – auf vielschichtige Weise.

Die Glücksschlüssel

→ **Es gibt zwei Wege zum Glück. Der eine besteht darin, das Gewünschte zu bekommen und die eigenen Ziele zu erreichen. Der andere besteht darin, die eigenen Ziele und Ideale so zu modifizieren, dass es leichter wird, sie als erreicht zu betrachten.**

→ **Die Umstellung auf Wohlbefinden muss sich sowohl auf einen Wechsel der Ziele stützen, weg vom Konsum-Materialismus, als auch auf die reale Arbeit, niemanden in Bezug auf Ressourcen zurückzulassen.**

→ **Wir steuern auf ein Leben und eine Gesellschaft hin, die mehr Wert auf Qualität, Beziehungen und Denken legt.**

Marc Fleurbaey ist Professor für Ökonomie und Humanistische Studien an der Woodrow Wilson School und am Center for Human Values der Universität Princeton (USA); er hat zahlreiche Publikationen über die Ökonomie sozialer Gerechtigkeit und Staatstätigkeit veröffentlicht. Als Professor, Wissenschaftler und Gastdozent war er in Frankreich, Belgien und Großbritannien tätig. Marc Fleurbaey hat für den Weltklimarat und das International Panel on Social Progress gearbeitet und war bzw. ist Mitherausgeber von *Economics and Philosophy* und *Social Choice and Welfare*.

„Wir sind lieber mit Menschen zusammen,

die uns optimistischer stimmen.“

Wie man Pessimismus nutzt

„Die Wirkungen positiver Seelenzustände wie Hoffnung sind oft diskutiert worden – ihre Folgen für Menschen und Gesellschaften können sowohl positiv als auch negativ sein“, erklärt **Miguel Pereira Lopes**. Seine Untersuchungen haben allerdings gezeigt, dass wir auch Pessimismus nutzbar machen können. Nur wie?

Es sieht so aus, als könnten optimistische Gefühle Menschen dazu bringen, eher die Initiative zu ergreifen und ihre Ziele besser zu erreichen. Manchmal scheinen optimistische Menschen aber auch darauf zu vertrauen, dass sich die Dinge ohne ihr Zutun zum Besseren wenden werden. Die Wahrheit ist: **Wir werden uns wahrscheinlich unser Leben lang sowohl optimistisch als auch pessimistisch fühlen** und desto glücklicher sein, je mehr es uns gelingt, aus jeder Situation das Beste zu machen. Was also ist der „Klick-Effekt“, der Optimismus und Pessimismus produktiv werden lässt, statt Menschen in passive Wesen zu verwandeln? Meine Untersuchungen haben gezeigt: Hoffnung hat diese mächtige Wirkung!

Hoffnung ist ein kraftvolles Werkzeug – sie kann optimistische wie pessimistische Individuen, die in Passivität verfallen sind, in aktive Menschen verwandeln, die ihre selbst gesteckten Ziele erreichen und die Welt verändern. In Rahmen einer Untersuchung, die 2008 im *Journal of Positive Psychology* veröffentlicht wurde, fanden meine Kollegen und ich heraus, dass Menschen mehr Initiative zeigen, wenn sie ein höheres Maß an Optimismus und Hoffnung empfinden. Eine noch interessantere Rolle spielt die Hoffnung allerdings, wenn Menschen sich pessimis-

tisch fühlen. **Sind Menschen pessimistisch gestimmt, mindert Hoffnung ihre Passivität und macht sie zu aktiveren Menschen, im Beruf wie im Privatleben.** Hoffnung erweist sich als der Weg, Optimismus umzusetzen und Menschen, die sich pessimistisch fühlen, aktiver werden zu lassen. Insofern sollte man andere und sich selbst dabei unterstützen, das Hoffnungsniveau anzuheben – als Gegengift zu pessimistischen Überzeugungen, die zu passivem Verhalten führen.

Alternative Wege

Mein wissenschaftliches Interesse gilt auch der Frage, wie wir Hoffnung nutzen können, um aktive Bewältigungsstrategien zu fördern, vor allem, wenn Menschen sich pessimistisch fühlen. Bei einer getrennten Betrachtung beider Seiten der Hoffnung – dem „Willen" und dem „Weg" – zeigte sich, dass die „Weg-Seite" der Hoffnung entscheidend war, um Pessimismus vorteilhaft zu nutzen. Praktisch ausgedrückt: Wenn Menschen pessimistisch gestimmt sind, kann Hoffnung ihnen alternative Wege zum Erreichen ihrer Ziele aufzeigen und so einen Umschwung zu aktiverem Verhalten fördern. **Sie selbst können also zur aktiven Triebkraft von Veränderungen werden, indem Sie einfach über alternative Wege nachdenken, Ihre Ziele und Träume zu verwirklichen.** Besonders effektiv ist das, wenn Sie dazu neigen, die Zukunft pessimistisch zu betrachten.

Good Vibrations

Aber wie wäre es, wenn Sie auch dazu beitragen könnten, die Welt aktiver zu machen? Wie können Sie in Ihrem Umfeld ein Hoffnungsträger und Initiator werden? Mein kürzlich veröffentlichtes Buch *Good Vibrations: Three Studies on Optimism, Social Networks and Resource-Attraction Capability* liefert wissenschaftliche Belege dafür, dass Menschen lieber mit anderen zusammen sind, wenn diese sie optimistischer stimmen. Ich habe diesen Effekt „Fremd-Optimismus" getauft, um zu betonen, dass es nicht so wichtig ist, wie optimistisch Sie sich fühlen, sondern wie optimistisch Sie die Menschen in Ihrer Umgebung stimmen, ob Sie ihnen also *good vibrations* senden. Ähnliches gilt für die Hoffnung: **Unabhängig von dem Maß an Hoffnung, das Sie selbst empfinden, können Sie immer höhere Hoffnungsniveaus bei anderen hervorrufen.** Mit anderen Worten: Es liegt in Ihrer Hand, ein „Fremd-Hoffnungsträger" zu werden! Und was tun Fremd-Hoffnungsträger? Sie helfen anderen dabei, neue und alternative Wege zum Erreichen ihrer Ziele und Träume zu finden. Sie eröffnen ihnen Möglichkeiten, ihre Träume und Hoffnungen in die Tat umzusetzen, statt sie zu verwerfen. Verschwenden Sie also Ihre Zeit nicht länger – helfen Sie Ihren Mitmenschen dabei, mehr Hoffnung und Initiative zu entwickeln.

Starker Motor

Hoffnung ist auch ein starker Motor für sozioökonomische Erholungprozesse. In einem Aufsatz zur Psychosoziologie von Konjunkturzyklen, der kürzlich im *Journal of Socio-Economics* erschienen ist, habe ich ein sozioökonomisches Modell entwickelt, das unrealistischen Optimismus als Ursache für Konjunkturschwächen und **hoffnungsvollen Pessimismus als Ursache für wirtschaftliche Erholung und Aufschwung** untersucht. Das bedeutet, dass Handlungen, die auf den wissenschaftlichen Prinzipien der Hoffnungstheorie basieren, über den unmittelbaren Nutzen für einzelne Menschen hinaus der gesamten Gesellschaft nützen können. Dies belegt unsere Verantwortung dafür, Hoffnung in unserem sozialen Umfeld zu verbreiten, und stützt die ethische Forderung, diese Verantwortung zu übernehmen. Wenn es nämlich stimmt, dass kollektive Hoffnung so große sozioökonomische Macht hat, gilt auch: Alles beginnt mit der einfachen, individuellen Handlung eines „Fremd-Hoffnungsträgers".

Die Glücksschlüssel

→ **Hoffnung erweist sich als Weg, Optimismus optimal einzusetzen und Menschen, die sich pessimistisch fühlen, aktiver werden zu lassen.**

→ **Wenn Menschen pessimistisch gestimmt sind, kann Hoffnung ihnen alternative Wege zum Erreichen ihrer Ziele aufzeigen und so einen Umschwung zu aktiverem Verhalten begünstigen.**

→ **Es kommt weniger darauf an, wie optimistisch Sie sich fühlen, als vielmehr darauf, wie optimistisch Sie die Menschen in Ihrer Umgebung stimmen. Kollektive Hoffnung ist eine starke sozioökonomische Kraft.**

Miguel Pereira Lopes ist Dozent am Institut für Sozial- und Politikwissenschaften der Universität Lissabon (Portugal). Er ist Präsident des INTEC – Behavioral Technology Institute, einer von ihm gegründeten gemeinnützigen Organisation, die sich mit angewandter Forschung zur Lebensqualität befasst. Er trägt einen Ph.D. in angewandter Psychologie und wurde in Wirtschaftswissenschaften promoviert. Seine wissenschaftlichen Arbeiten wurden in zahlreichen internationalen Fachzeitschriften veröffentlicht, und er ist (Ko-)Autor mehrerer Bücher über Talent-Management, Führung und positive Organisationstheorie. Lopes fühlt sich seiner wissenschaftlichen Arbeit ethisch verpflichtet und bemüht sich, entsprechend zu leben – dazu gehört der Versuch, jede sich bietende Gelegenheit zu ergreifen, zum „Fremd-Hoffnungsträger" zu werden und anderen dabei zu helfen, ihren Horizont und ihre Träume zu erweitern.

„Streben nach Glück ist etwas,

das wir gemeinsam tun müssen."

Der Glückskontext

„Im Westen sehen viele Menschen Glück als etwas sehr Individuelles", berichtet **Dan Haybron**. „Ein Großteil meiner wissenschaftlichen Arbeit zielt auf die eine oder andere Art darauf ab, diese Vorstellung zu entkräften und zu zeigen, wie wichtig es ist, das soziale und physische Umfeld zu betrachten, in dem wir leben. Das Streben nach Glück ist eine überaus kollektive Sache: etwas, das wir gemeinsam tun müssen."

Es ist nicht so, als könnten Sie nichts tun, um sich selbst glücklicher zu machen: Sie können gesündere Denkgewohnheiten kultivieren, Arbeitsplatz und Wohnung klüger auswählen, bessere finanzielle Entscheidungen treffen, um spätere Geldsorgen zu vermeiden, und so weiter. Sie können viel tun. Aber um ehrlich zu sein: Wenn mir jemand sagt, er sei unglücklich, und wissen möchte, wie sich das ändern lässt, habe ich meist das Gefühl, **derjenige hat ziemlich gute Gründe, unglücklich zu sein, und es wird schwierig sein, das umzukehren**. Bestimmte Disziplinen wie die Meditation – „Geistestraining", wie mein Freund Matthieu Ricard es nennt – helfen mit Sicherheit, wenn Sie gewillt sind, sich der Anstrengung zu unterziehen. Körperliche Betätigung und Übungen aus der Positiven Psychologie wie bewusste Dankbarkeit können ebenfalls einen Unterschied bewirken. Aber im Großen und Ganzen wahrscheinlich keinen entscheidenden Unterschied. (Wenn dem so wäre, warum haben wir dann nicht alle das Selbsthilfebuch gelesen, das erklärt, wie es geht?)

Chamäleons

Das meiste Unglück, das ich um mich herum beobachte, hat mit ziemlich grundsätzlichen Dingen zu tun: ungute oder gleichgültige Beziehungen, Einsamkeit, ein gehetzter Lebensstil, Stress wegen unbezahlter Rechnungen, langweilige oder erniedrigende Arbeit, oder überhaupt keine Arbeit … und sehr oft eine gefährliche Kombination dieser Dinge. Es ist durchaus möglich,

den eigenen Geist an solche Schwierigkeiten zu gewöhnen, um sie erträglicher zu machen. Aber es ist nicht einfach. Ebenso wenig leicht ist es, einen Freundeskreis herbeizuzaubern, der für uns da ist und uns unterstützt, oder deutlich mehr Freizeit, oder einen neuen Job, oder ein anderes soziales Umfeld. Ich sehe mindestens vier Gründe, warum Glück stark vom Kontext abhängt.

1. Ein paar der wichtigsten Glücksfaktoren liegen außerhalb unserer individuellen Kontrolle. Eine gesunde Gemeinde, schöne Parks und andere Freigelände, begehbare Straßen, eine vernünftige Arbeitswoche, Freunde, die nicht zu beschäftigt sind, um uns regelmäßig zu treffen, ein gutes Umfeld, um Kinder großzuziehen … – all diese Dinge erfordern meist kollektives Handeln.

2. Auch wenn wir ziemlich clever sind und meist richtige Entscheidungen treffen, machen wir viele gravierende Fehler – wegen kognitiver Verzerrungen, Willensschwäche und anderen psychologischen Einschränkungen. Beispielsweise tendieren wir dazu, quantifizierbare Optionen wie Geld gegenüber weniger greifbaren Vorteilen zu bevorzugen. Diese sogenannte „Laien-Rationalität" führt beispielsweise dazu, dass Menschen besser bezahlte Stellen annehmen, auch wenn sie glauben, dass es ihnen mit einer schlechter bezahlten Arbeit besser ginge, die sie mehr befriedigen würde. (Die Entscheidung für mehr Geld ist leichter zu rechtfertigen!) Die kürzliche globale Finanzkrise wurde zum Teil dadurch angeheizt, dass die Menschen zu viel ausgeben und zu wenig sparen; ein ziemlich gutes Beispiel dafür, in welch üble Schwierigkeiten uns solche Fehler bringen können. Noch einmal: All dies ist damit vereinbar, dass wir in den meisten Fällen so hervorragende Entscheidungen treffen, wie es uns die Ökonomen unterstellen. Aber **schon eine einzige wirklich schlechte Entscheidung reicht aus, um totales Chaos anzurichten**. Kultur und andere Aspekte unseres sozialen Umfelds können eine entscheidende Rolle dabei spielen, uns weniger anfällig für unsere psychologischen Schwächen zu machen – denken Sie nur an die italienische und die US-amerikanische Esskultur. In Italien ist es viel einfacher, gesund und nahrhaft zu essen.

3. Der für mich am meisten unterschätzte dritte Faktor ist unsere extreme Situationsanfälligkeit: **Menschen stellen sich vorzüglich auf ihre Umgebung ein, fast wie Chamäleons**, und passen ihr Denken und Verhalten ständig und automatisch an die Umstände an. Dieses entscheidende Merkmal macht es unter anderem möglich, dass Jäger und Sammler relativ harmonisch mit ihren angeheirateten Verwandten zusammenleben können. Wir müssen von unserem Naturell her in der Lage sein, mit praktisch jedem zurechtzukommen, weil wir uns in kleinen Gesellschaften entwickelt haben, mit wenig Wahlfreiheit in Bezug auf unsere Gefährten. (Natürlich können wir auch dazu sozialisiert werden, überempfindlich und unhöflich zu sein.) Aus diesen Gründen können sehr kleine Umgebungsfaktoren sehr große Veränderungen in unserer Art zu leben hervorrufen, über Prozesse, die sich weitgehend unserer Kontrolle entziehen. Manchmal sind diese Veränderungen schlecht. Sie können aber auch gut sein.

4. Und zuletzt: Ja, wir sind alle verschieden. Ihr Geschmack bei Eiscreme oder Hobbys ist nicht der gleiche wie meiner. Aber wir sind nicht so verschieden: Denken Sie nur daran, dass Sie sich mit Menschen aller Kulturen anfreunden können. Und fast alle von uns brauchen gute Beziehungen, um glücklich zu sein, außerdem etwas Interessantes und Sinnvolles zu tun. Wir benötigen ein gewisses Gefühl von Sicherheit um nicht gestresst oder besorgt zu sein. Und so weiter. **Diese Gemeinsamkeiten des menschlichen Naturells sagen viel über die Arten von Umfeldern aus, die zu uns passen – oder auch nicht.** Eine seltsame Eigenschaft des modernen Lebens ist, dass reiche Gesellschaften anscheinend Beziehungen gegen andere Güter eingetauscht haben, insbesondere Wohlstand. Aber gute Beziehungen – sowohl persönliche Beziehungen als auch die innerhalb größerer Gemeinschaften – sind für das menschliche Glück von so immenser Bedeutung wie Wasser für Fische. Es ist schwer vorstellbar, wofür es sich lohnen könnte, unsere Verbindungen aufs Spiel zu setzen, außer vielleicht zur Sicherung physischer Grundbedürfnisse. Unsere Gesellschaften zugunsten von Gemeinschaft, Freundschaft und Familie aufzubauen, könnte das Allerwichtigste sein, was wir zur Förderung des Glücks tun können.

Gemeinsame Anstrengung

Mein Fazit: Das Streben nach Glück ist etwas, das wir gemeinsam tun müssen. Nicht nur durch Regierungspolitik, über die es viele begründete Meinungsverschiedenheiten gibt, sondern durch alle möglichen gemeinsamen Anstrengungen, darunter Gespräche und persönliche Entscheidungen, die unsere Kultur beeinflussen. Sicherlich hängt vieles davon von einzelnen Entscheidungen ab. Aber ein Großteil der Aufgabe, scheint mir, liegt im Schaffen von Situationen, die gut zu unserer Veranlagung passen und unsere Stärken fördern, statt unsere Schwächen auszunutzen. Die angemessenen Zugang zu unseren Grundbedürfnissen wie Zuneigung und Freundschaft erlauben. Das Ideal wäre vielleicht, in einer Gesellschaft zu leben, in der wir viele Möglichkeiten haben, unsere Träume zu erfüllen und unsere Potenziale zu verwirklichen, sodass Glück nichts ist, was der Durchschnittsmensch suchen „muss". Es kommt ganz von selbst.

Die Glücksschlüssel

→ **Glück hängt stark vom Kontext ab. Ein paar der wichtigsten Glücksfaktoren liegen außerhalb unserer Kontrolle, und wir machen viele gravierende Fehler im Leben.**

→ **Wir passen unser Denken und Verhalten ständig und automatisch an die Umstände an. Aber es gibt genügend Gemeinsamkeiten des menschlichen Naturells, die uns viel über die Arten von Umfeldern aussagen, die zu uns passen.**

→ **Unsere Gesellschaften zugunsten von Gemeinschaft, Freundschaft und Familie aufzubauen, könnte das Allerwichtigste sein, was wir zur Förderung des Glücks tun können. Das Streben nach Glück ist etwas, das wir gemeinsam angehen müssen.**

Dan Haybron ist Professor für Philosophie an der Saint Louis University in Missouri (USA). Seine wissenschaftliche Arbeit befasst sich mit Ethik und der Philosophie der Psychologie, insbesondere dem Wohlbefinden, außerdem mit verwandten Fragen der politischen Philosophie und der Umweltethik. Er hat zahlreiche Artikel zu diesen Themenfeldern veröffentlicht. 2015 gewann er Fördermittel von 5,1 Mio. US-Dollar für ein interdisziplinäres Dreijahresprojekt zum Thema „Glück und Wohlbefinden". Er ist Verfasser der Bücher *Was ist Glück? Eine Orientierung* sowie *The Pursuit of Unhappiness: The Elusive Psychology of Well-being* (Anleitung zum Unglücklichsein. Die schwer fassbare Psychologie des Wohlbefindens).

„Zu guten Seelenzuständen gehört mehr,

als sich einfach glücklich zu fühlen."

Wie wir Glück empirisch messen können

„Was heißt es, glücklich zu sein? Vielleicht denken Sie, man sollte diese Fragen lieber den Philosophen dieser Welt überlassen, aber es ist hilfreich, neben philosophischen Perspektiven auch statistische Daten darüber zu haben, was Glücklichsein bedeutet", findet **Martine Durand**, die bei der Organisation für wirtschaftliche Zusammenarbeit und Entwicklung (OECD) für die Messung von Wohlbefinden und gesellschaftlichem Fortschritt zuständig ist.

Warum sollte man versuchen, etwas so Flüchtiges wie das Glück zu messen? Erstens brauchen wir Belege dafür, was funktioniert, wenn wir Ratschläge dazu geben wollen, wie man das Wohlbefinden der Menschen erhöhen kann – und Glücksmaße tragen zum Aufbau dieser empirischen Basis bei. Zweitens spielen verlässliche Daten auch eine wichtige Rolle, um herauszufinden, welche Menschen wann für ihr Glück zusätzliche Hilfe benötigen.

Messung

Nicht nur Wissenschaftler interessieren sich in den letzten Jahren immer mehr für Glück; auch Regierungen suchen zunehmend nach einer breiteren Auswahl an Messinstrumenten, um zu verstehen, ob sich das Leben der Menschen generell verbessert. Wenn man beispielsweise weiß, ob die Wirtschaft wächst, wirft das nur ein begrenztes Licht auf die Frage, ob die Lebenschancen der Menschen steigen. Um diese Frage zu beantworten, ist es auch wichtig zu wissen, ob Beschäftigung und Löhne steigen, ob sich Bildungsstand und Gesundheit verbessern, ob die Umwelt der Menschen sicherer, grüner und sauberer wird und ob ihre Beziehungen zu anderen Menschen sich weiterentwickeln. Wie das Glück und das breiter gefasste „subjektive Wohlbefinden" sich verändern, ist ein weiterer Teil der Antwort, denn **es ist wichtig zu verstehen, ob die Art, wie Menschen ihr Leben wahrnehmen, sich ebenso verbessert wie andere objektivere Fortschrittsmaße.**

Wenn wir das Glück der Menschen ebenso beobachten wollen wie die Wirtschaft, müssen wir uns in einem ersten Schritt darauf einigen, wie wir es definieren und messen. Das ist nicht einfach, aber wir haben bei der OECD eine Reihe internationaler Richtlinien zur Messung subjektiven Wohlbefindens. Diese Richtlinien fassen unser bisheriges Wissen darüber zusammen, wie sich Glück messen lässt; außerdem geben sie Hinweise zum Entwerfen von Umfragen und anderen Studien, die Glück auf nationaler Ebene ermitteln sollen. Eine Reihe von Experten haben uns dabei beraten und sichergestellt, dass die Richtlinien dem aktuellen Stand des Wissens auf diesem Gebiet entsprechen – auch wenn sich dieses immer noch schnell erweitert.

Richtlinien

Weil wir erkannt haben, dass positive Seelenzustände mehr umfassen als ein einfaches Glücksgefühl, untersuchen wir in den Richtlinien drei verschiedene Aspekte, wie Menschen ihr eigenes Leben wahrnehmen:

1. Lebensbewertung, das heißt eine reflektierte Bewertung des eigenen Lebens als Ganzes, beispielsweise durch Fragen zur generellen Lebenszufriedenheit.

2. Affekte, das heißt die – positiven wie negativen – Stimmungen, Gefühle und Emotionen einer Person. Sie werden üblicherweise über kurze Zeitspannen gemessen und können Gefühle von Freude, Glück, Ruhe, Zorn, Sorge, Traurigkeit, Müdigkeit, Schmerz etc. umfassen.

3. Eudämonie, was hier für das Gefühl steht, das eigene Leben habe einen Sinn und Zweck; dazu können verschiedene Aspekte eines intakten Seelenlebens gehören, unter anderem ein Gefühl des „Erblühens", das sogenannte Flourishing.

Diese drei Aspekte überschneiden sich sicherlich (zum Beispiel ist schwer vorstellbar, dass man vollkommen zufrieden mit dem Leben ist, wenn man das Gefühl hat, es habe weder Sinn noch Zweck), sind aber dennoch so verschieden, dass eine getrennte Messung sinnvoll ist. **Länder, deren Einwohner relativ hohe Niveaus positiver Stimmungen und Gefühle angeben, sind zum Beispiel nicht unbedingt die Länder, in denen die Menschen mit ihrem Leben am zufriedensten sind.** Und während zur Vorstellung der meisten Menschen von einem „guten Leben" wahrscheinlich nicht viel Sorgen, Ärger oder Traurigkeit gehören, gibt es im Leben viele Zeiten, in denen wir kurzfristiges Glück opfern müssen, um langfristige Ziele zu erreichen, die unser generelles Gefühl von Zufriedenheit oder Lebenssinn steigern – vom Lernen für die Schule oder Universität bis zu Diäten oder Sport.

Lebensqualität

Sich wohlzufühlen, ist ein wichtiger Teil eines guten Lebens – aber nicht alles, was es wert ist, getan zu werden, fühlt sich im jeweiligen Moment angenehm an. Tatsächlich haben einige „Zeitverwendungserhebungen" untersucht, wie wohl sich Menschen im Tagesverlauf bei verschiedenen Aktivitäten fühlen; sie zeigen, dass die mit Arbeit verbrachte Zeit oft besonders unangenehm ist, vor allem im Vergleich zu beispielsweise dem Sozialleben. Dennoch ist Arbeitslosigkeit eine der am besten dokumentierten Ursachen von Unglück, nach allen Arten subjektiver Wohlbefindensmaße. Angesichts der Tatsache, dass die meisten berufstätigen Menschen viel mehr Zeit bei der Arbeit als mit Freunden verbringen, könnte eine **Steigerung der Arbeitsqualität** (von der Reduzierung gesundheitlicher Risiken über mehr Weiterbildungsmöglichkeiten bis zur Verbesserung der Beziehungen am Arbeitsplatz) sowie die Quantität verfügbarer Arbeitsstellen erheblichen Nutzen in Form von mehr individuellem Glück bringen. Auf persönlicher Ebene kann die Glücksforschung die wichtigen Fragen erhellen, wie wir Entscheidungen über unser Leben und unsere Zeit treffen und ob wir diese Balance immer „richtig" hinbekommen – wenn wir von Anfang an die richtigen Daten sammeln.

Die Glücksschlüssel

→ **Regierungen suchen zunehmend nach einer breiteren Auswahl an Messinstrumenten, um zu verstehen, ob sich das Leben der Menschen generell verbessert.**

→ **Wir betrachten drei verschiedene Aspekte der Art, wie Menschen ihr eigenes Leben wahrnehmen: Lebensbewertung, Affekte und Eudämonie.**

→ **Sich wohlzufühlen ist wichtig für ein gutes Leben, aber nicht alles, was es wert ist, getan zu werden, fühlt sich im jeweiligen Moment angenehm an.**

Martine Durand ist Chefstatistikerin und Direktorin der Statistikabteilung der OECD. Sie leitet die statistische Arbeit der Organisation und ist verantwortlich für die Messungen von Wohlbefinden und gesellschaftlichem Fortschritt sowie den alle zwei Jahre veröffentlichten Bericht *How's Life? Measuring Well-Being* (Wie ist das Leben? Wohlbefinden messen), der ein Teil der OECD-Initiative Better Life ist.

„Dieses Buch ist mit Sicherheit einer der Meilensteine

auf dem Weg zu einem universellen Glücksmodell."

Universelles Glück

„Wenn ich meine chinesischen Patienten frage, ob sie glücklich sind oder nicht, schauen mich viele von ihnen mit leerem Blick an, weil sie nicht wissen, wie sie antworten sollen", sagt **Samuel Ho**, der das erste Labor für Positive Psychologie in China eröffnet hat. Er findet, es sei an der Zeit, östliche und westliche Ansichten in einem universellen Modell des Glücks zusammenzubringen.

Wenn es in der amerikanischen Wissenschaftswelt seltsam erscheint, dass Menschen über das Glück sprechen, gilt das sogar noch stärker für die chinesische Gesellschaft. Die chinesische Begrifflichkeit des Glücks ist eine Ansicht von dialektischer Ausgewogenheit. Sie geht letztlich auf die uralte Yin-Yang-Philosophie zurück und sieht alles, vom Kosmos bis zum menschlichen Leben, als unendlichen Kreislauf des Wandels zwischen Gut und Böse, Glück und Elend. Mit anderen Worten: Glück hängt mit Unglück zusammen, und Unglück ist im Glück verborgen. Dem Glück zu viel Bedeutung beizumessen kann das Gleichgewicht des Lebens stören. **Die alte chinesische Denkweise des Taoismus glaubt, dass auf gute Dinge unvermeidlich schlechte folgen.** Dementsprechend sollte man sich nicht zu sehr auf das Glück konzentrieren, wenn man nicht Unglück in das eigene Leben locken möchte. Als ich an meiner Fakultät vor zehn Jahren das Labor für Positive Psychologie eröffnete, schlugen einige Leute tatsächlich (sarkastisch) vor, ich solle auf der anderen Seite des Gebäudes noch ein „Labor für negative Psychologie" einrichten, um das Feng-Shui der Fakultät im Gleichgewicht zu halten. Seit damals ist ein Jahrzehnt vergangen, und die Positive Psychologie wie das Glück sind erfolgreiche Konzepte in der Wissenschaft, in der Gesellschaft, in Hongkong und in anderen Städten Chinas.

Wahres Wohlergehen

Zu Beginn meiner Arbeit auf dem Gebiet der Positiven Psychologie war ich fasziniert von einer Studie über subjektives Wohlbefinden, in der Ed Diener zeigte, dass die Chinesen das Glück als weniger wichtig betrachteten und seltener darüber nachdachten als Menschen in anderen Staaten. Trotzdem war das generelle Glücksniveau des chinesischen Volkes nicht besonders niedrig, ungeachtet der Tatsache, dass ihre Kaufkraft zu den niedrigsten aller in der Studie untersuchten Nationen gehörte. Diese Ergebnisse decken sich mit meinen praktischen Erfahrungen als klinischer Psychologe. **Wenn ich meine chinesischen Patienten frage, ob sie glücklich sind oder nicht, schauen mich viele von ihnen mit leerem Blick an, weil sie nicht wissen, wie sie antworten sollen.** Ich fragte mich damals: Wenn die Chinesen weniger über ihr eigenes Glück nachdenken, könnte es nicht vielleicht andere, einheimische Glücksdimensionen geben, die ihr wahres Wohlergehensniveau besser wiedergeben würden? Wie viele meiner Vorgänger begann ich nach Antworten entlang der verflochtenen Deutungsdimensionen der Chinesen zu suchen.

Zwischenmenschliches

Wie beschrieben liegt das Wesen der chinesischen Philosophie in der Pflege des Gleichgewichts im Leben und der Erhaltung guter zwischenmenschlicher Beziehungen. Aus diesem Grund ist es nachvollziehbar, dass die chinesische Auffassung von Glück zwischenmenschlicher Art ist, anders als das eher intra-individuelle westliche Glücksmodell. Viele Chinesen glauben, dass persönliches Glück sozialen Beziehungen schaden kann – zum Beispiel kann individueller Erfolg zu Eifersucht oder Neid anderer führen. **Die chinesische Gemeinschaftskultur betont das Wohlergehen wichtiger Mitmenschen oder Gruppen mehr als das des Individuums.** Eine reine Selbsteinschätzung des eigenen Wohlergehens dürfte nicht ausreichen, um die gesamte Glückserfahrung der Menschen in einer solchen Kultur zu erfassen.

Meilenstein

Die Patienten, die bei der Beantwortung der Frage, ob sie glücklich seien oder nicht, Schwierigkeiten haben, würden es viel einfacher finden, wenn ich die Frage einfach ändern und stattdessen fragen würde, ob ihre Frau und ihre Kinder glücklich seien oder nicht. Ihre Antworten auf diese Frage sind normalerweise ein zutreffender Indikator für ihr eigenes Glücksniveau. Anfangs dachte ich, diese zwischenmenschliche Dimension des Glücks sei beim chinesischen Volk einmalig oder höchstens noch auf die asiatischen Völker anwendbar. Aber als ich diese Sichtweise bei internationalen Begegnungen und Konferenzen anderen mitteilte, erzählten viele Kollegen aus anderen Ländern, dass diese zwischenmenschliche Dimension des Glücks auch ihre eigenen Erfahrungen widerspiegle. Das brachte mich auf den Gedanken, dass sich unsere globalisierte Welt vielleicht schon aus dem Zeitalter der „interkulturellen" Psychologie herausbewegt hat, **sodass wir jetzt zusammen an der Konstruktion eines universellen Modells des Glücks arbeiten können**. Das *World Book of Happiness* ist mit Sicherheit einer der Meilensteine auf dem Weg zu einem solchen universellen Glücksmodell.

Zum Schluss möchte ich die folgenden Wege zum Glück anbieten, die aus dem *I Ching* (Buch der Wandlungen) stammen, einem uralten chinesischen Buch über Philosophie. Nach dem *I Ching* können Sie Ihr eigenes Glück nähren, indem Sie es mit anderen teilen, indem Sie andere glücklicher machen, indem Sie harmonische Beziehungen aufbauen und indem Sie andere von Zwängen befreien. Ich vertraue darauf, dass diese Wege zum Glück nicht nur auf Chinesen anwendbar sind, sondern auch auf Menschen anderer Kulturen.

Die Glücksschlüssel

→   **Yin und Yang: Glück hängt vom Unglück ab, und Unglück ist im Glück verborgen.**

→   **Die zwischenmenschliche Dimension des Glücks scheint weltweit zu gelten.**

→   **Wir haben uns möglicherweise schon aus dem Zeitalter der „interkulturellen" Psychologie herausbewegt und können jetzt zusammen an der Konstruktion eines universellen Modells des Glücks arbeiten.**

Dr. Samuel Ho ist Juniorprofessor an der Fakultät für Psychologie der Universität Hongkong (China). Im Jahr 2000 eröffnete er das erste Labor für Positive Psychologie in China; seither ist er aktiv in der Forschung und der klinischen Arbeit auf dem Gebiet der Positiven Psychologie tätig. Ho sagt, sein Engagement in der Bewegung für Positive Psychologie war das Riskanteste, aber auch Lohnendste, was er je im Leben getan hat.

„Ehrliches Scheitern ist ein verkannter Freund."

Die Lebenslüge

Machen Sie den Test. Schauen Sie sich eine Serie, ein Fernsehspiel oder einen Film im Fernsehen an und achten Sie darauf, wie viele der gezeigten Probleme darauf zurückzuführen sind, dass jemand unehrlich ist. Dramen wären nicht möglich, wenn es keine Lügen gäbe. Anscheinend lügen wir pro Tag zwei bis fünf Mal. Manchmal machen diese Lügen das Leben ein bisschen einfacher. **Claire Beazley** weist auf eine Lüge hin, die dem Glück ernsthaft im Wege stehen kann: die Lüge zum Thema Scheitern.

Ein wesentlicher Bestandteil des inneren Wohlbefindens ist es, sich selbst durchweg ehrlich zu betrachten und sich selbst und anderen gegenüber ehrlich zu sein, in Worten und Taten. Sich ehrlich zu verhalten ist etwas, was Sie die ganze Zeit tun sollten – es sollte eine Lebensform sein. Alle möglichen Folgen sollten angenommen, erkundet und geteilt werden. Dazu gehört es, sowohl auf Gefühle als auch auf Gedanken zu hören und nach ihnen zu handeln. **Gefühle sind Freunde** – sie sind wie ein Statusbericht im Minutentakt, der Ihnen sagt, wie Sie mit der Welt ringsum zurechtkommen. Gefühle warnen Sie sehr zeitig vor, wenn Erfolge oder Probleme anstehen, und erlauben Ihnen, Ihre Reaktion genau anzupassen. Meine Untersuchungen zum Thema Krankmeldungen bei leichten Erkrankungen, die viele Beschäftigte wehleidig, selbstsüchtig oder faul finden, zeigen, dass Menschen, die auf ihre Gefühle hören und Entscheidungen entsprechend ihrer inneren Bedürfnisse treffen, sich tatsächlich krank melden. Zur Ehrlichkeit gehört es auch, zu verstehen, dass etwas, das Sie wirklich empfinden, auch wirklich wahr für Sie ist, in Ihrem gegenwärtigen Seins- und Bewusstseinszustand. Es gehört außerdem dazu,

zu akzeptieren, dass das Gleiche nicht für eine andere Person wahr sein muss. Heißt ehrlich sein auch, mit allem und jedem selbstsüchtig herauszuplatzen, egal was passiert? Nein. Einer meiner Mentoren schlug vor, dass alles, was man sagt, jeweils zwei der folgenden drei Kriterien erfüllen sollte: Es sollte ehrlich, notwendig oder freundlich sein.

Unvermeidlich

Wenn es so eine gute Idee ist, die ganze Zeit ehrlich zu handeln, warum tun wir es dann nicht? Weil dazu der ehrliche Umgang mit Fehlschlägen genauso nötig ist wie der mit Erfolgen. In vielen Gesellschaften genießen Menschen, die behaupten, öfter als andere weise zu handeln und recht zu haben, enormes Prestige und materielle Vorteile. Das ist nicht zu rechtfertigen, wenn sie genau wie andere Menschen Fehler machen. Das Problem ist, dass ein gewisses Maß an Fehlschlägen unvermeidlich ist; niemand weiß genug, um immer genau vorherzusagen, was für ihn selbst zutreffen wird, geschweige denn für andere. Je reicher wir werden, je weiser wir zu sein glauben und je mehr wir zu verlieren haben, desto stärker verteufeln wir Fehlschläge und scheuen vor Ehrlichkeit zurück. Ich habe die Erfahrung gemacht, dass ehrliches Scheitern ein verkannter Freund ist, den man als inspirierenden Gefährten und Lehrmeister willkommen heißen sollte. Studien über Organisationen und Unternehmen, die Erfolg und Misserfolg gleichgewichtig behandeln und aus Fehlschlägen eher zu lernen versuchen, als sie zu bestrafen, zeigen, dass diese erfolgreicher sind und dass das Wohlbefinden der Mitarbeiter höher liegt als bei fehlerintoleranten Arbeitgebern. **Gemeinsame Misserfolge können für alle eine Gelegenheit zum Lernen sein.** Wussten Sie, dass die Post-it-Klebezettel und das Bakelit, der erste Kunststoff, Resultate fehlgeschlagener Experimente sind? Wenn Sie jemand wären, der alles weiß, alles richtig macht und nie danebenliegt, gäbe es nichts Neues mehr zu entdecken, nichts mehr zu lernen, und Sie würden dieses Buch jetzt nicht lesen.

Alarmsystem

Was passiert, wenn man die Wahrheit unterdrückt? Bei den epidemieartig auftretenden Stresspatienten, die nicht mehr mit ihrer Arbeit zurechtkommen, habe ich immer wieder beobachtet, dass sie sehr wohl wissen, was falsch läuft und was getan werden müsste. Allerdings haben sie dieses Wissen unterdrückt: **Sie glauben, dass die Folgen der Ehrlichkeit schmerzhafter wären als die tägliche Bürde, eine Lebenslüge aufrechtzuerhalten.** Statt mich den modernen Medizinergewohnheiten anzupassen und das Etikett „depressiv" oder „Angstneurose" zu zücken, sage ich ihnen, dass ihre Verzweiflung ein gesundes, wahrhaftiges Alarmsystem ist, das sie bittet, ehrlich zu sein, weil die Last der Unwahrheit unerträglich schwer geworden ist. Diesen anderen Blickwinkel vorzuschlagen bewirkt fast immer ein Gefühl der Erlösung und Freiheit – und trägt den Klang der Wahrheit. Sobald sie sich befreit fühlen, um ehrlich zu handeln, können sie den Versuch beenden, Lügen zu leben, und sich selbst erlauben, offene und ehrliche Versager zu sein (die Arbeitsunfähigkeit durch Stress ist das große Versagen der Gegenwart), oder den Mut haben, das Versagen anderer offenzulegen.

Lob und Schmeichelei

Menschen kennen sich selbst überraschend gut; Schmeichelei wird deshalb oft als unehrlich erkannt und führt zu zukünftigem Misstrauen. Carol Dweck hat herausgefunden, **dass es besser ist, die Qualität einer Tat oder eines Ereignisses zu loben statt die verursachende Person**. Dies mildert die Sorge, jedes Mal den gleichen hohen Standard aufrechterhalten zu müssen. Menschen halten damit bei zukünftigen Schwierigkeiten eher durch und probieren Neues aus. Es ist besser zu sagen „Das war ein hervorragender Kuchen" als „Deine Kuchen sind immer köstlich". Wenn Sie sich mit etwas befassen, das schiefgelaufen ist, geben Sie zuerst eine sachliche, konkrete Beschreibung davon, wie es auf Sie gewirkt hat, oder bitten Sie die andere Person um eine konkrete Beschreibung ihrer eigenen Handlungen und Gefühle. Dies wirkt normalerweise weniger bedrohlich und bringt bessere Ergebnisse als reine Meinungsäußerungen.

Die Glücksschlüssel

→ **Betrachten Sie sich selbst durchweg ehrlich und seien Sie sich selbst und anderen gegenüber ehrlich, in Worten und Taten.**

→ **Seien Sie auch ehrlich, was Ihre Fehlschläge angeht. Geteilte Misserfolge können für alle eine Gelegenheit zum Lernen sein.**

→ **Wenn Menschen davon befreit werden, die Wahrheit zu unterdrücken, müssen sie nicht mehr versuchen, Lügen zu leben, sondern können sich erlauben, offene und ehrliche Versager zu sein.**

Dr. Claire Beazley arbeitet seit über 20 Jahren als Ärztin. Vor Kurzem hat sie einen Mastertitel in angewandter Positiver Psychologie erworben. Ihr besonderes Interesse gilt der Arbeitsfähigkeit und dem Verhältnis von emotionaler Intelligenz, Selbstbestimmung und Umgang mit Krankheit. Auf diesem Gebiet arbeitet sie an der Universität Lancaster (Großbritannien) an weiteren Forschungsprojekten.

„Es ist manchmal ein wunderbarer Glücksfall,

nicht zu bekommen, was man will.“

Schmetterlingsfragen

„Glück ist wie ein Schmetterling: Wenn wir es jagen, fliegt es davon, aber sobald wir innehalten, kommt es herbei und landet auf unserer Schulter.“ Unsinn wie diesen hören wir ständig. Aber wie oft ist in Ihrem Leben schon ein Schmetterling auf Ihrer Schulter gelandet? Es gibt einen Grund, warum er das nicht tut: Menschen haben keinen Nektar. **Sergiu Baltatescu** entlarvt drei weitere Schmetterlingsfragen und stellt fest, dass die Ideen, die zurzeit kursieren, doch falsch sein könnten.

Ja oder nein?

→ **Das Glück – „ein flüchtig Ding“?**
Die Idee, dass das Glück ein vorübergehender Zustand ist (einige nennen es Gipfelerfahrung), der in Sekundenschnelle erreicht wird und ebenso schnell wieder vergehen kann, ist eine Vorstellung, die viele Menschen pflegen. Es gibt auch eine Gedichtzeile, die lautet „Es ist das Glück ein flüchtig Ding“. Ich stimme dem nicht zu. Obwohl flüchtige Gefühle höchster Wonne tatsächlich existieren, ist Glück etwas anderes. Es hat eine eher beständige Art. Es wechselt entsprechend unserer Erfolge und Fehlschläge, und wir können es nähren, wenn wir Grundlagen für unsere zukünftige Entwicklung aufbauen. Deshalb spreche ich lieber von der „Nachhaltigkeit des Glücks“. Genau wie wir anfangen zu verstehen, dass wir die Ressourcen der Erde mit Verantwortungsgefühl nutzen müssen, um unser kollektives Wohlergehen für die Zukunft zu bewahren, **müssen wir als Individuen in unser langfristiges persönliches Glück investieren, indem wir kurzfristige Vorteile vermeiden,**

die sich im Lauf der Zeit als schädlich erweisen könnten. Der Gebrauch und Missbrauch von Drogen, Selbstbetrug und materielle Gier sind Beispiele für nicht nachhaltiges Glücksstreben. Im Gegensatz dazu sind persönliches Wachstum, die Beschäftigung mit kultureller und geistiger Erfüllung, die Fürsorge für Familie und Freunde und altruistisches Verhalten generell nachhaltige Brennstoffe, die dazu beitragen können, unsere Chancen auf langfristiges Glück aufrechtzuerhalten. Die Grundlagen für nachhaltiges Glück können auch über soziales Verhalten angelegt werden, indem man schädliche soziale Gefühle wie Fremdenfeindlichkeit, religiöse Intoleranz und zwanghaften Konsum vermeidet.

→ **Sind wir darauf programmiert, unglücklich zu sein?**
Stimmen Sie dem Gedanken zu, dass man dem biologisch festgelegten Glück nicht entkommen kann und dass wir manchmal einfach darauf „programmiert" sind, unglücklich zu sein?

Das genaue Gegenteil ist der Fall. Als ich meine Tochter in den sehr frühen Jahren ihrer Entwicklung beobachtete, war ich verblüfft, wie sie versuchte, aus jeder Erfahrung Freude zu ziehen. Es fiel mir auf, dass wir tatsächlich programmiert sind – darauf, glücklich zu sein, nicht unglücklich. Manchmal allerdings verwechseln wir das Objekt dieses grundlegenden und positiven Triebes mit der Erfüllung unserer kurzfristigen Begehrlichkeiten, den Dingen, von denen wir zu einem bestimmten Zeitpunkt unseres Lebens annehmen, dass sie uns Befriedigung verschaffen. Dieses Denken ist wirklich schädlich für unser Glück. **Eines unserer Lebensziele ist Glück, vielleicht unser höchstes Ziel, aber wir ändern oft unsere Meinung darüber, wie wir es erreichen können.** Ein weiser Mann sagte einst: „Man sollte nie vergessen, dass es manchmal ein wunderbarer Glücksfall ist, nicht zu bekommen, was man will." Freudengefühle und ihre physiologischen Entsprechungen sind universell menschlich, jedoch, wie diese Freude erkannt, empfunden und gezeigt wird, ist sehr unterschiedlich. Das Einzige, was in unseren Genen eingeschrieben ist, ist eine breite, allgemeine Veranlagung für Glück; die konkrete Umsetzung dieses Glücks unterscheidet sich von Individuum zu Individuum beträchtlich. Wann immer wir das Gefühl haben, auf unserer Reise zum Glück stecken zu bleiben und vielleicht daran verzweifeln, es je zu finden, sollten wir daran denken, dass wir Menschen mit sehr spezifischen Werten, Vorlieben und Möglichkeiten sind. Wir sollten unser inneres Naturell wertschätzen – ein Naturell, das bedeutsam, kreativ und offen für Neues ist – und uns klarmachen, dass es oft der steile, unebene Pfad ist, der uns zum Glück führt, nicht die asphaltierte Straße.

→ **Ist Glück etwas rein Individuelles?**

Der Gedanke, dass das Glück etwas rein Individuelles ist, ist in unserem psychologisch und utilitaristisch orientierten Zeitalter weit verbreitet. Ich bin beim Studium der Geschichte des Wohlbefindens zu dem Schluss gekommen, dass das Glück – ganz im Gegenteil – eine Gemeinschaftserfahrung ist; es wird von Gruppen, Gesellschaften und Zivilisationen sozial konstruiert. Schon von frühester Kindheit an erlernen wir die äußeren Kriterien, nach denen wir unser Leben interpretieren und die uns helfen, in diesem Leben Zufriedenheit zu erlangen. Zum Beispiel lernen die Kinder in einigen Gesellschaften, dass Erfolg bei Wettbewerben der Schlüssel zum Glück ist: „The Winner takes it all" – eine „Dem Sieger die Beute"-Mentalität. In manchen Kulturen bedeutet der Weg zum Glück, anderen zu dienen und in Harmonie mit ihnen zu leben. Wir erlernen außerdem – auch wenn wir uns dessen nicht immer bewusst sind –, Glück auf eine bestimmte Art zu empfinden und auszudrücken. **Jede Gruppe und jede Gesellschaft entwickelt ihre eigenen „Gefühlsregeln",** die Art und Weise, wie wir unsere Gefühle erkennen, interpretieren und sogar auslösen. Diese Regeln können uns dazu drängen, uns in bestimmten Situationen glücklich zu fühlen (bei unserer Hochzeit), schränken aber unsere Freudengefühle unter anderen, weniger passenden Umständen ein (bei einer Beerdigung). Als Mitglieder einer Gesellschaft werden wir auch von öffentlichen Stimmungen beeinflusst, die sich als Ergebnis gesellschaftlicher Ereignisse entwickeln. Wir fühlen uns glücklich, wenn unsere Mannschaft die Weltmeisterschaft gewinnt, während wir traurig sind, wenn eine hochgeachtete Führungspersönlichkeit vorzeitig stirbt. Unser Glück hängt somit auf vielfältige Weise vom Glück unserer Gruppen und Gesellschaften ab. Diese Erkenntnis sollte uns ermutigen, an der Gesellschaft teilzunehmen und damit zum gemeinsamen Wohlergehen beizutragen, von dem wir wiederum profitieren. Untersuchungen haben gezeigt, dass es armen Menschen in reichen Gesellschaften möglicherweise besser geht als überdurchschnittlich wohlhabenden bis reichen Menschen in armen Gesellschaften – einfach, weil sie von der wirtschaftlichen und sozialen Infrastruktur profitieren, die durch nationalen Wohlstand erschaffen wird: Straßen, Gesundheitssystem, Freiheit und kulturelle Möglichkeiten. In einer entwickelten und geordneten Gesellschaft ist die öffentliche Stimmung generell optimistisch, und unausweichlich hat das einen gewissen positiven Einfluss auf die Mitglieder dieser Gesellschaft. Das Umgekehrte gilt ebenfalls: **Es ist schwer, glücklich zu sein, während man Mitglied einer unglücklichen Gruppe oder Gesellschaft ist**. Glück ist deshalb unser aller Gemeingut, weit davon entfernt, etwas Individuelles zu sein. Es kann durch sozial orientierte politische Maßnahmen auf individueller und kollektiver Ebene erlangt und entwickelt werden.

Die Glücksschlüssel

→ **Positives Verhalten auf individueller und sozialer Ebene macht unser Glück tragfähig.**

→ **Wir sind darauf programmiert, glücklich zu sein, aber der Weg, auf dem wir dieses Glück erlangen, hängt weitgehend von unserem eigenen Einfallsreichtum ab.**

→ **Wir sind vom Glück anderer abhängig. Altruismus ist für unser eigenes Glück entscheidend.**

Sergiu Baltatescu ist Soziologe und außerordentl cher Professor an der Fakultät für Soziologie und Sozialarbeit an der Universität Oradea (Rumänien). Auf dem Weg zu einer Karriere als Informatiker beobachtete er fasziniert die schnellen sozialen Veränderungen, die in Rumänien nach dem Sturz des Kommunismus 1989 stattfanden. Er wurde Soziologe und befasste sich mit kulturellem Wandel und Lebensqualität; seine Doktorarbeit schrieb er über *Glück im Kontext des postkommunistischen Rumänien*. Er hat Glück in Gruppensituationen untersucht (Jugendliche, Geschlechterrollen, Minderheiten, Einwanderer) und verschiedene variable Einflüsse auf das subjektive Wohlbefinden analysiert, die mit der nationalen Identität, sozialem Vertrauen, öffentl chen Stimmungslagen, Gerechtigkeitsempfinden und sozialem Ausschluss zu tun haben.

„Manche Menschen können dank ihrer Genausstattung leichter Glück empfinden."

Die Glücksgene

„Ja, Glück ist erblich", gibt **Meike Bartels** zu. Sie kombiniert die Fachgebiete Positive Psychologie und Glück mit Verhaltenswissenschaften und Molekulargenetik, um das komplexe Wechselspiel von Genen und Umwelt zu enträtseln. Manche Menschen werden mit einer Genausstattung geboren, die es ihnen erleichtert, Glück zu empfinden; andere haben Erbanlagen, die sie für Umwelteinflüsse anfälliger machen. Ein Universalrezept ist insofern nicht der richtige Ansatz für erfolgreiche glücksfördernde Maßnahmen.

Mir fällt auf, dass die aktuellen Ansätze zur Bekämpfung und Vorbeugung von Krankheiten einer großen Gruppe kaum Aufmerksamkeit schenken: den gesunden, glücklichen Menschen. Statt sich zu fragen, warum Menschen krank werden, und viel Geld in die Suche nach Risikofaktoren zu investieren, sollte man auch die Frage stellen, warum so viele Menschen geschützt oder belastbar sind. Warum bleiben viele Individuen glücklich und gesund, selbst angesichts gravierender Probleme? Was sind die Schutzfaktoren? Und zuletzt: Warum sind die meisten Menschen meistens glücklich? Um diese Fragen zu beantworten, müssen wir einen anderen

Ansatz wählen – einen, der gesunde und glückliche Menschen einschließt. In dieser Gruppe sollten die individuellen Unterschiede im Wohlbefinden festgestellt werden, und zwar nicht nur in Abhängigkeit von Risiko- und Schutzfaktoren in ihrem Umfeld, sondern auch von biologischen und genetischen Faktoren.

Zwillinge

Diverse Studien haben untersucht, welche Ursachen individuellen Unterschieden von Glück und Wohlbefinden zugrunde liegen. Die meisten sind Zwillingsstudien, die Ähnlichkeiten zwischen eineiigen oder zweieiigen Zwillingen mit anderen Geschwistern oder Familienmitgliedern vergleichen. Die erste Untersuchung zur Erblichkeit von Wohlbefinden beruhte auf der besonderen Konstellation getrennt aufgewachsener eineiiger Zwillinge. Die US-amerikanische Studie (veröffentlicht 1988) zeigte, dass eineiige Zwillinge, die nach der Geburt getrennt wurden und als Adoptivkinder in vollkommen unterschiedlichen Umgebungen aufwuchsen, in Bezug auf ihr Wohlbefinden ähnlicher waren als zusammen aufgewachsene zweieiige Zwillinge. Das war der erste aussagekräftige Beleg für genetische Einflüsse auf das Wohlbefinden. Seither sind ungefähr 30 Zwillingsstudien über Wohlbefinden oder ähnliche Maße wie Lebenszufriedenheit oder Glück durchgeführt worden. Alles in allem zeigen sie: **Etwa 40 Prozent der Abweichungen von Wohlbefinden und Glück sind auf genetische Unterschiede zwischen Menschen zurückzuführen.** *Diese Schätzung gilt für die Gesamtbevölkerung und beschreibt nur eine Ursache zwischenmenschlicher Unterschiede. Sie kann und sollte nicht als individuelles Risikomaß oder als unveränderlicher Teil des Glücks einer Person gedeutet werden.*

DNS

Angesichts der Tatsache, dass etwa 40 Prozent der Glücksunterschiede zwischen Menschen auf genetische Unterschiede zurückzuführen sind, liegt es nahe, im nächsten Schritt anhand molekulargenetischer Daten nach Unterschieden zu suchen. Zu diesem Zweck wurden genetische Ähnlichkeiten in Bezug gesetzt zu Gemeinsamkeiten im Traurigkeitsempfinden, und zwar bei einer großen Gruppe genetisch nicht verwandter Personen. Dieser innovative Ansatz zeigte, dass Menschen mit ähnlicherer Genausstattung auch ähnlichere Glücksniveaus hatten. Das Ergebnis bestärkte uns in dem Versuch, Genorte zu finden, die mit Wohlbefinden assoziiert sind. **Kürzlich konnten wir drei unabhängige Orte auf dem menschlichen Genom identifizieren, die signifikant mit Unterschieden im Wohlbefinden zusammenhängen** – dank der gemeinsamen Anstrengungen von 44 Forschungsgruppen und 300.000 Teilnehmern. Diese Genom-Positionen haben keine direkte Beziehung zu jenen Genen, die in früheren Studien im Zusammenhang mit Gehirn- und neuropsychiatrischen Störungen standen. Das zeigt, wie wirkungsvoll unser Ansatz ist, mit Hilfe des Wohlbefindens neue Wege zu identifizieren.

Höchstwahrscheinlich liegt der Schlüssel zur Erklärung individueller Unterschiede von Glück und Wohlbefinden im komplexen Zusammenspiel der genetischen Veranlagung eines Individuums und seiner Umwelt. Wir werden alle mit der mehr oder weniger gleichen Genausstattung geboren. Allerdings gibt es innerhalb unserer Gene unterschiedliche Varianten. Manche Menschen werden mit Genvarianten geboren, die es ihnen leichter machen, sich glücklich zu fühlen, andere mit Genvarianten, die sie empfindlicher für Umgebungseinflüsse machen. Das Genprofil von Menschen steuert auch zum Teil ihre Lebensentscheidungen und damit das Umfeld, in dem sie sich bewegen. Darüber hinaus lösen Verhalten und Wohlbefinden einer Person (gesteuert von der jeweiligen Genausstattung) Reaktionen der Umgebung aus. Wenn jemand beispielsweise mit wohlbefindensförderlichen Genvarianten geboren ist, lächelt diese Person vielleicht öfter, was zu positiveren, wärmeren Reaktionen im direkten Umfeld führt.

Unterschiede

Zuletzt spielen genetische Unterschiede auch eine bedeutsame Rolle für glückssteigernde Maßnahmen. Am besten lässt sich das anhand einer Analogie zum Freizeitsport erklären. Manche

Menschen treiben gern Sport im Freien, andere ziehen das Fitnessstudio vor. Manche mögen intensives Cardio-Training, andere bevorzugen Krafttraining. Manche treiben täglich Sport, andere nur dreimal pro Woche. Solche Unterschiede müssen allesamt berücksichtigt werden, wenn glücksfördernde Maßnahmen angeboten werden. **Ein Universalrezept ist nicht der richtige Ansatz für erfolgreiche Maßnahmen zur Glückssteigerung** – individuelle, spezifische Interventionen und Trainingsprogramme, die das komplexe Zusammenspiel von Genen und Umwelt berücksichtigen, könnten dagegen für einige Menschen (langfristige) Wirkung entfalten.

Die Glücksschlüssel

→ **Etwa 40 Prozent der Unterschiede im Glücksniveau sind auf genetische Unterschiede zurückzuführen.**

→ **Einige Orte auf dem menschlichen Genom hängen nachweislich mit Unterschieden im Wohlbefinden zusammen.**

→ **Das individuelle Glücksgefühl und die Reaktionen auf Glückstraining sind das Ergebnis eines komplexen Zusammenspiels von Genen und Umwelt.**

Meike Bartels ist URC-Professorin für Genetik und Wohlbefinden am Fachbereich für Biologische Psychologie der Freien Universität Amsterdam (Niederlande). Ihre Herausforderung und ihr Ehrgeiz liegen in der Ursachenforschung für Unterschiede im individuellen Glück sowie den Schnittmengen zu Psychopathologie und Geisteskrankheit; dabei legt sie ihren interdisziplinären Schwerpunkt auf Genetik und Umgebung und deren komplexes Zusammenspiel.

„Glück ist sowohl stabil als auch wandelbar."

Das Zusammenspiel von Genen und Umwelt

„Obwohl die Erforschung von genetischen und umweltbedingten Glücksquellen noch in einer relativ frühen Phase steckt, steht Glück eindeutig auf der Agenda der Genforschung, und die Zahl der Studien wächst schnell", berichtet **Ragnhild Bang Nes**. „Einige der wichtigsten Entdeckungen betreffen die Fragen, wie die Umwelt uns beeinflusst und wie genetische und Umweltfaktoren zusammenwirken."

Die Bedeutung der Genetik ist inzwischen anerkannt – eine der tiefgreifendsten und einschneidensten Veränderungen der Verhaltensforschung in den letzten Jahrzehnten. Die Ergebnisse genetisch aussagekräftiger Studien haben dazu beigetragen, unsere Vorstellung von zufälligen Abläufen und Mechanismen grundlegend zu verändern. Ein gründlicheres Verständnis dieser Prozesse ist unerlässlich, um gezielte, zeitlich abgestimmte Instrumente zur Steigerung von Glück und Gesundheit zu entwickeln.

Als der Nobelpreisträger und Glücksforscher Daniel Kahneman 2010 nach der bisher wichtigsten Erkenntnis über das Glück gefragt wurde, antwortete er: „Das wichtigste Ergebnis ist eindeutig, dass Wohlbefinden einen großen genetischen Anteil hat. Wenn ich nach bestem Wissen ein Ergebnis aussuchen müsste, wäre es das." **Durchschnittlich sind 32 bis 40 Prozent unserer Glücksunterschiede auf die genetische Komponente zurückzuführen**, das haben 2015 zwei getrennte Meta-Analysen anhand von jeweils über 30.000 Familienmitgliedern gezeigt. Das ist beträchtlich! Interessanter als das Ausmaß der Auswirkungen ist allerdings, dass die genetischen Effekte in verschiedenen Personengruppen unterschiedlich groß sind und tendenziell von der Umgebung abhängen. Etliche Untersuchungen zeigen, dass genetische Potenziale unter schwierigen Umständen (zum Beispiel geringes Einkommen, Stress) eher abgeschwächt und unter günstigen Umständen (zum Beispiel hohes Einkommen, wenig Stress) eher verstärkt werden. Das scheint auch für Glück zu gelten.

Die Auswirkungen der Umwelt hängen außerdem davon ab, ob wir bestimmte Genvarianten tragen, darauf deuten aktuelle molekulargenetische Studien hin. Sie legen teilweise sogar nahe, dass einige Genvarianten eine doppelte Funktion haben könnten – sie steigern unter negativen Umständen das Unglücksrisiko, tragen aber in einer reichhaltigen, förderlichen Umgebung zu einer besonders positiven Entwicklung bei. Das könnte bedeuten, dass Menschen, die in einer stressigen Umgebung besonders gefährdet sind, auch diejenigen sind, die am meisten von günstigeren Umständen profitieren. Eine andere Art des Zusammenspiels betrifft das Verhältnis von Umwelt und Genen. Wir sind keiner zufälligen Umgebung ausgesetzt, sondern wählen und formen unser Umfeld als aktiv Handelnde – dabei folgen wir zum Teil unseren Genen und rufen Reaktionen anderer hervor, die unsere genetischen Veranlagungen verstärken. Glückliche, lächelnde, gesellige Menschen neigen dazu, sich aktiv Situationen zu suchen, die zu ihrer (teils genetischen) Veranlagung passen und unterstützende Reaktionen bei ihrem Umfeld hervorzurufen. All diese Zusammenhänge spielen für Interventionen eine wichtige Rolle.

Veränderungen

Eine Vielzahl von Untersuchungen haben seit den frühen 1970er-Jahren gezeigt, dass Menschen, die sich zu einem bestimmten Zeitpunkt als glücklich bezeichnen, oft auch später angeben, glücklich zu sein – das deutet darauf hin, dass Glück eine stabile Komponente hat, so etwas wie eine Art emotionales Basisniveau, eine Grundstimmung oder einen Sollwert. **Genetische Einflüsse scheinen 70 bis 80 Prozent dieser stabilen Glücksniveaus zu bestimmen, während das Umfeld vor allem vorübergehende Auswirkungen hat und für 70 bis 80 Prozent der Veränderungen und Abweichungen verantwortlich ist.** Warum sind wir so gepolt? Vielleicht aufgrund unserer evolutionären Vergangenheit. Diejenigen unserer Vorfahren, deren emotionales Erleben besser ihrer Situation entsprach, hatten einen Selektionsvorteil. Ein emotionales Basisniveau ist eine wesentliche Voraussetzung dafür, wichtige Veränderungen in der Umgebung wahrzunehmen (zum Beispiel Bedrohungen oder Chancen) und angemessen darauf zu reagieren.

Was bedeuten diese Befunde für individuelle und gesellschaftliche Interventionen?
1. Das Glück kommt zu manchen Menschen leichter, dafür sprechen unterschiedliche Glücks-Basisniveaus.
2. Interventionen wirken oft nur zeitweilig, das belegen stabile genetische Veranlagungen. Dauerhafte Veränderungen der Glücksneigung sind wahrscheinlich nur durch langfristige, beharrliche Anstrengungen möglich, vergleichbar dem Erlernen komplexer Fähigkeiten wie Tennis oder dem Spielen eines Musikinstruments.

3. Wegen der individuellen Unterschiede sind maßgeschneiderte Interventionen wahrscheinlich besonders hilfreich. Eine Gen-Umwelt-Anpassung bedeutet, dass das Zusammenspiel von Genen und Umwelt aktiv genutzt wird, um glückssteigernde Interventionen und Umgebungen so zu gestalten, dass sich die individuellen genetischen Potenziale entfalten können. Zu einer optimalen Anpassung gehören sowohl verstärkende als auch kompensierende Maßnahmen. Dabei wirken Aktivitäten verstärkend, mit denen genetisch angelegte Potenziale ausgedrückt und weiterentwickelt werden können (zum Beispiel eine musikalische Begabung). Zu den kompensierenden Aktivitäten gehört es, wunde Punkte zu identifizieren (zum Beispiel Ängste oder Abhängigkeiten) und anschließend Erfahrungen und Kompetenzen aufzubauen, um diese auszugleichen oder in funktionalere Bahnen zu leiten. Ein ausgewogener, maßgeschneiderter Ansatz, der auf Potenziale und Hindernisse ausgerichtet ist (das heißt verstärkende und kompensierende Interventionen umfasst), dürfte besonders wirksam sein.

4. Zuletzt befassen sich die meisten genetisch aussagekräftigen Studien mit den *Ursachen individueller Unterschiede*, die ganz anders sein können als die *Ursachen von Durchschnittswerten*. **Steigende Glücksniveaus sind insofern auch dann wahrscheinlich, wenn die genetisch geprägten individuellen Unterschiede beträchtlich sind.** Verbesserungen im Umfeld wie Zugang zu Bildung, sichere Arbeitsplätze, wenig Korruption und das Vorhandensein von Grünflächen erhöhen somit ziemlich wahrscheinlich das durchschnittliche Wohlbefinden der Bevölkerung.

Bei den menschlichen Genen geht es vielleicht vor allem darum, Wege zu finden, mit denen wir uns von den deterministischen Wirkungen eben dieser Gene befreien können.

Die Glücksschlüssel

→ **Genetische und umweltbedingte Glücksquellen sind nicht unabhängig, sondern spielen bei der menschlichen Entwicklung in vielfältiger und faszinierender Weise zusammen.**

→ **Glück ist sowohl stabil als auch veränderlich – wobei Stabilität weitgehend genetisch bedingt ist, Veränderung vor allem umweltbedingt.**

→ **Individuelle Unterschiede, Stärken und Schwächen legen nahe, dass maßgeschneiderte Interventionen hilfreich sind.**

Ragnhild Bang Nes ist klinische Psychologin und Wissenschaftlerin am Norwegian Institute of Public Health (NIPH) in Oslo (Norwegen). Sie trägt einen Doktortitel in Verhaltensgenetik und befasst sich mit genetischen und umweltbedingten Einflüssen auf Stabilität und Veränderungen von Wohlbefinden und seelischer Gesundheit. Zurzeit arbeitet sie als Leiterin der Wohlbefindensforschung am NIPH und als außerordentliche Professorin an der Universität Oslo, wo sie Persönlichkeitsevaluation und Psychopathologie lehrt.

„Die wichtigsten Dinge haben nichts mit Erfolg zu tun."

Nicht Wer, sondern Wie

„Die Standardliteratur über Glück befasst sich mit der Wer-Frage. Sie fragt, ob die Reichen glücklicher sind als die Armen, ob die Verheirateten, die Jungen, die Extrovertierten oder diejenigen mit klaren Lebenszielen glücklich sind. Aber auch wenn es für die Entwicklung wissenschaftlicher Theorien informativ ist zu wissen, dass die Dänen glücklicher sind als die Franzosen, oder dass es schwer sein kann, sich aus einer Ehe zu lösen, ist es doch für meine persönliche Suche nach Glück nicht direkt relevant gewesen", berichtet **Joar Vittersø** aus Norwegen. „Ich begrüße deshalb eine neuere Entwicklung des Fachgebietes – sie wird von einer wachsenden Zahl von Forschern vorangetrieben, die inzwischen darauf bestehen, die Wie-Frage des Glücks zu stellen."

Als Wissenschaftler, der seit einem handfesten Vierteljahrhundert auf dem Gebiet der Glücksforschung kreist, verbringe ich kaum einen Tag, ohne zumindest ein wenig darüber nachzusinnen, was es heißt, ein glückliches Leben zu führen. Wieder und wieder zermartere ich mir den Kopf über die Zutaten des Glücks und denke abermals über meine Wahlmöglichkeiten bei Entscheidungen nach, die hoffentlich zum besten aller möglichen Leben führen. Manchmal, das muss ich zugeben, frage ich mich auch, ob die Literatur über das Glück mir überhaupt zu einem besseren Leben verholfen hat. Nachdem ich nicht an Abkürzungen auf dem Weg zu diesem besseren Leben glaube, kommen mir Teile der „Wie"-Literatur auch oberflächlich, zu amerikanisch, vor.

Werden Sie Spezialist für Ihr eigenes Leben

Allerdings gibt es Kleinode in der „Wie"-Literatur. Das Beispiel, das ich ausgewählt habe, ist mehr als 70 Jahre alt. Es wurde von Marion Milner unter dem Pseudonym Joanna Field geschrieben. Obwohl ihr Leben von außen recht erfolgreich wirkte, merkte Milner, dass es nicht so war, wie es sein sollte. Um mehr darüber zu lernen, wer sie war und was sie vom Leben wollte, beschloss Milner, ein Tagebuch zu führen. Das Schreiben stellte sich als mühselige Tätigkeit heraus. Im Jahr 1926 fing Marion Milner an, Augenblicke aus ihrem Alltagsleben sorgfältig festzuhalten, um Hindernisse zu identifizieren, die ihrem Glück im Wege standen, und mit bewundernswerter Aufrichtigkeit verbrachte sie sieben schwierige Jahre damit, ihre Gedanken und Gefühle kritisch zu analysieren. Aber die Anstrengungen trugen Früchte, und Milner war ziemlich überrascht, als sie schließlich entdeckte, dass ihr die besten Teile ihres Lebens vorher verborgen geblieben waren. **Unerwarteterweise hatten die wichtigen Dinge in Milners Leben nichts mit Erfolg zu tun, weder bei Freundschaften noch bei Arbeit oder Vergnügen.** Was sie glücklich machte, waren meist sehr kleine Augenblicke eines vollständigen Wandels, eines Wandels in der Art und Weise, wie sie sowohl die Außenwelt als auch sich selbst sah. Interessanterweise veränderten sich, während ihre Einsichten einwirkten und ihre Wahrnehmung der Welt und der eigenen Person sich wandelte, auch die Ursachen ihres Glücks. Während Milner so allmählich zur Expertin für ihr eigenes Leben wurde, fingen auch andere Dinge an, sie glücklich zu machen.

Blinde Gedanken

Marion Milners wichtigste Erkenntnis kam ihr, nachdem sie ein Buch des Schweizer Psychologen Jean Piaget gelesen hatte. Piaget beschrieb, dass Kinder anscheinend nicht zwischen realen Objekten wie Tischen und Stühlen unterscheiden können. Das Gleiche gilt für ihre Gedanken und Ideen. Als Folge davon gilt – und das ist wichtig: **Die Gefühle von Kindern tendieren dazu, zu den Extremen auszuschlagen.** Wenn eine Mutter ihren Sohn verlässt, glaubt er irrtümlich, es sei für immer, und für das arme Kind existiert nichts mehr außer verzweifelter Einsamkeit. In ähnlicher Weise beobachtete Marion Milner, wenn sie von ihren häufig auftretenden spontanen Gedankenabschweifungen oder Verlegenheitsgefühlen befallen wurde, dass sie nicht in der Lage war, deren Ausmaß oder ihre imaginären Folgen zu beschränken. Milner nannte diese Vorgänge ihre „blinden Gedanken" – deren Wirkungen sollten später in der Literatur über Depressionen Bekanntheit erlangen.

Geplapper

Ohne Milners Arbeit zu kennen, bezeichnete Aaron Beck diese Prozesse als „automatisches Denken". Als sie sich – und die Arbeit des Psychotherapeuten Pierre Janet – besser kennenlernte, entdeckte Milner, dass ihre blinden Gedanken eine Art „Geplapper" waren. Sie waren unbehagliche Sorgenzustände, die ihrem Leben unerreichbare Vorgaben auferlegten. Als sie erkannte, dass ihr kindisches Geplapper zwischen ihr und ihrer Umgebung stand, und als sie es schließlich schaffte, mit ihm umzugehen, war Milner bereit für einen wichtigen Schritt vorwärts: **„Als ich es durchbrochen hatte – und erst dann –, konnte ich klar genug sehen, um mir die Umstände auszusuchen, unter denen das Glück wachsen kann**; zum Beispiel zu lernen, meine Aktivitäten einzuschränken, nicht jeder Neuheit nachzurennen und nicht meine gesamte Energie dafür aufzubrauchen, mit dem mitzuhalten, was andere taten, nur weil sie es taten, sodass ich keine Lebenskraft mehr übrig hatte für meine persönlichen Bedürfnisse."

Milners Leben verbesserte sich dank dieser Erkenntnisse deutlich. Durch ihr neues Verständnis war Marion Milner in der Lage, ihre eigenen Regeln für das Leben zu entwickeln und umfassend zu begreifen, dass das Glück in dem Moment kam, als sie sich ihrer Umgebung am vollsten bewusst war. Ihre Geschichte bestätigt nicht nur, dass es viel Kraft braucht, sich zu verändern, sie zeugt auch von der Weisheit der berühmten Inschrift am antiken Apollo-Tempel in Delphi: „Erkenne dich selbst."

Die Glücksschlüssel

→ **Es ist schwer, Experte für das eigene Leben zu werden, aber wenn es gelingt, gibt es vielfältige Quellen des Glücks.**

→ **Durchbrechen Sie das Geplapper Ihrer „blinden Gedanken", sodass Sie klar genug sehen, um sich die Umstände auszusuchen, unter denen Ihr Glück wachsen kann.**

→ **Das Glück kommt dann, wenn Sie sich Ihrer Umgebung am deutlichsten bewusst sind.**

Joar Vittersø trägt einen Ph.D. in Sozialpsychologie von der Universität Oslo und ist Professor für Psychologie an der Universität Tromsø (Norwegen) Seine Forschungsinteressen konzentrieren sich auf Lebenszufriedenheit, positive Emotionen und die Messung des Glücks. Er ist Vorstandsmitglied der International Positive Psychology Association und hat viel über Glück und subjektives Wohlbefinden geschrieben.

„Glück ist keine eintönige Melodie."

Das Gute an gemischten Gefühlen

„Obwohl viele Leute annehmen, Glück und Traurigkeit seien diametral entgegengesetzt, deuten neuere Forschungsarbeiten darauf hin, dass beide Gefühlserfahrungen nicht nur gleichzeitig auftreten können, sondern eine solche Gleichzeitigkeit mit steigendem Wohlbefinden einhergehen kann" – so erklärt **Hal E. Hershfield** das Phänomen des Lächelns unter Tränen.

Es ist ganz normal anzunehmen, dass jemand, der sich glücklich fühlt, nicht gleichzeitig Traurigkeit empfinden kann. Tatsächlich trägt ein Großteil unseres Gefühlslebens das, was Psychologen eine „unipolare" Färbung nennen würden: Normalerweise sind wir entweder in einem positiven oder negativen Zustand, oder manchmal sogar in einem neutralen Zustand. Trotzdem gibt es Momente im Leben, in denen Menschen tatsächlich gemischte Gefühle empfinden – zum Beispiel bei Schul- oder Universitätsabschlüssen, Geburten und Hochzeiten.

Zusammen mit meinen Kollegen Laura Carstensen und Joe Mikels habe ich die spezielle Sorte gemischter Gefühle untersucht, die wir „ergriffen" nennen. Unserer Vermutung nach empfinden Menschen solche Gefühle der Ergriffenheit, wenn sie Glück und positive Emotionen aufgrund der Erkenntnis erfahren, dass sie innerhalb des eigenen Lebens voranschreiten. Aber dieser Fortschritt bringt gleichzeitig auch die unausweichliche Erkenntnis, dass das Leben selbst, und mit ihm all seine Kapitel, letztlich enden wird. **Dieses Erkennen der kleinen – und großen – Endpunkte des Lebens weckt ein leises Gefühl der Traurigkeit und führt zu jenem Lächeln unter Tränen, das wir so oft mit bedeutsamen Lebensereignissen in Verbindung bringen.**

Endpunkte

Ergriffene Empfindungen erwachen allerdings nicht nur, wenn ein wichtiges Ereignis im Leben (wie eine Hochzeit) stattfindet. Der Schlüssel zu solchen gemischten Gefühlen ist, dass eine Person dafür irgendeine Art abschließender Komponente in einem persönlich bedeutsamen Ereignis wahrnehmen muss. Dieses Gefühl von Bedeutung kann unter banalen Umständen entstehen, solange die Erkenntnis keimt, dass etwas endet (denken Sie an die Bedeutung, die ein letzter Besuch im Lieblingsimbiss vor einem Umzug quer durchs Land annehmen kann).

Ältere Erwachsene erleben solche ergriffenen Momente tendenziell öfter als jüngere. Wissenschaftler vermuten den Grund für diese Veränderung darin, dass Menschen beim Älterwerden die Endlichkeit des Lebens stärker wahrnehmen und Alltagsereignissen daher eine andere Bedeutung beimessen als früher. Es ist allerdings nicht einfach so, dass ältere Leute irgendwie anders sind als jüngere. Eine aktuelle Längsschnittstudie, bei der das Gefühlsleben von Menschen zehn Jahre lang beobachtet wurde, zeigte, dass ergriffene gemischte Gefühle zunehmend auftreten, wenn sie älter werden, beispielsweise zwischen dem 50. und dem 60. Lebensjahr.

Beide Seiten der Medaille

Wir wissen also, dass Menschen in bestimmten Momenten ihres Lebens positive und negative Gefühle gleichzeitig erleben können. Aber nützen gemischte Gefühle dem späteren Wohlbefinden und Glück? Meine Kollegen und ich haben diese Frage in zwei verwandten Studien untersucht. Auf der Basis früherer Arbeiten gingen wir davon aus, dass die Fähigkeit, gemischte Gefühle zu erleben und „beide Seiten der Medaille" zu sehen, die eigene seelische und körperliche Gesundheit langfristig fördern könnte. Zuzulassen, dass positive Emotionen gleichzeitig mit negativen empfunden werden, könnte Menschen dazu bringen, sich negativen Ereignissen zu stellen und Einsichten über sie zu gewinnen, die sich langfristig als gut erweisen.

Um diese Frage zu klären, verwendeten wir die Daten aus der oben erwähnten Langzeitstudie und untersuchten, ob eine engere Beziehung zwischen positiven und negativen Emotionen (das heißt eine stärkere Korrelation) mit besserer körperlicher Gesundheit einherging, und zwar für eine Gruppe von 312 Erwachsenen aus allen Alterklassen. Entsprechend der „Beide Seiten der Medaille"-Theorie zeigte sich: **Menschen, die mehr gemischte Emotionen wie zum Beispiel ergriffene Gefühle erlebten, waren tendenziell physisch gesünder.** Dieser Zusammenhang galt auch, wenn wir den statistischen Effekt des Alters und der Durchschnittsniveaus positiver und negativer Emotionen berücksichtigten.

Starke Wirkung

In einem verwandten Projekt erforschten wir, ob gleichzeitig empfundenes Glück und Unglück mit seelischer Gesundheit zusammenhing. Wir untersuchten eine Gruppe von 47 Erwachsenen, die eine Psychotherapie durchliefen, über einen Zeitraum von zwölf Wochen und erfassten ihre emotionalen Erfahrungen sowie ihr seelisches Wohlbefinden. Im Einklang mit den früheren Befunden stellten wir fest, dass gemischte Gefühle in der Tat eine Rolle spielten: **Gleichzeitige Erfahrungen von positiven und negativen Emotionen waren mit besserem seelischen Wohlergehen verbunden und gingen diesem sogar voraus.** Für Erwachsene in einer Psychotherapie schien also die Fähigkeit, neben Traurigkeit auch etwas Glück zu empfinden, einen anschließenden seelischen Nutzen zu liefern; sie erlaubte ihnen, neben dem Guten auch etwas vom Schlechten im Leben anzunehmen.

Insgesamt hat dieser aufblühende Forschungsansatz gezeigt: **Glück ist keine eintönige Melodie, sondern eher facettenreich; bisweilen wird es gleichzeitig mit einem Gefühl von Traurigkeit erlebt.** Solche gemischten Gefühle – Ergriffenheit angesichts bedeutender Lebensereignisse oder in anderen gleichzeitig eintretenden Augenblicken von Glück und Traurigkeit – scheinen auch eine starke Wirkung auf unser körperliches und seelisches Wohlergehen zu haben.

Die Glücksschlüssel

→ **Der Schlüssel zu gemischten („ergriffenen") Gefühlen ist die Wahrnehmung, dass ein persönlich bedeutsames Ereignis eine abschließende Komponente enthält.**

→ **Glück ist facettenreich und wird mitunter gleichzeitig mit einem Gefühl von Traurigkeit erlebt.**

→ **Gemischte Gefühle scheinen eine starke Wirkung auf unser körperliches und seelisches Wohlergehen zu haben.**

Hal E. Hershfield ist Juniorprofessor für Marketing an der Anderson School of Management der University of California, Los Angeles (USA), einer der weltweit führenden Business Schools. Sein besonderes Interesse als Psychologe gilt der Erforschung der Zeit und der verschiedenen Wege, auf denen sich Gefühle und Entscheidungen im Lauf des menschlichen Lebens verändern.

„Glück wird zunehmend als etwas gesehen,

das der menschlichen Kontrolle unterliegt.“

Von der äußeren Kraft zum inneren Zustand

Von den vielen Schwierigkeiten, die einem als Glücksforscher begegnen, ist die vielleicht bedeutsamste die, dass es beinahe unmöglich ist, das Studienobjekt zu definieren: den Begriff des Glücks. **Alexandra Jugureanu** untersucht eine Reihe wichtiger historischer Ansichten über das Glück. Der Begriff hat sich von „Zufall und Schicksal“ zu „Tugend und Selbstverwirklichung“ entwickelt.

Geschichten des Glücks ließen sich unendlich viele schreiben. Diese Vielzahl ist einer der Gründe, warum die Glücksforschung innerhalb der Sozialwissenschaften nach wie vor eine „unausgereifte Wissenschaft“ ist, trotz ihrer beträchtlichen Expansion in den letzten 20 Jahren.

Es gibt mannigfaltige Glücksdefinitionen. Was Glück „ist“, ist dehnbar – es kann als flüchtiges Gefühl wie Euphorie gesehen werden, als rationales Konstrukt wie Selbstachtung oder als fein artikulierte Mischung aus beidem.

Ich möchte hier eine Reihe bedeutender historischer Glücksbegriffe vorstellen, von der griechischen Antike über die Aufklärung bis in die späte Moderne. Diese Epochen waren für die Entwicklung der zeitgenössischen westlichen Vorstellung von Glück besonders prägend.

Die glückliche Fügung

Im alten Griechenland wurde Glück mit Schicksal und glücklichem Zufall gleichgesetzt. Damals galt das Glück eindeutig als schicksalhaft, und man brauchte den Segen der Götter, um es zu erlangen. Vordergründig sind Zufall und Schicksal Gegenteile – ersterer hat mit

Wahllosigkeit und Wahrscheinlichkeiten zu tun, während letzteres ein Gefühl von Vorbestimmung und Fügung impliziert. Allerdings sind beide eng verwandt.

Historisch gesehen, sind die zeitgenössischen westlichen Glücksbegriffe außergewöhnlich und eigentümlich. Über einen viel längeren Zeitraum galt Glück als etwas, das außerhalb der menschlichen Kontrolle lag. Man konnte es nicht hervorrufen oder erwarten. Glücklich zu sein hieß vor allem, Glück gehabt zu haben oder zumindest vom Schicksal großzügig bedacht worden zu sein. Das fatalistische „happ" (altnordisch „glücklicher Zufall") hat zwar als etymologische Wurzel des englischen Worts „happiness" bis heute überlebt, aber der Glücksbegriff begann vor allem während der Aufklärung und in der Zeit danach, Assoziationen zu wecken, die auf subtile, aber bedeutsame Weise anders waren.

Im 17. und 18. Jahrhundert – jener Epoche, die man ungefähr „Zeitalter der Aufklärung" nennen könnte – veränderte sich die vorherrschende westliche Glücksauffassung in wichtigen Punkten. Glück wurde nun eher im Sinne von Tugend und Selbstverwirklichung gesehen; eine zentrale Vorstellung der allmählich vorherrschenden Ethik dieser Zeit war, dass Menschen ihren moralischen Wert durch ein tugendhaftes Leben beweisen sollten.

Während der Aufklärung wurde Glück als etwas verstanden, das man „erlangen" musste; das Schicksal sollte „erfüllt" werden. Glück galt nicht länger als bloßes Ergebnis von Schicksal und Zufall – **Glück wurde eng mit Selbstverwirklichung in Verbindung gebracht**: etwas, das Menschen im Lauf ihres Lebens „erstreben" mussten. Übrigens schrieb Thomas Jefferson genau zu dieser Zeit in der amerikanischen Unabhängigkeitserklärung das Recht der Menschen auf „Streben nach Glück" fest. Auch Jeremy Bentham baute seine utilitaristischen Gedanken auf dem Prinzip des „größten Glücks der größten Zahl" auf, zu dessen Befürwortern auch die liberalen britischen Philosophen John Locke und John Stuart Mill gehörten.

Das Recht auf das Streben nach Glück wurde allerdings zum zweischneidigen Schwert – durch das philosophische Denken von Aufklärern wie Locke und Bentham verwandelte sich das Glück allmählich in ein „Recht", und zuletzt in eine Verantwortung. Zu diesem Zeitpunkt begann also der Glücksbegriff auch Vorstellungen von individueller Verantwortung zu umfassen, sowohl sich selbst als auch dem Staat gegenüber.

Verschiebung

So durchlief die Vorstellung von Glück eine weitere fundamentale Verschiebung: von „außen" nach „innen" – weg von schicksalhaften oder glücklichen Umständen, die „äußere" Mächte wie Gottheiten gestalteten, hin zu einer zunehmenden „Internalisierung", das heißt der Auffassung, Glück unterliege der Kontrolle der Person, die es anstrebt.

Glück hat sich allmählich zu einem Zweck der menschlichen Existenz entwickelt. Tatsächlich könnten wir den Aufstieg der Glücksforschungs-Bewegung als etwas sehen, das eng mit der Entwicklung einer bestimmten Beziehung zum eigenen Selbst zusammenhängt, und mit der Vorstellung, **Glück sei ein Zeichen für einen gelungenen Umgang mit dem eigenen Selbst, vielleicht sogar eine Fähigkeit, die kultiviert und perfektioniert werden muss.** („Schluck eine Pille und werde glücklich; übe Yoga und finde Erleuchtung; such dir einen Lebenscoach und gewinne deine Selbstachtung zurück.")

Der Aufstieg von Glück als Form des Selbstbilds stellt also ein relativ neues Stadium in der langen Geschichte der Glücksbegriffe dar – allerdings eines, das seine Wurzeln in einer Reihe vorausgegangener Entwicklungen hat. Einfach gesagt: **Glücksbegriffe haben sich von der Vorstellung entfernt, Glück sei etwas „Zugewiesenes", hin zu der Vorstellung, es sei etwas „Erlangtes".**

Einst galt Glück als Folge dessen, was einem Menschen zustieß – Zufall, glückliche Fügungen, Schicksal (eine äußere Krafteinwirkung) –, aber inzwischen wird es zunehmend als etwas gesehen, das der menschlichen Kontrolle unterliegt (ein innerer Zustand).

Die Glücksschlüssel

→ **Ursprünglich galt Glück als etwas, das außerhalb der menschlichen Kontrolle lag. Man konnte es nicht herbeiführen oder erwarten.**

→ **Während der Aufklärung wurde Glück als etwas verstanden, das man „erlangen" musste; das Schicksal sollte „erfüllt" werden.**

→ **Glück wird zunehmend als etwas gesehen, das der menschlichen Kontrolle unterliegt.**

Alexandra Jugureanu ist Sozialwissenschaftlerin und Vorsitzende der Glücksforschungsgruppe des britischen Soziologenverbandes. Sie hat ihre Doktorarbeit der Soziologie an der Universität Leicester (Großbritannien) zum Thema *The New Science of Happiness?* (Die neue Wissenschaft des Glücks?) geschrieben. Seit 2008 forscht sie zum Thema Glück und Wohlbefinden und hat sich mit Laientheorien und kultureller Kontingenz von Glück, Glück bei Kindern und genderspezifischen Glücksvorstellungen beschäftigt. Außer für Glück interessiert sie sich für Interdisziplinarität, Methodenmischungen, Bildung, körperliche und seelische Gesundheitsprobleme, soziale Gerechtigkeit und sozialen Wandel.

Quellen eines sinnvollen Lebens

„Wahres Glück ist ein Nebenprodukt der Entdeckung von Sinn und Zweck in Ihrem Leben", so **Gary T. Reker**. Aber was sind die Sinnquellen, die mehr Erfüllung und Glück in unser Alltagsleben bringen? Reicht eine einzelne sinnstiftende Quelle oder bringt uns eine breite Auswahl von Sinnquellen mehr Erfüllung? Entdecken Sie mindestens 17 Quellen für ein sinnvolles Leben.

Sinn und Zweck leiten sich aus mehreren Quellen ab, zum Beispiel produktiven und sinnvollen Beschäftigungen, dem Vollbringen guter Taten, Liebe zu einem wichtigen Mitmenschen oder der Herstellung kreativer Erzeugnisse. **Glück kann nicht um seiner selbst willen erstrebt werden.** Es kann nicht gekauft, verkauft oder gehandelt werden. Glück muss sich ergeben; es folgt aus dem Engagement für lebensbejahende Tätigkeiten. Oft taucht die Frage auf, welche speziellen Lebenserfahrungen zu einem erfüllten, sinnvollen Leben beitragen.

Vier Ebenen

Meine breit angelegten Untersuchungen an Menschen aller Gesellschaftsschichten haben gezeigt, dass Kanadier und US-Amerikaner Sinn aus einer Vielzahl von Quellen beziehen; sie lassen sich in **vier qualitativ unterschiedliche, nach Sinntiefe gestaffelte Ebenen** einteilen. Diese Ebenen und die einzelnen Sinnquellen sind folgende:

1. *Selbsttranszendenz* (persönliche Beziehungen, religiöse Aktivitäten, Bewahrung menschlicher Werte und Ideale, Hilfeleistungen für andere, Beziehung zur Natur);

2. *Kollektivismus* (Erhaltung von Traditionen und Kultur, Hinterlassen eines Erbes, Interesse an Menschenrechten, Engagement für größere soziale und politische Themen);
3. *Individualismus* (kreative Tätigkeiten, Freizeitaktivitäten, eigene Erfolge, persönliches Wachstum);
4. *Eigennutz* (Erfüllung von Grundbedürfnissen, Gefühl finanzieller Sicherheit, Teilnahme an Vergnügungen, Erwerben von materiellem Besitz).

Selbsttranszendenz bezieht sich auf unsere Möglichkeiten und Fähigkeiten, ein Wertesystem zu durchdenken und zu übernehmen, das größer ist als wir selbst. Transzendieren heißt, selbstbezogene Werte zu überschreiten und ein tiefgreifenderes Verständnis für menschliche Erfahrungen zu erlangen. Kollektivismus impliziert ein Engagement für größere gesellschaftliche oder politische Ideen. Individualismus bedeutet, Zeit und Energie für die Verwirklichung des eigenen Potenzials aufzuwenden. Eigennutz bezeichnet die Beschäftigung mit dem persönlichen Komfort und hedonistischen Vergnügungen.

Netzwerk

Meine wissenschaftliche Arbeit hat gezeigt, dass ein weit gespanntes Netz sinnstiftender Quellen eher als eine einzelne Quelle zu einem gesteigerten Sinnempfinden und höherem subjektivem Wohlbefinden (wie Glück) führt. Junge, mittelalte und alte Erwachsene nennen im Durchschnitt 7 (von 17) sinnstiftende Quellen in ihrem Leben. **Die erfülltesten Menschen sind diejenigen, die sich auf eine vielfältige Auswahl von Sinnquellen stützen.** Setzen Sie nicht alles auf eine Karte, Vielfalt scheint die Würze eines glücklichen, erfüllenden Lebens zu sein.

Außerdem habe ich bei einer Untersuchung an selbstständig lebenden älteren Menschen herausgefunden: Menschen, die Sinn aus selbsttranszendenten Quellen beziehen, zeigen mehr positive Charakterzüge, haben ihr Leben besser in der Hand, nehmen mehr Sinn und Zusammenhang in ihrem Leben wahr, haben ein stärkeres Bedürfnis, mehr aus ihrem Leben zu machen und sind weniger depressiv als Menschen, deren Lebenssinn eigennützigen Interessen folgt.

Gibt es bestimmte Sinnquellen, die bedeutsamer sind als andere? Meine Forschungen haben durchgängig und verlässlich gezeigt, dass Menschen jeden Alters *persönliche Beziehungen* als wichtigste Quelle bewerten, dicht gefolgt von der *Erfüllung von Grundbedürfnissen, persönlichem Wachstum, Freizeitaktivitäten, dauerhaften Werten und Idealen, persönlichen Erfolgen* und *Hilfeleistungen für andere*. **Wir sind soziale Wesen und profitieren vom Etablieren persönlicher Beziehungen** als wichtigster Zutat zu einem sinnvollen Leben. Widerstehen Sie der Selfie-Perspektive „Ich, ich ich". Erweitern Sie Ihren Horizont und gehen Sie auf wichtige andere Menschen, die Gemeinschaft und die Welt zu.

Geheimnisse

Außerdem habe ich herausgefunden, dass Männer wie Frauen beim Älterwerden mehr Sinn und Erfüllung aus Quellen beziehen, die das eigene Selbst transzendieren. **Ein Vorteil des Älterwerdens liegt also in unserer Fähigkeit, das „große Ganze" zu sehen** und dadurch ein tieferes Verständnis dafür zu gewinnen, worum es im Leben eigentlich geht. Und was die Geschlechterunterschiede angeht: Verglichen mit Männern, finden Frauen mehr Sinn und Erfüllung in *persönlichen Beziehungen, dauerhaften Werten und Idealen, Hilfeleistungen für andere, kreativen Tätigkeiten* und *religiösen Aktivitäten* – fast ausschließlich selbsttranszendente Quellen. Frauen geht es also nicht nur aufgrund genetischer Vorteile besser, sondern auch wegen des von ihnen gewählten Wertesystems.

Existiert also tatsächlich das Geheimnis eines heute wie zukünftig sinnvollen Lebens? Das Leben wird in einer Vorwärtsbewegung erlebt, ist aber am besten im Rückblick zu verstehen. Wenn es Geheimnisse eines sinnvollen Lebens gibt, sind sie in der Schatzkiste Ihrer Vergangenheit versteckt. Sie können sie entdecken und nutzen, wenn Sie Ihr Leben regelmäßig überdenken und bewerten – denn Sie wissen erst, wohin Ihre Reise gehen soll, wenn Sie wissen, wo Sie bereits waren.

Die Glücksschlüssel

- → **Wahres Glück ist ein Nebenprodukt der Entdeckung von Sinn und Zweck in Ihrem Leben.**
- → **Wir können Sinn aus einer Vielzahl von Quellen beziehen, die sich unter Selbststranszendenz, Kollektivismus, Individualismus und Eigennutz gruppieren lassen.**
- → **Die erfülltesten Menschen sind diejenigen, die sich auf vielfältige Sinnquellen stützen. Beim Älterwerden beziehen Männer wie Frauen mehr Sinn und Erfüllung aus Quellen, die das eigene Selbst transzendieren.**

Gary T. Reker ist Psychologe im Ruhestand und lebt in Kanada; sein Fachgebiet ist die Entwicklungspsychologie der Lebensspanne. Als emeritierter Universitätsprofessor konzentriert er seine Lehr- und Forschungsinteressen auf erfolgreiche Alterungsprozesse wie beispielsweise Sinn und Zweck im Leben, Optimismus, Einstellungen zum Tod und Lebensrückblicke. Er hat zahlreiche Artikel, Buchbeiträge und ein Buch zu diesen Themen veröffentlicht.

„Ehrgeiz macht Menschen glücklich,
aber Neid macht sie unglücklich."

Setzen Sie auf Ehrgeiz

Zwei Gruppen von Studierenden müssen in getrennten Räumen eine Aufgabe lösen. Beide Gruppen schaffen es in ungefähr zehn Minuten. Trotzdem ist Gruppe A deutlich zufriedener mit ihrem Ergebnis als Gruppe B. Warum? Gruppe A wurde mitgeteilt, dass die anderen eine Viertelstunde für die Lösung gebraucht hätten. Gruppe B dagegen bekam zu hören, die anderen hätten die Aufgabe in nur fünf Minuten gelöst. In Wahrheit brauchten beide Gruppen gleich lang: Sie lösten die Aufgabe in zehn Minuten. Aber ihre Glücksgefühle haben nichts mit der realen Situation zu tun.

Vergleiche verderben das Glück

Anpassungsprozesse und Vergleiche ruinieren im Allgemeinen die Wohlbefindenszuwächse, die aus Einkommens- und Wirtschaftswachstum entstehen. Aber manchmal können Vergleiche Menschen glücklich machen: Wenn Menschen etwas über ihre eigenen Aussichten lernen, indem sie sich diejenigen, mit denen sie sich vergleichen, genau ansehen. Auch positive Erwartungen und Chancen auf Verbesserungen können Menschen glücklich machen. Menschen scheinen eine Vorliebe für steigende Einkommenskurven zu haben, das heißt, für Fortschritt als solchen. Kurz gesagt: Ehrgeiz macht Menschen glücklich, aber Neid macht sie unglücklich.

Daher lautet meine Empfehlung: Halten Sie sich von Vergleichsmaßstäben fern und konzentrieren Sie sich auf Ihre eigenen Pläne. Das wird Sie glücklich machen und das Wohlbefinden bewahren, das Sie aus dem beziehen, was Sie haben.

Die Glücksschlüssel

→ **Vergleichen Sie sich nicht mit anderen.**

→ **Wenn Sie vergleichen, achten Sie darauf, was Sie aus dem Vergleich lernen können.**

→ **Verbannen Sie Neid. Schaffen Sie Platz für Ehrgeiz.**

Claudia Senik ist Professorin an der Universität Paris-Sorbonne (Frankreich). Hauptthema ihrer Forschungsarbeit ist die mikroökonomische Analyse von Einkommensverteilungen und subjektivem Wohlergehen. Sie verwendet einen vergleichenden Ansatz, der die unterschiedlichen Bedingungen in West- und Osteuropa in Betracht zieht. Claudia Senik betreut verschiedene Programme für internationale wissenschaftliche Zusammenarbeit.

„Um Glück zu bekommen … vergessen Sie es!"

Paradoxe des Glücks

„Um Glück zu bekommen … vergessen Sie es!", rät **Mike W. Martin**. „Fokussieren Sie sich stattdessen auf wertvolle Aktivitäten und Beziehungen. Hoffentlich kommt das Glück dann als Nebenprodukt, vielleicht als Überraschung und Geschenk."

Diese Maxime klingt paradox oder ironisch. Wir nehmen im Allgemeinen an, dass wir wichtige Güter direkt und gezielt verfolgen und dabei den Preis im Auge behalten müssen, wenn wir sie bekommen wollen. Das Paradox behauptet, dass diese Strategie im Fall von Glück kontraproduktiv ist: Wenn wir uns um unser Glück sorgen, sorgen wir uns um uns selbst; das untergräbt Liebe, Freundschaft und die Beschäftigung mit einer Menge anderer Dinge, die auf indirekte Weise Freude und Sinn liefern.

Trifft das Paradox zu? Die Antwort hängt zum Teil davon ab, wie Glück definiert wird. Ich glaube, **wir sind insoweit glücklich, als wir unser Leben lieben und auf verschiedene Weise wertschätzen – durch ausgiebige Freuden und ein stabiles Gefühl von Sinn**. Wenn Glück so definiert wird, liefern psychologische Untersuchungen Belege für das Paradox des Glücks. Studien zu „Flow-Erfahrungen" zeigen, dass es uns Freude und Lebenszufriedenheit bringt, wenn wir in sinnvolle Aktivitäten eintauchen, ohne über uns selbst nachzudenken. In ähnlicher Weise belegen Untersuchungen über Liebe, Freundschaft, gemeinnütziges Engagement und andere Fürsorgebeziehungen deren entscheidenden Beitrag zum Glück. Auch Studien zu Achtsamkeit, verstanden als Aufmerksamkeit für wertvolle Aspekte unserer unmittelbaren Situation, zeigen deren Bedeutung für unser Glück.

Eine Einschränkung gibt es allerdings: Das Paradox des Glücks übertreibt die Wahrheit, die es vermittelt. Sich ständig mit Glück zu beschäftigen, kann kontraproduktiv sein – das Glück komplett zu ignorieren, aber auch. **Für ein erfolgreiches Streben nach Glück müssen wir hin und wieder überprüfen, wie glücklich wir sind.** Unglücklichsein ist ein gutes Signal dafür, dass wir den Verlauf unseres Lebens überdenken sollten.

Das gute Leben

Ich habe angenommen, „das Glück zu vergessen" bedeutet, es aus unseren Gedanken zu verbannen. Vergessen kann aber auch heißen, es herunterzuspielen oder abzuwerten. Entsprechend könnte das Glücksparadox so interpretiert werden, als wäre das Glück unwichtig oder überbewertet. Diese Interpretation verwandelt das Paradox von einer Tatsachenbehauptung in ein Werturteil. Ist dieses Werturteil angemessen?

Ich teile die weit verbreitete Ansicht, dass Glück ungeheuer wichtig ist. Die Sorge um unser Glück ist natürlich und wahrscheinlich genetisch fest verankert. Darüber hinaus verlangt unsere Selbstachtung, dass wir uns vernünftig um unser Glück kümmern. Trotzdem – **Glück ist nicht der einzige Aspekt eines guten Lebens.** Wenn Eltern sagen, „wir wollen nur, dass unsere Kinder glücklich werden", vergessen sie, dass sie auch nicht wollen, dass sie Mörder, Terroristen oder Narzissten werden. Wir sollten uns ein gutes Leben für unsere Kinder wünschen, genau wie für uns selbst, und ein gutes Leben ist nicht nur glücklich, sondern auch moralisch anständig, sinnvoll, authentisch, gesund und selbstverwirklichend (in dem Sinne, dass wir unsere Talente entwickeln). Diese Aspekte eines guten Lebens stehen manchmal in einem Spannungsverhältnis zueinander, aber meistens vermengen sie sich.

Sozialer Status

Neben dem oben beschriebenen allgemeinen Paradox des Glücks gibt es viele spezifische Glücksparadoxe, darunter mehrere, die widerspiegeln, wie komplex das Streben nach materiellen Gütern ist. Das Paradox des Kaufens lautet beispielsweise, dass wir umso unglücklicher werden, je mehr Dinge wir kaufen. Daher die Redensart: Sei vorsichtig mit deinen Wünschen – sie könnten in Erfüllung gehen. Je mehr wir kaufen, desto mehr wollen wir kaufen, und so landen wir in einer endlosen Tretmühle des Konsumdenkens. **Wir sollten lieber nach mehr sinnvollen Erfahrungen streben als nach mehr Dingen.**

Gemäß dem Paradox des Geldes ist mehr Geld kein Rezept für mehr Glück – entgegen der üblichen Annahme. Geld fördert das Glück stark, wenn es uns aus der Armut herausholt und wirtschaftliche Sicherheit bietet. Danach aber ist seine Wirkung auf das Glück eher gering. **Eine Fixierung auf Geld entstammt oft der Sorge um sozialen Status, die ein unsicherer Weg zum Glück sein kann.** Selbstverständlich ist sinnvolle Arbeit ein wichtiger Beitrag zum Glück, und das Einkommen ist ein Teil dieses Sinns. Aber ein Lotteriegewinn kann neue Probleme verursachen und führt allmählich zu psychischen Anpassungsprozessen, die das anfängliche Vergnügen daran mindern.

Persönliche Abenteuer

Zu guter Letzt haben wir gemäß dem Paradox der Haltung schon alles, was wir zum Glück brauchen, wenn wir nur das zu schätzen lernen, was wir haben. **Glück entsteht nicht, wenn wir bekommen, was wir wollen, sondern wenn wir wollen, was wir bekommen** – und schon haben. Untersuchungen zu Dankbarkeit bestätigen dieses Paradox.

Dennoch sollten wir diese Verallgemeinerung wie alle Glücksparadoxe im Verhältnis zu unserer Persönlichkeit und unseren Lebensumständen bewerten. Psychologische Glücksstudien werden oft von späteren Untersuchungen widerlegt, und selbst die besten Studien liefern nur statistische Verallgemeinerungen, keine universellen Prinzipien. Das Glück zu finden, muss aber kein Zufall sein. Es ist immer ein persönliches Abenteuer.

Die Glücksschlüssel

→ **Sich ständig mit Glück zu beschäftigen, kann kontraproduktiv sein – das Glück komplett zu ignorieren, aber auch.**

→ **Wir sollten uns ein gutes Leben für unsere Kinder wünschen, genau wie für uns selbst, und ein gutes Leben ist nicht nur glücklich, sondern auch moralisch anständig, sinnvoll, authentisch, gesund und selbstverwirklichend.**

→ **Generell unterstützen sinnvolle Erfahrungen, sinnvolle Arbeit und Dankbarkeit das Glück, aber Glück zu finden ist immer ein persönliches Abenteuer.**

Mike W. Martin, Ph.D., ist Professor für Philosophie an der Chapman University im kalifonischen Orange (USA). Er hat 15 Bücher verfasst, darunter *Happiness and the Good Life* (Glück und das gute Leben) und *Memoir Ethics: Good Lives and the Virtues* (Memoirenethik: Gute Lebenswege und die Tugenden). Seine wichtigsten Glücksquellen? „Meine Frau, meine beiden Kinder und meine beiden Enkel." Was noch? „Unterrichten, Philosophie, Psychologie, Film, Literatur und Spaziergänge."

„Suchen Sie sich eine Arbeit,
die sowohl für Sie selbst als auch
für die Gesellschaft sinnvoll ist.“

Eine gute Investition

Was würden Sie tun, wenn Sie plötzlich zu Geld kämen? Sparen, etwas kaufen oder es für eine gute Sache spenden? Welche dieser drei Möglichkeiten würde Sie am glücklichsten machen? **Erich Kirchler** hat sozial- und wirtschaftspsychologische Experimente durchgeführt. Außerdem hat er ein Jahr lang die täglichen (auch finanziellen) Entscheidungen von 40 Paaren aus westlichen Ländern genau verfolgt. Weiß er, ob Geld Menschen glücklich macht?

Der Glanz des Goldes verblasst schnell

Die Wissenschaft der Volkswirtschaft untersucht Entscheidungen über die Zuteilung knapper Ressourcen mit dem Ziel, den größtmöglichen Anteil menschlicher Bedürfnisse zu erfüllen. Die Befriedigung dieser Bedürfnisse (im Gegensatz zu ihrer Frustration) sollte insofern Individuen wie Nationen glücklich machen. Es wird oft gesagt, dass der Schlüssel zum Glück in Geld und materiellem Besitz liegt. Aber kann man mit Geld wirklich alles kaufen, sogar Glück? Überraschende, aber einleuchtende wissenschaftliche Studien sind zu dem Schluss gekommen, dass Geld uns nur in geringem Maße glücklich machen kann – **Glück aus materiellem Reichtum verblasst schnell**.

Wirtschaftspsychologische Experimente zeigen, dass Menschen häufig altruistisch handeln und nicht rational ihren eigenen Nutzen maximieren, indem sie für gemeinnützige Organisationen spenden und Glück auch im ehrenamtlichen Engagement finden.

Die Psychologie lehrt uns, dass Glück aus befriedigenden, liebevollen Beziehungen und verlässlichen, vertrauensvollen Freundschaften entsteht, aus der Fähigkeit, sich an den Genüssen des Lebens zu freuen und aus einer sinnvollen und sozial relevanten Arbeit.

Freundschaft

Mein Rat ist daher der folgende: Streben Sie nach einer dauerhaften, engen Beziehung und investieren Sie viel in die Stabilität dieser Beziehung. Stecken Sie Zeit und Energie in Freundschaften und teilen Sie Ihre persönlichen Erfahrungen von Freude und Schmerz, indem Sie miteinander lachen und einander unterstützen. **Gestatten Sie sich, die Freuden des Alltagslebens zu genießen** und die kleinen Dinge ebenso zu schätzen wie die wichtigen. Misstrauen Sie jeder Ideologie, die predigt, Schuld zähle mehr als Freude. Mein letzter Ratschlag ist: Suchen Sie sich einen Job, der Ihnen ein angemessenes Einkommen verschafft, ohne Sie unbedingt reich zu machen, der aber Verantwortung mit sich bringt und Ihnen dafür auch Autonomie bietet. Kurz, eine Arbeit, die sowohl für Sie selbst als auch für die Gesellschaft sinnvoll ist, eine Arbeit, mit der Sie sich identifizieren können – am Arbeitsplatz, aber auch dann, wenn Sie die Früchte Ihrer Anstrengung genießen.

Einfach? Kann sein, aber nicht so leicht, wie Sie vielleicht denken!

Die Glücksschlüssel

→ **Glauben Sie nicht, dass Sie Glück mit Geld kaufen können. Glück, das erkauft wurde, schmilzt bald dahin.**

→ **Investieren Sie stattdessen in Beziehungen und Freundschaften – und genießen Sie die kleinen Freuden des Alltags.**

→ **Suchen Sie sich eine Arbeit, die für Sie selbst wie für die Gesellschaft sinnvoll ist.**

Erich Kirchler ist Professor für Psychologie an der Universität Wien (Österreich). Er ist der Autor von *Liebe, Geld und Alltag* und anderen Veröffentlichungen über Wirtschaftspsychologie, Verhaltensökonomik und Beziehungskonflikte. *In The Economic Psychology of Tax Behaviour* (Wirtschaftspsychologie des Steuerverhaltens) enthüllt er, dass nicht jeder es bedauert, Steuern zahlen zu müssen. Es kommt unter anderem auf das Land an, in dem jemand lebt. Kooperation ist dann wahrscheinlich „wenn Steuerbehörden die legale Macht sowie Expertise haben und die Steuerzahler als faire Partner behandeln statt als Untergebene, die ihren Anteil nicht leisten wollen."

„Wir überleben,

weil wir Erfahrungen machen.“

Die neun Erfahrungen

Bei einem Rundgang durch die Verbotene Stadt in Peking, China, erläutert der Fremdenführer die Bedeutung der Zahl „Neun" in der chinesischen Geschichte: neun Stufen zu jedem Treppenabsatz, neun mal neun Nägel an den Türen des Kaisers, neun Statuen auf den Dächern der 9999 Räume. **Xing Zhanjun** arbeitet mit einer anderen Art von Zahlen: Glücksstatistiken, die das subjektive Wohlbefinden der Menschen in China widerspiegeln. Seine Schlussfolgerung zur Mehrung unseres Glücks? Die neun Erfahrungen.

Glück ist Ihre Erfahrung

Was ist Glück oder wo können wir es finden? Glück ist Ihre ganz persönliche Erfahrung. In gewissem Sinne kann man auch sagen, dass das Leben Erfahrung ist. Wir überleben, weil wir Erfahrungen machen. Obwohl es viel Leid in unserem wahren Leben gibt, verlieren wir trotzdem nicht die Zuversicht. Mit dieser Geisteshaltung und dem Einsatz all unserer Kräfte können wir unser Leben immer weiter verbessern. Bei unseren Untersuchungen zum subjektiven Wohlbefinden des chinesischen Volkes haben wir herausgefunden, dass einige Erfahrungen besonders wichtig für das Glück der Menschen sind. **Befriedigung und Überfluss stellen die wichtigste Erfahrung dar.** Obwohl Geld kein Allheilmittel ist, wird das Leben ohne Geld vollkommen unannehmbar. Wenn einer Person eine grundsätzliche materielle Absicherung fehlt, ist Glück natürlich ausgeschlossen. Insofern ist eine Grundbedingung für Glück, dass man zumindest genug Geld verdient, um bequem zu leben und dem Druck wirtschaftlicher Zwänge zu entgehen. Natürlich ist ein zufriedener Mensch glücklich mit dem, was er oder sie hat. Wenn Sie über üppigere materielle Mittel verfügen und Ihre Erwartungen dazu passen, liegt das Glück in Ihrer Reichweite. Neun Erfahrungen werden Ihnen helfen, dieses Glück zu mehren.

Die Erfahrung geistiger Gesundheit. Glück ist eine positive psychische Erfahrung, zu der seelische Gesundheit, eine optimistische Haltung, geistige Offenheit und ein fröhlicher Charakter gehören. Wenn eine Person eine solche positive Geisteshaltung pflegt, fühlt sie sich oft energischer und kann ihre tägliche Arbeit und Lebensprobleme einfacher bewältigen. Auch mit auftretenden Schwierigkeiten wird sie ruhiger umgehen können.

Die Erfahrung körperlicher Gesundheit. Auch körperliche Gesundheit ist eine Erfahrung. In gewisser Hinsicht ist es eine Frage von glücklichen Zufällen – und damit Glück –, ob man schwere Krankheiten vermeiden kann. Aber es ist auch Glück, wenn ein Mensch das Leben genießen kann, obwohl er oder sie an einer Krankheit leidet, sogar wenn es eine schwere ist. Wenn man mit seiner Gesundheit zufrieden ist, sich im eigenen Körper wohlfühlt und nicht von schwerer Krankheit gequält wird, ist es wahrscheinlicher, dass man sich glücklich fühlt. Körperliche Krankheiten sind nicht notwendigerweise eine Quelle des Unglücks; eher ist umgekehrt die eigene positive Geisteshaltung eine Quelle des Glücks.

Die Erfahrung seelischen Gleichgewichts. Neidisch sein auf den Erfolg der Mitmenschen; lachen über das Pech eines anderen; sich aus Arroganz klug fühlen; grandiose Pläne, aber wenig Fähigkeiten haben … Wenn ein Mensch diese Art von Geisteshaltung pflegt, wird er oder sie höchstwahrscheinlich wenig Glück empfinden. Glück ist die Fähigkeit, die eigenen Lebensumstände bereitwillig zu akzeptieren und den eigenen Lebenserfahrungen ehrlich und ohne Klagen gegenüberzutreten. Man muss sicherlich die Chancen ergreifen, die das Leben bietet, aber man muss sich ihnen pragmatisch nähern.

Die Erfahrung der Anpassung an zwischenmenschliche Beziehungen. Haben Sie eine harmonische und aufrichtige Beziehung zu Ihren Seelenverwandten? Haben Sie enge Freunde, mit denen Sie gegenseitiges Verständnis und Einvernehmen erzielen können? Gute soziale Beziehungen zu entwickeln wird Ihnen dabei helfen, ein wahrhaft soziales Wesen zu werden. Das kann Ihnen helfen, Fehler und Bitterkeit zu vermeiden. Natürlich wird es auch zu Glück führen.

Die Erfahrung der Familienatmosphäre. Die Familie ist für jeden wichtig, überall. Für Chinesen hat das „Zuhause" eine besondere Bedeutung. Sogar in unserer modernen Gesellschaft hat sich die emotionale Bedeutung der Familie nicht abgeschwächt. Im Familienkreis sind Menschen besser in der Lage, mit Belastungen umzugehen und sich freier zu entspannen. Wenn eine Person die Wärme ihrer Familie spürt, erlaubt ihr das, zu gegenseitigem Verständnis und Einvernehmen zu gelangen. Wenn die Familienatmosphäre harmonisch und entspannt ist, wird die Person immer angenehme Gefühle empfinden.

Die Erfahrung des Vertrauens in die Gesellschaft. Menschen können nicht überleben, wenn sie ihre soziale Umgebung verlassen. Das bedeutet, dass die sozialen Entwicklungserfahrungen eines Menschen sein oder ihr Glück gleichfalls beeinflussen. Wenn ein Mensch in einer Gesellschaft lebt, die den Interessen aller relativ gut dient, und davon überzeugt ist, dass die Entwicklung dieser Gesellschaft den Einzelnen nutzt, wird er oder sie mehr Glück empfinden.

Die Erfahrung der Selbstakzeptanz. Imstande zu sein, die eigenen Vorzüge zu erkennen und die Schwachpunkte zu akzeptieren, und sich selbst positiv gegenüberzustehen: Das ist eine reife Haltung dem Selbst gegenüber. Eine solche Haltung der Reife hilft Menschen in vielen Fällen, über sich selbst hinauszuwachsen. Sie entwickeln ein Gefühl von Zufriedenheit und Glück, das zu Selbstvertrauen und Selbstbeherrschung führt.

Die Erfahrung von Zielen und persönlichen Werten. Wer klare Überzeugungen hat, dem hilft dies, seine Position und sein Ziel im Leben zu bestimmen. Sie wissen, was Sie wollen, und kennen den Wert und die Bedeutung Ihres Tuns. Dadurch werden Sie sich stets ausgeglichen und zufrieden fühlen. Routineaufgaben werden Sie mit Vergnügen erledigen und wahrscheinlich jeden neuen Tag mit Zuversicht begrüßen.

Die Erfahrung von Wachstum und Fortschritt. Wer nach Fortschritt strebt, ist in der Lage, das Leben positiv zu sehen und es als kontinuierlichen Lernprozess zu betrachten. Eine Person mit dieser Haltung kommt im Leben voran und ist sich ihrer Ziele bewusst. Das hilft ihr, Hindernisse zu überwinden, die zwischen ihr und ihrem Ziel stehen. Eine unternehmungslustige Einstellung bringt nicht nur realen praktischen Nutzen, sondern schenkt Menschen auch Glück.

Die Glücksschlüssel

→ **Erfahren Sie geistige und körperliche Gesundheit sowie seelische Ausgeglichenheit.**

→ **Erfahren Sie zwischenmenschliche Beziehungen, Familienatmosphäre und Vertrauen in die Gesellschaft.**

→ **Erfahren Sie Selbstakzeptanz, Ziele und persönliche Werte, Wachstum und Fortschritt.**

Xing Zhanjun ist Professor an der Shandong-Universität in Jinan (China). Er trägt einen Doktortitel des Instituts für Soziologie der Chinesischen Akademie für Gesellschaftswissenschaften in Peking und ist Direktor des Forschungsbüros des Nationalen Amts für Statistik in China für die Provinz Shandong. Seine Hauptinteressen sind Lebensqualität und Sozialpolitik in Kombination mit der Messung subjektiven Wohlergehens.

„Hoffen heißt, die Melodie der Zukunft zu hören.“

Hoffnung erlernen

„Es ist wünschenswert und möglich, Hoffnung zu erlernen", glaubt **Ahmed M. Abdel-Khalek**. „Wichtig ist es, die zentrale Rolle von Kontrolle, Meisterung, Autonomie und hoffnungsvoller Orientierung im Leben zu erkennen. Um Hoffnung zu entwickeln, müssen wir lernen, auf flexible Weise über die eigene Wirksamkeit und unsere Kontrolle über das Schicksal nachzudenken."

Psychologie ist die Wissenschaft von Verhalten und Denkprozessen. Sie hat eine lange Vergangenheit (mehr als zwei Jahrtausende), aber eine kurze Geschichte (seit 1879). In den ersten hundert Jahren ihres Bestehens konzentrierte sich die Psychologie größtenteils auf Krankheitsbilder, Leidenschaften und negative Gefühle. Sie beschäftigte sich damit, menschliche Schwächen zu identifizieren – und sie zu lindern, zu behandeln oder zu bessern. Im ersten Jahrhundert dieser wichtigen Disziplin konzentrierten sich die Psychologen darauf, aus Sicht eines Krankheitsdenkmodells Schäden zu reparieren. Bis vor ein paar Jahrzehnten wussten Psychologen kaum etwas darüber, was Menschen im Auf und Ab des Alltagslebens auf glückliche und normale Weise gedeihen lässt.

Starke Menschen

Kurz vor dem Ende des 20. Jahrhunderts setzte eine starke Bewegung ein: die Positive Psychologie. Ihr Ziel war es, einen Blickwechsel in der Psychologie einzuleiten – weg von der Auseinandersetzung mit der Behandlung von Krankheiten, der Linderung von Symptomen und Syndromen, hin zum Aufbau positiver Eigenschaften. Die Positive Psychologie untersucht jene Bedingungen und Prozesse, die zum Florieren und optimalen Gedeihen von Menschen, Gruppen und Institutionen beitragen. Sie ist die Wissenschaft von den normalen menschlichen Charakterstärken und Tugenden. **Das Gebiet der Positiven Psychologie umfasst nach Seligmans Definition positiv bewertete subjektive Erfahrungen: Wohlbefinden, Behagen und Befrie-**

digung (in der Vergangenheit), **Hoffnung** und **Optimismus** (für die Zukunft) sowie Flow-Zustände und Glück (in der Gegenwart). Sie beschäftigt sich, neben anderen Aspekten, auch mit Dankbarkeit, Vergebung, Religiosität und Spiritualität. Alles in allem kann uns die Positive Psychologie zeigen, wie man starke, widerstandsfähige Menschen entwickelt.

Hoffnung ist einer der wichtigsten Begriffe der Positiven Psychologie. Sie stellt eine relativ stabile allgemeine Erwartung an die Zukunft dar und umfasst zielorientierte Denkprozesse, die im Hinblick auf ein erwünschtes mögliches Ergebnis stattfinden. Hoffnung ist eine weitgehend

kognitive Eigenschaft. Sie kann ein Zustand, eine Eigenschaft oder eine bestimmte Form des Umgangs mit Lebensereignissen sein.

Motive

Der verstorbene Rick Snyder und seine Kollegen stellten eine Theorie der Hoffnung vor, die in der psychologischen Fachliteratur breite Aufmerksamkeit fand. Ihre operationale Definition lautet: **Hoffnung ist ein zielorientiertes kognitives Gefüge, zu dem zwei verbundene Elemente gehören – das Denken in Lösungswegen und die Überzeugung von der eigenen aktiven Zielgerichtetheit.** Das Finden von Lösungswegen ist die wahrgenommene eigene Fähigkeit, erfolgreiche Wege zu gewünschten Zielen zu ermitteln. Die Zielgerichtetheit betrifft die eigene Motivation, diese Wege für anfängliche und dauerhafte Fortschritte in Richtung Ziel zu nutzen. Hoffnung ist also definiert als positiver Motivationszustand, der auf einem aus Interaktion abgeleiteten Gefühl von a) Zielgerichtetheit und b) dem Finden von Lösungswegen beruht. Lösungswege und Zielgerichtetheit hängen miteinander zusammen und verstärken sich auf dem gesamten Weg zum Ziel gegenseitig. Diese beiden Bestandteile hoffnungsvollen Denkens sind verschiedene Konstrukte. Beide sind notwendig – einzeln reicht keines von beiden aus.

Von Professor Scioli und seinen Kollegen stammt eine **integrative Theorie der Hoffnung, die Meisterung, Bindung, Überleben und spirituelle Überzeugungen als Motive umfasst.** Eine interkulturelle Vergleichsstudie auf der Basis dieses Ansatzes zeigte, dass arabische Teilnehmer mehr spirituelle Hoffnung angaben, während US-Amerikaner höhere Werte bei nicht-spiritueller Hoffnung nannten.

Resilienz

Hoffnung hat verschiedene Korrelate. So sind beispielsweise Hoffnung und Optimismus miteinander verwandt, aber nicht identisch. Optimismus ist definiert als die stabile Neigung, daran zu glauben, dass eher gute als schlechte Dinge geschehen werden. Selbstwirksamkeit ist ebenfalls mit Hoffnung verwandt. Sie besteht in dem Glauben an die eigene Fähigkeit, bestimmte Handlungen auszuführen. Außerdem ist Hoffnung mit Lebenszufriedenheit verbunden, aber nicht mit ihr identisch. Andere Korrelate der Hoffnung sind: psychische Anpassung, Selbstwertgefühl, soziale Akzeptanz und äußere Erscheinung. Insgesamt nährt Hoffnung das subjektive Wohlbefinden und stärkt die seelische Widerstandskraft.

Religiosität ist für viele Menschen ein Schlüsselfaktor für Wohlbefinden und Hoffnung im Leben, insbesondere für ältere und sehr alte Menschen. Glaube bietet die Hoffnung, dass alles ein gutes Ende nehmen wird. Entsprechende Studien haben gezeigt, dass religiöse und spirituelle Bindungen einige unserer tiefsten Fragen beantworten und uns zu einer optimistischeren Bewertung von Lebensereignissen ermutigen. Außerdem wecken sie ein Gefühl von Hoffnung angesichts des Schreckens, der aus dem Bewusstsein unserer Verwundbarkeit und Sterblichkeit erwächst. Rubem Alves schrieb: „Hoffen heißt, die Melodie der Zukunft zu hören. Glauben heißt, zu ihr zu tanzen." Viele Völker dieser Welt leiten ihre Hoffnung weitgehend aus religiösen und/oder spirituellen Überzeugungen ab.

Orientierung

Es ist wünschenswert und möglich, Hoffnung zu erlernen. Dafür sollte man die zentrale Rolle von Kontrolle, Meisterung, Autonomie und einer hoffnungsvollen Lebenseinstellung verstehen. Zu geringe Kontrolle kann einen pessimistischen Erklärungsstil verursachen und so zu Depressionen und anderen Erkrankungen führen. Um Hoffnung zu entwickeln, müssen wir lernen, flexibel über unsere Selbstwirksamkeit und unsere Kontrolle über das Schicksal nachzudenken. Erlernte Hoffnung beruht darauf, unseren Schwerpunkt vom Negativen zum Positiven zu verschieben. **Das ist der Königsweg, um bei Kindern Hoffnung zu wecken und in jedem Menschen Hoffnung zu säen.** In diesem Zusammenhang ist das Wissen entscheidend, dass wir die Welt oft nicht ändern können. Es ist sicherlich einfacher, die Art und Weise zu ändern, wie wir über die Welt nachdenken: indem wir die Hoffnung fördern, vor allem in den beiden wichtigsten Bereichen des menschlichen Lebens – Arbeit und Liebe.

Die Glücksschlüssel

→ **Die Positive Psychologie sagt uns, wie man Menschen stark und widerstandsfähig werden lässt. Hoffnung ist einer der zentralen Begriffe der Positiven Psychologie.**

→ **Hoffnung nährt das subjektive Wohlbefinden und stärkt die seelische Widerstandskraft.**

→ **Es ist wünschenswert und möglich, Hoffnung zu erlernen. Dafür sollte man die zentrale Rolle von Kontrolle, Meisterung, Autonomie und einer hoffnungsvollen Einstellung zum Leben verstehen.**

Ahmed M. Abdel-Khalek ist Ägypter und lehrt an der Universität Alexandria als Professor für Psychologie. Er hat mehr als 20 Bücher auf Arabisch und über 300 wissenschaftliche Beiträge auf Arabisch oder Englisch veröffentlicht. Sein hauptsächliches Forschungsinteresse gilt den Themen Persönlichkeitsstruktur und -analyse, interkultureller Vergleich, Einstellung zum Tod, Depressionen bei Kindern und Schlafstörungen. Im Laufe der letzten Jahrzehnte hat er begonnen, sich für Optimismus, Lebenslust, Religiosität, Glück und Hoffnung zu interessieren.

„Viele Leute glauben,

Kalifornier wären glücklicher.

Das ist nicht wahr."

Sind schöne Menschen glücklicher?

Die meisten Menschen glauben, ihr Glück würde steigen, wenn sie mit ihrem Körper zufriedener wären. **Lukasz D. Kaczmarek** und **Jolanta Enko** hinterfragen in ihrer wissenschaftlichen Arbeit diese verbreitete Annahme und erforschen, ob sie wirklich zutrifft – ein wichtiges Thema, weil Menschen immer unzufriedener mit ihrem Körper sind. Wie steht es mit Ihnen?

Unzufriedenheit mit dem eigenen Körper ist unter Frauen und Männern verbreitet, aber bei Frauen besonders auffallend – sie fühlen sich oft von Familie und Freundinnen unter Druck gesetzt, einen „perfekten" Körper haben zu müssen. Einer der Gründe dafür liegt darin, dass die Massenmedien suggerieren, den eigenen Körper mit perfekt aussehenden glücklichen Models zu vergleichen. Wahrscheinlich glauben Menschen unter anderem deshalb, dass sie glücklicher wären, wenn sie „besser" aussähen. Viele versuchen, ihre Zufriedenheit mit dem eigenen Körper durch bestimmte Strategien zu erhöhen (Sport, Diäten oder kosmetische Chirurgie), und erwarten, dass diese Bemühungen sie dauerhaft glücklicher machen.

Fokussierungs-Illusion

Um dieses Problem zu analysieren, verwenden wir einen Glücksforschungsansatz des Nobel-preisträgers Daniel Kahneman – er beschäftigt sich mit irrationalen Überzeugungen und Illusionen, die individuelle Entscheidungen in Bezug auf das Wohlbefinden beeinflussen. Der von ihm geprägte Begriff „Fokussierungs-Illusion" betont, dass Menschen, wenn sie ihre Aufmerksamkeit auf einen Lebensaspekt konzentrieren (zum Beispiel das Einkommen), dazu neigen, die Auswirkungen dieses einzelnen Aspekts auf ihre generelle Lebenszufriedenheit zu überschätzen. Faszinierenderweise zeigen Dutzende von Studien: **Menschen machen ernsthafte Fehler, wenn sie raten, was sie glücklich macht (oder machen wird).** Beispielsweise glauben viele Leute, Kalifornier wären glücklicher wegen des wunderbaren Klimas dort. Das ist nicht wahr. Typische Kalifornier verwenden nicht viel ihrer täglichen Zeit darauf, das Wetter wahrzunehmen. Wahrscheinlich sind sie eher mit ihren Alltagsangelegenheiten und -sorgen beschäftigt – genau wie die Einwohner weniger sonniger Gebiete der Erde.

Wie steht es um Geld? Sind reichere Menschen glücklicher? Das sind sie in der Tat – aber nur, solange sie an ihren Wohlstand denken. Das Hauptproblem reicher Leute ist, dass sie sich zwar öfter beim Golf vergnügen könnten, aber viel mehr Zeit damit verbringen, zu ihren Vorort-Luxusvillen zu pendeln und notwendige Aufgaben zu erledigen, sodass sie viel weniger Freizeit haben. Wir erwarteten eine ähnliche Illusion, was die körperliche Erscheinung angeht, weil es unwahrscheinlich ist, dass attraktive Menschen ausschließlich und ständig mit ihrem guten Aussehen beschäftigt sind. Wahrscheinlich stecken sie eher in den gewöhnlichen Alltagsroutinen, Auseinandersetzungen und Problemen, die Menschen unabhängig von ihrem Aussehen haben.

Körperzufriedenheit

Mit Hilfe experimenteller Methoden fanden wir Belege für eine Fokussierungs-Illusion, was die Körperzufriedenheit angeht. Wir beobachteten, dass Menschen, die mit ihrem Körper zufrieden sind, ihr Leben als glücklicher bewerteten - aber erst, nachdem wir ihre Aufmerksamkeit auf ihren Körper gelenkt hatten. **Die Beziehung zwischen Körperzufriedenheit und Lebenszufriedenheit ist sehr schwach, solange wir unsere Aufmerksamkeit nicht auf den Körper richten.** Diese Ergebnisse lieferten verlässliche experimentelle Belege, die den verbreiteten Glauben in Frage stellen, besser aussehende Menschen würden ihr Leben als besser empfinden. Wir fanden heraus, dass Körperzufriedenheit zwar eine zeitweilige Glückssteigerung hervorruft, aber dass Menschen normalerweise nicht an ihr Aussehen denken, wenn man sie über ihr Glück befragt. Zusammenfassend lässt sich sagen, dass die äußere Erscheinung nur so lange wichtig für das Glück ist, wie Menschen über ihr Aussehen nachdenken.

Normaler Körper

Was bedeutet dieser Befund in der Praxis? Wenn Sie einen außerordentlich schönen Körper haben, ist es eine gute Idee, Zeit in Lebenssituationen zu verbringen, die Ihre Aufmerksamkeit auf Ihren Körper lenken. Dadurch können Sie Ihre Lebenszufriedenheit erfolgreich steigern Tatsächlich nutzen viele schöne Menschen ihr ohnehin schon gutes Aussehen auf diese Weise, indem sie Fitnessstudios, Tanzkurse und ähnliche Orte aufsuchen, wo sie ihren Körper zeigen können. **Wenn Sie (wie die meisten Menschen) einen normalen Körper haben, scheint es keine gute Idee zu sein, viel Energie in dessen Verbesserung zu stecken, um glücklich zu werden.** Dieses Buch bietet Ihnen die Chance, geeignetere Strategien zu finden, die Sie bei Ihrer Suche nach einem glücklicheren und sinnvolleren Leben inspirieren können.

Die Glücksschlüssel

→ **Wenn Menschen ihre Aufmerksamkeit auf einen Lebensaspekt konzentrieren, neigen sie dazu, die Auswirkungen dieses Einzelaspekts auf ihre generelle Lebenszufriedenheit zu überschätzen.**

→ **Diese Fokussierungs-Illusion existiert auch in Bezug auf unseren Körper: Menschen, die mit ihrem Körper zufrieden sind, bewerten ihr Leben nur dann als glücklicher, wenn ihre Aufmerksamkeit auf ihren Körper gelenkt wird.**

→ **Die äußere Erscheinung ist nur solange wichtig für das Glück, wie Menschen über ihr Aussehen nachdenken. Es ist keine gute Idee, das ständig zu tun.**

Lukasz D. Kaczmarek ist Leiter des Labors für Psychophysiologie und Gesundheit an der Adam-Mickiewicz-Universität Posen (Polen). Seine Arbeit vereint Positive Psychologie und Gesundheitspsychologie.

Jolanta Enko ist Biologin und Doktorandin der Psychologie an der gleichen Universität.

„Alleinstehende sind im Durchschnitt glücklicher

als in früheren Jahrzehnten."

Ehe und Glück

In den letzten fünf Jahrzehnten ist die Eherate in Europa um fast 50 Prozent gesunken und die Scheidungsrate hat sich mehr als verdoppelt. Inzwischen zählt Europa jedes Jahr ungefähr zwei Millionen Ehen und eine Million Scheidungen. Die Soziologin **Małgorzata Mikucka** untersucht die Beziehung zwischen Ehe und Glück weltweit. Sind verheiratete Menschen wirklich glücklicher? Sie enthüllt einige wichtige Bedingungen.

Die meisten jungen Menschen möchten später heiraten. Tatsächlich sehen viele von uns eine Ehe als den Schlüssel zu einem glücklichen, erfüllenden Leben. Was sagt die Wissenschaft?

Das Verhältnis zwischen Glück und Ehe ist komplex. Daten aus breit angelegten Umfragen zeigen, dass Verheiratete glücklicher sind als Menschen, die nie geheiratet haben bzw. geschieden oder verwitwet sind. Dafür kann es allerdings viele Gründe geben. Liebe und enge Beziehungen können unser Leben verbessern, aber eine Ehe bringt noch andere, greifbare Vorteile mit sich. Beispielsweise sind Verheiratete normalerweise gesünder und haben ein geringeres Armutsrisiko als Alleinstehende. Aber das Verhältnis von Ehe und Glück wird auch von einem Ausleseprozess bestimmt: **Menschen, die letztendlich heiraten, sind schon vor der Ehe tendenziell glücklicher,** während weniger glückliche Menschen mit größerer Wahrscheinlichkeit ledig bleiben oder geschieden werden. Der positive Zusammenhang von Ehe und Glück ist aber nur zum Teil auf diese Auslese zurückzuführen. Längsschnittdaten darüber, wie sich das Glück bestimmter Menschen im Lauf der Zeit verändert, zeigen, dass wir in der Tat glücklicher werden, wenn wir heiraten. Dieser Effekt schwächt sich im Lauf der Zeit ab. Menschen sind tendenziell ein paar Jahre vor und nach ihrer Hochzeit sehr glücklich, das wird manchmal „Flitterwochen-Effekt" genannt. Bei länger verheirateten Paaren wird diese positive Wirkung der Ehe schwächer und manche Studien kommen zu dem Schluss, dass solche Paare nicht glücklicher sind als Alleinstehende.

Glückliche Singles

Während unsere Gesellschaften reicher werden und diverse Technologien unser Leben vereinfachen, werden wir immer unabhängiger voneinander. Das heißt auch, dass wir seltener heiraten und uns öfter scheiden lassen als in früheren Jahrzehnten. Manche Leute befürchten, dass all diese Veränderungen die Ehe entwerten und wir dadurch etwas Wichtiges verlieren. Anders gesagt: Wenn der Wert der Ehe sinkt, werden unsere Gesellschaften weniger lebenswert. Ist das wirklich so?

Meine wissenschaftliche Arbeit hat erwiesen, dass es nicht so einfach ist. Daten aus vielen Ländern zeigen, dass im Lauf der Zeit die Unterschiede im durchschnittlichen Glück verheirateter und alleinstehender Menschen tatsächlich kleiner geworden sind. Das könnte darauf hindeuten, dass die Ehe uns nicht mehr glücklich macht. Allerdings zeigen die Daten, dass diese Veränderung nicht darauf zurückzuführen ist, dass Verheiratete weniger glücklich sind, sondern darauf, dass Singles im Durchschnitt glücklicher sind als in früheren Jahrzehnten.

Scheidung ohne Verschulden

Außerdem habe ich die Charakteristika von Gesellschaften untersucht, in denen die Glücksunterschiede zwischen Verheirateten und Alleinstehenden besonders groß sind. Dabei fand ich heraus, dass eine Geschlechterspezialisierung innerhalb der Ehe (das heißt Situationen, in denen die Männer arbeiten und die Frauen für Heim und Kinder zuständig sind) das Glück Verheirateter nicht mehrt. Außerdem gilt: **Verheiratete sind in reichen Ländern glücklicher und – paradoxerweise – auch in Ländern, in denen Scheidungen häufiger vorkommen.**

Das Ergebnis, dass Verheiratete dort glücklicher sind, wo die Scheidungsrate höher liegt, verdient nähere Betrachtung. Eine Scheidung ist eindeutig ein Zeichen für Eheprobleme und wir betrachten sie tendenziell als nicht wünschenswert. Strenge Scheidungsgesetze, die Menschen daran hindern könnten, sich scheiden zu lassen, machen aber Ehen nicht automatisch besser. Untersuchungen haben gezeigt, dass in den USA häusliche Gewalt und Selbstmorde von Frauen zurückgingen, als Scheidungen ohne Verschuldensprinzip eingeführt wurden (was in der Praxis einfachere und schnellere Scheidungen bedeutete). Diese Ergebnisse erinnern uns daran, dass – genau wie die Ehe in den meisten Fällen eine Quelle von Glück ist – eine unglückliche Ehe eine Quelle tiefen Unglücks sein kann.

Freie Wahl

All dies lehrt uns einiges über die Bedingungen für gute, glückstiftende Ehen. Zuallererst tragen gegenseitige Abhängigkeit und der Austausch von Dienstleistungen nicht zu glücklichen Ehen bei. Dies ist ein wichtiger Punkt, denn manche Menschen glauben, dass die traditionelle Geschlechterverteilung die Familie stärkt. Insofern könnten solche Menschen für politische Maßnahmen eintreten, die eine häuslich-fürsorgliche Frauenrolle fördern, zum Beispiel durch die Einführung von Elternurlaub für Mütter, aber nicht für Väter. Meine Untersuchungen zeigen, dass dies nicht der richtige Weg ist: **Es gibt keinerlei Belege dafür, dass Menschen in Gesellschaften mit traditionellen Geschlechterrollen glücklichere Ehen führen als in gleichberechtigteren Gesellschaften.**

Im Gegenteil – die Tatsache, dass Verheiratete in reicheren Gesellschaften mit höheren Scheidungsraten glücklicher sind, zeigt, wie wichtig Wahlfreiheit für eine Ehe ist. Scheidungen können schlechte Ehen lösen, und materieller Wohlstand befreit Menschen von der Notwendigkeit, schlechte Ehen zu ertragen. Manchmal sehen wir die Ehe als eine Institution, die unser Leben verbessert, weil sie unsere Grundbedürfnisse befriedigt. Wissenschaftliche Untersuchungen zeigen allerdings, dass sie dann am stärksten zu unserem Glück beiträgt, wenn wir frei wählen können – nicht unter Bedingungen von wirtschaftlicher Notwendigkeit und gegenseitiger Abhängigkeit.

Die Glücksschlüssel

→ **Wir werden glücklicher, wenn wir heiraten. Im Lauf der Zeit schwächt sich dieser Effekt ab. Heute sind Alleinstehende glücklicher als früher.**

→ **In den meisten Fällen ist die Ehe eine Quelle von Glück, aber eine ungute Ehe kann auch großes Unglück verursachen.**

→ **Die Ehe trägt dann am stärksten zu unserem Glück bei, wenn wir frei wählen können – nicht unter Bedingungen von wirtschaftlicher Notwendigkeit und gegenseitiger Abhängigkeit.**

Małgorzata Mikucka, Ph.D., arbeitet als Soziologin an der Katholischen Universität Leuven (Belgien). Sie untersucht, wie Familienleben, Arbeitserfahrung und soziale Beziehungen das Glück der Menschen beeinflussen; außerdem interessiert sie sich für soziale „Rezepte" für ein gutes Leben. Małgorzata hat unter anderem Beiträge in *Journal of Marriage and Family*, *Social Indicators Research* und *Journal of Happiness Studies* veröffentlicht. 2015 war sie für den Ruut Veenhoven Award nominiert, der für innovative und herausragende Leistungen in der Glücksforschung vergeben wird.

„Viele verschiedene Menschen

nehmen viele verschiedene Wege."

Die Schatzkammer

„Ich werde dir alles geben, was man für Geld kaufen kann, wenn du mir die Schatzkammer des wahren Glücks öffnest", sagt der greise König in einem alten Märchen. Er sucht drei goldene Schlüssel zu dieser Zauberkammer. **Alex C. Michalos** ist vielleicht der Zauberer, der ihm dabei helfen kann. Er hat sein wissenschaftliches Leben mit der Suche nach den Schlüsseln des Glücks verbracht. Können sie die Schatzkiste des Königs öffnen?

Drei goldene Schlüssel

Aus meinen 40 Jahren Glücksforschung habe ich drei wesentliche Lehren gezogen. Das Wort „Glück" hat natürlich für jeden Menschen mehrere, leicht abweichende Bedeutungen. Diese reichen von etwas, das einer Erfahrung des reinen Vergnügens nahekommt, bis zu einem sehr stabilen Gerüst an Bestandteilen und Bestimmungsgrößen eines guten Lebens. Ich selbst bevorzuge die letztgenannte Definition.

Erstens unterscheiden sich die Menschen heute nicht sehr von den Menschen, die im 5. Jahrhundert v. Chr. im alten Griechenland lebten, zumindest nicht im Hinblick darauf, was sie für ein gutes Leben brauchen und wollen. Von damals bis heute haben die Menschen ungefähr das Gleiche gebraucht und gewollt: geistige und körperliche Gesundheit im grundsätzlichsten Sinn funktionierender organischer Systeme; nahrhaftes Essen, angemessene Unterkunft und Kleidung; jemanden, der sie gern hat, normalerweise Freunde und Verwandte; sichere finanzielle Mittel; angemessene Mitsprache bei der politischen Steuerung ihrer Gemeinschaft; persönliche und gesellschaftliche Sicherheit; frische Luft, Trinkwasser und Land; ästhetische Ausdrucks- und Erfahrungsmöglichkeiten; Gerechtigkeit und Fairness in persönlichen und politischen Beziehungen; Gelegenheit zur direkten und indirekten Erkundung der natürlichen Welt und ihrer Bewohner – und ein bisschen Glück.

Zweitens haben wir in den letzten 40 Jahren als wichtigste Lektion darüber, was Menschen glücklich macht, gelernt, dass es für viele verschiedene Menschen viele verschiedene Wege gibt. Die Liste im vorigen Absatz ist ein guter Anfang, aber man könnte auch das genetische Erbe bestimmter Temperamente und angeborener Talente verschiedenster Art nennen; erlernte Tugenden wie Geduld, Durchhaltevermögen, Mut, Anteilnahme, Mäßigung, Weisheit und Gerechtigkeit; persönliche und soziale Wertmaßstäbe, die vernünftig und moralisch sind; außerdem Entscheidungen, Absichten, Ziele, Projekte und Aktivitäten, die alles bisher Genannte produzieren und aufrechterhalten können.

Drittens ist die gefährlichste Eigenschaft der Forschung und der Veröffentlichungen zum Thema Glück (bei Wissenschaftlern wie auch in der Presse) die menschliche Neigung, das menschliche Wesen und die Conditio humana übermäßig zu vereinfachen. Wissenschaftler verwenden gern möglichst wenige Variablen, um Menschen, ihre Motive und ihre Handlungen zu beschreiben und zu erklären. Selbst wenn wir der Versuchung widerstehen, die eine „Wunderwaffe" zu suchen, neigen wir doch zumindest dazu, relativ wenige auszuwählen. Zu oft wird das menschliche Handeln mit seinen persönlichen Bewertungen, Auswahlprozessen, Absichten, Zielen und Motiven vernachlässigt zugunsten von einfachen und einfältigen ökonomischen, materialistischen, deterministischen Erklärungen. Das Leitprinzip für Glücksforscher und Glückssuchende sollte also lauten: Vergessen Sie nicht, dass alle menschlichen Wesen sehr komplizierte Organismen sind; dass das Leben selbst komplex ist; und seien Sie misstrauisch gegenüber einfachen Beschreibungen und Erklärungen darüber, was jemanden glücklich macht. Kurz gesagt: Es gibt keine goldenen Schlüssel. Der König wird die Tür selbst öffnen müssen.

Die Glücksschlüssel

→ **Unsere Suche nach Glück ist universell. Was wir für ein gutes Leben brauchen und wollen, hat sich in den letzten 2000 Jahren wenig verändert.**

→ **Viele verschiedene Menschen nehmen viele verschiedene Wege zum Glück. Treffen Sie Ihre eigene Wahl.**

→ **Es gibt keine goldenen Schlüssel. Menschen und das Leben selbst sind dafür zu vielschichtig. Seien Sie misstrauisch gegenüber einfachen Erklärungen.**

Alex C. Michalos ist emeritierter Professor für Politische Wissenschaften der University of Northern British Columbia (Kanada). Er hat 22 Bücher und mehr als 90 extern begutachtete Artikel veröffentlicht und ist Gründer bzw. Mitgründer von sechs wissenschaftlichen Zeitschriften. Er war Präsident der International Society for Quality of Life Studies und bekam vom Social Sciences and Humanities Research Council of Canada die Goldmedaille für wissenschaftliche Leistungen verliehen.

Stavros A. Drakopoulos

Glück & Geld

In den letzten Jahrzehnten haben Glück und Lebenszufriedenheit auch die Aufmerksamkeit der Ökonomen geweckt, die sie mit den wissenschaftlichen Methoden und Instrumenten der Volkswirtschaftslehre untersuchen. Zu ihnen gehört **Stavros A. Drakopoulos**: „Einkommen ist für das Glück zwar wichtig, aber immer mehr Einkommen führt nicht zu immer mehr Glück."

Wirtschaftswissenschaftler konzentrieren sich auf die ökonomischen Bestimmungsfaktoren des Glücks – Einkommenshöhe, Arbeitslosigkeit und wirtschaftliche Ungleichheit. Eine Vielzahl verwandter Studien hat wichtige und oft überraschende Ergebnisse erbracht. Ein interessanter Befund, den viele Volkswirte entdeckt haben, betrifft die Beziehung zwischen Einkommensniveau und generellem Glücksempfinden. Mehrere Länderstudien deuten darauf hin, dass die Einkommenshöhe sehr wichtig für das Glücksempfinden vieler Menschen ist. Dieser Effekt scheint allerdings bei niedrigen Einkommen sehr stark, bei hohen weniger stark zu sein. Experten haben diesen Zusammenhang „Glücksparadox" genannt. Anders gesagt: Einkommen ist für das Glück der Menschen sehr wichtig, wenn sie arm sind, aber weniger wichtig, wenn sie finanziell ohne Sorgen oder wohlhabend sind. Das scheint sowohl innerhalb einzelner Länder als auch im Ländervergleich zu gelten. Beispielsweise geben einige Entwicklungsländer höhere Glücksniveaus an als viele Industrieländer mit hohen Einkommen.

Vergleich

Die menschliche „Bedürfnishierarchie" und das „Vergleichseinkommen" sind zwei Begriffe, die dazu beitragen können, dieses Glücksparadox zu erklären. Der erste Begriff bedeutet, dass Menschen sich in der Regel sehr unglücklich fühlen, wenn ihre Grundbedürfnisse wie Nahrung und Schutz nicht erfüllt sind. Sobald diese Bedürfnisse gestillt sind und ihre Lage sich allmählich bessert, werden andere Faktoren wichtig. Insofern ist es entscheidend, dass das Einkommen ausreicht, um die wichtigen Bedürfnisse – wie sie in einer modernen Gesellschaft definiert sind – zu decken. Weitere Einkommenssteigerungen scheinen allerdings keine entsprechende Mehrung des Glücks zu bewirken; sobald das Einkommensniveau ausreicht, um die materiellen Bedürfnisse zu erfüllen, werden andere Faktoren wie Freiheit, Freizeit, Lebensqualität, Vertrauen sowie persönliche und soziale Beziehungen wichtiger für das Glück. „Vergleichseinkommen" heißt in der Glücksforschung: **Menschen ziehen nicht viel Glück aus ihrem absoluten Einkommen, sondern aus ihrer Position relativ zu den Einkommen anderer.** Anders gesagt, vergleichen Menschen ihr Einkommensniveau mit dem von Menschen, die mit ähnlichen Qualifikationen im gleichen Arbeitsfeld arbeiten. Wir fühlen uns tendenziell unglücklich, wenn wir entdecken, dass unser Einkommen im Vergleich schlechter ausfällt. Insofern macht uns eine Gehaltserhöhung nicht unbedingt glücklicher, wenn das Gehalt unserer Kollegen noch mehr erhöht wird. Viele aktuelle empirische Studien verschiedener Wirtschaftswissenschaftler scheinen diesen Effekt zu belegen.

Die Glücksschlüssel

→ **Die Einkommenshöhe ist sehr wichtig für das Glücksempfinden vieler Menschen. Dieser Effekt scheint bei niedrigen Einkommen sehr stark, bei hohen weniger stark zu sein.**

→ **Die menschliche „Bedürfnishierarchie" und das „Vergleichseinkommen" sind zwei Begriffe, die dazu beitragen können, dieses sogenannte Glücksparadox zu erklären.**

→ **Sobald unser Einkommen mehr als unsere Grundbedürfnisse abdeckt, könnte es unserem Glück dienlich sein, andere Faktoren als das Einkommen stärker zu fördern: persönliche und soziale Beziehungen, Freiheit, aktive Interessen und Ziele.**

Stavros A. Drakopoulos ist Professor für Volkswirtschaftslehre an der Nationalen und Kapodistrias-Universität Athen (Griechenland). Er war Dozent an den Universitäten von Aberdeen und Glasgow in Schottland. Sein Forschungsinteresse gilt vor allem dem Verhältnis von Glück und Wirtschaft. Er hat viele Artikel zur Methodologie der Wirtschaftswissenschaften und der Geschichte des ökonomischen Denkens, zur Arbeitsökonomie und zur Ökonomie des subjektiven Wohlbefindens veröffentlicht. Zu seinen Büchern über diese Themen gehören *Values and Economic Theory: the Case of Hedonism* (Werte und Wirtschaftstheorie: Der Fall des Hedonismus) sowie *Comparisons in Economic Thought* (Vergleiche im ökonomischen Denken).

Der beste Humor

Lachen ist auf der ganzen Welt bekannt für seine Kraft, uns mit anderen zu verbinden, Stress zu lösen und das Wohlbefinden zu steigern. Gängige Redensarten wie „Lachen ist die beste Medizin" oder „Nimm's mit Humor" spiegeln den Nutzen des Humors. Da es verschiedene Arten von Humor gibt, untersucht **Anja Leist**, welche Art am meisten zu unserem Glück beiträgt.

Für die Beantwortung ist ein bekannter Fragenkatalog nützlich, den Rod A. Martin und seine Kollegen 2003 entwickelt haben, der *Humor Styles Questionnaire*. Er beschreibt vier unterschiedliche Humorstile anhand eines Vier-Felder-Schemas, das wohlwollenden versus potenziell schädlichen Humor und auf das Selbst versus auf andere gerichteten Humor unterscheidet.

1. Der erste Humorstil richtet sich wohlwollend auf das eigene Selbst und wird selbststärkender Humor genannt. Um festzustellen, in welchem Grad jemand *selbststärkenden Humor* nutzt, wird beispielsweise erfragt, wie stark jemand den folgenden Aussagen zustimmt: „Wenn ich mich verärgert oder unglücklich fühle, versuche ich normalerweise, an eine lustige Seite der Situation zu denken, um mich wieder besser zu fühlen" sowie „Selbst wenn ich allein bin, amüsieren mich die Absurditäten des Lebens oft".

2. Der zweite Humorstil ist potenziell schädlich für das eigene Selbst und heißt *selbstentwertender Humor*.

3. Der dritte ist wohlwollend gegenüber anderen; er wird *verbindender Humor* genannt.

4. Der letzte Humorstil, der für andere potenziell schädlich ist, heißt *aggressiver Humor*.

Selbststärkender und verbindender Humor gehen mit höherem Wohlbefinden einher, das konnten Martin und seine Kollegen nachweisen. Unsere Fragestellung war allerdings ein wenig anders – wir wollten nicht die einzelnen Humorstile untersuchen, sondern feststellen, wie diese Stile kombiniert werden und welcher der resultierenden Humortypen dem Wohlbefinden am meisten nutzt.

Drei Stile

Wir baten eine Gruppe von Studierenden und Angestellten, einen Online-Fragebogen auszufüllen. Die Teilnehmer wurden gefragt, wie oft sie die vier verschiedenen Humorstile einsetzten. Dann wurden sie um Informationen zu ihrem Selbstwertgefühl gebeten (dem Grad, in dem sie mit sich selbst zufrieden waren), zu ihren Strategien der Selbststeuerung (wie sie mit Lebenssituationen umgingen, indem sie persönliche Ziele der Situation anpassten oder hartnäckig daran festhielten) und zu ihrer allgemeinen Lebenszufriedenheit. Wir nahmen an, dass kein einzelner Humorstil als solcher vorteilhaft wäre, sondern, dass die Stile eher kombiniert verwendet würden.

Bei der Betrachtung der Muster, wie die Humorstile verwendet wurden, fanden wir drei verschiedene Gruppen:

1. Die erste Gruppe verwendete alle Stile gleichmäßig, die sogenannten *Humorbefürworter*.

2. Eine weitere Gruppe verwendete Humor überhaupt nicht gern, die sogenannten *Humorverweigerer*.

3. Die letzte Gruppe zeigte ein durchschnittliches Maß an verbindendem Humor, sehr wenig selbstentwertenden oder aggressiven Humor und sehr hohe Niveaus von selbststärkendem Humor – die sogenannten *Selbststärker*. Diese Personen verwendeten Humor nur, um sich selbst aufzuheitern, wenn sie sich einsam oder niedergeschlagen fühlten. Dieser Typ von Humor stellte sich als der interessanteste heraus.

Die Gruppe der Selbststärker hatte die positivsten Ausprägungen von Selbstwertgefühl, Selbststeuerung und Wohlbefinden, wenn man sie mit den anderen Gruppen verglich. Die Menschen aus dieser Gruppe betrachteten sich selbst als wertvoll, waren bereit, ihre Ziele flexibel anzupassen oder nach Möglichkeit an ihnen festzuhalten, und waren insgesamt sehr zufrieden mit ihrem Leben.

Guter Weg

Diese Erkenntnisse sind neu, und nach unserem Wissensstand gibt es keine weitere, ähnlich angelegte Studie, die sie bestätigen würde. Insofern sollten wir im Moment vorsichtig mit Prognosen sein, ob diese Befunde im „wahren Leben" gelten und ob andere Gruppen von Menschen, beispielsweise Arbeitslose oder ältere Menschen, ebenfalls von selbststärkendem Humor profitieren könnten. Einen vorläufigen Schluss können wir allerdings aus unserer Studie ziehen: **Es scheint hilfreich zu sein, in schwierigen Situationen Humor anzuwenden, um sich aufzuheitern, sich ein wenig von den gegenwärtigen Schwierigkeiten zu distanzieren und die eigene Stimmung zu heben.** Wenn Sie sich gleichzeitig davor hüten, entwertende Witze über sich selbst und andere zu machen, könnten Sie auf einem guten Weg zu persönlichem Wohlbefinden und Glück sein.

Die Glücksschlüssel

→ Es gibt vier unterschiedliche Humorstile: selbststärkend, selbstentwertend, verbindend und aggressiv. Selbststärkender und verbindender Humor gehen mit höherem Wohlbefinden einher.

→ Die meisten Menschen nutzen eine Kombination von Stilen. Es gibt drei Gruppen: Humorbefürworter, Humorverweigerer und Selbststärker. Letztere nutzen wenig selbstentwertenden und aggressiven Humor, dafür mehr verbindenden und sehr viel mehr selbststärkenden Humor. Dieser Stil ist der vorteilhafteste.

→ Humor ist in schwierigen Situationen hilfreich, um sich ein wenig aufzuheitern, sich zu distanzieren und die eigene Stimmung zu heben. Wenig hilfreich scheint dagegen, entwertende Witze über sich selbst und andere zu machen.

Dr. Anja Leist ist wissenschaftliche Mitarbeiterin an der Universität Luxemburg. Ihre Forschungsinteressen gelten vor allem sozialen Ungleichheiten bei der körperlichen und kognitiven Gesundheit älterer Menschen aus der Lebensspannenperspektive. Ihre Veröffentlichungen behandeln Themen wie Wohlbefinden, Lebensrückblicke, Technologie und Altern sowie Einflüsse im Lebenslauf auf kognitive Funktionen im höheren Alter.

„Unseren Lebensunterhalt beziehen wir aus dem, was wir bekommen – unseren Lebensinhalt aus dem, was wir geben."

Die Erträge ehrenamtlichen Engagements

Das wunderbare Zitat von Winston Churchill drückt aus, dass unser Wohlbefinden nicht nur mit Empfangen und Konsumieren zu tun hat – unser Leben gewinnt seinen Sinn eher durch das, was wir anderen geben. Aber stützt die Forschung zum subjektiven Wohlbefinden diese Vorstellung? Um dieser Frage nachzugehen, unterzieht **Anke C. Plagnol** die ehrenamtliche Arbeit einer näheren Betrachtung – unbezahltes, freiwilliges Engagement, das Nutzen in Form von Gütern oder Dienstleistungen für andere stiftet. Wer Gutes tut, der fühlt sich gut?

Es gibt viele Formen ehrenamtlicher Arbeit: ein Vater trainiert die Volleyballmannschaft; ein Student hilft im örtlichen Obdachlosenheim; eine Buchhalterin berät die Kita ihres Kindes kostenlos bei der Buchführung; ein Teenager verbringt Zeit mit älteren Menschen in der Nachbarschaft und unterstützt sie bei ihren Alltagsaufgaben – all diese Freiwilligen verschenken ihre Zeit und Arbeit zugunsten anderer, ohne eine messbare Gegenleistung zu erhalten. Ehrenamtliche Arbeit kann formell, zum Beispiel im Rahmen einer gemeinnützigen Organisation,

oder informell in Form von Hilfe für Menschen außerhalb der Familie stattfinden. Beide Arten des ehrenamtlichen Engagements hängen zusammen: **Wer regelmäßig formell ehrenamtlich arbeitet, wird sich eher auch informell engagieren.**

Intrinsische Motivation

Freiwillige Helfer spielen in unserer Gesellschaft eine wichtige Rolle, denn Wohlfahrtsverbände und andere gemeinnützige Organisationen aus den Bereichen Soziales, Gesundheit, Bildung, Kultur und Sport bauen oft auf deren Beitrag. **Ehrenamtliche Arbeit nützt Gemeinschaften, weil sie soziale Bindungen stärkt und Werte wie Altruismus und Solidarität fördert.** Der Nutzen für die Bürgergesellschaft als Ganzes und für diejenigen, die auf der Empfängerseite freiwilliger Arbeit stehen, ist ziemlich offensichtlich – aber wie steht es um die Freiwilligen selbst? Gilt tatsächlich, dass wir „unseren Lebensinhalt aus dem beziehen, was wir geben"?

Wahrscheinlich wären Menschen nicht bereit, unbezahlte Arbeit zu leisten, wenn sie es nicht irgendwie persönlich bereichernd fänden. Statt äußerer Motivation in Form von Geld brauchen Freiwillige eine innere Motivation für ihre Aktivitäten. Eine solche intrinsische Motivation könnte in dem inneren Wohlgefühl liegen, das ehrenamtliches Engagement mit sich bringen kann. Neben körperlicher Gesundheit ist freiwillige Arbeit auch mit seelischem Wohlbefinden verbunden in Form von höherer Lebenszufriedenheit (einem Maß für hedonistisches Wohlbefinden), guter Laune und eudämonistischem Wohlbefinden, das die menschlichen Gefühle von Erfüllung, Sinn und Zweck im Leben beschreibt. **Ehrenamtlich Arbeitende berichten außerdem von höherem Selbstwertgefühl und besserer Gesundheit; auch ihre Lebenserwartung ist höher.**

Soziale Vergleiche

Aber warum steigert freiwilliges Engagement das Wohlbefinden? **Das Wohlbefinden anderer beeinflusst unser eigenes.** Darüber hinaus sind positive soziale Austauschprozesse, Unterstützung durch soziale Netzwerke und persönliche Beziehungen sehr wichtig für das individuelle subjektive Wohlbefinden, und ehrenamtliche Arbeit ist ein Weg, solche Bindungen zu verstärken. Bei manchen Arten freiwilliger Tätigkeit können Menschen außerdem ein stärkeres Bewusstsein für das Leben der weniger Privilegierten entwickeln und dadurch erkennen, wie gut es ihnen im Vergleich zu anderen geht. Es ist bekannt, dass soziale Vergleiche, das heißt sich selbst mit anderen zu vergleichen, beträchtliche Auswirkungen auf das eigene Wohlbefinden haben.

Aber steigert freiwilliges Engagement tatsächlich das Wohlbefinden oder sind glückliche Menschen einfach eher dazu bereit ihre Zeit anderen zu widmen? Es gibt nicht viele Studien, die einen

Kausalzusammenhang belegen und damit diese Frage beantworten können, aber eine sehr gelungene Untersuchung, die Stephan Meier und Alois Stutzer 2008 veröffentlicht haben, kommt zu dem Schluss, dass freiwilliges Engagement tatsächlich das subjektive Wohlbefinden steigert.

Frag mich!

Möglicherweise sind sich potenzielle Freiwillige aber dieses Nutzens nicht bewusst und deshalb nicht ehrenamtlich aktiv. **Ein wichtiger Grund, warum Menschen mit ehrenamtlicher Arbeit beginnen, könnte darin liegen, dass sie von Freunden darum gebeten wurden** – das heißt, Menschen, die schon in große soziale Netzwerke eingebunden sind, werden mit größerer Wahrscheinlichkeit die Gelegenheit zu freiwilligem Engagement angeboten bekommen. Darüber hinaus fanden meine Kollegin und ich bei einer europaweiten Untersuchung heraus, dass gebildetere und wohlhabendere Menschen mit größerer Wahrscheinlichkeit ehrenamtlich tätig sind, was vielleicht ihre besseren Möglichkeiten widerspiegelt.

Sollte die Politik also ehrenamtliches Engagement fördern, um das Wohlbefinden in einer Gesellschaft zu verbessern? Obwohl sie für das gemeinschaftliche Wohlbefinden entscheidend ist, findet freiwillige Arbeit außerhalb des Marktes statt und ist deshalb nicht Bestandteil des Bruttoinlandsproduktes, mit dem Volkswirte den Fortschritt einer Gesellschaft messen. Insofern könnten Politiker unterschätzen, wie beträchtlich die positiven Auswirkungen sind, die ehrenamtliches Engagement für das Wohlbefinden einer Gesellschaft und ihrer Bürger hat.

Die Glücksschlüssel

→ **Ehrenamtliches Engagement nutzt der Gesellschaft, aber auch den freiwilligen Helfern.**

→ **Freiwillige Arbeit ist mit höherer Lebenszufriedenheit und mehr Sinn und Erfüllung im Leben verbunden.**

→ **Der positive Zusammenhang zwischen subjektivem Wohlbefinden und freiwilligem Engagement könnte mit den daraus entstehenden sozialen Beziehungen zusammenhängen.**

Dr. Anke C. Plagnol ist Dozentin für Psychologie (Verhaltensökonomik) an der City University London (Großbritannien), wo sie auch stellvertretende Direktorin des Masterstudiengangs für Verhaltensökonomik ist. Vorher forschte sie als Postdoctoral Research Fellow am Fachbereich Soziologie der Universität Cambridge zum Thema subjektives Wohlbefinden und Geschlechtergleichstellung. Obwohl sie studierte Volkswirtin ist, nutzt sie für ihre interdisziplinäre wissenschaftliche Arbeit Theorien und Methoden der Ökonomie, der Psychologie und der Soziologie. Insbesondere interessiert sie sich dafür, wie Menschen Entscheidungen treffen und wie diese ihr subjektives Wohlbefinden beeinflussen.

„Unser Glück hängt nicht

von äußeren Umständen ab."

Grundlos glücklich

Wie können wir erklären, dass wir jederzeit bereit sind, begeistert zu reagieren, wenn wir glamouröse Anzeigen für das allerneueste Sandwich auf dem Markt sehen? Diese Haltung ist unverständlich – es sei denn, wir geben zu, dass wir ständig auf das Wunderprodukt warten, das uns sofortiges Glück bringt. So sieht es der jungianische Psychoanalytiker **Guy Corneau**.

Als ich mein Universitätsstudium begann, schockierte mich ein Professor für Werbepsychologie, indem er sagte, „Fernsehnachrichten liefern uns die schlechten Nachrichten, Werbung die guten Nachrichten." Eine so grob vereinfachende Vorstellung lehnte ich ab; auf mich wirkte sie wie eine Beleidigung der menschlichen Intelligenz. Und dennoch: Wie viel Weisheit liegt in diesen Worten! Wie sonst könnten wir unsere Bereitschaft erklären, glamouröse Anzeigen für das allerneueste Sandwich auf dem Markt zu bestaunen? Diese Haltung ist vollkommen unverständlich – es sei denn, wir geben zu, dass wir unterbewusst ständig auf das Wunderprodukt warten, das sofortiges Glück verheißt. Nicht irgendein altes Glück, sondern das Glück, das man auf einem Tablett serviert bekommt. Unser Warten zeigt in Wahrheit unsere Weigerung anzuerkennen, dass wir für unser eigenes Glück verantwortlich sind; indem wir so handeln, geben wir unsere Kraft auf, es zu erschaffen. Wir bleiben lieber angeblich unschuldige Opfer und verteidigen diese Haltung um jeden Preis.

Und wenn wir aufhören, das „Gute-Nachrichten-Schlechte-Nachrichten-Spiel" zu spielen, was passiert dann? Wir sehen uns mit dem Vakuum unserer Existenz konfrontiert, die so üppig erfüllt gewirkt hatte. Wir kämpfen mit Gefühlen von Langeweile, Einsamkeit und Leid; hinter ihnen steckt der Schrecken, den uns das Leben in einer immer bedrohlicheren Welt einjagt. An diesem Punkt erkennen wir, dass die Motivation für einen leistungsorientierten Lebensstil ohne Zeit zum Luftholen die Angst davor ist, nicht zu existieren.

Aber vielleicht stehen selbst die extremen Mittel, zu denen wir greifen, um unsere Angst einzudämmen, im Verhältnis zum Ausmaß dieser Angst. Haben Sie bemerkt, dass die Dinge, die wir tun, um unser Unglück zu bezwingen, immer drastischer werden? Wir bekämpfen extremen Schmerz mit Extremsport, harter Pornografie, professionellen Höchstleistungen, dunkelster Schokolade. Mein Sportverein bietet sogar Kurse in Extrem-Yoga an!

Freude kommt von freier Wahl

Vor Kurzem erzählte mir ein Freund von einem Abenteuer, das so extrem war, wie man es sich nur wünschen kann. Er kam gerade von einer Expedition zum Berg Kailash in Tibet zurück. Nichts war dabei nach Plan gelaufen: Die Nachttemperaturen waren statt der erwarteten angenehmen 12° C bis auf –15° C gefallen. Die Gruppe hatte zwei Wochen lang jeden Tag die gleichen Mahlzeiten bekommen. Sogar das Wasser wurde knapp, was so ernsthafte Probleme verursachte, dass eine Person aus der Gruppe bewusstlos wurde.

„Was für eine Enttäuschung!", sagte ich zu ihm.

„Ganz und gar nicht", war die Antwort. „Ich bin selten im Leben glücklicher gewesen. Ich habe etwas Erstaunliches gelernt: Unser Glück hängt nicht von äußeren Umständen ab. Wir waren hungrig, uns war kalt, wir hatten Durst. Unsere gewohnten Wünsche, sinnliche und andere, konnten nicht erfüllt werden, und trotzdem gab es Freude."

Der Punkt ist: Freude ist immer da, in uns. Die Tibeter sagen sogar, sie sei der leuchtende Boden, auf dem alles menschliche Leben aufgebaut ist, und jeder von uns könne sie wahrnehmen, wenn wir in einen spontanen Zustand von Glückseligkeit oder Ekstase eintreten. Wenn sie also schon da ist, warum sollten wir auf den Glücksfall einer schwierigen Erfahrung warten, um sie zu erkennen? Warum zielen wir nicht direkt auf sie ab, indem wir unseren inneren Zustand verändern? Der Weise behauptet nicht, er könne die Geschehnisse ringsum verändern; er beschließt eher, das zu verändern, was in ihm selbst vorgeht, indem er seinen Geisteszustand frei wählt. Diese Entscheidung kann jeder treffen. Genau wie ein Künstler die Farben wählt, die seinem Gemälde Harmonie und Schönheit verleihen, können wir alle die Farben und Schattierungen aussuchen, die unsere Existenz tönen. Wer das tut, wird zum Schöpfer des eigenen Glücks.

Oberhalb eines bestimmten Niveaus von Wohlbefinden und Bewusstsein haben Menschen ihr Unglück oder ihr Glück einzig und allein sich selbst zu verdanken. Es gibt keine Vergangenheit, von der sich ein Opfer nicht lösen kann. Wir sind Autoren unseres eigenen Lebens – in einem Ausmaß, das ziemlich verwirrend sein kann. Jetzt, wo ich darüber nachdenke, würde ich tatsächlich sagen: **Eine der wenigen Entscheidungen, die einen echten Unterschied im Leben ausmachen, ist die bewusste Entscheidung dafür, das Glück zu wählen.**

Wir alle haben eine Wahl, was das Glück angeht: Wir können entweder warten, bis uns das Leben die Rechnung für all unsere Exzesse präsentiert, oder uns dazu entschließen, uns regelmäßig Zeit für uns zu nehmen. Ein Spaziergang auf dem Land erfüllt uns mit Freude, auch wenn er etwas Anstrengung kostet. Und doch ist nichts Extremes daran. In ähnlicher Weise füllt eine tägliche Phase der Meditation, in der man die einfache Tatsache der Existenz und den Reichtum von Luft, Wasser und Licht genießt, das Herz mit Freude und Zuversicht. Wenn ich durch die Herausforderungen in meinem Leben eines gelernt habe, dann das: Es ist sinnlos zu warten, bis man diese oder jene Ebene der persönlichen Entwicklung erlangt hat, um frei zu atmen. Wir sollten uns lieber einen Rhythmus angewöhnen, der es uns erlaubt, uns unserer selbst bewusst zu sein und bei jedem Schritt frei zu atmen. Denn kein Erfolg, wie groß er auch sein mag, kann die Angst davor bannen, nichts zu sein.

Innerer Frieden

In Wirklichkeit bleiben wir so lange Gefangene unserer Ängste, wie wir Schwierigkeiten haben, uns mit der Realität des gegenwärtigen Moments zu verbinden. Eine solche Verbindung bedeutet, dass wir unsere Erwartungen aufgeben müssen. Das ist ein wenig, als würden Sie sich dazu entschließen, nichts mehr zu erwarten und nichts mehr zu sein, anders gesagt: nicht mehr vorzugeben, dies oder jenes zu verkörpern. Denn die Erwartungen, die wir an uns selbst und an andere stellen, versetzen uns ständig in die Vergangenheit oder in die Zukunft, sodass wir vergessen, uns mit dem gegenwärtigen Moment zu verbinden. Es geht nicht darum, nichts zu tun, sondern einfach darum, eine Verbindung zu Dingen aufzubauen, die ein Gefühl des Glücks fördern – ohne zu vergessen, dass dieses Glück schon da ist, immer da war und immer da sein wird.

Letztendlich gibt es nur eine Lösung: Grundlos glücklich zu sein, grundlos zu lieben, grundlos innere Erfüllung und Frieden zu verspüren. Einfach nur, um unsere natürliche Vorliebe für Glück zu befriedigen.

Die Glücksschlüssel

→ **Glück hängt nicht von äußeren Umständen ab.**

→ **Wir haben die Kraft, unseren Geisteszustand zu ändern.**

→ **Das Glück ist schon in uns, war immer da und wird immer da sein.**

Guy Corneau war jungianischer Psychoanalytiker und hat am C. G. Jung-Institut Zürich studiert. Er lebte in Montreal und hat zahlreiche Bücher zum Thema Glück verfasst, darunter *Revivre!* (Wieder leben!) und *Le meilleur de soi* (Das Beste von uns selbst). Im Lauf der letzten 20 Jahre hielt er Hunderte von Vorträgen und leitete Seminare zur persönlichen Entwicklung in verschiedenen Teilen der Welt. Von einer Krebserkrankung genesen, lebte er sein Leben mit Begeisterung und plante, sich wieder seiner ersten Liebe zu widmen: der Poesie und dem Theater. Guy Corneau starb kurz nach der Fertigstellung dieses Textes.

„Glücklich sein ist nicht unbedingt bequem."

Die Anti-Glücks-Fallen

Die Informationstechnologie birgt keine Geheimnisse für uns, wir beherrschen eine Fremdsprache und praktizieren eine Sportart ohne sonderliche Schwierigkeiten – aber wie steht es um unsere Begabung für Glück? Wissen wir, wie man glücklich ist? Insbesondere: Wissen wir, was man braucht, um glücklich zu werden? **Thomas d'Ansembourg** lädt uns ein, dies zu entdecken, in seiner Reflektion über das Leben, unsere Gesellschaften und die zentrale Kraft, die uns alle antreibt …

Wenn ich bei einer Tagung frage, wer einen glücklichen Menschen kennt, heben 35 bis 50 Prozent der Anwesenden die Hand. Als Nächstes frage ich, wer zwei glückliche Menschen kennt, und 20 bis 35 Prozent des Saales melden sich. Dann frage ich, wer fünf solche Menschen kennt, und nur noch 1 oder 2 Prozent heben die Hand. Wir sprechen von Vortragssälen mit 300 bis 800 Leuten aus allen Gesellschaftsschichten unserer sogenannten entwickelten Länder. Ich setze meine Umfrage fort, indem ich nacheinander frage, wer fünf Menschen kennt, die Auto fahren, eine Fremdsprache sprechen, einen technisch eher anspruchsvollen Sport wie Skifahren oder Tennis betreiben oder einen Computer nutzen. Bei jeder dieser Fragen bekomme ich zwischen 65 und 85 Prozent bejahende Antworten. Eindeutig – **wir haben eher Machen gelernt als Sein!**

Wo liegt der Ursprung dieses Zustands, den ich wiederholt in verschiedenen Ländern bemerkt habe? Es mag zwar nützlich und angenehm sein, Auto zu fahren, eine Fremdsprache zu beherrschen, Sport zu treiben und Computer bedienen zu können, aber wir sind uns wohl bewusst, dass darin nicht das Kernthema unserer Existenz liegt. Sind wir kompetenter bei diesen nützlichen, angenehmen, aber nicht lebenswichtigen Beschäftigungen als auf einem Feld, das so grundsätzlich ist wie der Zugang zu einem glücklicheren Seinszustand?

Segelboot

In Wirklichkeit ist dies keine Frage der Kompetenz, weil wir alle vielfältige Lernkapazitäten haben. Es ist eine Frage der Entscheidung: Menschen, die Schritt für Schritt ein gewisses Können auf einem neuen Gebiet erworben haben, beschließen in der Regel irgendwann, es richtig zu erlernen. Sie setzen die betreffende Aktivität auf ihren Terminplan und engagieren sich; sie erkennen Abfolgen, entwickeln automatische Reaktionen, nehmen Probleme wahr und akzeptieren den Prozess von Versuch und Irrtum; sie widmen diesem Lernprozess bewusst Zeit, wälzen Lehrbücher und gönnen sich gelegentlich ein Budget für Unterrichtsstunden … Und früher oder später genießen sie, welch unerhörtes Vergnügen ihnen diese neue Fähigkeit bringt, die ein Teil ihrer Lebensweise geworden ist.

Was das Glück angeht, hoffen die meisten unserer Zeitgenossen (manchmal inständig), dass es zu ihnen kommt, ohne dass dafür irgendeine Art von Arbeit oder Lernprozess nötig wäre. Aber sie sind, ohne es zu wissen, in verschiedenen Anti-Glücks-Fallen gefangen. Ich brauchte mehrere Jahre, in denen ich meine eigenen Schwierigkeiten, dauerhaft glücklich zu werden, beobachtete – und andere Menschen mit den gleichen Schwierigkeiten –, um zu verstehen, dass es um zwei Dinge geht:

1. Wir können einer Falle nicht entkommen, wenn wir nicht wissen, dass wir darin gefangen sind! Dies ist der erste Schritt in die Freiheit: uns bewusst zu machen, was in uns selbst uns am Vorankommen hindert, was uns zurückhält oder gar begrenzt. Wenn wir das tun, merken wir meist, dass wir in unseren Denkgewohnheiten, Automatismen, in unserem Glaubenssystem und Statusdenken feststecken. Insofern sind nicht unbedingt unsere Lebensbedingungen das Problem, sondern eher die Konditionierung unseres Geistes, anders gesagt: unser inneres „Programmierungssystem", unser persönliches „Programm". Aber wenn etwas programmiert worden ist, kann es auch neu programmiert werden!

2. Damit wir es wagen, unsere Komfortzone zu verlassen und in den Veränderungsprozess einzutreten, müssen wir lernen, uns auf die Eigendynamik unseres Lebens einzulassen – auf das, was unser innerstes Sein ausmacht, jenseits unserer konditionierten Persönlichkeit.

Es handelt sich also um ein doppeltes Erwachen. Wie bei einer Reise mit einem Segelboot müssen wir lernen, die Grenzen unserer Gewohnheiten und Automatismen zu überschreiten, wir müssen „in See stechen". Allerdings ist das Eintauchen in die schlammigen Tiefen unseres Unterbewusstseins nicht unbedingt angenehm, was erklärt, warum nur so wenige Menschen sich selbst hinterfragen. Dann müssen wir beginnen, unser Herz und Bewusstsein zu öffnen, um uns in der Dynamik unseres eigenen Lebens zu verwurzeln, ihren Atem einzufangen, anders gesagt: um Mast und Segel zu setzen. Gegen fest vertäute Boote mag der Geist zwar anwehen, aber er wird nur die Herzen forttragen, die gewillt sind, die Taue des Egos loszuwerfen und sich für das Sein zu öffnen.

Impfung

Eine der häufigsten Fallen unserer Kulturen ist die doppelte Anti-Glücks-Impfung – ein selbstzerstörerischer Mechanismus, der subtil abläuft und deshalb schwer zu erkennen und aufzulösen ist. Ich hatte selbst viele Jahre lang den Eindruck, gegen Glück geimpft zu sein; sobald sich halbwegs dauerhaftes Glück zeigte, fühlte ich, wie mein Immunsystem aktiv wurde, um es zu sabotieren. Die gleiche automatische Reaktion bemerkte ich bei Hunderten von Menschen. Sie ist das Ergebnis einer doppelten, widersprüchlichen Aufforderung. Die erste Aufforderung lautet: „Wir sind nicht zum Spaß auf der Welt." Aus dieser Perspektive muss das Leben bis zur Rente ertragen werden; Paradies und Glück sind so gut wie verboten. Die zweite lautet: „Sei glücklich mit dem, was du hast." Aus dieser Sicht ist Glück obligatorisch: Man heult nicht und man beklagt sich nicht. Wissenschaftler am Mental Research Institute in Palo Alto haben solche widersprüchlichen Anweisungen mit der Entstehung von Schizophrenie in Verbindung gebracht. **Ich persönlich habe bemerkt, dass viele von uns, mich selbst lange Zeit eingeschlossen, ein schizophrenes Verhältnis zum Glück haben:** Wir suchen es, sind aber selbst die ersten, die uns daran hindern, es zu finden – als berge Glück ein Risiko. Um die Wahrheit zu sagen, liegt das einzige Risiko darin, die Kultur des Unglücklichseins hinter uns zu lassen, in der wir gelernt haben, dass eine intensive Existenz nur durch Drama und Leid möglich ist.

Ich habe immer wieder Menschen in ihren jeweiligen Lebensphasen begleitet und bin dabei zu der Überzeugung gelangt, dass wir nichts weiter suchen als zunehmenden inneren Frieden; einen Frieden, den wir ihn in uns tragen, beschützt vor den Schwierigkeiten und Wechselfällen des Lebens; einen Frieden, der ansteckt, weil er intensiv und fruchtbar ist.

Die Beschäftigung mit unserem Innenleben wird es uns ermöglichen, unser Bewusstsein zu öffnen und aus jener inneren Ressource zu schöpfen, von der alle spirituellen Traditionen berichten; sie wird wahlweise Atem, Geist, Gnade, Präsenz, Bewusstsein oder Gott genannt. Dieser Ansatz ist im Interesse der Allgemeinheit. Ökologie beginnt in der Intimität unseres Herzen, denn unsere innerste seelisch-spirituelle Entwicklung ist der Schlüssel zu einer nachhaltigen sozialen Entwicklung.

Angesichts der Probleme der heutigen Welt hat Innerlichkeit ihren rechtmäßigen Platz.

Die Glücksschlüssel

→ **In unseren Kulturen haben wir eher Machen gelernt als Sein. Lasst uns das umkehren!**

→ **Der Prozess des Erwachens führt zu einem ansteckenden inneren Frieden und besteht aus einem doppelten Lernprozess, der uns allen offensteht: unsere Grenzen zu überschreiten und uns unserem tieferen Sein zu öffnen.**

→ **Dieser Ansatz zum Schaffen von Frieden und Offenheit ist im öffentlichen Interesse: Heutzutage hat Innerlichkeit ihren rechtmäßigen Platz.**

Thomas d'Ansembourg war fünf Jahre als Rechtsanwalt in Brüssel (Belgien) und zehn Jahre als Justiziar eines Unternehmens tätig; parallel leitete er zehn Jahre lang eine Organisation, die sich um Jugendliche in Not kümmert. Seit 1994 arbeitet er als Psychotherapeut, Berater für menschliche Beziehungen und zertifizierter Trainer für bewusste und gewaltfreie Kommunikation. Er ist Autor der Bestseller *Endlich ICH sein, Hör auf zu träumen, fang an zu leben* und *Qui fuis-je? Où cours-tu? À quoi servons-nous?* (Vor wem laufe ich weg? Wohin rennst du? Wozu sind wir da?). Er hält Vorträge in vielen Ländern.

„Glück findet man nicht dort,

wo man es sucht.“

Die Glücksgleichung

Manche Menschen scheinen dazu prädestiniert, die Welt im besten Licht zu sehen. Ihre Gedanken sind selbsterfüllende Prophezeiungen; sie erwarten eine glückliche Zukunft, die sich als wahr erweist. Wenn wir sie näher betrachten, können wir Dinge lernen, die uns allen nützen. Die Psychologin **Lucie Mandeville** hat sich gefragt, wie *gewöhnliche* Menschen es schaffen, ein *außergewöhnlich* glückliches Leben zu führen, trotz ihrer unspektakulären Lebensumstände.

Wir glauben, das Glück wird kommen, sobald wir den Mann oder die Frau unseres Lebens treffen, oder im Gegenteil, wenn wir unsere Scheidung hinter uns haben … Wir stellen uns vor, dass wir endlich glücklich sein werden, wenn wir diesen gut bezahlten Job bekommen oder wenn wir endlich im Ruhestand sind. Im Grunde nehmen wir an, dass Ereignisse die Macht haben, uns glücklich zu machen. Aber wir liegen falsch.

Wir suchen das Glück in Dingen, die – entgegen unserer Annahme – wenig damit zu tun haben. Wir suchen es in der großen Liebesaffäre, im Traumjob, im Geld, in materiellem Besitz, im Essen, im Lernen, im Reisen. Es ist wahr, dass diese Umstände echtes und wunderbares

Vergnügen bereiten. Aber es ist ein flüchtiges Vergnügen, das eine Weile lang anhält und dann verblasst. **Es ist der Seelenzustand einer Person, der ihr Glück bestimmt.**

Glück hängt davon ab, was für ein Mensch wir sind; es beruht auf unserer eigenen, speziellen Art die Welt zu sehen. Wir erben Charaktereigenschaften, die unser Temperament prägen. Unser Temperament bestimmt weitgehend unsere Persönlichkeit, die wiederum unseren Seelenzustand beeinflusst, also die Art, wie wir auf äußere Umstände reagieren. Aber hier ist der Kreislauf noch nicht zu Ende, weil unser Seelenzustand Auswirkungen auf unseren Körper hat. Er signalisiert dem Gehirn, Hormone zu produzieren, und diese Hormone haben – positive oder negative – Auswirkungen auf unser Immunsystem, indem sie die Zahl der Antikörper im Blut entweder steigen oder sinken lassen. Aus diesem Grund kann uns unser Seelenzustand gesund erhalten oder krank machen.

Das Denken lenken

Manche Menschen betrachten das Leben durch eine rosa Brille, andere haben den Blues. Manche sind Optimisten, die über sich selbst und das Leben lachen können. Das sind die Glücklichen – sie sind gesünder und leben länger. Andere sind Pessimisten. Unter ihnen gibt es einige, die nicht aufhören können, Gründe zum Unglücklichsein zu suchen. Manchmal machen sie den Eindruck, als würden sie dem Elend geradezu nachjagen, und sie holen es auch unvermeidlich ein.

Diejenigen, die zu Glück neigen, haben eine Art, das Leben zu sehen, die sie glücklich macht. Sie bemerken die positiven Aspekte von Ereignissen. Sie sehen die gute Seite der Dinge, wo andere nur die schlechte sehen. Sie geben dem, was ihnen zustößt, eine positive Bedeutung, was es auch sein mag. Sie wenden die Glücksgleichung an:

Glück = positive Aufmerksamkeitslenkung + positive Interpretation von Ereignissen

Genau wie körperliches Training dazu beiträgt, uns fit zu halten, erlangt man Glück, indem man sein Gehirn trainiert. Wir sollten in unserem Alltagsleben den guten Dingen mehr Aufmerksamkeit widmen und uns dafür entscheiden, auftretenden Situationen eine vorteilhafte Bedeutung zuzuschreiben – also eine, die gut für uns ist.

Die Glückswahrheiten

Auf diese Weise sind wir Ereignissen nicht länger ausgeliefert und erzeugen dauerhaftes Glück. Das Entscheidende ist, eine positive Haltung gegenüber dem Leben und uns selbst einzunehmen, die uns von unserem Hang zum Negativen befreit. Das ist das Geheimnis des Glücks.

Wenn wir unsere Art zu leben ändern, stellen wir damit einige der „Wahrheiten" über das Glück in Frage:

→ den Glauben, dass das Erwerben materieller Güter uns glücklich machen wird – da es in Wahrheit größeres Glück bringt, wenn wir etwas von uns geben;

→ den Glauben, dass es uns in den siebten Himmel bringt, wenn wir uns verlieben – bis uns der Himmel auf den Kopf fällt;

→ den Glauben, dass wir an unseren Schwächen arbeiten müssen, um ein besserer Mensch zu werden – obwohl es viel angenehmer ist, unsere Stärken zu kultivieren;

→ den Glauben, dass wir unsere Vergangenheit analysieren müssen, um unsere Gegenwart zu verstehen – wenn tatsächlich der Blick nach vorne, in die Zukunft, mehr Hoffnung gibt;

→ den Glauben, dass das Glück kommt, sobald wir unsere Ziele verwirklicht haben, was bis zu einem gewissen Grad stimmen mag – aber es ist viel befriedigender zu lernen, jeden Moment unseres gegenwärtigen Lebens zu genießen, denn er wird, einmal vorbei, nie wiederkommen.

Die Glücksschlüssel

→ **Lassen Sie nicht zu, dass unheilverkündende Theorien ihre Sichtweise vergiften. Umgeben Sie sich mit Menschen, die Ihnen gut tun.**

→ **Hören Sie auf, immer mehr zu wollen. Lernen Sie das zu schätzen, was Sie schon haben.**

→ **Wünschen Sie sich nicht, jemand anders zu werden, ein Superheld. Leben Sie das Leben, das zu dem passt, was Sie sind.**

Lucie Mandeville ist Psychologin und ordentliche Professorin am Fachbereich Psychologie der Universität Sherbrooke (Kanada). In Quebec ist sie als bedeutende Spezialistin für Psychologie bekannt. Sie ist Autorin des Buches *Le Bonheur extraordinaire des gens ordinaires* (Das außergewöhnliche Glück gewöhnlicher Menschen).

„Auf Malaiisch gibt es kein Wort für Glück."

Vernachlässigen Sie die Seele nicht

Malaysia ist eine ethnisch vielfältige Gesellschaft, mit Malaien, Chinesen, Indern und anderen Gruppen. Jede von ihnen hat ihre eigenständige Sprache, Kultur und Religion, die auf Animismus, Hinduismus, Buddhismus oder Islam beruht. **Noraini M. Noor** arbeitet an der Internationalen Islamischen Universität von Malaysia in Kuala Lumpur. Die meisten ihrer malaiischen Studenten finden es schwierig, das Konzept „Glück" zu erfassen. Sie sucht die Erklärung dafür in der Kultur und Religion der Malaien.

Obwohl alle über das Glück sprechen, bleibt das Konzept selbst schwer fassbar. Gegenwärtig gibt es immer noch keine allgemein akzeptierte Definition dessen, was es tatsächlich bedeutet. In vielen Kulturen glauben die meisten Menschen, dass Glück dann entsteht, wenn man Erfolg hat, reich oder berühmt wird. In der Psychologie sind zahlreiche Glücksmaße entwickelt worden, die Erfahrungen von Freude und Befriedigung sowie die Abwesenheit negativer Gefühle betonen. Trotz allem ist das Glück immer noch schwer festzunageln.

Der Körper

Ich vertrete die Auffassung, dass „Glück", wie es im Westen definiert wird, begrenzt ist – es entsteht aus dem Bedürfnis, den negativen geistigen Begleiterscheinungen der menschlichen Natur (wie Depressionen) und des menschlichen Verhaltens entgegenzutreten. Das neue Gebiet der Positiven Psychologie mit seiner Betonung der positiven Seite der menschlichen Natur hat zur Profilierung der Forschung über Glück oder subjektives Wohlbefinden beigetragen. **Seit die Säkularisierung Religion zur persönlichen Privatangelegenheit marginalisiert hat, widmet der Westen der Seele des Menschen nicht mehr genügend Aufmerksamkeit.** Die Psychologie, die Wissenschaft von menschlichen Erkenntnisprozessen und Verhaltensweisen, untersucht ausschließlich Verstand und Materie – in anderen Worten, den Körper. So wird dem Körper reichlich Aufmerksamkeit gewidmet, die Seele dagegen vernachlässigt.

Die Balance

Für einen Muslim ist der Weg zum Glück der, sich dem einen und einzigen Gott zu unterwerfen: „Sicherlich, im Gedenken Allahs finden die Herzen Ruhe!" (Koran, Sure 13:28). Glück ist deshalb ein Gefühl, das im Herzen wohnt und durch Zufriedenheit und einen Zustand des Einklangs mit sich selbst und der Welt gekennzeichnet ist.

Inwiefern hilft es einem Menschen, sich dem einen und einzigen Gott zu unterwerfen, um Glück zu erlangen? Im Islam ist ein Mensch nur eine von Gottes Kreaturen, von Ihm erschaffen, um die Angelegenheiten der Welt entsprechend Seinen Anweisungen zu regeln – mit Gerechtigkeit, für den Wohlstand und das Wohlergehen aller. Um dies zu erreichen, stattet Gott die Menschen mit Körper (Verstand/intellektuell und Materie/physisch) und Seele (Geist) aus. Für Zufriedenheit und Glück müssen diese Bestandteile genährt werden, damit eine Balance zwischen Körper und Seele entsteht. Wenn Menschen diese Balance nicht aufrechterhalten –indem sie sich nur auf den Fortschritt ihrer intellektuellen und körperlichen Seiten konzentrieren (durch weltliches Streben), ohne auf ihre geistigen Bedürfnisse zu achten – können sie Gefühle der Leere, Rastlosigkeit und Rücksichtslosigkeit erleben, als ob immer noch etwas fehlen würde. **Eine Kehrtwende zu extremer Spiritualität ist aber gleichermaßen ungesund, da dies zu geistigem Fanatismus führt.** Der Islam bietet Leitlinien an, wie man die Bedürfnisse von Körper und Seele anspricht und befriedigt, damit eine Person zufrieden und mit sich im Reinen sein kann.

Die Religion

Als der Islam sich aus Arabien in andere Teile der Welt verbreitete, verschmolz er bald mit den lokal vorherrschenden Kulturen jener Zeit, sodass der islamische Glücksbegriff durchsetzt ist mit örtlichen Traditionen und Bräuchen. Als ich einmal meine malaiischen – muslimischen – Studenten fragte, was Glück in der malaiischen Sprache bedeutet, umfasste ihre Definition den islamischen Glücksbegriff (Zufriedenheit, geistige Aspekte, Balance zwischen weltlichem Streben und dem Jenseits), westliche Glücksvorstellungen (Erfahrungen von Freude oder Euphorie, Befriedigung und die Abwesenheit negativer Gefühle) und außerdem die kulturelle Vorstellung davon, was glücklich sein bedeutet (wie die eigenen Rollenverpflichtungen im Sozialsystem). **Die westliche Glücksdefinition, die religiöse Aspekte und den Einfluss der Kultur ausspart, reicht nicht aus, um das gesamte Wesen des Glücks zu erfassen, wie die Malaiien es verstehen.** Aus diesem Grund existiert in der malaiischen Sprache kein einzelnes Wort, das geeignet ist, die Bedeutung des Glücks umfassend wiederzugeben. Das Bedürfnis, glücklich zu sein, ist universell – das Streben nach der Erfüllung dieses Bedürfnisses und die Ausdrucksformen dafür sind jedoch möglicherweise kulturell bedingt.

Die Glücksschlüssel

→ **Glück ist durch Zufriedenheit gekennzeichnet und dadurch, dass man mit sich selbst und seiner Welt im Reinen ist.**

→ **Um zufrieden und glücklich zu sein, muss man eine Balance zwischen Körper und Seele erreichen.**

→ **Während das Bedürfnis nach Glück universell ist, sind das Streben danach und der Ausdruck des Bedürfnisses möglicherweise kulturspezifisch.**

Noraini Mohd Noor ist Professorin für Psychologie und Koordinatorin der Women for Progress Research Unit (Forschungsstelle Frauen für den Fortschritt) an der Internationalen Islamischen Universität von Malaysia in Kuala Lumpur. Sie hat zahlreiche Artikel und Bücher über Wohlbefinden, Stress am Arbeitsplatz, Frauenarbeit und familiäre Rollen veröffentlicht. Sie hat in Australien, Neuseeland und England studiert und gearbeitet. Noraini M. Noor ist Mitglied des wissenschaftlichen Beirats des Asian Journal of Social Psychology.

„Die Regierung muss die notwendigen Bedingungen schaffen,
um die Menschen glücklich zu machen."

Bruttosozialglück

Der belgische Architekt **Maarten Desmet** konnte ein Praktikum in einem Ministerium des Königreichs Bhutan im Himalaya machen. Dort begann ihn das Konzept des Bruttosozialglücks zu faszinieren, das er seither erforscht. Er hat ein Buch über das Thema geschrieben. Was genau bedeutet dieser Begriff, und was können wir aus ihm lernen?

Im Jahr 2015 erschienen weltweit Zeitungsartikel, die darüber berichteten, dass das Bruttosozialglück von Bhutan gestiegen sei. Bei der UN-Klimakonferenz in Paris erregte Bhutan als „Klassenbester in Klimafragen" internationale Aufmerksamkeit. Aber was genau ist das Bruttosozialglück (BSG), und wie kann es sein, dass ein kleines Land im Himalaya es geschafft hat, das Land mit der geringsten Umweltverschmutzung der Welt zu werden? BSG ist eine andere Sicht auf Entwicklung und Fortschritt. **Es bedeutet, nicht nach unbegrenztem Profit und Wachstum zu trachten, sondern günstige Bedingungen für das Streben nach Glück zu schaffen.** Die Entwicklungsphilosophie des BSG leitet sich aus der einheimischen buddhistischen Weltsicht Bhutans ab und ist eine Reaktion auf die Modernisierung der Gesellschaft.

Weltsicht

Das Konzept entstand 1972, als der siebzehnjährige König von Bhutan, Jigme Singye Wangchuck, an die Macht kam und sich mit der Notwendigkeit konfrontiert sah, sein Land zu modernisieren. Als er den Thron bestieg, auf dem vorher sein Vater gesessen hatte, fragte ihn ein indischer Journalist nach Bhutans Bruttosozialprodukt (BSP) und behauptete, Bhutan sei diesbezüglich ein unterentwickeltes Land. Darauf antwortete der König, all seine Untertanen hätten ein Dach über dem Kopf, Schulbildung und Zugang zu Essen und sauberem Trinkwasser, außerdem würden sie an einem lebendigen Gemeinschaftsleben teilnehmen und großartige Volksfeste miteinander feiern – insofern seien sie in Wirklichkeit ziemlich glücklich. **Aus diesem Grund erklärte er, nicht das Bruttosozialprodukt seines Landes sei die relevante Größe, sondern dessen Bruttosozialglück.**

Er ging sogar noch weiter, indem er sagte, die wegen ihres höheren BSPs angeblich entwickelten Länder des Westens seien oft weniger glücklich, weil eindimensional ökonomisches Denken und politisches Handeln zur Zerstörung ihres natürlichen sozialen und kulturellen Kapitals geführt habe. Dieser Appell zur Einführung des BSGs als Fortschrittsmaßstab war spontan, und wahrscheinlich hatte der junge König von Bhutan keine Vorstellung von der Auswirkung seiner Worte. Seine Erklärung sollte uns jedoch nicht überraschen. Wer Bhutan kennt, wird seine Worte im Kontext der jahrhundertealten buddhistischen Kultur des Königreichs sehen, in deren Zentrum das Glück und Wohlbefinden des ganzen Planeten und all seiner Lebewesen stehen. Die meisten Bhutaner sind Buddhisten. Ihre Weltsicht wird weitgehend von Altruismus und der Liebe zur Natur und den Mitmenschen bestimmt – so erklärt sich die Entstehung des Begriffs Bruttosozialglück.

Bausteine

Aber was ist Bruttosozialglück? Es ist der Versuch, das zu betrachten, was uns wirklich glücklich macht oder die Umstände, unter denen wir glücklich werden können. Oft genug werden Entscheidungen getroffen, von denen die meisten Menschen wissen, dass sie uns nicht glücklicher machen. Dennoch werden sie umgesetzt, weil sie beispielsweise „gut für die Wirtschaft" sind, auch wenn dabei unsere Umwelt verschmutzt wird oder Menschen obdachlos werden. Das BSG ist ein Versuch, diese Dinge einzukalkulieren, indem zunächst gefragt wird, was die Bausteine, Bereiche oder Dimensionen unseres Wohlbefindens sind. In Bhutan sind das beispielsweise Bildung, Gesundheit, lebendige Gemeinden, seelisches Wohlbefinden, Lebensstandard, ökologische Vielfalt und Stabilität, Zeiteinteilung, gute Regierungsführung und Kultur. Diese Bausteine sind natürlich für jedes Land und jede Kultur anders, aber die Frage bleibt gleich: **Was trägt zu unserem kollektiven Glück oder Wohlbefinden bei?**

Wie können wir nun sicherstellen, dass die Bausteine, die es uns ermöglichen, glücklich zu sein, erhalten bleiben oder – noch besser – gestärkt werden? In Bhutan wurde ein Fragebogen entwickelt, der die neun Bausteine des Bruttosozialglücks untersucht. Er ermittelt den BSG-Index oder Wohlbefindensindex, für den wie bei einem Armutsindex ein Grenzwert gesetzt wurde. Im Fall von Armut gelten alle, die von weniger als 1,90 US-Dollar pro Tag leben müssen, als arm, 1,90 US-Dollar sind also die Armutsgrenze. Beim BSG-Index wurde die Wohlbefindensgrenze bei sechs der neun Felder angesetzt. Wenn Ihr Wert niedriger liegt als 6 von 9, vielleicht wegen unzureichender Bildung oder Gesundheitsproblemen, gehören Sie zu den „noch nicht Glücklichen".

Nach dem BSG-Prinzip sollte die Regierung sich die „noch nicht Glücklichen" genau ansehen, um herauszufinden, was sie daran hindert, einen akzeptablen Wohlbefindenswert zu erreichen. So wurde beispielsweise schon in Erfahrung gebracht, dass Menschen einen niedrigen Wert bei „lebendige Gemeinde" haben können, weil sie auf der Suche nach Arbeit in die Hauptstadt Thimphu umgezogen sind und sich in ihrer kleinen Wohnung einsam fühlen – anders als die durchschnittlichen Bhutaner, die in großen Familienhäusern in Dörfern leben. Der Faktor, der das Glück in Bhutan am stärksten prägt, ist Bildung – so trägt die Schaffung von Bildungsmöglichkeiten am meisten zum Glück bei, wobei Gesundheit, der Lebensstandard und lebendige Gemeinden auch sehr wichtig sind. Sobald die Regierung von Bhutan weiß, woran es liegt, dass manche Menschen auf einem bestimmten Gebiet niedrige Werte haben, werden Strategien und Gesetze entworfen, um eine Veränderung zu bewirken.

Voraussetzungen

2008 übergab König Jigme Singye Wangchuck nicht nur die Königskrone an seinen Sohn, er führte auch die Demokratie ein. Die allererste Verfassung des Landes hat festgelegt, dass die Regierung alles tun muss, um die nötigen Voraussetzungen für das Glück der Bhutaner zu

schaffen. Heißt das, die Regierung muss alle glücklich machen? Nein, aber sie ist verantwortlich dafür, einige notwendige Bedingungen zu schaffen. Man kann nicht erwarten, dass ein Mensch glücklich ist, wenn er kein Dach über dem Kopf hat und Hunger leidet. Nach Aussage derjenigen, die das BSG-Konzept entwickelt haben, müssen wir alle nach Maßgabe von Werten handeln, die zum Wohlbefinden des gesamten Planeten beitragen. Regierungen sind dazu sicherlich in der Lage, aber auch Gemeinden, Familien, Unternehmen und wir selbst als Individuen können einen großen Unterschied bewirken, indem wir uns ständig fragen: **Was macht unsere Gesellschaft glücklich und wie werden meine Entscheidungen zu ihrem Wohlbefinden beitragen?**

Natürlich ist nicht alles in Bhutan perfekt. Wie in jedem anderen Land gibt es Probleme, die mit Korruption, Verstädterung und Jugendarbeitslosigkeit zusammenhängen. Aber der innovative BSG-Ansatz trägt schon Früchte. Im Vergleich zu 2010 (als die letzte Messung stattfand) war im Jahr 2015 Bhutans BSG gestiegen. Die buddhistischen und kulturellen Traditionen und das wunderbare Kulturerbe des Landes sind jetzt ebenso geschützt wie seine Naturschätze, und fast alle Kinder gehen zur Schule – dank Bhutans Ausrichtung auf das Bruttosozialglück. Die Arbeit an den Bausteinen des Wohlbefindens trägt in der Tat zum kollektiven und individuellen Glück einer Gesellschaft bei. Warum sollten unsere „entwickelten", aber oft unglücklichen Länder also nicht das gleiche Experiment versuchen?

Die Glücksschlüssel

→ **BSG ist eine andere Sicht auf Entwicklung und Fortschritt. Es bedeutet, nicht nach unbegrenztem Profit und Wachstum zu trachten, sondern günstige Bedingungen für das Streben nach Glück zu schaffen.**

→ **Die Bausteine des Wohlbefindens sind in Bhutan Bildung, Gesundheit, lebendige Gemeinden, seelisches Wohlbefinden, Lebensstandard, ökologische Vielfalt und Stabilität, Zeiteinteilung, gute Regierungsführung und Kultur.**

→ **Die Arbeit an den Bausteinen des Wohlbefindens trägt entscheidend zum kollektiven und individuellen Glück einer Gesellschaft bei.**

Maarten Desmet ist ein belgischer Architekt (Sint-Lukas Brüssel). Nachdem er als Praktikant in einem Ministerium des Königreichs Bhutan gearbeitet hatte, schrieb er ein Buch über die Entwicklungsphilosophie des Landes und ihre Ausrichtung auf das Bruttosozialglück. Heute setzt er diesen Forschungsansatz als Doktorand der TU Delft (Niederlande) und mit seinem Forschungsbüro ndvr fort. Maarten Desmet ist einer der Gründer von For Good, Beiratsmitglied der University for the Common Good und gehört zu den führenden Beteiligten von Zero Emissions Research and Initiatives (ZERI)/The Blue Economy.

„Das Glück wächst mit dem Alter.“

Tiefs und Hochs

Ihre Forschungsgruppe untersucht Glück im Verlauf der Lebensspanne. Sie befragen Erwachsene aller Altersgruppen, wie glücklich
sie sich fühlen und wie zufrieden sie mit ihrem Leben sind. „Wir wollen herausfinden, warum manche Menschen glücklicher als andere
wirken und wie sich das Glück im Lauf des Lebens verändert“,
erklärt **Margie E. Lachman**. „Glück zu erreichen, ist eine Sache –
es zu behalten, eine andere.“

Die meisten Menschen durchleben Hochs und Tiefs – manche Zeiten sind glücklicher als andere.
Viele nehmen an, dass das Glück im höheren Alter naturgegeben abnimmt, wegen der altersbe-
dingten Verluste von Gesundheit, Gedächtnis und geliebten Menschen. Tatsächlich ist aber
wissenschaftlich erwiesen, dass das Glück mit dem Alter steigt und ältere Erwachsene im
Durchschnitt glücklicher sind als jüngere. Wie kann das sein? **Mit dem Alter und der Erfahrung kommt die Weisheit** – wir erkennen, was im Leben wichtig ist und dass wir selbst einen
Großteil der Verantwortung für unser Glück tragen. Menschen, die an ihre Fähigkeit glauben,
mit schwierigen Situationen umzugehen und erwünschte Ergebnisse zu erzielen, sind tendenziell glücklicher und zufriedener mit ihrem Leben.

Umdeutung

Die Haltung oder Einstellung, die wir den eigenen Lebensumständen gegenüber einnehmen, macht für das Glück einen Unterschied. Im Wörterbuch ist „Einstellung" als die Art definiert, wie wir über jemanden oder etwas denken und fühlen. Eines meiner Lieblingszitate zu diesem Thema stammt von Viktor Frankl, der in seinem Buch *... trotzdem Ja zum Leben sagen* über die Zeit schreibt, in der er unter fürchterlichen Umständen in einem Konzentrationslager lebte: Man könne dem Menschen alles nehmen, nur nicht „die letzte menschliche Freiheit, sich zu den gegebenen Verhältnissen so oder so einzustellen". Aus dieser Perspektive erkennen wir: **Selbst wenn wir eine Situation weder aussuchen noch verändern können, haben wir die Macht zu entscheiden, wie wir auf sie reagieren.** Wenn wir das Glas als halbvoll betrachten, die positiven Aspekte sehen, den Silberstreif am Horizont erkennen oder allgemein positiv denken, fühlen wir uns mit großer Wahrscheinlichkeit glücklich und zufrieden.

Die gleiche Situation kann von verschiedenen Personen anders gesehen werden, oder sogar von der gleichen Person je nach Anlass. Es kann eine Herausforderung sein, in anstrengenden Zeiten glücklich zu sein, beispielsweise angesichts von Krankheit, Schmerz oder Verlust. Wie Viktor Frankl schrieb, hilft es, Sinn im eigenen Schicksal zu finden. In einer unserer Studien baten wir Erwachsene, uns von einem Tiefpunkt ihres Lebens zu berichten. Bemerkenswerte **96 Prozent der Teilnehmer erzählten uns, sie hätten etwas aus ihrem Tief gelernt**, und viele hatten es geschafft, die Situation zu ihren Gunsten zu verändern. Das illustriert die menschliche Widerstandskraft und unsere Fähigkeit, Negatives in Positives umzudeuten oder zu verwandeln.

Selbstvertrauen

Unsere Untersuchungen haben gezeigt, dass das Gefühl, die Kontrolle über die Resultate unseres eigenen Lebens zu haben, eng mit dem Erlangen und Bewahren von Glück verbunden ist. Vieles im Leben ist ungewiss, und wir sind nie sicher, ob wir etwas bewirken können. Trotzdem genießen diejenigen ein höheres Wohlbefinden, die auf ihre Fähigkeit vertrauen, mit ihren Erlebnissen umzugehen und die richtigen Entscheidungen zu treffen. Dieser Glaube an Selbstvertrauen und Kontrollierbarkeit ist adaptiv, er kann dazu führen, dass man handelt und sich anstrengt, um das gewünschte Ergebnis zu erzielen – eine „Macher-Haltung" einnimmt. **Gleichzeitig ist es wichtig anzuerkennen, dass es unerwartete Umstände geben wird, die wir nicht kontrollieren oder beeinflussen können.** Wenn das Gewünschte unerreichbar ist, werden diejenigen, die an sich glauben, andere Lösungen finden und andere Ziele entwickeln als Schlüssel zum bleibenden Glück. Im Gegensatz dazu vermuten diejenigen, die sich unter ungünstigen Umständen hilflos fühlen und aufgeben, dass ihr eigenes Tun keine Rolle spielt, und sind mit geringerer Wahrscheinlichkeit glücklich. In Wirklichkeit können wir nur manches manchmal kontrollieren, und unser Glück hängt davon ab, sowohl unsere Möglichkeiten als auch unsere Grenzen bei der Erschaffung unserer eigenen Lebensgeschichte zu erkennen. Selbst wenn wir nicht die Kontrolle über unsere Lebensumstände haben, so können wir doch unsere Reaktion und unsere Handlungen steuern.

Unterschiedliche Dinge machen unterschiedliche Menschen glücklich. Und die Glücksquellen verändern sich vielleicht mit dem Alter, es gibt viele Wege zum Glück. **Doch glückliche Menschen haben eines gemeinsam**: Sie nehmen Glück nicht als selbstverständlich hin und wissen, dass das Erleben von Glück in ihrer eigenen Hand liegt.

Die Glücksschlüssel

→ **Es ist wissenschaftlich erwiesen, dass das Glück mit dem Alter zunimmt und ältere Erwachsene im Durchschnitt glücklicher sind als jüngere.**

→ **Das Gefühl, die Kontrolle über das eigene Leben zu haben, ist eng mit dem Erlangen und Bewahren von Glück verbunden.**

→ **Glückliche Menschen betrachten Glück nicht als selbstverständlich; sie wissen, dass es in ihrer eigenen Hand liegt, Glück zu erleben.**

Margie E. Lachman ist Professorin für Psychologie an der Brandeis University in Waltham, Massachusetts (USA), wo sie als Direktorin der Lifespan Initiative on Healthy Aging und des Lifespan Development Laboratory arbeitet. Sie hat zwei Bücher über Entwicklungsprozesse in der Lebensmitte herausgegeben und bei den Untersuchungen für die nationale Längsschnittstudie „Midlife in the USA (MIDUS)" mitgewirkt. Ihre Forschungsarbeit hat zum Verständnis des Zusammenhangs zwischen Einstellungen und Erwartungen (wie dem Gefühl von Kontrolle) und Gesundheit bzw. Wohlbefinden beigetragen.

„Kinder können und sollten teilen und sich gegenseitig unterrichten."

Glückliche Erziehung heißt Wachstum ermöglichen

Die meisten Eltern, Lehrer und Erzieher wünschen sich, dass Kinder als ausgeglichene, glückliche Menschen heranwachsen. Ihre Methoden können sich unterscheiden. **Gaël Brulé** sucht nach den besten Wegen, um dieses Erziehungsziel zu erreichen. Die wichtigsten Faktoren im Zusammenhang mit dem Glück scheinen Kontrollüberzeugung und Freiheitsgefühl zu sein. Wie können wir beides verbessern?

In jeder beliebigen Gesellschaft entsteht Glück aus dem Zusammenspiel von *äußeren Eigenschaften* im weiteren Sinne (Wohlstand, Ungleichheit, Sicherheit, soziales Kapital etc.) und *inneren Eigenschaften*, also der individuellen Fähigkeit eines Menschen, die Außenwelt positiv zu sehen. Diese einfache Dichotomie zwischen Umweltfaktoren und individuellen Faktoren erfasst die Komplexität der Welt nicht, ist aber dennoch ein nützliches Unterscheidungswerkzeug.

Unter den verschiedenen Faktoren, die das Glück beeinflussen, errät man einen intuitiv: **Freiheit spielt eine große Rolle, denn sie gibt Menschen die Möglichkeit, eine Vielzahl von Lebensoptionen zu erwägen** und die zufriedenstellendste auszuwählen. Aber es gibt verschiedene Freiheiten auf verschiedenen Ebenen. Die Wissenschaft unterscheidet drei Arten von Freiheit: *soziale Freiheit* (die Zahl der Möglichkeiten in einem bestimmten Umfeld), *potenzielle Freiheit* (das Bewusstsein für diese Möglichkeiten) und *psychische Freiheit* (den Mut, diese Möglichkeiten zu nutzen). Die beiden ersten sind leicht als Umweltfaktoren zu erkennen, die dritte als persönliche Eigenschaft.

Kontrollüberzeugung

Der Faktor „Kontrollüberzeugung und Freiheitsgefühl" ist als der wichtigste glücksfördernde Faktor auf gesellschaftlicher Ebene bezeichnet worden (wichtiger als Gesundheit, Arbeit oder Einkommen). Kontrollüberzeugung bezeichnet das Ausmaß, in dem ein Mensch das Gefühl hat, Kontrolle über das eigene Leben zu haben. **Menschen mit einer internalen Kontrollüberzeugung haben das Gefühl, ihr Leben unter Kontrolle zu haben und es in die gewünschte Richtung steuern zu können, wie ein Schiffskapitän auf ruhiger See.** Umgekehrt fühlen sich Menschen mit externaler Kontrollüberzeugung wie Passagiere auf einem Boot, das in eine starke Strömung geraten ist und kaum eine andere Wahl hat, als sich treiben zu lassen. Die Kontrollüberzeugung ist ein soziokulturelles Konstrukt, das im Lauf eines ganzen Lebens aus vielen Quellen entsteht: religiösen, familiären, persönlichen etc. Der US-amerikanische Soziologe Robert Merton nennt Kirche, Familie und Schule als wichtigste Kulturvermittler. Durch die Verweltlichung der meisten entwickelten Gesellschaften wird die persönliche Entwicklung aber allmählich eher eine Frage von Bildung und Erziehung als von Religion oder Moral.

Partizipativer Unterricht

In meiner gemeinsamen Arbeit mit Ruut Veenhoven haben wir den *partizipativen Unterricht* beschrieben. Diese Lehrmethode erlaubt es Kindern schon in einem frühen Stadium am Lehrstoff teilzunehmen und ihn manchmal sogar mitzuentwickeln. Bildungssysteme mit einem geringen Grad an partizipativem Unterricht fördern Autorität, Respekt und vertikalen Lerntransfer; **stark partizipativ ausgerichtete Systeme fördern Entwicklung, Teilnahme und horizontalen Lerntransfer.**

Autorität hat manchmal einen schlechten Ruf, weil sie mit Zwang und Machtmissbrauch in Verbindung gebracht wird (manchmal wird Autorität als „Befehlsgewalt" definiert). Allerdings zeigt eine semantische Analyse, dass Autorität vom lateinischen Wort *augere* abgeleitet ist, das „vergrößern" oder „vermehren" heißt. Im ursprünglichen Sinn bedeutet Autorität also die Fähigkeit, die eigenen individuellen Fähigkeiten zu steigern. Während Macht äußerlich gegenüber einem Menschen ausgeübt werden kann und daher auch illegitim sein kann, ist Autorität im eigentlichen Sinne immer legitim.

Power

Das Ziel jedes Bildungssystems sollte darin bestehen, dass die Lernenden Wissen erwerben, Fähigkeiten entwickeln und miteinander in Austausch treten. Frontalunterricht hat sich lange auf den ersten Aspekt (Wissensvermittlung) konzentriert, während partizipativer Unterricht

Kindern (oder Erwachsenen) dabei helfen möchte, ihre Fähigkeiten und ihr Wissen durch Üben und Fehlschläge zu entwickeln.

Alle, die je eine Fremdsprache erlernt haben, werden bestimmt verstehen, dass man Fehler machen muss. Immer wieder. **Je öfter man Fehler macht, desto mehr Gelegenheiten zur Verbesserung bieten sich.** Das heißt nicht, dass partizipativer Unterricht vollkommen unvereinbar ist mit jeglicher Machtstellung (Gesellschaft, Eltern und Lehrer sind nach wie vor verantwortlich für die Erziehung der Kinder), aber es gibt viele Wege, um die Kenntnisse und Fähigkeiten zu erwerben, die für ein gutes Leben in der Gesellschaft nötig sind.

Partizipativer Unterricht ist ein Prozess, bei dem das Kind als handelnder Mensch (nicht als passiver Empfänger) mit einem individuellen Lernstil (Kinder können nach einer breiten Vielzahl unterschiedlicher Methoden lernen) anerkannt wird – nicht nur als Informationsempfänger, sondern auch als Vermittler (Kinder können und sollten teilen und sich gegenseitig unterrichten). **Durch partizipativen Unterricht können Schüler eine internale Kontrollüberzeugung entwickeln und Entscheidungen treffen, die möglicherweise zu einem glücklichen Leben führen.** Er ist mit Autorität vereinbar, aber nicht, wenn Autorität als das Ausüben von Druck von oben nach unten verstanden wird; partizipativer Unterricht und Autorität sind harmonisch vereinbar, wenn Autorität in ihrem ursprünglichen Sinn des „Wachsenlassens" verstanden wird.

Die Glücksschlüssel

→ **Der Faktor „Kontrollüberzeugung und Freiheitsgefühl" ist als der wichtigste glücksfördernde Faktor auf gesellschaftlicher Ebene bezeichnet worden.**

→ **Bildungssysteme mit einem geringen Grad an partizipativem Unterricht fördern Autorität, Respekt und vertikalen Lerntransfer; stark partizipativ ausgerichtete Systeme fördern Entwicklung, Teilnahme und horizontalen Lerntransfer.**

→ **Partizipativer Unterricht ist ein Prozess, bei dem das Kind als handelnder Mensch mit einem individuellen Lernstil anerkannt wird – nicht nur als Informationsempfänger, sondern auch als Vermittler.**

Gaël Brulé war ursprünglich ein auf nachhaltige Entwicklung spezialisierter Ingenieur, bevor er 2016 seinen Ph.D. in Glücksforschung bei Ruut Veenhoven und Johan Heilbron an der Erasmus-Universität in Rotterdam (Niederlande) ablegte. Heute arbeitet er dort als promovierter Glücksforscher, außerdem ist er Gastwissenschaftler am Sodexo-Institut für Lebensqualitätsforschung (Frankreich). Sein Ausgangspunkt war die Suche nach objektiven Erklärungsfaktoren für die relativ niedrige Lebenszufriedenheit in seinem Heimatland Frankreich. Heute erforscht er die unterschiedlichen Reaktionen auf Fragen zum Thema Glück in verschiedenen Kulturräumen. Für ihn besteht Glück darin, lesend und schreibend ohne Telefon auf einer Caféterrasse zu sitzen, neue Leute zu treffen und schöne Momente zu genießen.

„Nachhaltiges Glück kann und sollte gelehrt werden.“

Glücksunterricht

„Glück kann man erlernen und ja, man kann ihm nachjagen. Glück bringt in vielen Bereichen Erfolg, es weckt positive Aufmerksamkeit und führt zu anteilnehmendem Verhalten. Warum sollten wir ihm also nicht nachjagen?“, fragt **Lotta Uusitalo-Malmivaara**. „Die alte Redensart *Man sollte dem Glück nicht nachjagen* klingt irritierend, wenn man weiß, was Glück mit sich bringt.“

Die Positive Psychologie beinhaltet die großartige Vorstellung, dass Wohlbefinden erlernt werden kann. Heute sind wir uns der Grundbedingungen für subjektives Wohlbefinden und Glück genau bewusst. Wir wissen auch ziemlich viel darüber, wie man sie vermittelt. Und ja, wir sollten in der Tat Glücksunterricht anbieten, der bei den menschlichen Grundbedürfnissen beginnt.

1. Zuallererst sind wir soziale Wesen. Allein überleben wir nicht, weder physisch noch psychisch. Selbst unsere körperliche Verfassung wird durch positive Beziehungen gestärkt und umgekehrt durch das Fehlen von sicheren menschlichen Bindungen und Liebe geschwächt. Eine Vielzahl von Studien belegt, dass prosoziales Verhalten Glück fördert. Der einfachste Weg, glücklicher zu werden, ist anderen zu helfen. Noch besser: Geben Sie anderen die Gelegenheit, Ihnen zu helfen, vor allem Menschen, die sich niedergeschlagen fühlen. Wahrscheinlich werden Sie sich danach beide glücklicher fühlen. **Anderen zu helfen und zu lernen, im positiven Sinn von anderen abhängig zu sein, ist ein Grundpfeiler des Glücks, der gelehrt werden kann und sollte.** Mitgefühl ist ein vieldeutiges Wort. Es umfasst nicht nur den Versuch, fremdes Leid zu mildern, sondern auch, die Freuden und Erfolge anderer zu teilen. Gemeinsame Begeisterung ist ein wunderbares Beispiel für mitfühlendes Verhalten, das schon von Anfang an unterrichtet werden sollte. Wenn man lernt, sich an den Erfolgen anderer zu freuen, ist das ein innerer Glücksmotor.

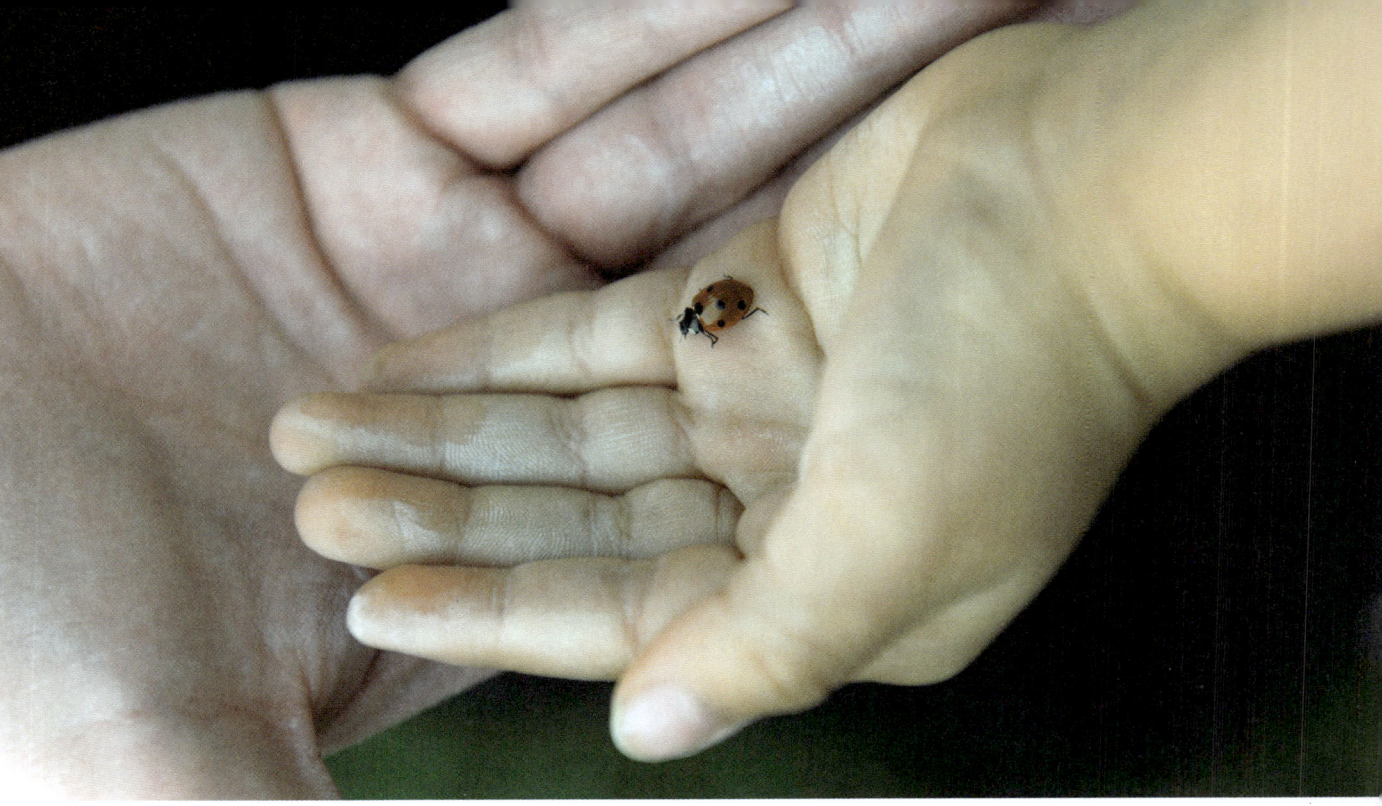

2. Wir sind Individuen, mit individuellen Stärken, Fähigkeiten und Vorlieben. Wir alle möchten uns aufgrund sinnvoller Leistungen anerkannt fühlen. Das Entdecken und Entwickeln der eigenen Stärken ebnet uns den Weg zum Erreichen von Zielen, die unser Bedürfnis nach Kompetenz befriedigen. Auch dies kann erlernt werden. Statt zu versuchen, unseren Schwächen zu entwachsen, sollten wir lieber Wert darauf legen, Stärken zu kultivieren. Besonders glücksfördernd sind Herzensqualitäten wie Hoffnung, Freundlichkeit und Liebe. Diese Stärken könnten auch die richtigen Werkzeuge zum Erreichen beruflicher Ziele sein. Erlernter Optimismus, ein berühmtes Konzept von Professor Martin Seligman, beschreibt, wie eine Veränderung des eigenen Denkens zu höherer Lebensqualität und mehr Glück führen kann. Vor allem bei Schülern mit besonderem Förderbedarf ist das gezielte Unterrichten von Optimismus ein zentraler Beitrag zur Entwicklung von Resilienz, der Fähigkeit, Schwierigkeiten zu bewältigen. **Die wichtigste Aufgabe eines Pädagogen ist es, Erfolgserlebnisse für jeden Schüler zu schaffen.** Diese Erlebnisse bilden die Basis des Selbstwertgefühls, auf der eine optimistische Sicht auf die Zukunft, Resilienz und Glück wachsen können.

3. Es fällt schwer, unglücklich zu sein, wenn man dankbar ist. Unser Gehirn verfügt über eine ausgeprägte Negativitätstendenz, und so überschatten kleine Missgeschicke leicht sogar große Leistungen. Schon das Bewusstsein für diese Tatsache kann das Glück mehren. **Dingen, die wir für selbstverständlich halten, gezielt Aufmerksamkeit und Dankbarkeit zu schenken, ist ein noch wirksamerer Weg zum Steigern des Glücks.** Das Führen eines Dankbarkeitstagebuchs gehört zu den besten bekannten Instrumenten zur Glückssteigerung, und es kann

schon ab dem Kindergarten eingeführt werden. Kleine Kinder können Dinge zeichnen oder fotografieren, für die sie dankbar sind. Sie anderen zu zeigen und oft zu diesen erhebenden Erinnerungen zurückzukehren, vervielfacht die positive Wirkung: „Schau, da habe ich gelernt, wie man Skischuhe anzieht!" Untersuchungen zeigen, wie unterschiedliche Dinge mit Glück oder Niedergeschlagenheit zusammenhängen. Beispielsweise fühlen wir uns während eines normalen Arbeitstages nicht unbedingt dankbar und glücklich. Wenn wir ersetzt oder entlassen werden, verursacht das aber fast mit Sicherheit unglückliche Gefühle. Insofern sollten wir unsere Jobs und zahlreiche andere Dinge zu schätzen lernen, bevor wir sie verlieren.

Insgesamt scheint es, als ob die Grundfaktoren für Glück erreichbar, ja sogar simpel sind. **Erziehende haben die Pflicht, Kindern und Schülern die Faktoren bewusst zu machen, die nachhaltiges Glück fördern.** Glück und Sinn gehen Hand in Hand, und das Streben nach Glück sollte unbedingt ermutigt werden, wenn es durch sinnvolle Aktivitäten erfolgt. Am falschen Ort nach Glück zu suchen, beispielsweise über Geld, Ruhm und Ansehen, vermindert das Glück wahrscheinlich. Auch dies sollten wir unseren Kindern beibringen. Westliche Werte individuellen Glücks sind dann empfehlenswert, wenn dieses Glück durch das Streben, Gutes zu tun, erlangt wird.

Die Glücksschlüssel

→ **Nachhaltiges Glück kann und sollte gelehrt werden. Anderen zu helfen und zu lernen, im positiven Sinn von anderen abhängig zu sein, ist ein Grundpfeiler des Glücks.**

→ **Das Entdecken und Entwickeln der eigenen Stärken ebnet den Weg zum Erreichen von Zielen, die unser Bedürfnis nach Kompetenz befriedigen. Auch dies kann erlernt werden.**

→ **Dingen, die wir für selbstverständlich halten, gezielt Aufmerksamkeit und Dankbarkeit zu schenken, ist wirksamer Weg zum Steigern des Glücks.**

Lotta Uusitalo-Malmivaara, Ph.D., ist Dozentin für Sonderpädagogik am Fachbereich Lehrerausbildung der Universität Helsinki (Finnland). Sie unterrichtet zukünftige Sonderpädagogen und befasst sich mit angewandter Positiver Psychologie, um Lern- und Verhaltensprobleme zu meistern. „Mein wichtigster Glücksfaktor sind meine Familie und meine engsten Freunde. Ich liebe auch meine Arbeit; das Beste an ihr sind die Studierenden. Junge Menschen wachsen zu sehen, bis sie Lehre und Forschung eigenständig beherrschen, gibt mir echte Befriedigung und Freude: Das ist Glück!"

„Vom Wissen, was ist,

zum Wissen, was sein kann"

Die Psychologie des Möglichen

Psychologie war lange die Psychologie des Unmöglichen. Lasst uns das ändern, fordert **Sayyed Mohsen Fatemi** von der Universität Harvard. Er hat sich bewusst für die Psychologie des Möglichen entschieden, für den Schritt vom „Wissen, was ist", zum „Wissen, was sein kann".

Die Psychologie des Unmöglichen hat eine lähmende Kraft: Wir beobachten die Vergangenheit, ohne jede Fantasie. Die Vergangenheit diktiert die Gegenwart. Aber das Leben ist extrem reichhaltig. In der Psychologie des Möglichen werden wir zu aktiven Akteuren, entdecken die Zukunft und erfreuen uns an vielfältigem Wachstum. Wie Ellen Langer gezeigt hat: Ein anderes Wort zu verwenden, eine kleine Wahlmöglichkeit anzubieten oder eine subtile Änderung in der physischen Umgebung vorzunehmen, kann große Unterschiede bewirken.

Feiern

Manche Menschen verstehen unter Glück den Zugang zu Äußerlichkeiten wie Besitztümern, Habseligkeiten, Status, Wohlstand und anderen materiellen Dingen. All dies könnte nicht mehr so entscheidend sein, sobald Menschen sich im Besitz dessen sehen, wovon sie annehmen, es bringe ihnen Glück.

Der Film *Citizen Kane* erzählt die Geschichte eines Mannes, der in der äußeren Welt alles zu erreichen scheint – politische Macht, Geld, Status –, aber in seinem Inneren Leere empfindet. Seine Frau klagt im Gespräch mit ihm, er habe ihr ein Schloss gekauft, aber sie sei trotzdem allein. **Die Suche nach Glück könnte dagegen mit einer Hinwendung zur Innerlichkeit beginnen**, zum inneren Reich der Möglichkeiten, wo jeder Mensch seine eigene Zuflucht finden kann. Dieses „Zuhause" bietet unendliche Entfaltungsmöglichkeiten zum Erfahren von Glück und Seligkeit. Hier liegt jene Sphäre, in der die Sinnhaftigkeit des Lebens, die Herrlichkeit des Werdens, das Erschaffen von Glück, der Geschmack des Überschwangs und die Verzückung der eigenen Stärke gefeiert werden können.

Neue Perspektive

Viele Menschen erleben Glück in irgendeiner gemütlichen Ecke zu Hause. Andere dagegen werden von Verzweiflung gepackt, obwohl sie an überaus luxuriösen Orten leben. Es sind nicht die Äußerlichkeiten, die Glück herbeiführen. Es ist das Innere, das möglichen Glückserfahrungen Substanz verleiht. Das bedeutet nicht, dass die äußere Welt unwichtig ist, aber es betont die Bedeutung der inneren Welt, wenn es darum geht, das Schaffen und Erleben von Glück zu fördern.

Der Beginn für das Erschaffen von Glück könnte sein, das Neue in jedem Moment des Lebens zu suchen. Wenn auf dem Höhepunkt von Verbundenheit und Präsenz die Achtsamkeit zunimmt, kann man die Schönheit des Glücks und seine tiefen vielfältigen Auswirkungen in jedem einzelnen Moment des Lebendigseins spüren. **Diese Lebensenergie kann wunderbare Erscheinungsformen inneren Glücks hervorrufen.**

Die Psychologie des Möglichen eröffnet neue Perspektiven. Sicherheit lähmt. Stören Sie sich nicht an Kultur, Sprache oder bestimmten Denkweisen. Halten Sie mit weit geöffneten Augen Ausschau nach Neuem. Richten Sie Ihr Augenmerk nicht auf Konflikte. Leben Sie proaktiv im Moment. Seien Sie empfänglich für Ihr Umfeld. Freuen Sie sich über vielfältige Perspektiven. Und genießen Sie das Leben.

Die Glücksschlüssel

→ **In der Psychologie des Möglichen werden wir zu aktiven Akteuren, entdecken die Zukunft und erfreuen uns an vielfältigem Wachstum.**

→ **Es sind keine Äußerlichkeiten, die Glück herbeiführen. Es ist das Innere, das möglichen Glückserfahrungen Substanz gibt.**

→ **Eine Präambel für das Erschaffen von Glück könnte es sein, das Neue in jedem Moment des Lebens zu suchen.**

Sayyed Mohsen Fatemi, Doktor der Philosophie, ist Fellow am Fachbereich Psychologie der Universität in Cambridge, Massachusetts (USA). Er befasst sich mit Achtsamkeit und deren psychologischen Implikationen für interkulturelle, klinische und Sozialpsychologie. Er ist Autor zahlreicher Veröffentlichungen und war Hauptredner bei vielen internationalen Tagungen.

„Unerfreuliche Dinge passieren,
aber es macht sie nur schlimmer,
wenn man sich auf sie konzentriert.“

High five

„High Five“, „Gib mir fünf!“ ist die triumphierende Geste, bei der zwei Menschen gleichzeitig eine Hand heben und sich abklatschen, indem sie die Handinnenflächen gegeneinander drücken, aneinander vorbeigleiten lassen oder gegeneinander schlagen. Die High-Five-Geste ist ein Symbol für Einigkeit, Erfolg, Zufriedenheit und Jubel. **David Watson** hat ein ganzes Leben mit seiner Suche nach den High Five des Glücks verbracht.

Die Highlights

Ein großer Teil unserer Forschungsarbeit zum Thema Glück hat sich auf die Frage individueller Unterschiede konzentriert. Das heißt, wir haben uns besonders für die Tatsache interessiert, dass das Glück zu einigen Menschen relativ leicht kommt, während andere viel härter arbeiten müssen, um es zu erreichen. Trotzdem kann jeder und jede durch das Befolgen einiger grundlegender Prinzipien das eigene Glücksniveau heben. Ich möchte hier fünf Prinzipien hervorheben, die sich im Lauf unserer Forschung als besonders wichtig herausgestellt haben. Alle Menschen können von diesen High-Five-Prinzipien profitieren, sogar die, denen das Glück nicht zufliegt.

→ Das erste Prinzip besteht darin anzuerkennen, dass **Glück eine subjektive Gemütslage ist** – eher als ein objektiver Zustand – und vor allem die innere Haltung einer Person zum Leben widerspiegelt. Am besten konzentriert man sich so weit als möglich auf die guten und erfreulichen Aspekte des eigenen Lebens, anstatt sich mit den negativen aufzuhalten. Es ist sehr schwer, glücklich zu sein, wenn man viel Zeit damit verbringt, über vergangene Fehler nachzugrübeln, wegen Beleidigungen oder Enttäuschungen vor sich hin zu köcheln oder sich um unerfreuliche Dinge zu sorgen, die in der Zukunft passieren könnten. Unerfreuliche Dinge geschehen tatsächlich – aber es macht sie nur schlimmer, wenn man seine Aufmerksamkeit auf sie konzentriert.

→ Das zweite Prinzip ist, dass **Neid ein besonders mächtiger Feind des Glücks ist**. Bertrand Russell schrieb einmal: „Wenn ich mich selbst vom Neid heilen kann, kann ich Glück erlangen und selbst beneidenswert werden." Wenn Sie anfangen, Ihre Lage mit der von anderen zu vergleichen, ist es fast unvermeidlich, dass Sie es schließlich schaffen, Menschen zu finden, denen es in irgendeiner Hinsicht besser geht als Ihnen (mehr Wohlstand oder Erfolg, schönere Besitztümer, überlegene Fähigkeiten etc). Für Menschen, die viel Zeit damit verbringen, sich mit anderen zu vergleichen, ist es ein echtes Problem, glücklich zu werden. Richten Sie Ihren Blick auf das, was Sie haben, statt auf das, was andere haben (oder das, was Sie nicht haben).

→ Das dritte Prinzip ist, dass **Menschen soziale Wesen sind**, und dass wir glücklicher sind, wenn wir mit anderen Menschen in Verbindung stehen. Fast jede Tätigkeit – egal wie alltäglich – macht mehr Spaß, wenn andere dabei sind. Deshalb ist es extrem wichtig, sich mit anderen zu treffen, um alte Beziehungen zu pflegen oder neue aufzubauen, selbst wenn Ihnen nicht danach zumute ist. Eine der schrecklichsten Seiten von Erkrankungen wie Depressionen ist, dass sie Menschen dazu bringen können, sich von anderen abzuwenden und gesellschaftlich distanziert und isoliert zu werden. Dies wiederum kann einen dauerhaften Teufelskreis des Leids schaffen. Es ist besonders wichtig, stabile, langfristige soziale Beziehungen zu schaffen (wie Freundschaften und feste Liebesbeziehungen), die in schweren Zeiten wichtige Quellen für Ratschläge und Unterstützung darstellen. Menschen mit guten Unterstützungsnetzen können Stresseinflüssen viel besser widerstehen. Wege zu finden, um anderen zu helfen, ist eine weitere gute Methode, um sich im eigenen Leben wohler zu fühlen.

→ Das vierte Prinzip lautet, dass es **wichtig ist, Ziele, Interessen oder Wertvorstellungen zu haben, die dem eigenen Leben Sinn geben**. Einige Menschen finden über ihren Glauben und die Religion Sinn. Andere finden Sinn in ihrer Arbeit oder ihrer Karriere, bei ihren Hobbys oder in engen Beziehungen zu anderen. Die jeweilige Quelle dieses Sinns ist nicht wichtig. Was einem Menschen sehr bedeutsam erscheint, kann jemand anderem sogar weitgehend sinnlos vorkommen. Das Wesentliche ist, etwas zu finden, das dem eigenen Leben einen Zweck gibt und einem erlaubt, jeden Tag mit erneuerter Energie anzugehen. Ein interessantes Paradox, das von vielen Glücksforschern bemerkt wurde, besteht darin, dass Menschen einen Großteil ihres Lebens dem Streben nach Dingen widmen – Geld, Bildung, Erfolg –, die sich letztendlich kaum auf ihr Glück auswirken. Das heißt allerdings nicht, dass dieses Streben Zeitverschwendung wäre. Derartige Ziele zu verfolgen kann auch dazu beitragen, dem Leben Sinn zu geben.

→ Unsere Arbeit erhellt außerdem ein fünftes Prinzip, nämlich **die Bedeutung körperlicher Aktivität für die Steigerung des inneren Wohlbefindens einer Person**. Menschen fühlen sich besser, wenn sie körperlich beschäftigt sind, und Personen, die körperlich aktiv sind, zeigen höhere allgemeine Niveaus von Glück und Lebenszufriedenheit. Bewegungsprogramme sind nachweislich sehr wirksame Mittel zur Steigerung des Wohlbefindens und zur Milderung von Depressionen. Es ist allerdings wichtig hinzuzufügen, dass die Bewegung nicht lang oder intensiv sein muss, um zu wirken. Tatsächlich zeigt unsere Arbeit und die von anderen, dass kurze, mäßige Bewegung Ihre Stimmung wirksam aufhellen kann – und damit auch Ihre Sicht auf das Leben. Ich merke oft, dass ich nur einen Spaziergang von fünfzehn Minuten brauche, um mich erfrischt und gestärkt zu fühlen.

Die Glücksschlüssel

→ **Akzeptieren Sie, dass Glück eine subjektive Gemütslage ist: Konzentrieren Sie sich auf das Gute und befreien Sie sich von Neid.**

→ **Menschen sind soziale Wesen. Wir sind glücklicher, wenn wir mit anderen Menschen zusammen sind.**

→ **Es ist wichtig, körperlich aktiv zu sein und Ziele, Interessen oder Werte zu haben, die dem Leben Sinn geben.**

Dr. David Watson ist Professor für Psychologie und Leiter des Trainingsprogramms für Persönlichkeit und Sozialpsychologie an der Universität Iowa (USA). Er erlangte seinen Doktortitel für Persönlichkeitsforschung und -beurteilung 1982 an der Universität Minnesota. David Watson hat breit gefächerte Interessen auf den Gebieten Persönlichkeit, Gesundheit und klinische Psychologie und hat zahlreiche Beiträge in den wichtigsten Zeitschriften zu diesen Themenfeldern veröffentlicht. Er gehörte den wissenschaftlichen Beiräten zahlreicher Zeitschriften an und ist Mitherausgeber des *Journal of Abnormal Psychology*.

„Sowohl Vergnügen als auch Kummer schwinden im Lauf der Zeit."

Nach dem Schock

Entscheidende Ereignisse unseres Leben – Hochzeiten, die Geburt eines Kindes, eine Scheidung, der Tod des Partners, Behinderungen, ein steigender Lebensstandard – wirken sich stark auf unser Glücksniveau aus, aber ist die Wirkung dieser Schocks auf unser seelisches Wohlergehen kurzfristig oder dauerhaft? **Katja Uglanova** hat einen Ersatz für Glück entdeckt: Gewohnheit.

Gleich jenem hat sie stets getragen
Den letzten Schrei, den Mode schreit;
Doch ohne sie erst viel zu fragen
Wurde verheiratet die Maid.
Und um ihr Mädchenweh zu stillen,
Fuhr ihr vernünftiger Mann im stillen
Sie auf sein Landgut hin, wo sie,
Gott weiß von was umringt, erst schrie,
Aufsässig war und weint und murrte,
Dem Gatten fast schon durchgebrannt;
Dann nach und nach zum Haushalt fand
Und, daran gewöhnt, zufrieden wurde.
Gewohnheit ist ein Himmelsschatz:
Für manchen auch des Glücks Ersatz.

Alexander Puschkin, Eugen Onegin, Teil 2, XXXI
Übersetzt von Johannes von Guenther
In: Puschkin, Gesammelte Werke, S. 159, München 1966

Für die Heldin aus Eugen Onegin war die schwierige Aufgabe, sich an eine lieblose Ehe zu gewöhnen, nur mit Hilfe eines wichtigen psychologischen Mechanismus zu meistern – der „hedonistischen Anpassung", die dazu führt, dass günstige wie ungünstige Umstände im Lauf der Zeit schwächere Gefühlsreaktionen hervorrufen. **Anpassung ist ein Segen, wenn wir mit potenziell schädlichen Erfahrungen wie dem Scheitern einer Liebe oder dem Verlust des Arbeitsplatzes umgehen müssen**, aber sie hat auch eine andere Seite: Das Vergnügen, das man anfangs aus positiven Ereignissen wie Gehaltserhöhungen, einem größeren Haus oder sogar der Ehe bezieht, verschwindet allmählich, während die Wochen, Monate und Jahre vergehen. Hedonistische Anpassung dient verschiedenen wichtigen Zwecken. Erstens können anhaltend starke Gefühlszustände (insbesondere negative) schädliche körperliche Folgen haben. Zweitens ist es wichtig, dass neue Erfahrungen alte „überschreiben", weil sie neue Informationen bieten, die uns helfen, unser Verhalten zu steuern und letztlich zu effizienterem Funktionieren führen.

Tretmühle

Passen sich Menschen an alles an? Ja, das tun sie – **unsere adaptiven Möglichkeiten sind immens.** Im Modell der sogenannten „hedonistischen Tretmühle" wurde üblicherweise angenommen, dass Individuen stabile Glücksniveaus haben, die von Genen und frühen Lebenserfahrungen bestimmt werden, und dass Ereignisse im Leben diese Niveaus nicht langfristig verändern. Jemand kann nach einer Beförderung glücklicher werden, aber nach einer Weile lässt der Effekt nach. Untersuchungen haben nachgewiesen, dass die Menschen sich im Durchschnitt überraschend schnell an Ehe, Scheidung, die Geburt eines Kindes, Gehaltserhöhungen und Verwitwung anpassen. Diese Ergebnisse stellen unsere tief verwurzelten Überzeugungen über die Quellen des Glücks in Frage, denn sie legen nahe, dass wir ständig das zu erwartende Vergnügen aus verschiedenen Ereignissen, Tätigkeiten oder Leistungen überschätzen.

Heißt das alles, dass unsere Bemühungen, in ein schöneres Heim umzuziehen, den richtigen Partner oder die richtige Partnerin zu finden oder eine bessere Arbeit zu bekommen, allesamt vergeblich sind? Nein – Anpassung ist kein ehernes Gesetz. Die Geschwindigkeit und der Verlauf dieses Prozesses sind in mehrfacher Hinsicht veränderlich: je nach Ereignis, Person und Umfeld.

Erstens hängen Anpassungsmuster vom betreffenden Ereignis ab; zum Beispiel findet die Anpassung an die Auflösung einer Ehe anscheinend schneller und vollständiger statt als die an Arbeitslosigkeit. Natürlich gibt es einige Erfahrungen, an die Menschen sich niemals anpassen. Wir gewöhnen uns fast nie an eine Behinderung. Einige Umstände, wie zum Beispiel Lärm, produzieren im Lauf der Zeit sogar stärkere Reaktionen. **Allerdings ist die gute Nachricht, dass es auch Dinge gibt, die nie aufhören, uns zu erfreuen** – Treffen mit Freunden, unsere Hobbys, unsere Lieblingslieder. Dazu habe ich ein persönliches Beispiel: Ich bin gegen Katzen allergisch und trotzdem habe ich sie ständig um mich – weil ich sie vergöttere. Zum Glück kann man sich daran gewöhnen, mit einer Allergie zu leben, während die positiven Gefühle, die einem ein Haustier beschert, nie verblassen werden. Tätigkeiten zu finden und beizubehalten, die dauerhaft bereichernd sind, ist mit Sicherheit ein wichtiger Weg zum Glück.

Persönlichkeit

Zweitens ist die Persönlichkeit ein wichtiger Einflussfaktor dafür, wie schnell sich ein Mensch anpasst. Nach dem Tod des Partners erweisen sich einige Menschen als belastbar, einige leiden eine Zeit lang und kehren dann allmählich zu ihrer normalen Stimmung zurück, und wiederum andere stürzen in eine chronische Depression, von der sie sich nie wieder erholen. Persönlichkeit „funktioniert" auf verschiedene Weisen. Sie beeinflusst unsere Auswahl an Bewältigungsstrategien. Neurotische Individuen werden wahrscheinlich wirkungslose Bewältigungsstrategien verwenden, zum Beispiel Leugnen, während Extrovertierte wirksamere wählen, wie die Suche nach sozialer Unterstützung. Die Persönlichkeit bestimmt auch, ob wir das Glas als halb voll oder halb leer sehen: Neurotiker konzentrieren sich auf die negativen Ereignisse, während Extrovertierte positiven Erfahrungen mehr Bedeutung beimessen. Insofern können hohe Ausprägungen von Neurotizismus zu einer Verminderung des Glücks führen, während starke Extroversion es wahrscheinlich vermehrt. Darüber hinaus beeinflusst die Persönlichkeit die Wahrscheinlichkeit bestimmter Ereignisse: **Glückliche, optimistische Menschen sind gesuchtere Kandidaten auf dem „Heiratsmarkt" als depressive, pessimistische Charaktere.** Menschen, die eine Scheidung erleben, waren tendenziell schon vor der Ehe unglücklich.

Umfeld

Zuletzt spielen die Eigenschaften des sozioökonomischen und kulturellen Umfelds eine Rolle, obwohl bisher nur wenige Vergleiche verschiedener Umfelder angestellt worden sind. Allerdings hat eine vergleichende Studie zur Anpassung an wichtige Lebensereignisse in Deutschland und Russland eine interessante Entdeckung erbracht: In Deutschland kehren die Männer nach nur zwei Jahren Ehe zu ihrem „gewöhnlichen" Glücksniveau zurück, während sich die russischen Männer anscheinend in langsamerem Tempo anpassen und daher hinsichtlich des Glücks stärker von der Ehe profitieren, zumindest am Anfang ihrer Ehekarriere. **Das ist ein gutes Beispiel dafür, wie verschiedene Umfelder verschiedene Reaktionen auf ähnliche Lebenserfahrungen hervorbringen.**

Zusammenfassend kann man sagen, dass hedonistische Anpassung kein unabänderliches Funktionsgesetz des menschlichen Geistes ist und dass Menschen nicht zwangsläufig bei ihren „persönlichen" Glücks-Sollwerten verharren müssen, wie früher vermutet wurde. Je mehr Einsichten über Anpassung wir gewinnen, desto mehr Flexibilität entdecken wir. Es scheint, als ob die Reaktionen der Menschen auf die Erfahrungen in ihrem Leben zumindest zu einem

gewissen Grade von den Gesellschaften, in denen sie leben, und den persönlichen Ressourcen, die ihnen zur Verfügung stehen, geformt werden. Allerdings verstehen wir immer noch nicht ganz, warum Menschen so unterschiedliche Reaktionsmuster auf ähnliche Erfahrungen zeigen. Die Herausforderung der (nahen) Zukunft wird es sein herauszufinden, welche persönlichen Ressourcen und Umgebungsfaktoren Menschen dabei helfen können, mit Unglücksfällen zurechtzukommen oder die Wirkung positiverer Lebensereignisse zu verlängern.

Die Glücksschlüssel

→ **Normalerweise passen sich die Menschen überraschend schnell an Ehe, Scheidung, die Geburt eines Kindes, Gehaltserhöhungen und Verwitwung an.**

→ **Anpassung ist kein ehernes Gesetz. Geschwindigkeit und Verlauf dieses Prozesses sind in mehrerer Hinsicht veränderlich: je nach Ereignis, Person und Umfeld.**

→ **Tätigkeiten zu finden und beizubehalten, die dauerhaft bereichernd sind, ist ein wichtiger Weg zum Glück – sogar nach Schockereignissen.**

Katja Uglanova hat als Dozentin an der Höheren Schule für Wirtschaft in Sankt Petersburg (Russland) gearbeitet. Ihr Forschungsgebiet ist die Anpassung an wichtige Lebensereignisse. Zurzeit arbeitet sie an der Bremen International Graduate School of Social Sciences (bigsss) an ihrer Doktorarbeit.

Sowjetisches Glück

Die Sowjetunion löste sich Anfang der 1990er-Jahre auf, und ihre Kollektivwirtschaft brach zusammen. In acht ehemaligen Sowjetrepubliken wurden 2001 großangelegte Umfragen zu Glück und Lebenszufriedenheit durchgeführt und zehn Jahre später wiederholt. **Pamela Abbott**, **Claire Wallace** und **Roger Sapsford** haben sie genutzt, um die Auswirkungen des Wandels zu untersuchen. Selbst in den Übergangsphasen nach einem wirtschaftlichen Zusammenbruch ist die wirtschaftliche Lage nicht die ganze Geschichte.

Zehn Jahre nach dem Zusammenbruch sagten weniger als 14 Prozent der Befragten, sie seien eindeutig zufrieden (in allen Ländern außer Kirgisistan, wo der Anteil 24 Prozent betrug) – zu einer Zeit, in der das allgemeine Zufriedenheitsniveau in den 15 Kernländern der Europäischen Union zwischen 80 und 90 Prozent schwankte. **Selbst 20 Jahre nach dem Zusammenbruch sind in sechs von acht Ländern weniger als 60 Prozent der Einwohner nach eigenen Angaben mit ihrem Leben ganz oder teilweise zufrieden.**

Qualitätsmodell

Als Basisstruktur unserer Analyse haben wir das Modell der sozialen Qualität von Beck et al. (2001) verwendet, das vier „Quadranten" sozialen Fortschritts definiert (siehe Abbildung):

1. Wirtschaftliche Sicherheit: genügend Ressourcen, um ein Leben lang an der Gesellschaft teilzuhaben, und genügend nationale Ressourcen, um das zu unterstützen.
2. Sozialer Zusammenhalt: Vertrauen zu anderen, der Glaube daran, dass Organisationen ihre Funktion erfüllen, und die Erwartung, dass Menschen und Institutionen ehrlich handeln.
3. Gesellschaftliche Teilhabe: soziale Verankerung und volle gesellschaftliche Teilhabe aller Einwohner – wirtschaftliche Teilhabe, Respektierung der Menschenrechte und Fehlen von Diskriminierung.

4. Stärkung der Handlungsfähigkeit / Empowerment: die Möglichkeit, voll an der Gesellschaft teilzunehmen; dazu gehören Infrastrukturfaktoren wie Gesundheit und Bildung, politische Freiheit und die Nutzung von Wahlmöglichkeiten und Potenzial.

Dies sind keine latenten Variablen, sondern nach ihrer Funktion gruppierte soziale Prozesse, die auf komplexe Weise zusammenhängen.

global

WIRTSCHAFTLICHE SICHERHEIT Schutz vor Armut und materieller Not im Lauf des ganzen Lebens	**SOZIALER ZUSAMMENHALT** Gemeinsame Erwartungen und Zusammenleben in einer Gesellschaft, die Zusammenhalt bietet und kreative Spannungen bewältigt
GESELLSCHAFTLICHE TEILHABE Menschen- und Bürgerrechte, Teilhabe an Zivilgesellschaft, Gemeinschaftsleben und Familie	**EMPOWERMENT** Kontrolle über das eigene Leben und die Möglichkeit, soziale, wirtschaftliche und kulturelle Chancen zu nutzen

strukturell ← → interaktionsbezogen

biografisch

– Das Modell der sozialen Qualitäten –

Die Analyse von Daten aus Russland, Weißrussland und der Ukraine, nach Quadranten getrennt, zeigte, dass die von den Befragten empfundene wirtschaftliche Sicherheit 25 Prozent der Unterschiede im Wohlbefinden erklärte, der soziale Zusammenhalt 11 Prozent, die gesellschaftliche Teilhabe 14 Prozent und Empowerment beinahe 30 Prozent (wobei körperliche und seelische Gesundheit wichtige Faktoren waren, außerdem das Gefühl der Kontrolle über das eigene Leben für diejenigen, die es empfanden). Eine Regressionsanalyse, für die alle signifikanten Variablen verwendet wurden, erklärte 43 Prozent der Abweichungen, wobei die Korrelation der Variablen berücksichtigt wurde. Indikatoren für wirtschaftliche Lage und Empowerment spielten die größte Rolle. Vertrauen zu anderen (sozialer Zusammenhalt) sowie drei wichtige Indikatoren für Teilhabe – Bürgerstolz, persönliche Unterstützung und enge Bindungen – waren ebenfalls wichtig.

Quellen der Zufriedenheit

Jenseits einer rein europäischen Analyse betrachteten wir auch vier Länder in Asien und im Kaukasus – Kirgisistan und Kasachstan in Asien sowie Georgien und Armenien im Kaukasus. In allen vier Ländern herrschen autoritäre Regimes. Alle haben in den 1990er-Jahren Hyperinflation und wirtschaftlichen Zusammenbruch durchlebt, aber ab 2001 war die Inflation generell unter Kontrolle und es gab einige Anzeichen wirtschaftlicher Erholung: In den zehn Jahren bis 2010/2011 war das Bruttosozialprodukt von Armenien und Kasachstan im Vergleich zu 1990 um mehr als das Fünffache gestiegen; Georgien und Kirgisistan hatten allerdings noch nicht einmal das Doppelte des Niveaus von 1990 erreicht.

Im Jahr 2001 lag die allgemeine Lebenszufriedenheit auf einer Viererskala zwischen einem Tiefpunkt von 1,6 in Georgien und einem Höchstwert von 2,7 in Kirgisistan, knapp oberhalb des Mittelwerts der Skala. Nur 12,3 Prozent in Georgien, 41,5 Prozent in Armenien, 57,5 Prozent in Kasachstan und 61,1 Prozent in Kirgisistan sagten, sie seien eindeutig zufrieden oder ziemlich zufrieden. Wenn man die vier Quadranten des sozialen Qualitätsmodells getrennt betrachtete, erklärte wirtschaftliche Sicherheit etwa 24 Prozent der Unterschiede in der allgemeinen Zufriedenheit, der soziale Zusammenhalt 19,5 Prozent, die gesellschaftliche Teilhabe 10 Prozent und Empowerment 13 Prozent. In einer nach Quadranten getrennten Regressionsanalyse konnten wir wiederum zeigen, dass jeder der vier einen signifikanten Anteil der Unterschiede erklärte, wobei die materiellen Lebensbedingungen den größten Einfluss auf die Zufriedenheit hatten. Allerdings gilt: **Die Quadranten sind nicht unabhängig voneinander**, weder theoretisch noch empirisch. Daher gaben wir alle signifikanten Variablen aus den Regressionen der einzelnen Quadranten in eine einzige Regressionsanalyse ein, wobei wir den Einfluss von Alter und Geschlecht berücksichtigten. Dieses Gesamtmodell erklärte 33,3 Prozent der Abweichungen – weniger als in den europäischen Ländern, aber immer noch einen beträchtlichen Anteil. Die wirtschaftlichen Verhältnisse spielten nach wie vor die wichtigste Rolle, aber auch sozialer Zusammenhalt, gesellschaftliche Teilhabe und Empowerment waren weiterhin signifikant. Bei einer erneuten Betrachtung der Daten aus Kasachstan von 2010/2011 zeigte sich, dass die allgemeine Zufriedenheit seit der letzten Umfrage gestiegen war, aber dass sich die wichtigsten Einflussfaktoren nicht verändert hatten.

Annehmbares Leben

Insofern ist es offensichtlich, dass selbst in den Übergangzeiten nach einem wirtschaftlichen Zusammenbruch die wirtschaftliche Lage nicht die ganze Geschichte ist. Sozialer Zusammenhalt – gemeinsame Werte, was die Organisation des sozialen Lebens angeht – ist ebenfalls von beträchtlicher Bedeutung, genauso wie gesellschaftliche Teilhabe und die Bedingungen für Empowerment. Unterschiede bei den Erklärungsfaktoren für die Zufriedenheit in verschiedenen Gesellschaften scheinen mit dem Kontext und der Position von Menschen innerhalb der gesellschaftlichen Chancenstruktur zusammenzuhängen.

Zuletzt sei angemerkt, dass Glück oder Zufriedenheit nichts ist, das Individuen sich selbst beschaffen können. Ein annehmbares Leben erfordert:

→ **ausreichende finanzielle Mittel sowie etwas Vorsorge zur Absicherung,** im Alter oder angesichts von Lebensphasen oder Ereignissen, in denen mehr gebraucht wird – wohl staatlich organisiert oder steuerfinanziert

→ **Übereinstimmung darüber, wie das gesellschaftliche und wirtschaftliche Leben geführt werden soll,** im Allgemeinen mit staatlicher Regulierung

→ **Chancen für Menschen, ihre Fähigkeiten zu bewahren und auszubauen** (beispielsweise mittels Gesundheitsversorgung und Bildungsangebote)

Die Glücksschlüssel

→ **20 Jahre nach Auflösung der Sowjetunion sind in sechs von acht ehemaligen Sowjetrepubliken weniger als 60 Prozent der Einwohner nach eigenen Angaben mit ihrem Leben ganz oder teilweise zufrieden.**

→ **Indikatoren für die wirtschaftliche Lage und Empowerment spielten die größte Rolle. Sozialer Zusammenhalt sowie drei wichtige Indikatoren für Teilhabe – Bürgerstolz, persönliche Unterstützung und enge Bindungen – waren ebenfalls wichtig.**

→ **Selbst in Übergangsphasen nach einem wirtschaftlichen Zusammenbruch ist die wirtschaftliche Lage nicht allein ausschlaggebend. Sozialer Zusammenhalt, gesellschaftliche Teilhabe und die Bedingungen für Empowerment sind von Bedeutung.**

Pamela Abbott ist Honorarprofessorin für Soziologie an der Universität Aberdeen (Schottland). Sie hat zahlreiche Veröffentlichungen zu ihren wissenschaftlichen Themen (soziale Qualität, Gender und Gesundheit) publiziert, für die sie vor Ort in Europa, der ehemaligen Sowjetunion und Afrika geforscht hat.

Claire Wallace ist Professorin für Soziologie an der Universität Aberdeen. Sie hat eine Vielzahl europäischer Forschungsprojekte durchgeführt oder koordiniert, zu den Themen Arbeit und Pflege sowie zu europäischen, nationalen und regionalen Identitäten.

Roger Sapsford war Professor für Sozialpsychologie und wissenschaftliche Methoden an der nationalen Universität von Ruanda; heute arbeitet er als ehrenamtlicher Wissenschaftler an der Universität Aberdeen. Seine aktuellen Forschungen befassen sich hauptsächlich mit persönlicher und sozialer Identität und der Fähigkeit von Regierenden, die Bedingungen für ein menschenwürdiges Leben zu schaffen.

Die drei Autoren haben gemeinsam das Buch *The Decent Society* (Die menschenwürdige Gesellschaft) veröffentlicht.

„Wir vergleichen immer."

Genug ist genug!

Bringt mehr Geld mehr Glück? Diese Frage ist in der öffentlichen Debatte fast immer unterschwellig präsent; sie hat die Wohlbefindensforscher stark beschäftigt. Das liegt daran, dass die Antwort darauf nicht eindeutig ist und oft dem widerspricht, was im Allgemeinen angenommen wird. **Christopher Boyce** untersucht, warum Menschen so denken und handeln, als ob Geld großen Zuwachs an Wohlbefinden bringen würde.

Wohlbefindensforscher haben beträchtliche Zeit darauf verwendet, Tausende von Antworten auf Wohlbefindensfragen von Menschen aus aller Welt zu analysieren, und die einfache Antwort auf die Frage lautet: Vielleicht bringt Geld ein bisschen Glück, aber selbst dann ist die Wirkung auf das Wohlbefinden eines Menschen wahrscheinlich winzig.

Generell scheinen Menschen anzunehmen, mehr Geld würde ihr Wohlbefinden viel stärker erhöhen, als es tatsächlich wohl der Fall ist. Eine der Fragen, die ich am interessantesten finde und daher wissenschaftlich untersucht habe, ist insofern: Wenn Geld keine großen Verbesserungen des Wohlbefindens schafft – warum denken und handeln Menschen so, als wäre dem so? Diese Frage ist wichtig, denn wenn wir versuchen, unser Wohlbefinden durch immer höhere Einkommen zu steigern, könnten wir letztendlich jene wichtigen Aspekte des Lebens verpassen, die wirklich mehr Wohlbefinden bringen. Das betrifft nicht nur uns alle als Individuen, sondern das betrifft auch den gesellschaftlichen Fortschritt in den Ländern, wo die Grundbedürfnisse bereits erfüllt sind.

Einkommensrang

Eine Erklärung, warum Einkommen für mehr Wohlbefinden nicht allzu wichtig ist, betrifft soziale Vergleiche. Unsere Forschungsergebnisse zeigen, dass es in Wahrheit keine große Rolle spielt, wie viel Geld wir absolut haben. Einkommen kann zwar entscheidend für die Grundbedürfnisse sein (Essen, Unterkunft, Wärme), aber sobald diese erfüllt sind, ist die absolute Einkommenshöhe nicht mehr das, was Menschen interessiert. Was sie eher interessiert, ist, was dieses Einkommen in Bezug auf ihre gesellschaftliche Position bedeutet. **Auf welcher Stufe unser Einkommen im Vergleich zu anderen steht, wird wichtig.** Das erklärt, warum Menschen mit hohem absolutem Einkommen möglicherweise immer noch denken, sie würden nicht genug verdienen, wenn sie von anderen wohlhabenden Menschen umgeben sind.

Das Problem an den Einkommensstufen unserer Gesellschaften ist, dass es nicht beliebig viele Ränge zu verteilen gibt, da in jeder Gesellschaft per definitionem nur eine bestimmte Anzahl existiert. Insofern mag eine Gehaltserhöhung zwar das Einkommen einer Person und damit deren Position in der Rangfolge erhöhen, aber damit sinken notwendigerweise andere Menschen im Rang. Allerdings werden diese anderen höchstwahrscheinlich ähnliche Gehaltserhöhungen erhalten, insofern könnte der erwartete Wohlbefindenszuwachs gar nie Wirklichkeit werden, weil sich die gesellschaftliche Position nicht verändert. **Kollektiv gesehen ist es also schwierig, das Wohlbefinden nur durch Einkommenszuwächse zu erhöhen.** Die Einkommensrangfolge kann daher zur Klärung der Frage beitragen, warum Individuen glauben, mehr Geld würde ihr Wohlbefinden stärker steigern, als es in Wirklichkeit der Fall ist.

Verlust und Gewinn

Eine weitere Erklärung, warum Einkommen und Wohlbefinden nicht so eng zusammenhängen wie oft vermutet wird, liegt darin, dass Korrelationen oft fälschlich für Kausalzusammenhänge gehalten werden. Reiche Leute mögen glücklicher wirken (vor allem die im Fernsehen und im Scheinwerferlicht), aber das heißt nicht unbedingt, dass sie glücklicher sind, und – ganz wichtig – es heißt nicht unbedingt, dass Geld sie glücklich macht. Es ist erwiesen, dass Glück Einkünfte nach sich zieht, aber **es kann irreführend sein anzunehmen, dass Geld das gleiche Glück einladen wird, das andere scheinbar genießen.**

Eine letzte These, die wir untersucht haben, ist, ob Geld vielleicht erst an Bedeutung gewinnt, sobald jemand es hat. In aktuellen Forschungen konnten wir zeigen, dass Einkommenssteigerungen kaum zum Wohlbefinden von Individuen beitragen. **Was allerdings das individuelle Wohlbefinden in der Tat verändert, sind Einkommensminderungen.** Vermutlich nehmen die Menschen, denen ihr gegenwärtiges Einkommen besonders wichtig ist, an, mehr Geld würde ihr Wohlbefinden mehren. Ironischerweise unterscheiden Wissenschaftler beim Untersuchen der Wohlbefindenswirkung von Einkommensveränderungen in der Regel nicht zwischen Zuwächsen und Verlusten, was vermuten lässt, dass die Forscher selbst die Bedeutung von mehr Geld für das Wohlbefinden überschätzen.

Gefahr

Geld und Ressourcen in das Streben nach immer mehr Einkommen zu investieren, könnte ein Fehler sein. Wir sollten lieber mehr Zeit mit Freunden und Familie verbringen, Vertrauen schaffen in unsere Gemeinschaften, den inneren Prozess zum Bewältigen von Schwierigkeiten verstehen und in unsere körperliche und seelische Gesundheit investieren. All diese Dinge nicht Geld, sind erwiesenermaßen eng mit Wohlbefinden verbunden – wer auf der Jagd nach höherem Einkommen ist, läuft Gefahr, sie zu opfern.

Die Glücksschlüssel

→ Generell scheinen Menschen anzunehmen, mehr Geld würde ihr Wohlbefinden viel stärker erhöhen, als es tatsächlich der Fall ist.

→ Es gibt mehrere Gründe für diesen Irrglauben. Soziale Vergleiche gehören dazu.

→ Es könnte ein Fehler sein, Geld und Ressourcen in das Streben nach immer mehr Einkommen zu investieren. Wichtiger sind Freunde und Familie, Vertrauen, das Bewältigen von Schwierigkeiten sowie körperliche und seelische Gesundheit.

Christopher Boyce, Ph.D., Universität Stirling (Großbritannien), hat mehrere wissenschaftliche Artikel zu verschiedenen Aspekten der Beziehung zwischen Geld und Glück veröffentlicht. Seine Forschungsarbeit befasst sich generell mit menschlichem Glück und Wohlbefinden. Was trägt zu unserem Glück bei, und warum? Er kombiniert Konzepte der Psychologie und der Volkswirtschaftslehre um zu verstehen, wie Lebensereignisse, zum Beispiel Beförderungen, Einkommensveränderungen oder Arbeitslosigkeit, unser Wohlbefinden beeinflussen können. Über seine eigenen Glücksabenteuer schreibt er einen persönlichen Blog.

„Jugendliche brauchen Beistand,
um sich selbst kennenzulernen.“

Glück für Körper, Geist und Seele

Nach dem Bürgerkrieg in El Salvador kam **Danilo Garcia** als 15-jähriger Flüchtling in Schweden an. Dort wurde er Professor für Psychologie und untersuchte die Beziehung zwischen Glück und Persönlichkeit. „Man muss Jugendlichen nicht sagen, was sie tun sollen. Sie brauchen Unterstützung, um sich selbst kennenzulernen: um ein Bewusstsein für Körper, Geist und Seele zu entwickeln.“

1989 endete der Bürgerkrieg in meinem Heimatland El Salvador. Weil ich der Sohn von Violeta Jovel und dem verstorbenen Ernesto Jovel war, beide wichtige Persönlichkeiten in den Anfangsjahren des salvadorianischen Bürgerkriegs, konnte ich nicht in diesem kleinen, aber schönen Land in Mittelamerika bleiben und aufwachsen. Nachdem sie fast drei Jahre unter Hausarrest gelebt hatte, schaffte es meine Mutter, für sich selbst, meine Schwester und mich Asyl zu bekommen. Am 19. Januar 1989 kam ich als 15-jähriger Flüchtling in Schweden an, einem der glücklichsten und am weitesten entwickelten Länder der ganzen Welt.

Nach vielen Problemen – die Anpassung an eine neue Kultur, Rassismus und einen ernsthaften, aber vergeblichen Versuch, allein nach El Salvador zurückzukehren – ergab ich mich in mein Schicksal im Exil. Meine Resignation war allerdings flüchtig. Dank meiner starken Selbstakzeptanz und meines Durchhaltevermögens, genährt und vererbt von meinen Eltern, und dank der Toleranz und Unterstützung neuer Freunde fand ich den Weg zurück zu meiner Neugierde in Bezug auf die menschliche Seele. Ich entwickelte Interesse an Resilienz, Flourishing (Aufblühen) und Wohlbefinden. In den letzten Jahren habe ich die Funktionen und Fehlfunktionen der menschlichen Persönlichkeit immer besser verstanden. Ein Großteil meiner Arbeit hat sich mit C. Robert Cloningers Persönlichkeitsmodell befasst, das aus zwei Bereichen besteht: Temperament und Charakter.

Persönlichkeit

C. Robert Cloninger hat sein Persönlichkeitsmodell um ein einheitliches Sein konstruiert: Körper, Geist und Seele. Entsprechend besteht unsere Persönlichkeit aus Temperamentseigenschaften (das heißt körperlichen Persönlichkeitsaspekten), die unsere Gefühlsreaktionen, unsere Vorlieben und Abneigungen steuern. Außerdem umfasst sie Charaktereigenschaften, die für unsere Ziele und Werte in Bezug auf uns selbst und andere stehen (geistige Persönlichkeitsaspekte), aber auch in Bezug auf etwas, das größer ist als wir selbst (seelische oder spirituelle Persönlichkeitsaspekte). Im Gegensatz zu den Gefühlen, die von unserem Temperament herrühren (zum Beispiel Freude, Trauer, Ekel, Angst und Ärger), sind unsere Charakterzüge verantwortlich für unsere Vorstellungen von Hoffnung, Liebe und Glauben.

Dieser Forschungsansatz legt nahe, dass wir, wenn wir langanhaltendes Glück erlangen wollen, unser Bewusstsein für diese drei untrennbaren Teile unseres Wesens nähren müssen: Körper, Geist und Seele. Diese dreigliedrige Vorstellung von unserem Sein ist wichtig, denn **Körper, Geist und Seele funktionieren als miteinander verwobenes, dynamisches System, das uns dabei hilft, uns an wechselnde Lebensumstände anzupassen** (siehe Abbildung). Anders gesagt, stehen unsere Emotionen im ständigen Austausch mit unserer Hoffnung, im Leben zurechtzukommen, mit der Liebe, die wir für andere hegen und von anderen empfangen, mit unserem Gefühl der Verbundenheit mit etwas, das größer ist als wir selbst und mit der Art, wie wir unsere eigene Lebensgeschichte verstehen.

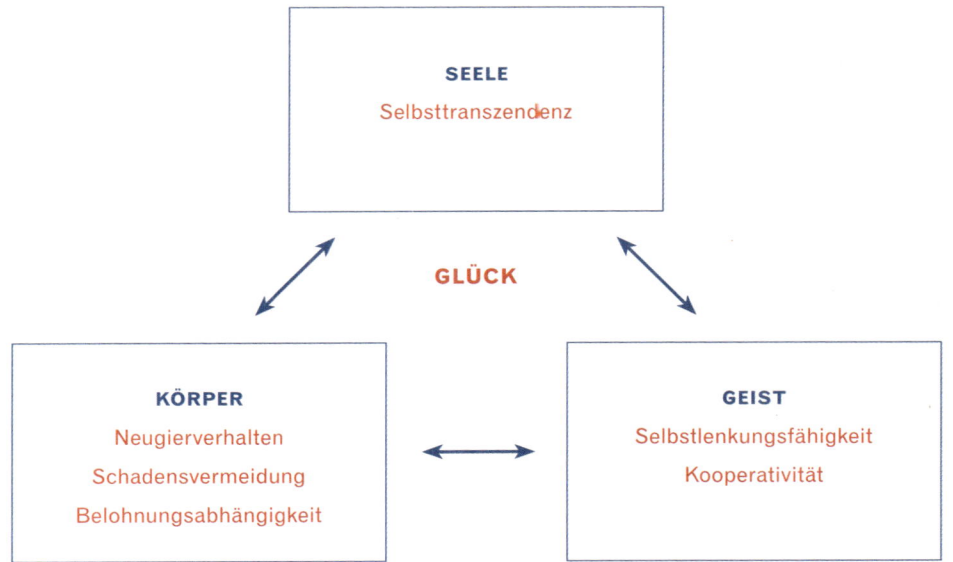

– Glück im Verhältnis zur Persönlichkeit als ganzheitliche Sicht des menschlichen Wesens
(Körper, Geist und Seele) –

Persönlichkeitszentriert

Diese dreigliedrige Struktur ist bei Heranwachsenden, die sich selbst als glücklich bezeichnen, ausgeprägt. Solche jungen Menschen setzen sich gezielt Bildungsziele und arbeiten an ihrer Selbstkontrolle (Selbstlenkungsfähigkeit). Sie pflegen enge Beziehungen bewusst und helfen anderen (Kooperativität), und sie suchen sich gezielt sinnvolle Flow-Situationen, in denen sie sich mit ihrer ganzen Umwelt verbunden fühlen können (Selbsttranszendenz). Jugendliche müssen sich selbst besser kennenlernen, um ihre Charakterentwicklung in den drei Wesensaspekten zu fördern. Dafür müssen Eltern, Schulen, Angehörige der Heilberufe und Gemeinden eine persönlichkeitszentrierte Sicht von Jugendlichen entwickeln. **Wenn jeder und jede von uns versteht, welche Person wir sind, werden wir andere als Individuen mit einem eigenen Weg zum Wohlbefinden verstehen und behandeln können.** Jugendlichen muss man nicht sagen, was sie tun sollen; sie brauchen Unterstützung, um sich selbst kennenzulernen, das heißt sich ihres Körpers, ihres Geistes und ihrer Seele bewusst zu werden. Das wird ihnen helfen, eine glückliche und belastbare Identität und eine glückliche Lebensgeschichte zu entwickeln.

Die Glücksschlüssel

→ **Wenn wir langanhaltendes Glück erlangen wollen, sollten wir unser Bewusstsein für die drei untrennbaren Teile unseres Wesens nähren: Körper, Geist und Seele.**

→ **Jugendliche müssen sich selbst besser kennenlernen, um ihre Charakterentwicklung in den drei Wesensaspekten zu fördern.**

→ **Dafür müssen Eltern, Schulen, Angehörige der Heilberufe und Gemeinden eine persönlichkeitszentrierte Sicht von Jugendlichen entwickeln.**

Danilo Garcia trägt einen Ph.D. in Psychologie und ist außerordentlicher Professor am Fachbereich Psychologie der Universität Göteborg (Schweden). Zurzeit ist er Direktor des Kompetenzzentrums Blekinge, das sich mit Innovationen im Gesundheitswesen befasst. Danilo Garcia ist, zusammen mit Trevor Archer and Max Rapp Ricciardi, Gründer und leitender Wissenschaftler des Network for Empowerment and Well-Being. Er erforscht den Einfluss von Temperament und Charakter auf das Wohlbefinden, meist mit personenzentrierten Methoden, aber auch mit Zwillingsstudien und computergestützten quantitativen Textanalysen, zusammen mit Henrik Anckarsäter und Sverker Sikström. Außerdem ist er Wohlbefindens-Coach und arbeitet mit der gemeinnützigen Anthropedia-Stiftung vor Kevin M. Cloninger zusammen.

„Je älter wir werden, desto besser können wir mit unseren Gefühlen umgehen."

Die vier Fragen

Die Zuhörer haben mit stiller Begeisterung seiner Vorlesung über „Die Psychologie des Glücks" gelauscht. Jetzt ist Zeit für Fragen. Reynaldo Alarcón weiß, dass immer wieder die gleichen vier Fragen auftauchen, jedes Mal von Neuem. Hier sind die Antworten.

Alter, Ehe und Persönlichkeit

Welche Dinge machen Menschen glücklich? In Lima habe ich bei Gruppen aus verschiedenen Altersklassen die folgenden Antworten gefunden, in dieser Reihenfolge: sich guter Gesundheit zu erfreuen, gut mit Gott auszukommen und eine gute Familie zu haben. Ich habe allerdings beobachtet, dass diese drei „Dinge" sich je nach Geschlecht, Alter und Familienstand verändern: Für junge Universitätsstudenten zwischen 20 und 30 ist das wertvollste Ziel beruflicher Erfolg, während die Gruppe der 60-Jährigen den (schon erwähnten) Wunsch äußert, eine gute Familie und ein gutes Verhältnis zu ihrem Schöpfer zu haben. Es ist sicher richtig, dass die „Dinge", die eine Person glücklich machen, nicht notwendigerweise jemand anderen glücklich machen. Glück ist etwas sehr Persönliches.

Welche Wirkung hat das Alter? Oft wird angenommen, dass alte Leute weniger glücklich sind als junge. Es gibt verschiedene Tatsachen, die diese Hypothese stützen – die sich im Alter verschlechternde Gesundheit, das Alleinsein nach dem Tod des Partners, der fortschreitende Verlust von Freunden und Verwandten plus all die anderen Beschwerden, die das Alter mit sich bringt. Allerdings zeigen Untersuchungen, die Alter und Glück in Beziehung setzen, dass Menschen um die 60 oder 70 oft glücklicher sind. Die Älteren fühlen sich glücklicher, da sie besser mit ihren Gefühlen umgehen können. Sie haben gelernt, sowohl positive als auch negative Ereignisse unter Kontrolle zu behalten. Sie werden weder übermäßig aufgeregt, wenn man ihnen sagt, dass sie in einer Lotterie gewonnen haben, noch wenn sie schlechte Nachrichten erhalten. Sie verarbeiten diese Gefühlsanreize vor allem über kognitives Denken. Man sollte allerdings beachten, dass diese Information sich auf ältere Menschen bezieht, die in ihrem eigenen Heim oder im Familienkreis wohnen. Demgegenüber zeigen ältere Menschen, die in Pflegeheimen leben, oft depressive Symptome, Einsamkeit, einen reizbaren Charakter und andere Probleme, die sie unglücklich machen.

Beeinflusst der Familienstand das Glück der Menschen? Bei unseren Untersuchungen haben wir herausgefunden, dass verheiratete Menschen glücklicher sind als Alleinstehende. Die Glücksniveaus verheirateter Männern und Frauen unterscheiden sich nicht in nennenswertem Ausmaß. Verheiratete Menschen, sowohl Männer als auch Frauen, scheinen im Lauf ihres Ehelebens zufriedenstellende und erfreuliche Gefühlserfahrungen zu machen. Man hat herausgefunden, dass ein Gefühlsgleichgewicht und die gegenseitige Befriedigung eines Paares zur Stabilität einer Ehe beitragen. Dagegen können negative Erfahrungen und egozentrisches Verhalten in einer Ehe Auslösefaktoren einer Krise darstellen. Einige Wissenschaftler haben beobachtet, dass Männer und Frauen, die in ihrer Ehe unglücklich sind, unter den gleichen geistigen Abweichungen leiden: Neurotizismus, Autoritarismus, aggressives Verhalten etc.

Was sind die persönlichen Eigenschaften, die einen glücklich machen? Wir haben herausgefunden, dass es einige psychologische Faktoren gibt, die das Glück klar begünstigen, wie beispielsweise Extroversion. Es ist sicher richtig, dass extrovertierte Menschen höhere Glücksniveaus erreichen als introvertierte. Mit dem Leben zufrieden zu sein und uns mit dem, was wir sind und was wir erreicht haben, wohlzufühlen, ist ein Schlüsselfaktor für die Lebenszufriedenheit. Dieses Urteil ist das Ergebnis einer Selbsteinschätzung – auf der Basis einer solchen positiven Selbsteinschätzung nehmen Menschen sich selbst als „wertvoll" wahr: Sie vertrauen darauf, dass sie die Fähigkeiten und Eigenschaften haben, um dem Leben gegenüberzutreten und ihre zukünftigen Handlungen festzulegen. Es gibt eine sehr enge Beziehung zwischen Glück und Selbstachtung, aber man sollte nicht zulassen, dass dies zu Narzissmus oder zu übertriebener Selbstgefälligkeit angesichts der eigenen Charaktereigenschaften führt. Zuletzt hat man außerdem herausgefunden, dass die „Häufigkeit positiver Affekte" zum persönlichen Glückszustand beiträgt. Das heißt, dass jede Handlung und jede Bemerkung, die den Wert einer Person in ihren täglichen Beziehungen belohnt oder anerkennt, diese glücklich machen wird. Wir alle sehnen uns nach Anerkennung. Während positive Affekte – gemäßigte Gefühle – unser Wohlbefinden mehren, sind intensivere Gefühlserfahrungen nicht günstig für das Glück. Schon die griechischen Philosophen wussten, dass sinnliche Vergnügungen kein Glück schaffen. Im Gegenteil – sie neigen dazu, die Balance zu stören, von der ein glückliches Leben abhängt. Und dies ist eine großartige Wahrheit – ob man alt ist oder jung, Mann oder Frau, verheiratet oder alleinstehend.

Die Glücksschlüssel

→ **Älter zu werden macht einen nicht unglücklich. Man lernt, besser mit den eigenen Gefühlen umzugehen.**

→ **Generell berichten verheiratete Männer und Frauen von höheren Glücksniveaus.**

→ **Wichtige persönliche Eigenschaften sind Extroversion, Selbstachtung und das Geben und Empfangen positiver Gefühle.**

Reynaldo Alarcón ist emeritierter Professor und Doktor der Psychologie und der Philosophie an der Hauptnationaluniversität San Marcos in Lima (Peru). Er hat acht Bücher und 173 psychologische Artikel veröffentlicht, darunter empirische Untersuchungen und theoretische Arbeiten. Er ist Ehrendoktor der Ricardo-Palma-Universität sowie Mitglied der Inter-American Society of Psychology und der American Psychological Association. Seit 2000 arbeitet er auf dem Gebiet der Positiven Psychologie; er hat zahlreiche wissenschaftliche Aufsätze publiziert und Tagungsvorträge gehalten. Sein neuestes Buch heißt *Psychology of Happiness* (Psychologie des Glücks).

„Warum neigen wir selbst dann dazu, hoffnungsvoll und optimistisch zu sein, wenn es unrealistisch erscheint?"

Die Grundlagen eines aufblühenden Lebens

„In einem Staffellauf der Gefühlszustände würde die Hoffnung als erster Läufer starten", sagt **Jan-Emmanuel De Neve**. „Ohne sie gäbe es für den Optimismus keinen Grund, das Rennen zu übernehmen und wiederum keinen glücklichen Läufer, der es beenden würde. Gefühle von Hoffnung, Optimismus und Glück sind eng verbunden, aber es scheint eine klare Abfolge zu geben, bei der Hoffnung die notwendige Grundlage ist, um ein aufblühendes Leben aufzubauen."

Hoffnung zu empfinden ist etwas zutiefst Menschliches. Oft bleiben wir hoffnungsvoll, auch wenn Informationen und Fakten unsere Überzeugung in Frage stellen. Damit stellt sich die Frage: Warum neigen wir selbst dann dazu, hoffnungsvoll und optimistisch zu sein, wenn es unrealistisch erscheint? Und vor allem: Sollten Menschen ihre Überzeugungen und Erwartungen an das Leben anpassen und realistischer sein?

Es gibt wissenschaftliche Belege dafür, dass das „Anpassen" der eigenen Erwartungen leichter gesagt ist als getan und sogar kontraproduktiv sein könnte. Denken Sie an die gängige Meinung, „das Geheimnis des Glücks sind niedrige Erwartungen". Dahinter steckt folgende Logik: Wenn wir nicht hoffen oder erwarten, erfolgreich und glücklich zu sein, sind wir nicht enttäuscht, wenn es nicht klappt, und angenehm überrascht, falls es doch klappt – richtig?

Hohe Erwartungen

Die Vorstellung, wir sollten unsere Erwartungen herunterschrauben, um unser Wohlbefinden zu steigern, ist problematisch. Theoretisch ist das vielleicht sinnvoll, aber nicht, wenn man es in Wirklichkeit testet. Dabei zeigt sich, dass Menschen, die hoffnungsvoll sind und hohe Erwartungen haben, generell glücklicher sind, egal, ob sie Erfolg haben oder scheitern. Dieser wichtige Befund scheint das Ergebnis von drei kognitiven Prozessen zu sein.

Erstens zählt für unser Wohlbefinden, wie wir die Ereignisse interpretieren, die wir erleben. Die beiden Psychologen Margaret Marshall und Jonathon Brown baten Studierende, ihre Benotung bei einer Zwischenprüfung vorherzusagen. Natürlich waren diejenigen, die eine Eins erwartet hatten und eine Drei bekamen, überrascht. Aber fühlten sie sich schlechter als diejenigen, die von Anfang an mit einer Drei gerechnet hatten? Nein, weil die Studierenden, die eine schlechte Leistung erwarteten, diese als Bestätigung ihrer geringen Fähigkeiten sahen. Im Gegensatz dazu zogen die Studierenden, die eine Eins erwarteten, aber eine Drei bekamen, daraus den Schluss, dass sie sich beim nächsten Mal mehr anstrengen würden und hofften, letztendlich diese Eins zu bekommen. Die wenigen Studierenden mit niedrigen Erwartungen, die tatsächlich eine Eins bekamen, schrieben dies ihrem Glück zu, während Menschen mit hohen Erwartungen glauben, ihr Erfolg sei ihren persönlichen Eigenschaften zuzuschreiben – ich habe eine Eins bekommen, weil ich klug bin.

Zweitens erbringen Menschen, die ihre Erwartungen künstlich hochschrauben, tatsächlich bessere Leistungen. Die kognitive Neurowissenschaftlerin Sara Bengtsson zeigte kürzlich, dass es ausreicht, Testpersonen vorab mit dem Wort „clever" vorzubereiten, um ihre Leistungen bei Lernaufgaben zu verbessern. Warum?

„Warum neigen wir selbst dann dazu, hoffnungsvoll und optimistisch zu sein, wenn das unrealistisch erscheint?"

Menschen, die man dazu gebracht hat zu denken, dass sie gut abschneiden werden, tendieren eher dazu, aus ihren Fehlern zu lernen und anschließend bessere Leistungen zu erbringen. Wenn man ihnen dagegen weisgemacht hat, sie würden wahrscheinlich keinen Erfolg haben, neigen sie dazu, weniger aus Fehlern zu lernen und scheitern daher mit größerer Wahrscheinlichkeit. Subjektive Erwartungen hoch- oder herunterzuschrauben, hat objektive Folgen. die das eigene Wohlbefinden beeinflussen.

Vorfreude

Drittens machen uns hoch gesteckte Erwartungen und Hoffnungen für die Zukunft in der Gegenwart glücklicher. Der Verhaltensökonom George Loewenstein bat Studierende seiner Universität, sich vorzustellen, sie bekämen einen Kuss von ihrem Lieblingsstar. Dann fragte er, wie viel sie dafür bezahlen würden, einen solchen Kuss sofort oder irgendwann später zu bekommen. Die Studierenden boten den höchsten Preis dafür, den Kuss nicht sofort, sondern erst in drei Tagen zu empfangen; sie waren bereit, für das Warten mehr zu bezahlen – in der Hoffnung, dass etwas Gutes, das passieren könnte, zu Vorfreude führt.

Diese drei aktuellen Befunde weisen allesamt darauf hin, dass Hoffnung ein Grundpfeiler unseres Wohlbefindens ist. Hoffnungsvoll zu sein, ist zwar eine notwendige Bedingung für ein glückliches Leben, aber man sollte betonen, dass Hoffnung als solche als Antrieb für positive Veränderungen und Wohlbefinden in unserer Welt nicht ausreicht. Hoffnung allein wird uns nicht retten. Sie ist eine Vorbedingung für Glück und Handeln, kein Ersatz dafür. Lassen Sie uns daher zusammen aktiv werden, um sicherzustellen, dass Hoffnung und Streben auch diejenigen unter uns erreichen, die zurzeit ohne Hoffnung sind.

Die Glücksschlüssel

→ **Menschen, die hoffnungsvoll sind und hohe Erwartungen haben, sind generell glücklicher, egal, ob sie Erfolg haben oder scheitern.**

→ **Dieser wichtige Befund scheint das Ergebnis von drei kognitiven Prozessen zu sein: unserer Interpretation der Ereignisse, unseren subjektiven Erwartungen und unserer Vorfreude.**

→ **Hoffnung allein wird uns nicht retten. Sie ist eine Vorbedingung für Glück und Handeln, kein Ersatz dafür.**

Jan-Emmanuel De Neve, Ph.D., ist außerordentlicher Professor für Volkswirtschaftslehre an der Universität Oxford (Großbritannien). Er ist in Belgien geboren und hat an der Universität Harvard und der London School of Economics studiert. De Neve untersucht die Ökonomie des menschlichen Wohlbefindens und trägt dazu bei, politische Maßnahmen zu entwerfen, die das allgemeine Wohlbefinden steigern und Not mildern. Das gibt ihm Hoffnung.

„Hoffnungsvolle Führungskräfte, Angestellte und Organisationen resultieren in positiveren Einstellungen, Verhaltensweisen und Leistungen."

Hoffnung und Effizienz in der Arbeitswelt

Hoffnung ist etwas Gutes, darüber sind sich alle einig – dennoch war der Begriff bis vor wenigen Jahren ziemlich vage und verschwommen. Es fehlte an theoretischen Erkenntnissen, einer praktisch anwendbaren Definition, brauchbaren Messmethoden und empirischen Untersuchungen zu ihren Wirkungen. All das änderte sich mit dem Aufkommen der Positiven Psychologie gegen Ende des vergangenen Jahrhunderts. Ihren Weg in die Arbeitswelt fand sie als Kernelement des Konzepts vom „psychologischen Kapital", das der bekannte Management-Professor **Fred Luthans** entwickelt hat.

Im Jahr 1999 hatte ich das Glück, als Professor für Management an der Universität Nebraska und wissenschaftlicher Berater der Firma Gallup das erste Gipfeltreffen der Positiven Psychologie mitzuerleben. Es wurde vom Gallup-Institut finanziert und veranstaltet, ein Jahr nach Martin Seligmans berühmter Rede als Präsident der American Psychological Association. In dieser Rede hatte er gefordert, **das Fach Psychologie müsse ausgewogener werden und mehr Aufmerksamkeit auf das Positive richten**, auf das, was bei Menschen gut funktioniert, statt sich fast ausschließlich auf das Negative zu konzentrieren, also auf das, was mit Menschen nicht stimmt. Seligman organisierte den Gipfel und lud Mitbegründer wie Ed Diener und Barbara Fredrickson dazu ein. Ihre Vorträge und Einsichten waren für mich der Auslöser, die Positive Psychologie auf die Arbeitswelt anzuwenden.

Im folgenden Herbst fand der zweite Gipfel im Gallup-Hauptquartier in Washington, D.C. statt. Besonders inspirierend fand ich bei diesem Treffen die wissenschaftlichen Vorträge zum Begriff Hoffnung, gehalten von C. Rick Snyder und seinem Kollegen Shane Lopez, beide Professoren an der Universität Kansas. Sie legten sorgfältig das reichhaltige theoretische Fundament und eine praktisch anwendbare Definition der Hoffnung dar, zu der sowohl die auf Zielgerichtetheit basierende „Willenskraft" als auch das Finden von Lösungswegen und die dahinter stehende „Wegfindungskraft" gehören. Sie nannten außerdem stichhaltige Kriterien zur Messung von Hoffnung und schilderten Forschungsergebnisse, die positive Auswirkungen von Hoffnung auf eine Vielzahl menschlicher Aktivitäten zeigten. Die beiden Gipfeltreffen der Positiven Psychologie und weiterführende Lektüre flossen in meinen eigenen Vortrag beim dritten Gipfel 2001 und die Veröffentlichung meiner grundlegenden Aufsätze über Positives Organisationsverhalten (Positive Organizational Behavior, POB) und Positives Psychologisches Kapital (Psychological Capital, PsyCap) ein.

HERO – der innere Held

Damit meine POB- und PsyCap-Konstrukte sich von den wissenschaftlich nicht fundierten Wohlfühl-Ansätzen der populären „positiven" Management-Literatur unterschieden, mussten sie folgende Kriterien erfüllen: Sie mussten 1.) theoretisch und empirisch fundiert, 2.) eindeutig messbar, 3.) entwicklungsfähig und damit „zustandsartig" im Gegensatz zu statisch und „eigenschaftsartig" sein und sich 4.) positiv auf die Einstellung der Mitarbeiter, ihr Verhalten und vor allem ihre Leistungen am Arbeitsplatz auswirken. Nachdem ich eine große Zahl in Frage kommender Elemente für PsyCap untersucht hatte, zeigte sich, dass vier von ihnen die Kriterien am besten erfüllen: **Hoffnung, Effizienz (oder Selbstwirksamkeit), Resilienz und Optimismus – „HERO", der innere Held.**

Obwohl viele Forschungsergebnisse der Positiven Psychologie einen positiven Zusammenhang zwischen Hoffnung und verschiedenen Lebensbereichen nachweisen, sind bisher nur wenige Studien am Arbeitsplatz durchgeführt worden. Wir haben beispielsweise bei **Mitarbeitern aller Organisationstypen und -ebenen einen deutlichen positiven Zusammenhang zwischen dem Hoffnungsniveau und ihrer Einstellung festgestellt** – Zufriedenheit mit dem Beruf, Glück bei der Arbeit, Loyalität und Engagement, wünschenswertes Verhalten wie Arbeitgebertreue sowie individuelle und organisatorische Leistung. Ich habe herausgefunden, dass hoffnungsvolle Führungskräfte typischerweise nicht nur klassische Aufgaben wie Planung,

Organisation und Controlling gut erfüllen. Sie sind darüber hinaus auch sehr zielorientiert – sie haben die Motivation (das heißt die Willenskraft) und die Initiative zum Finden von Lösungswegen (das heißt die Wegfindungskraft), um diese Ziele zu erreichen. In der Regel treffe ich auf Führungskräfte und Angestellte, die mir sagen, dass sie hoffen, besser zu werden und ihre Leistung zu steigern. Ich stelle dann sofort Gegenfragen: „Haben Sie sich ehrgeizige Ziele gesetzt? Haben Sie die Wege, die dorthin führen, analysiert und reale oder potenzielle Hindernisse identifiziert? Haben Sie aktiv über Wege nachgedacht, diese Hindernisse zu umgehen?" Wenn die Betreffenden mit „Nein" oder „Nicht so richtig" antworten – wie meistens –, sage ich Ihnen, dass sie keine echte Hoffnung haben. Wichtig ist, dass die Ziele und die kommunizierten Wege zu diesen Zielen nicht nur die hoffnungsvollen Führungskräfte begeistern und motivieren, sondern auch ihre Gefolgsleute. Mit anderen Worten: Hoffnung wirkt ansteckend und schafft so ein Klima von Offenheit, Vertrauen und motivierter Leistung, das auch für hoffnungsvolle Mitarbeiter und hoffnungsvolle Organisationen charakteristisch ist.

Kluge Investition

Neben diesen sich allmählich abzeichnenden empirischen Belegen für die per se positive Wirkung der Hoffnung auf Leistungen am Arbeitsplatz gibt es inzwischen überwältigende wissenschaftliche Beweise dafür, dass die Hoffnung neben den anderen drei PsyCap-Komponenten zumindest eine Unterstützerrolle für ein effizientes Arbeitsumfeld spielt. Unsere Untersuchungen zeigen eindeutig, dass PsyCap als zentrales Konstrukt ungeheure Auswirkungen auf die erwünschten Ergebnisse hat. Zum Beispiel haben wir vor einigen Jahren eine Meta-Analyse von insgesamt 51 PsyCap-Studien durchgeführt. Dabei zeigte sich im Durchschnitt ein starker Zusammenhang zwischen PsyCap (das Hoffnung einschließt) und erwünschten Einstellungen, Verhaltensweisen und Leistungen von Mitarbeiten. Diese Ergebnisse wurden zusätzlich in einem kürzlich veröffentlichten Überblick über 66 PsyCap-Artikel bestätigt. Mit anderen Worten: Am Arbeitsplatz hat Hoffnung eine signifikant positive Wirkung – für sich genommen, aber auch und vor allem durch die Synergieeffekte in Kombination mit den übrigen HERO-Psychoressourcen Selbstwirksamkeit, Resilienz und Optimismus.

Hoffnung ist eine zustandsartige PsyCap-Ressource und daher entwicklungsfähig (anders als eigenschaftsartige Charakterzüge oder fest programmierte Talente und Intelligenz); **sie kann durch kurze Personalentwicklungsprogramme beeinflusst und gesteigert werden**. Über empirische Untersuchungen mit Kontrollgruppen haben wir festgestellt, dass solche Programme das PsyCap der beteiligten Mitarbeiter steigern (darunter auch ihre Hoffnung) und ihre Leistungen verbessern. Eine dieser Studie umfasste auch eine Nutzenanalyse – sie zeigte, dass die Rendite auf persönliche Entwicklung 200 Prozent betrug. Mit anderen Worten: In die Entwicklung des eigenen PsyCap (und der Hoffnung) zu investieren, zahlt sich aus.

Große Hoffnungen

Abschließend sei betont, dass dieses Kapitel auf ein nüchterneres, pragmatisches Herangehen an das Thema Hoffnung abzielt. Lopez' und Snyders *Handbook of Positive Psychology* enthält nur ein einziges Kapitel über die Arbeitswelt – das von mir und Carolyn Youssef. Ich habe versucht, ein empirisch fundiertes Porträt von **Hoffnung als wertvolle positive Ressource für das psychologische Kapital in der heutigen Arbeitswelt** zu zeichnen. Hoffnungsvolle Führungskräfte, Angestellte und Organisationen resultieren in positiveren Einstellungen, Verhaltensweisen, Leistungen und Wettbewerbsvorteilen, die in der dynamischen, globalen Wirtschaft von heute erfolgsentscheidend – oder gar überlebensnotwendig – sind.

Die Glücksschlüssel

→ **Hoffnung ist mehr als ein verschwommenes Wohlfühl-Konzept. Sie wurde theoretisch und empirisch ausführlich erforscht, ist stichhaltig messbar, entwicklungsfähig und hat nachweislich positive Wirkungen auf verschiedene Lebensbereiche.**

→ **Am Arbeitsplatz hat Hoffnung, kombiniert mit Effizienz, Resilienz und Optimismus (HERO), beträchtliche positive Auswirkungen auf Angestellte und Führungskräfte.**

→ **Psychologisches Kapital (zu dem Hoffnung gehört) kann man entwickeln; es steht in direktem Kausalzusammenhang mit Leistung und liefert hohe Renditen.**

Fred Luthans ist Universitätsprofessor und Distinguished Professor of Management an der Universität Nebraska (USA). Als ehemaliger Präsident der Academy of Management hat er die anerkannten Grundlagenwerke *Organizational Behavior* (aktuell in der 12. Auflage) und *International Management* (9. Auflage) verfasst. Er hat das Forschungsfeld des Positive Organizational Behavior (POB) begründet und den Begriff des Psychologischen Kapitals (PsyCap) entwickelt sowie empirisch untermauert. In seiner Freizeit ist er begeisterter Golfer und großer Fan der – männlichen und weiblichen – Football- und Basketballteams seiner Universität. Seine größte Errungenschaft sieht er selbst darin, Teil einer großen, liebevollen Familie zu sein.

„Die Moderne ist besser als ihr Ruf."

Der Motor des Fortschritts

„Immer wieder wird die moderne westliche Gesellschaft als Weg zu Unglück und Depression porträtiert", sagt **Jan Delhey**. „Aber das entspricht nicht den Ergebnissen unserer sozialen Erhebungen."

Als Soziologe interessiere ich mich vor allem dafür, wie die Lebensbedingungen menschliches Glück beeinflussen. Es stimmt, was die Wissenschaft immer wieder enthüllt hat: Das subjektive Wohlbefinden spiegelt nicht einfach unsere Lebensumstände wider – wie reich wir sind oder welches Ansehen unsere berufliche Stellung genießt. Diese Fakten werden von unseren Persönlichkeiten gefiltert, von Werten und Lebenszielen, von Sehnsüchten und Vergleichen mit den Nachbarn. Generell stimmen sich Menschen (relativ einfach) auf günstige Umstände ein und gewöhnen sich (weniger einfach) an ungünstige.

Muster

Auf nationaler Ebene zeigen Untersuchungen immer wieder, dass objektiv wohlhabende Menschen zufriedener mit ihrem Leben sind als die Armen und sozial Benachteiligten: Es gibt eine Zufriedenheitslücke zwischen denen an der Spitze und denen am unteren Ende der sozialen Leiter. Die Volksweisheit behauptet, man könne Glück nicht kaufen. Das Glück neigt dazu, eng mit Einkommen und Wohlstand zusammenzuhängen. Allerdings ist die Zufriedenheitslücke zwischen den Wohlhabenden und den Habenichtsen nicht überall gleich groß. In reichen Gesellschaften ist sie viel kleiner als in armen.

Bei Ländervergleichen zeigt sich ein klares Muster – Glück ist an den Orten zu finden, die durch gute Lebensbedingungen charakterisiert sind. Menschen sind im Durchschnitt in wohlhabenden, freien, gut regierten, egalitären, toleranten und kapitalkräftigen Ländern glücklicher. Kein Wunder, dass wir die höchsten Glückswerte in Nationen wie Dänemark und der Schweiz finden und die niedrigsten im Irak und in Simbabwe. Die gleichen Faktoren, die das durchschnittliche Glück steigern, mindern auch Ungleichheiten in den Glücksniveaus. Was können wir aus diesen wichtigen Ergebnissen lernen?

Lebensbedingungen

Erstens beeinflussen gute oder schlechte „objektive" Lebensbedingungen tatsächlich unsere subjektive Einschätzung des Lebens, sodass häufig verwendete Indikatoren wie die Lebenszufriedenheit uns in der Tat etwas über den Zustand von Ländern sagen. Damit werden sie für politische Entscheidungsträger wichtig. Zweitens geben uns Ländervergleiche ein klares Bild der Bedingungen, die für das Glück förderlich sind. Indem man Fortschritte in Richtung dieser Bedingungen erzielt, kann man die nationalen Glücksniveaus erhöhen. Eine Erhöhung des Bruttosozialprodukts um jeden Preis erfüllt diesen Zweck nicht unbedingt, aber steigende Wohlfahrt im weiteren Sinn, die zu allen Schichten der Gesellschaft durchsickert, ist durchaus wirksam. Drittens sind es vor allem die modernen Lebensbedingungen, die dem allgemeinen Wohlbefinden förderlich sind, ungeachtet der gerade modischen Modernitätsschelte in aktuellen soziologischen Untersuchungen. Der neue „eiserne Käfig" der McDonaldisierung; moralischer Niedergang und wachsende Anomie; die Auflösung des Charakters in einer stets flexiblen, sich rasch wandelnden Wirtschaft: Immer wieder wird die moderne westliche Gesellschaft als Weg zu Unglück und Depression beschrieben. Jedoch entspricht das nicht den Ergebnissen unserer sozialen Erhebungen. **Die weitaus meisten Menschen in fortschrittlich-modernen Gesellschaften versichern, dass sie ziemlich glücklich und zufrieden mit ihrem Leben sind.** Dies beweist nicht unbedingt, dass die soziologischen Diagnosen kompletter Schwindel sind. Sie unterschätzen allerdings die Vorteile der Moderne – zu diesen gehören (unter anderem) wachsende Autonomie und die Freiheit, unser Leben so zu leben, wie wir wollen. Diese Vorteile hängen mit dem Umbruch in den menschlichen Werten zusammen, der in wohlhabenden Gesellschaften stattfindet: dem Wandel vom Materialismus zum Postmaterialismus.

Motor

Bedeutet dies unausweichlich, dass wir alle glücklich bis ans Ende unserer Tage leben werden? Nicht unbedingt. **Fortschritt erschafft sich nicht selbst** – er muss durch menschliches Handeln herbeigeführt werden. Es ist sicher richtig, dass glückliche Menschen in diesem Prozess eine wichtige Rolle spielen können, genau weil sie oft diejenigen sind, die der Gesellschaft, in der sie leben, am kritischsten gegenüberstehen. Sie haben höhere Maßstäbe dafür, was Fortschritt eigentlich bedeutet, und sie unterstützen (viel eher als unglückliche Menschen) die Prinzipien, von denen bekannt ist, dass sie dem menschlichen Glück förderlich sind. Daher sind viele Menschen bereits glücklich, obwohl sie kein Leben von dekadenter Selbstzufriedenheit und Stagnation führen. Im Gegenteil, es könnte sich zeigen, dass die „vielen Glücklichen" in Wirklichkeit der wahre Motor weiteren Fortschritts sind.

Die Glücksschlüssel

→ Gute oder schlechte „objektive" Lebensbedingungen beeinflussen tatsächlich unsere subjektive Lebenszufriedenheit. Ländervergleiche geben uns ein klares Bild der Bedingungen, die für das Glück förderlich sind.

→ Die weitaus meisten Menschen in fortschrittlich-modernen Gesellschaften versichern, dass sie ziemlich glücklich und zufrieden mit ihrem Leben sind.

→ Es könnte sich zeigen, dass die „vielen Glücklichen" der wahre Motor weiteren Fortschritts sind.

Jan Delhey ist Professor für Soziologie an der Otto-von-Guericke-Universität Magdeburg. Er hat in Bamberg, Groningen und Berlin Soziologie studiert. Sein Doktorvater war Wolfgang Zapf, einer der führenden Köpfe der Bewegung für soziale Indikatoren. Zu seinen Forschungsinteressen gehören Ländervergleiche zu menschlichem Glück, zwischenmenschlichem Vertrauen und sozialem Wandel. Die Haupttriebfedern seines persönlichen Glücks sind seine Frau Andrea und sein Sohn Niklas.

„Wer wird auf einer einsamen Insel überleben?"

Kohärenzgefühl

Das Gegenteil von „schlecht" ist „nicht schlecht", aber das heißt nicht „gut". Das Gegenteil von „krank" ist „nicht krank", aber das heißt nicht „gesund". Auf unserer Suche nach Gesundheit und Glück sollten wir uns nicht auf Krankheit und Unglück konzentrieren, sondern auf ihre Gegenteile. **Sakari Suominen** enthüllt den Ursprung der Gesundheit: die Salutogenese und das Kohärenzgefühl *(sense of coherence)*. Probleme sind im Leben unvermeidlich, sagt er. Der Trick liegt darin, wie man mit ihnen umgeht.

Der Ursprung der Gesundheit

Es ist unvermeidlich, dass uns im täglichen Leben vielfältige Probleme begegnen. Wenn man tatsächlich versuchen würde, solche Probleme vollständig zu vermeiden, würde das letztlich dazu führen, dass man die Dinge einbüßt, die das Leben lebenswert machen. Der ausschlaggebende Faktor, der darüber entscheidet, ob diese „Begegnungen" zu einem langfristigen Zusammenbruch des Wohlergehens führen oder nicht, ist das Niveau allgemeiner Widerstandskräfte, die einem Individuum zur Verfügung stehen. Sie sind die Ressourcen, mit denen wir die Probleme des Alltagslebens lösen können. Sie können in direktem Zusammenhang mit uns selbst stehen (persönliche Fähigkeiten und Ausbildung), oder sie können aus der Umgebung stammen, in der wir leben (Hilfe von Freunden). Wenn diese Ressourcen ausreichen, können Probleme normalerweise gelöst werden. **Erfolgreich gelöste Probleme steigern sogar das Wohlbefinden.** Wir alle kennen das gute Gefühl, das auf die Bewältigung einer schwierigen Aufgabe folgt. Allerdings können wir im umgekehrten Fall ein unangenehmes Gefühl von überwältigender Anspannung und Stress erleben. Langfristig ist dies der Stress, von dem man annimmt, dass er sowohl für den Zusammenbruch unserer Gesundheit als auch für den unseres Wohlbefindens verantwortlich ist.

Meine wissenschaftliche Arbeit baut auf dem Werk von Aaron Antonovsky auf. Er hat das Geheimnis der Gesundheit gelüftet und den Begriff der „Salutogenese" eingeführt, den man als

„Entstehung der Gesundheit" übersetzen könnte. Er konzentriert sich auf die Gründe für Gesundheit – breiter gefasst, die Gründe für Wohlbefinden – statt auf das Gegenteil, die Gründe für Krankheit und Unglück. Ein zentraler Begriff in seiner Theorie ist das Kohärenzgefühl. Es ist ein genereller Anhaltspunkt, der das Ausmaß angibt, in dem ein Individuum sein oder ihr Leben als verständlich, handhabbar und sinnvoll wahrnimmt. Dies umfasst drei universelle Dimensionen des menschlichen Lebens:

→ **Verstehbarkeit** bezieht sich auf die intellektuellen Fähigkeiten eines Individuums; die Fähigkeit, sich Dinge zu merken, sie einzuordnen und eigene Schlüsse zu ziehen.

→ **Handhabbarkeit** bezieht sich auf die Bereitschaft einer Person, Beziehungen zu der Gemeinschaft zu pflegen, in der sie oder er lebt; den Willen, mit anderen zusammenzuarbeiten, um ein Ziel zu erreichen.

→ **Bedeutsamkeit** bezieht sich auf die individuelle Wahrnehmung, dass das Leben einen tieferen Sinn jenseits der Banalitäten des Alltags hat. Zum Beispiel kann man dieses Gefühl entwickeln, wenn man sich um seine Kinder oder andere geliebte Menschen kümmert.

Was also bedeutet ein starkes Kohärenzgefühl? Es bezeichnet die Bereitschaft einer Person, das Beste aus den Ressourcen zu machen, die ihm oder ihr zur Verfügung stehen. Um ein einfaches Beispiel zu geben: Wenn zwei Personen auf einer einsamen Insel stranden, eine mit starkem und eine mit schwachem Kohärenzgefühl, wird die Person mit dem starken Kohärenzgefühl besser in der Lage sein, die Mittel zu nutzen, die in der Umgebung zur Verfügung stehen, und eine größere Überlebenschance haben als die Person mit einem schwachen Kohärenzgefühl. Wie empirische Studien zeigen, korreliert ein starkes Kohärenzgefühl unabhängig mit (auf verschiedene Weise ermittelter) guter Gesundheit. Dieser Zusammenhang kann nicht einfach durch gemeinsame Faktoren erklärt werden, die dem Kohärenzgefühl und guter Gesundheit (zum Beispiel ein hohes Bildungsniveau) zugrunde liegen. Die Schlussfolgerung daraus ist, dass ein starkes Kohärenzgefühl die Gesundheit schützen kann. Bis heute gibt es allerdings keine eindeutigen empirischen Belege, die zeigen, wie das Kohärenzgefühl gestärkt werden kann. Auf diesem Feld muss noch weiter geforscht werden.

Glück kann in zwei verschiedene Arten von Gefühlen unterteilt werden: ein intensiveres, manchmal momentan auftretendes Gefühl und eine eher gedankliche Empfindung, die am besten durch Begriffe wie Befriedigung oder Lebenszufriedenheit beschrieben wird. Diese letzteren Begriffe beschreiben das Ausmaß, in dem ein Individuum das Gefühl hat, die verschiedenen persönlichen Ziele im eigenen Leben erreicht zu haben.

In welcher Beziehung stehen die Konzepte des Kohärenzgefühls und des Glücks zueinander? Umfragen haben ergeben, dass sie sich in vieler Hinsicht ähneln oder zumindest gemeinsame Eigenschaften haben. Sowohl Menschen, die sich als glücklich bezeichnen, als auch Menschen mit starkem Kohärenzgefühl leiden weniger häufig an Depressionen.

Ungeachtet dessen unterscheiden sich die beiden Begriffe theoretisch auf interessante Weise. Man kann sich leicht vorstellen, dass eine Person mit einem starken Kohärenzgefühl wahrscheinlich meistens glücklich sein wird. Aber dies ist nicht notwendigerweise der Fall. Im Gegenteil – einer der Charakterzüge von Personen mit starkem Kohärenzgefühl ist ihre Fähigkeit, den Mut nicht zu verlieren und an die eigene Fähigkeit zu glauben, Schwierigkeiten langfristig überwinden zu können, sogar unter erheblichem Druck oder im Angesicht unangenehmer Ereignisse im Leben, wie einer Scheidung. **Auf der anderen Seite kann eine Person, die glücklich ist, ihre Lebenssituation nicht als schwierig oder unbefriedigend wahrnehmen.** Das Konzept des Kohärenzgefühls bezieht sich daher auf die Ressourcen, die man zum Entwickeln des Glücks nutzen kann, während es beim Glück selbst mehr um das Ergebnis geht, das heißt wie sich eine Person fühlt. Dies bedeutet, dass der Umkehrschluss ebenfalls gilt: Die Erfahrungen von Glück und starkem Kohärenzgefühl fallen nicht unbedingt zusammen. Eine Person kann glücklich sein, aber wenn ihr Kohärenzgefühl schwach ist, können schon kleine Rückschläge ihr Glück gefährden. Dies ist bei einem starken Kohärenzgefühl nicht der Fall.

Die Konzepte des Glücks und der Salutogenese widersprechen einander nicht – sie ergänzen einander. Das Erstere handelt vom Ergebnis, während es bei Letzterem um einen möglichen Mechanismus geht, der letztlich zu diesem Ergebnis führen kann. Konzept und Theorie der Salutogenese stellen insofern einen interessanten Ansatz für die Identifikation der notwendigen Bedingungen des Glücks dar.

Die Glücksschlüssel

→ **Probleme sind im Leben unvermeidlich. Diese Probleme erfolgreich zu lösen fördert das Wohlbefinden.**

→ **Eine der Ursachen für Gesundheit und Wohlbefinden ist das Kohärenzgefühl: Es gibt generell das Ausmaß an, in dem ein Individuum sein oder ihr Leben als verständlich, handhabbar und sinnvoll wahrnimmt.**

→ **Das Glück selbst ist ein Ergebnis. Salutogenese und Kohärenzgefühl befassen sich mit den Ressourcen, mit denen dieses Ergebnis erzeugt werden kann**

Sakari Suominen ist Juniorprofessor an der Fakultät für Gesundheitswesen der Universität Turku (Finnland). Er ist Arzt, Gesundheitsforscher und Dozent für Medizinstudenten. Seine wissenschaftlichen Arbeiten befassen sich mit Kohärenzgefühl und Gesundheit, mit der Gesundheit von Kindern und Jugendlichen sowie mit dem Gesundheitswesen. Er hat auch auf dem Feld der Behördensupervision und der Beratung von Gesundheits- und Sozialinstitutionen gearbeitet. Sakari Suominen hat eine Leidenschaft für Holzboote.

„Beziehungen sind für die Karriere wichtiger als Zeugnisse."

Das Rätsel des arabischen Unglücks

Der arabische Frühling war für viele Wissenschaftler und Politiker eine Überraschung. Gängige Wirtschaftsdaten hatten in den Jahrzehnten zuvor wirtschaftliche und soziale Fortschritte vermeldet. Dennoch zeigten Zahlen zur Lebenszufriedenheit, dass arabische Länder relativ unglückliche Orte waren. „Um dieses ‚Paradox des unglücklichen Fortschritts' zu verstehen, müssen wir Befragungsergebnisse betrachten, in denen sich die Unzufriedenheit über den Lebensstandard und die Qualität der Regierungsführung zeigt", sagen **Martijn Burger**, **Efstratia Arampatzi** und **Elena Ianchovichina**.

In den 2000er-Jahren schnitten viele Entwicklungsländer der arabischen Welt in den regelmäßig ermittelten Armuts- und Entwicklungsstatistiken gut ab. Die Region machte stetige Fortschritte bei der Bekämpfung extremer Armut, und die Einkommensungleichheit war nach internationalen Maßstäben niedrig bis mäßig. Vor allem hatte die Region bemerkenswerte Erfolge bei der Schulbildung, der Trinkwasser- und Sanitärversorgung, der Hungerbekämpfung und der Senkung von Kinder- und Müttersterblichkeit erzielt.

Trotzdem fanden Ende 2010 und in der ersten Jahreshälfte 2011 Revolutionen in Tunesien, Ägypten, im Jemen und in Libyen statt – eine Rebellion, die zu einem langwierigen Bürgerkrieg in Syrien und weitverbreiteter sozialer Unzufriedenheit in vielen anderen arabischen Ländern geführt hat. **Diese Ereignisse trafen die Welt überraschend, aber die Entstehung der Unzufriedenheit hätte man aus Befragungsergebnissen ablesen können.**

Leiden und Kampf

Die Lebenszufriedenheit hatte unmittelbar vor den politischen Unruhen erheblich abgenommen, vor allem in den wichtigsten Ländern des arabischen Frühlings. Beispielsweise stieg in Ägypten zwischen 2007 und Mitte 2010 der Anteil der Menschen, die leiden oder sich durchkämpfen mussten, von 75 auf 88 Prozent. Ähnliche Muster sind in anderen Ländern des arabischen Frühlings zu beobachten. Ende der 2000er-Jahre gehörten Ägypten, Syrien, Tunesien und der Jemen zu den unglücklichsten Orten der Welt.

Warum war die arabische Bevölkerung so unglücklich, trotz der Verbesserungen, die sich an den sozioökonomischen Daten und dem bescheidenen Wachstum des Pro-Kopf-Einkommens ablesen lassen? Wie ist dieser „unglückliche Fortschritt" im Nahen Osten und in Nordafrika zu erklären?

Erste Antworten auf diese Fragen liefern neuere Forschungen über Glück in den arabischen Entwicklungsländern. Unsere Untersuchungen zeigen, dass die Revolutionen des arabischen Frühlings von vielfältigem Groll über die Lebensqualität in der Region angeheizt wurden. Die Wirtschaftsentwicklung weckte bei der Normalbevölkerung Erwartungen auf ein besseres Leben, vor allem bei der Mittelschicht und der gebildeten Jugend, und **die Menschen wurden immer unzufriedener mit ihrem Lebensstandard und der schlechten Qualität der öffentlichen Versorgung.** Die Korruption blühte, was die Lebenszufriedenheit der Menschen weiter senkte. Die Frustration wurde außerdem genährt von schlechten Arbeitsmarktbedingungen und der Tatsache, dass – anstelle von Zeugnissen – Beziehungen zur Elite immer wichtiger wurden, um gute Jobs oder geschäftliche Vorteile zu bekommen.

Tunneleffekt

Ende der 2000er-Jahre empfanden viele Menschen die arabischen Entwicklungsländer als hoffnungslosen Ort. Mit Hilfe des „Tunneleffekts", den der bekannte Wirtschaftswissenschaftler Albert Hirschman beschrieben hat, ist die Lage in den arabischen Ländern leichter zu verstehen: Stellen Sie sich einen Stau im Tunnel vor, bei dem eine der Fahrspuren in Bewegung gerät, während die anderen immer noch blockiert sind.

Die Autofahrer, die immer noch feststecken, schöpfen zunächst Hoffnung, weil das Ende des Staus in Sicht zu sein scheint. Nach einiger Zeit allerdings, wenn ihre Fahrspur weiterhin steht, wird die Hoffnung von Neid und Frustration verdrängt. Als Reaktion werden diese Fahrer – vielleicht widerrechtlich – versuchen, die Fahrspur zu wechseln.

Wir haben herausgefunden: **Die meisten Araber, vor allem die Mittelschicht, hatten das Gefühl, im Stau zu stecken, während nur ein paar Glückliche vorankamen** und von den Reformen zur Förderung des Wirtschaftswachstums profitierten. Für die Menschen, die das Gefühl hatten festzustecken, verwandelten sich Hoffnungsgefühle in Zorn, und sie marschierten durch die Straßen arabischer Großstädte, um ihrer Frustration Ausdruck zu verleihen und einen politischen Wandel zu besseren Lebensbedingungen auszulösen.

Die Glücksschlüssel

→ **Die Revolutionen des arabischen Frühlings wurden von vielfältigem Groll über die Lebensqualität in der Region angeheizt.**

→ **Die meisten Araber, vor allem die Mittelschicht, hatten das Gefühl festzustecken, während nur ein paar Glückliche von den Reformen zur Förderung des Wirtschaftswachstums profitierten.**

→ **So verwandelten sich die Hoffnungsgefühle vieler Menschen in Zorn und sie marschierten durch die Straßen arabischer Großstädte, um einen politischen Wandel zu bewirken.**

Martijn Burger ist akademischer Direktor der Erasmus Happiness Economics Research Organisation (EHERO) an der Erasmus-Universität Rotterdam (Niederlande). Er hat seinen Ph.D. der Volkswirtschaftslehre an der Erasmus-Universität Rotterdam erworben. Seine aktuelle wissenschaftliche Arbeit befasst sich vor allem mit den institutionellen und sozialen Vorbedingungen für Glück.

Efstratia Arampatzi ist wissenschaftliche Mitarbeiterin am EHERO. Sie erforscht Glück in Zeiten wirtschaftlicher und politischer Krisen.

Elena Ianchovichina hat ihren Ph.D. an der Purdue University (USA) erworben; sie arbeitet für die Weltbank als leitende Wirtschaftswissenschaftlerin im Büro des Chefökonoms für die Region Mittlerer Osten & Nordafrika.

„Glück heißt, das Sein zu erlernen."

Kinder weisen uns den Weg

Manche Menschen sagen, dass ihre einzige glückliche Zeit ihre Kindheit gewesen ist. Aber es gibt keinen Weg zurück. Oder doch? Was sind die wesentlichen Eigenschaften kindlichen Glücks? Die Frage ist nicht „Was können wir sie lehren?", sagt **Teresa Freire**, sondern „Was können wir von ihnen lernen?".

Drei Bereiche wissenschaftlicher Erkenntnis sind entscheidend, wenn wir heute über das Glück sprechen wollen: Psychologie, Forschung und Lehre. Auch wenn diese drei verwandt sind, waren sie doch alle lehrreich, dank ihrer sehr unterschiedlichen Herangehensweise an die Frage, was das Glück ist. Was ist das Wichtigste, was ich gelernt habe? Dass Offenheit für Wissen, Neues, Unterschiede und Engagement für andere Menschen eine der wichtigsten Quellen des Glücks ist.

Wachstum

Ich kann diese Sicht des Glücks nicht von meiner eigenen Arbeit mit jungen Menschen trennen. Kinder, Jugendliche und junge Erwachsene sind mein Hauptforschungsfeld, auf dem ich versuche, Verständnis für das Glück und seine Rolle in diesen prägenden Jahren zu entwickeln, in denen das Leben aufgebaut und erlernt wird. Junge Leute machen uns bewusst, dass naive Weisheit nötig ist, um mit dem Leben zurechtzukommen, wenn die Suche nach Wohlbefinden ein Hauptziel ist. Bei ihnen verstehen wir, dass Wachstum und Entwicklungsprozesse zur Suche nach Glück gehören, und inwiefern **Glück ein Prozess des Aufbauens ist**. Junge Leute suchen immer das Neue – neue Herausforderungen und neue Chancen zum Denken, zum Fühlen oder zum motivierten Handeln. Und sie wollen all das in Beziehungen mit anderen. Bei Kindern verstehen wir, warum andere so wichtig sind, wenn wir soziale und emotionale Brücken zur Welt bauen wollen.

Glück besteht aus der Möglichkeit zu wählen, zu entscheiden und mit anderen zusammen – und für sie da – zu sein. Es besteht aus einem Bewusstsein unserer selbst, weil wir andere kennen,

mit ihnen leben und uns mit ihnen vergleichen können. Wir brauchen andere, um von uns selbst zu wissen. Beim Glück geht es darum, das Sein zu erlernen, zu lernen, wie man Beziehungen herstellt und sich beteiligt. Vor allem, insbesondere bei jungen Leuten, geht es darum, komplexer und sich der eigenen Grenzen bewusster zu werden, zu merken, wie sehr wir alle sozial determiniert sind. **Es geht darum zu wachsen.** Es geht darum, unser eigenes Wachstum durch das Wachstum und die Entwicklung anderer zu sehen. Es geht darum, andere zu brauchen und mit anderen zu teilen. Es geht darum, eingebunden und engagiert zu sein, durch Brücken zu anderen Menschen und anderen Umfeldern.

Brücken bauen

Eine Hauptfrage taucht immer wieder auf: Ist Glück ein Zustand oder der Prozess, diesen Zustand zu erreichen? Als Zustand ist es subjektiv, als Prozess kann es unterschiedliche Verläufe nehmen, je nachdem, wie Individuen mit der Welt und mit ihrem eigenen inneren und äußeren Lebensumfeld interagieren. Wenn wir dies aus der Perspektive von Entwicklung und menschlicher Komplexität analysieren, können wir verstehen, wie das Glück sich sowohl in individuellen als auch in sozialen Prozessen aufbaut. Aus entwicklungspsychologischer Sicht sind soziales oder individuelles Engagement einfach zwei Seiten der gleichen Medaille. Fragen Sie ein Kind: Warum bist du glücklich? Fragen Sie einen Jugendlichen: Warum bist du glücklich? Und zuletzt fragen Sie einen Erwachsenen. **Glück ist ein unvollendeter Zustand**, falls die Entwicklung ein noch laufender Prozess ist. Entwicklung zu fördern bedeutet, das Glück zu erleichtern. Aber was genau ist dieses Glück? Glück bedeutet, Brücken zu schlagen zwischen Affekten, Emotionen, Wahrnehmungen, Handlungen, Werten, Stärken, Verhaltensweisen, Menschen, Gesellschaften … Aber Brücken errichten sich nicht selbst – sie müssen gebaut werden.

Die Glücksschlüssel

→ **Von Kindern können wir lernen, dass Offenheit – für Wissen, Neues, Unterschiede, Engagement und andere Menschen – eine der wichtigsten Quellen des Glücks ist.**

→ **Entwicklung und Wachstum zu fördern bedeutet, das Glück zu erleichtern.**

→ **Glück bedeutet, Brücken zu schlagen zwischen Affekten, Emotionen, Erkenntnissen, Handlungen, Werten, Stärken, Verhaltensweisen, Menschen, Gesellschaften … Aber alle Brücken müssen gebaut werden.**

Teresa Freire ist Professorin für Sozialpsychologie an der Universität Minho (Portugal). Sie ist Koordinatorin des Laboratory for Social Cognition (Labor für soziale Wahrnehmung) und der Research Group for the Study of Optimal Functioning, die sich mit dem Optimalzustand von Seele und Körper befasst. Oft arbeitet sie mit Kindern und Heranwachsenden. Teresa Freire ist im European Network for Positive Psychology (enpp) sowohl Vorstandsmitglied als auch Landesvertreterin für Portugal.

„Damit einen etwas glücklich macht,

muss man lernen, es wirklich zu lieben."

Die Macht der Liebe

„We're heading for something. Somewhere I've never been. Sometimes I am frightened. But I'm ready to learn. Of the power of love." (Wir sind auf dem Weg. Dorthin, wo ich noch nie war. Manchmal habe ich Angst. Aber ich bin bereit zu lernen. Über die Macht der Liebe.) Millionen Menschen kennen diesen Schlagertext von Céline Dion, einer der erfolgreichsten Sängerinnen der Welt. **José L. Zaccagnini** neigt dazu, ihr zuzustimmen. Er erkundet die wahre Macht der Liebe – die uns weit über die Vergnügungen hinausführt, die man erwarten könnte.

Drei Lektionen, die ich gelernt habe

Meine erste Entdeckung war verblüffend, als ich vor zehn Jahren die kognitive Psychologie aufgab und „Glück" als neues Forschungsthema wählte. Die philosophischen und populärwissenschaftlichen Zweige der Psychologie behaupteten seit Jahren, dass Glück „offensichtlich" das sei, wonach jeder im Leben sucht: Schnell fand ich heraus, dass das überhaupt nicht stimmt. Die meisten Menschen sind, im Verlauf der Geschichte, zu sehr mit dem reinen Überleben beschäftigt gewesen. Als Spezies sind Menschen biologisch dazu vorgesehen, zu überleben und Kinder aufzuziehen. Das ist unsere Funktion. Nur in hochentwickelten Gesellschaften – die mehr als die Grundbedürfnisse des Lebens erfüllen, die Menschenrechte garantieren, Gesundheit, Bildung und Freizeit sichern –, kann eine Person auf ihr oder sein eigenes Glück achten und dies als persönliches Ziel wählen. Aber selbst dann halten viele Menschen in den westlichen Industrieländern nicht inne, um über ihr eigenes Glück nachzudenken. **Stattdessen verbringen sie ihr Leben damit, das anzunehmen und zu verfolgen, was unsere Kultur uns als „wünschenswerte soziale Ziele" vorgibt:** beruflichen Erfolg, eine gute Partnerschaft und Familie, das Anhäufen von Geld und/oder Macht, den Genuss materieller Vergnügungen (gutes

Essen, Sex, Sport, Drogen, Medienkonsum). Normalerweise überprüfen sie nicht, inwieweit diese Ziele wirklich das Leben wert sind, das sie (und andere) dafür führen müssen. So funktioniert unser westlicher Lebensstil – die täglichen Lebenskonflikte, die er mit sich bringt, können uns allerdings auf den Gedanken bringen, dass er weit davon entfernt ist, vollkommen zu sein.

Als Zweites entdeckte ich, warum unsere kulturellen Modelle nicht perfekt sind. Die meisten dieser „kulturellen Ziele" garantieren kein dauerhaftes seelisches Wohlbefinden. Tatsächlich zeigen wissenschaftliche Untersuchungen, dass keines glücklich macht – es sei denn, man pflegt wirklich den richtigen Umgang mit ihnen. Damit einen etwas glücklich macht, muss man lernen, es wirklich zu lieben. Es nicht einfach nur zu wollen oder davon abhängig zu sein, oder „ohne nicht leben zu können" oder „es einfach haben zu müssen": Nein, man muss es wirklich lieben. Denn es ist die eine Sache, negative Gefühle loszuwerden (das geschieht, wenn man endlich etwas bekommt, das man zu brauchen glaubt), aber eine ganz andere, positive Gefühle zu entwickeln (etwas, das man nur tun kann, indem man jemanden oder etwas liebt). **Der große Unterschied liegt also darin, wie man mit dem umgeht, was man hat, und nicht allein in dem, was man hat.** Aus diesem Grund hängt das subjektive Wohlbefinden enger mit der Persönlichkeit zusammen (der Art, wie man dem Leben gegenübertritt) als mit irgendeinem anderen Faktor. Es gibt Menschen, die alles erreicht haben, was sie wollen, und trotzdem noch nicht glücklich sind, genau wie es Menschen gibt, die nicht bekommen, was sie erwarten, und immer glücklich sind. Wenn Leute mich als Psychologen fragen, was sie tun müssen, um glücklich zu werden, sage ich deshalb immer: „Das Wichtigste ist, die guten Seiten des Lebens wahrzunehmen und sich nicht das eigene Leben zu verbittern, indem man auf die schlechten Seiten achtet." Dies erklärt auch, warum Untersuchungen immer wieder ergeben, dass sehr reiche Leute nicht unbedingt glücklicher sind als weniger reiche, und warum sehr mächtige oder gutaussehende oder begabte Menschen nicht glücklicher sind als wir anderen. Sogar reiche Länder sind nicht unbedingt glücklicher als ihre weniger reichen Nachbarn, vorausgesetzt, diese Nachbarn haben genug zum Leben und die Menschenrechte werden respektiert. Kurz gesagt, garantiert unser westlicher Lebensstil kein Glück.

Die dritte Erkenntnis aus meiner Arbeit ist, dass ein glückliches Leben sehr unterschiedlich geführt werden kann. Dies kann man in drei Kategorien unterteilen:

→ Die erste ist der Versuch, **ein „angenehmes Leben"** zu führen. Menschen suchen positive Gefühle, indem sie Dinge und Erfahrungen anstreben und sammeln, wie gutes Essen, Sex, Autos, Jachten, Reisen, Musik, Tanz, Unterhaltung. Einige Menschen sind von Vergnügen abhängig. Aber das Vergnügen, das man aus solchen Dingen bezieht, ist vergänglich. Man hat sehr schnell genug davon. Dann muss man entweder die Dosis erhöhen oder zu einem neuen Vergnügen wechseln. Mit anderen Worten: Glück, das man aus dem Prinzip „angenehmes Leben" beziehen kann, ist klar begrenzt. Wie ein bekannter spanischer Philosoph sagte, werden die Freuden des Lebens von den Medien als Weg zu Freiheit und Glück verkauft, aber „wenn man im Leben dem Wunsch nach Vergnügen folgt, ist man nicht frei, sondern Sklave der eigenen Begierde". Auf lange Sicht führt uns das eher vom seelischen Wohlbefinden weg als darauf zu.

→ Die zweite Art, das Glück zu suchen, ist durch **ein „engagiertes Leben"**, in dem die Menschen Befriedigung über interessante Arbeit oder Beschäftigungen erlangen. Dies bedeutet normalerweise, dass man das eigene Leben der Kunst, dem Geschäft, der romantischen Liebe, der Literatur, der Familie, der Firma etc. widmet. Wenn man diese Beschäftigungen wirklich „liebt", kann man sie über lange Zeit betreiben. Infolgedessen kann ein solches Leben viel mehr seelisches Wohlbefinden spenden als das „angenehme Leben". Sehr oft bedeutet der „engagierte" Lebensstil allerdings, dass man sehr egozentrisch wird und den Dingen außerhalb des eigenen Blickfeldes nicht genügend Aufmerksamkeit widmet, darunter auch den meisten Menschen im direkten Umfeld. Wie ich einmal in einem Film gehört habe: „Ehrlich zu sich selbst zu sein" ist keine Rechtfertigung dafür, allen anderen gegenüber „unehrlich" zu sein. Ein „engagiertes" Leben bedeutet oft, dass man sich in sich selbst verschließen kann. Dies führt letztendlich zu einem verarmten Leben, das uns wiederum eher von einem ausgewogenen seelischen Wohlbefinden wegführt als darauf zu.

→ Die dritte Glücksoption ist zuletzt **das „sinnvolle" oder „ethische" Leben**, in dem man sich „Werten, die immer mit Verbesserungen im Leben anderer Menschen zu tun haben" widmet. Das ist die Wahl, die Menschen wie Mahatma Gandhi, Nelson Mandela and Martin Luther King getroffen haben: sich voll und ganz für die Rechte und Bedürfnisse der Menschheit einzusetzen. Dies kann man auch in der liebenden Hingabe wiederfinden, die Eltern für das Leben und Glück ihrer Kinder aufbringen. Tatsächlich umfasst sie alle Arten der Fürsorge für das Leben anderer Menschen. Man muss wirkliche „Liebe" für die Menschen fühlen, um die man sich kümmert, wenn diese Fürsorge zu Glück führen soll. Wenn man nur aus Pflichtgefühl handelt (wenn Gott einem „befiehlt", für andere zu sorgen), funktioniert das nicht. Aus diesem Grund sind gläubige Menschen nicht immer glücklicher als Nichtgläubige. Wenn man wirklich lernt, andere Menschen zu lieben, erreicht man immer maximales seelisches Wohlergehen, das haben empirische Untersuchungen gezeigt. Dies ist die Botschaft aller großen geistigen Führer wie Buddha, Jesus Christus, Mohammed. Aus psychologischer Sicht können wir heute (paradoxerweise) sagen, dass wir die Menschen lieben müssen – nicht nur, weil sie es brauchen, sondern weil wir es brauchen, um glücklich zu sein.

Wenn ich also gefragt werde, wie man wahres Glück im Leben erreicht, scheinen meine Ratschläge etwas widersprüchlich. Auf der einen Seite fange ich immer mit dem uralten Ratschlag des Orakels von Delphi an: „Mensch, erkenne dich selbst." Wie wir heute wissen, müssen Sie die Ziele „lieben", denen Sie Ihr Leben widmen, um glücklich zu sein. Wenn Sie diese Ziele aussuchen, achten Sie darauf, einen wirklich ehrlichen Blick ins eigene Innere zu werfen: folgen Sie nicht einfach dem, was um Sie herum gesagt oder getan wird. Versuchen Sie sich vorzustellen, wie es wäre, diese Ziele zu erreichen. Glauben Sie wirklich, dass Sie sie erreichen können?

Versuchen Sie sich vorzustellen, welchen Preis das haben wird und wie Sie sich fühlen werden, wenn Sie angekommen sind? Glauben Sie, dass die Ziele Ihnen die Erfüllung geben werden, die Sie suchen? **Um glücklich zu sein, müssen Sie damit anfangen, Ihr „wahres Selbst", Ihr Leben, zu lieben** – nicht das falsche und verzerrte Bild, das die Medien oder andere äußere Einflüsse geschaffen haben. Auf der anderen Seite rate ich Ihnen, außerhalb Ihrer selbst zu suchen, weil wir heute auch wissen, dass der beste Weg zum Glück darin liegt, sich den Menschen um einen herum zu widmen. Seien Sie sich des Wohlbefindens bewusst, das entstehen kann, wenn Sie ein friedliches und liebevolles Leben mit anderen Menschen teilen. Seien Sie sich bewusst, dass diese Art seelischen Wohlbefindens besser, vernünftiger und dauerhafter ist als jedes andere Wohlbefinden.

Glücksrezept

Daher lautet mein letzter Rat, mein Glücksrezept, wie folgt: **Versuchen Sie, ein Leben aufzubauen, in dem Sie das tun, was Sie gut können, um damit die Lebensqualität anderer Menschen zu verbessern.** Versuchen Sie dies an jedem einzelnen Tag Ihres Lebens. Sie können es auf viele verschiedene Arten machen, solange Sie lernen, Ihr Tun zu lieben – so können Sie Ihre Liebe zu anderen Menschen auszudrücken. Vielleicht wird es nicht einfach, Ihren eigenen Weg zu finden, und oft ist es leichter, fremden Ratschlägen zu folgen. Nur wenn Sie bei Ihrem eigenen Weg bleiben und Ihre eigenen Entscheidungen treffen, werden Sie letztlich Ihr eigenes Glück finden. Natürlich ist nichts falsch daran, das Leben zu genießen, und es ist auch eine gute Sache, eine erfüllende Arbeit zu haben. Aber wenn Sie keinen Weg finden, diese Dinge mit dem positiven Wohlbefinden anderer zu verbinden, wird es nicht funktionieren. Weder für Sie, noch für den Rest der Welt.

Die Glücksschlüssel

→ **Nur wenn Sie Ihrem eigenen Weg folgen, können Sie letztlich Ihr eigenes Glück finden.**

→ **Wir können positive Gefühle nur mehren, indem wir etwas oder jemanden lieben.**

→ **Erkennen Sie sich selbst und wenden Sie diese Erkenntnis zum Nutzen anderer an: Versuchen Sie, ein Leben aufzubauen, in dem Sie das tun, was Sie gut können, um die Lebensqualität anderer Menschen zu verbessern.**

José L. Zaccagnini hat an der Universität Madrid studiert und gearbeitet. Heute ist er Professor für Psychologie an der Universität Málaga (Spanien). Er hat sich mit künstlicher Intelligenz beschäftigt, Expertensysteme auf dem Gebiet psychologischer Diagnostik entwickelt und Artikel über kognitive Psychologie veröffentlicht. Seit 1995 arbeitet er an der Universität Málaga in einer Forschungsgruppe, die sich im Rahmen der Positiven Psychologie mit Kognitions- und Emotionsforschung beschäftigt.

Die sechs Fähigkeiten aufblühender Menschen

Beim „Flourishing", deutsch „Aufblühen", geht es darum, nicht nur glücklich und zufrieden zu leben, sondern ein sinnvolles, erfüllendes Leben zu führen. Es gibt immer mehr empirische Belege dafür, dass Flourishing wichtige positive Folgen für jeden Einzelnen, die Gesellschaft und die Wirtschaft hat. Aber ist es möglich, ein unglückliches Leben in ein nachhaltig aufblühendes zu verwandeln? Welche Eigenschaften zeichnen die „Aufblüher" aus? Haben sie bestimmte Fähigkeiten, und kann man diese Fähigkeiten Menschen mit niedrigem Wohlbefinden beibringen? **Marijke Schotanus-Dijkstra** und **Ernst Bohlmeijer** widmen sich der Erforschung dieser Fragen, damit mehr Menschen die Chance bekommen, Flourishing zu erlernen.

Die Niederlande gehören zu den zehn Ländern der Welt, deren Bürger sich am glücklichsten fühlen. Tatsächlich hat eine Studie kürzlich gezeigt, dass 80 Prozent der Niederländer mit ihrem Leben glücklich bzw. zufrieden sind. Allerdings sind nur 37 Prozent sogenannte „Aufblüher". **Aufblüher sind glücklich, haben das Gefühl, ihr Leben im Griff zu haben, pflegen positive Beziehungen, haben sinnvolle Ziele und fühlen sich mit der Gesellschaft positiv verbunden.** Flourishing als gesunder Seelenzustand ist erwiesenermaßen aus verschiedenen Gründen psychologisch von Bedeutung. Beispielsweise macht es Menschen belastbarer und kann sogar bis zu zehn Jahre lang vor seelischen Störungen wie Depressionen oder Ängsten schützen.

Soziale Unterstützung

Wie sehen Aufblüher aus? Wir haben herausgefunden, dass sie oft weiblich sind und einen höheren Bildungsabschluss haben. Außerdem sind sie sehr gewissenhaft (also sorgfältig und fleißig). Darüber hinaus sind sie eher extrovertiert und zeigen wenig Neurotizismus, was bedeutet, dass sie tendenziell gesellige und durchsetzungsfähige Menschen sind, emotional stabil und wenig anfällig für Stress. Oft bekommen sie soziale Unterstützung von ihrem Partner (wenn vorhanden), Familie, Freunden und Nachbarn, und sie erleben öfter positive Ereignisse (wie zum Beispiel einen Lebenspartner oder eine neue Stelle zu finden). Interessanterweise haben wir entdeckt: **Die Zahl negativer Ereignisse in ihrem Leben, wie der Tod eines geliebten Menschen oder eine Scheidung, spielten für ihre Fähigkeit zum Aufblühen keine Rolle.** Insgesamt deuten unsere Ergebnisse darauf hin, dass man, um Aufblüher zu werden, positive Erlebnisse auskosten, hilfreiche Beziehungen aufbauen und hart am Erreichen sinnvoller Ziele arbeiten sollte.

Weniger Depressionen

Aufblüher haben eine Vielzahl von Fähigkeiten, die sich zu sechs Kernthemen gruppieren lassen:
1. sich selbst erlauben, positive Gefühle zu erleben
2. die eigenen Stärken kennen und einsetzen
3. optimistisch sein
4. Selbstakzeptanz und Selbstmitgefühl erlernen
5. mit Schwierigkeiten umgehen
6. positive Beziehungen aufbauen

Mit diesen Schlüsselqualifikationen vor Augen schrieben wir ein praktisches Selbsthilfebuch mit Informationen und Übungen, mit dem jeder Mensch lernen kann, wie man aufblüht. Dann testeten wir die Wirksamkeit eines neunwöchigen Trainingsprogramms mit diesem Buch an niederländischen Testpersonen, die nicht zu den Aufblühern gehörten. Außerdem erhielten die Teilnehmer Unterstützung von persönlichen Beratern per E-Mail. Die Ergebnisse zeigten die Wirksamkeit des Programms: Es steigerte Wohlbefinden und Flourishing und verminderte Symptome von Depression und Ängsten der Teilnehmer im Vergleich zu einer Kontrollgruppe, die kein Training erhalten hatte. **Nach dem Training waren sogar über 30 Prozent der Teilnehmer Aufblüher geworden**, gegenüber 12 Prozent in der Kontrollgruppe. Die positive Wirkung des Trainings war auch nach einem Jahr noch zu beobachten.

Selbstakzeptanz

Unsere Studie hat gezeigt, dass wir das Aufblühen nachhaltig fördern können, jedenfalls bei einer Testgruppe von Frauen mit zumeist höherer Bildung. In Anbetracht dieser Ergebnisse fragten wir uns, welche der sechs Fähigkeiten aus dem Programm am meisten zur Wirkung beitrug. Die Teilnehmenden selbst fanden das Kapitel über Selbstmitgefühl am wertvollsten, gefolgt von den Kapiteln über positive Gefühle, das Nutzen von Stärken und die Pflege positiver Beziehungen. Diese Befunde konnten wir durch gründlichere Analysen erhärten, die zeigten: **positive Beziehungen haben den größten Einfluss, gefolgt von Selbstmitgefühl.** Die restlichen Fähigkeiten trugen ebenfalls zum Aufblühen bei, aber in geringerem Ausmaß.

Sie können Ihr eigenes Aufblühen möglicherweise fördern, wenn Sie eine anteilnehmende innere Stimme und Selbstakzeptanz entwickeln, in positive, stärkende Beziehungen investieren, positive Gefühle verstärken und erfreuliche Erfahrungen auskosten. **Wir alle haben das Potenzial aufzublühen,** dessen sollten sich Familien, Schulen und Organisationen bewusst sein. Sie alle können zur Entwicklung unserer Flourishing-Kompetenzen beitragen, beispielsweise zum Erkennen und Nutzen persönlicher Stärken, zu optimistischem Denken und zum flexiblen Umgang mit Schwierigkeiten. Um weiter an einem aufblühenden Leben zu arbeiten, konzentrieren Sie sich auf die Fähigkeiten und Übungen aus der Positiven Psychologie, die Ihren persönlichen Bedürfnissen am besten entsprechen. Mit diesem Ansatz bleiben Sie motiviert (mit oder ohne persönlichen Berater).

Die Glücksschlüssel

→ **Flourishing, Aufblühen, ist ein optimaler Seinszustand, der Glück, Sinn und eine Verbindung zur Gesellschaft umfasst. Anders gesagt: ein glückliches und erfülltes Leben.**

→ **Flourishing ist erlernbar.**

→ **Sie können Ihr eigenes Aufblühen fördern, indem Sie eine anteilnehmende innere Stimme und Selbstakzeptanz entwickeln, in unterstützende Beziehungen investieren sowie positive Gefühle und erfreuliche Erfahrungen ausweiten.**

Marijke Schotanus-Dijkstra ist wissenschaftliche Mitarbeiterin am Trimbos-Institut, dem nationalen Institut für seelische Gesundheit und Suchterkrankungen der Niederlande. Zurzeit schreibt sie am CEWR an ihrer Doktorarbeit. Ihr Forschungsinteresse gilt vor allem der Positiven Psychologie als Ansatz zur Verbesserung der seelischen Gesundheitsversorgung.

Ernst T. Bohlmeijer ist Professor für die Förderung seelischer Gesundheit am Centre for eHealth and Well-Being Research (CEWR) der Universität Twente (Niederlande). Seine wissenschaftliche Arbeit befasst sich vor allem mit der Entwicklung und Bewertung von (eHealth-)Interventionen, die es Menschen ermöglichen, aufzublühen und Schwierigkeiten erfolgreich zu bewältigen.

„Wir reagieren instinktiv auf verschiedene natürliche Reize."

Artenvielfalt: eine natürliche Glücksquelle?

„Was macht eine Dosis Natur mit einem Menschen?", fragt sich **Hans Van Dyck**. „Werden wir nachweislich glücklicher, wenn wir Vögel hören und Blumenduft riechen? Und wie ist es in einem Stadtpark, einem Garten oder mit Wildblumen am Straßenrand?" Auf der Suche nach einer natürlichen Glücksquelle entdecken wir die Bedeutung der Artenvielfalt.

Ein tiefer Atemzug frische Meeresluft an der Küste oder ein Waldspaziergang nach einer vollen Woche: Offensichtlich tut uns die Natur gut, auch wenn die wissenschaftliche Analyse des vielfältigen und komplexen Nutzens von Naturkontakten noch in den Kinderschuhen steckt. Trotzdem sind in einer Welt, die wir nach unseren Bedürfnissen geformt haben, Natur und Kontakte zur Natur für uns immer weniger selbstverständlich. Sind Naturschutzgebiete tatsächlich Dienstleistungszentren für geistige und seelische Ruhe, körperliche Gesundheit und Glück? Ist das nur eine gute Verkaufsmasche der Naturschutzorganisationen oder gibt es wissenschaftliche Belege dafür?

Gehirn und Verhalten

Mensch und Tier, oder allgemeiner: Kultur und Natur aktivieren meist unterschiedliche Bereiche des Gehirns. Daher sind auch die entsprechenden Forschungsgebiete größtenteils getrennt, in die Naturwissenschaften auf der einen Seite und die Sozialwissenschaften auf der anderen. In den letzten Jahren konnten wir allerdings eine spannende Annäherung der beiden Disziplinen beobachten. Naturschutz befasst sich immer stärker mit den vielen Dienstleistungen, die die Natur der Menschheit zu bieten hat. Es ist von Ökosystemleistungen die Rede: Wälder produzieren Holz, Hecken schützen Felder vor Bodenerosion, Wildbienen befruchten unser Obst und zahllose andere Nutzpflanzen etc. Dieses natürliche Dienstleistungszentrum geht weit über Nahrung und Rohstoffe hinaus. Die Natur beeinflusst unsere körperliche und seelische Gesundheit auf komplexe Weise. Diese Beziehung ist in letzter Zeit genauer untersucht worden, wobei Biologen, Gesundheitsforscher und Psychologen immer enger zusammenarbeiten.

Menschen, die ihre Zeit draußen in der Natur verbringen, sind nachweislich glücklicher als Menschen in städtischen Gebieten. Dieser statistische Zusammenhang gilt auch dann, wenn man eine Vielzahl anderer Faktoren berücksichtigt. Die Erklärung dafür ist allerdings alles andere als einfach. Mehrere Faktoren beeinflussen unseren Seelenzustand und unsere Reaktion auf Tiere, Pflanzen und natürliche Lebensräume direkt und indirekt, beispielsweise unsere Veranlagung. Die Tatsache, dass wir auf angenehm modern-urbane Art mit unseren Smartphones durch die Stadt schlendern können und dergleichen, bedeutet nicht, dass unsere Gehirne die Natur aufgegeben haben. Die Evolutionspsychologie lehrt, dass das menschliche Gehirn und Verhalten nach wie vor viele Spuren des früheren Lebens unserer Spezies in der Natur zeigen. Wir scheinen auf natürliche Reize immer noch instinktiv zu reagieren.

Sinnesreize

Genau wie unsere Veranlagung haben Erziehung und Kultur erhebliche Auswirkungen. Diejenigen von uns, die mit Tieren und Pflanzen aufgewachsen sind, entwickeln enge Bindungen zu diesen anderen Lebensformen und empfinden sie noch als Erwachsene als anregend. Aus diesem Grund sind übrigens Wissenschaftler darüber beunruhigt, dass der regelmäßige Kontakt zwischen Menschen und Natur verloren geht, vor allem in der kindlichen Entwicklung. Diejenigen von uns, die draußen in der Natur sind, bewegen sich mehr, empfinden weniger Stress und profitieren von einer Vielzahl an Sinnesreizen in Form natürlicher Geräusche und Gerüche oder wechselnder Szenerien. In den meisten Fällen und für die meisten Menschen lässt sich nachweisen, dass sie das Wohlbefinden stärken. In der Stadt fehlen sie oft. Lärm und sozialer Druck sind bekannte Quellen von seelischem und körperlichem Stress. Die Bedeutung von Natur in oder nahe bei Städten wird daher immer mehr im Zusammenhang mit körperlichem und seelischem Wohlbefinden gesehen.

Obwohl Experimente mit Fotos zeigen, dass schon das Betrachten von Bildern der Natur unsere Gefühle und sogar bestimmte Heilprozesse positiv beeinflussen kann, beschränkt sich der Zusammenhang nicht auf das Erleben „grüner Dekoration". **Aktuelle Studien weisen darauf hin, dass Stadtparks mit größerer Artenvielfalt (zum Beispiel mehr Vogelarten) eine stärkere positive Wirkung auf die Psyche menschlicher Besucher ausüben als relativ artenarme Parks.** Natürliche Spielplätze an Schulen bringen Schülern und Lehrern vielfältigen Nutzen.

Immunsystem

Die Auswirkungen der Artenvielfalt auf das menschliche Wohlbefinden und Glück zeigen sich auf verschiedenste Weise. Es gibt psychologische Vorteile, aber auch physiologische, beispielsweise eine Verminderung von Allergien und entzündlichen Erkrankungen oder die Eindämmung von Infektionskrankheiten, daneben zahlreiche Verbesserungen in den Bereichen Ästhetik, Kultur und Erholung. Allergien können aufgrund mangelnden Kontakts mit bestimmten Mikroorganismen entstehen, vor allem in der Kindheit. **Natürliche Lebensräume sind reich an Mikroorganismen und bieten daher ein gutes „Training" für das Immunsystem.** Die Bedeutung dieser winzigen Lebensformen beschränkt sich möglicherweise nicht auf unsere körperliche Gesundheit. In letzter Zeit ist deutlich geworden, dass unser Darm ein dynamisches und reichhaltiges Ökosystem ist, das auch von der Artenvielfalt der Umgebung beeinflusst wird. Die Besiedelung des Darms beeinflusst nicht nur die körperliche Verfassung eines Menschen, sondern auch seine seelische Gesundheit – es gibt tatsächlich so etwas wie ein „Bauchgefühl".

Der Wunsch, den Einfluss anderer Lebensformen auf unser Wohlbefinden und Glück zu verstehen, ist nicht nur für Biologen und Umweltschützer ein Thema. Ärzte, Psychologen, Stadtplaner, Pädagogen, Wirtschaftsführer und Politiker täten gut daran, eine biologisch vielfältigere Umwelt zu befürworten und auf sie hinzuarbeiten, in städtischen wie in ländlichen Gebieten.

Die Glücksschlüssel

- → **Die Natur hat einen komplexen Einfluss auf unsere körperliche und seelische Gesundheit. Menschen, die in einer natürlichen Umgebung leben, sind nachweislich glücklicher als Menschen in städtischen Gebieten.**
- → **Stadtparks mit einer größeren Artenvielfalt haben eine stärkere positive Wirkung auf die menschliche Psyche als artenarme Parks.**
- → **Ärzte, Psychologen, Stadtplaner, Pädagogen, Wirtschaftsführer und Politiker täten gut daran, in städtischen wie in ländlichen Gebieten eine biologisch vielfältigere Umwelt zu befürworten.**

Hans Van Dyck ist Professor für Verhaltensbiologie am Earth & Life Institute der Katholischen Universität Leuven (Belgien). Er ist Leiter der Forschungsgruppe für Verhaltensökologie und Umweltschutz und lehrt Themen wie Naturschutz, Landschaftsökologie, angewandte Evolutionsbiologie und Verhaltensökologie. Seine internationalen Forschungen befassen sich primär mit den Verhaltensänderungen von Tieren in menschengeprägten Landschaften und deren Bedeutung für den Naturschutz. Außerdem ist Van Dyck fasziniert von dem außergewöhnlichen Tier namens Homo sapiens und dessen Umgang mit anderen Lebensformen und seiner Umwelt.

Wie man ein glücklicher Muslim wird

Was sagt der Koran über Glück? **Sheima Salam Sumer** ist die Verfasserin des Buches *How to Be a Happy Muslim* und betreibt eine Internetseite unter dem gleichen Titel. Sie möchte Menschen dabei helfen, inneren Frieden und Freude zu erlangen, indem sie islamische Lehren mit Vorstellungen von seelischer und körperlicher Gesundheit verknüpft. Die vier Schlüssel der Glücksweisheit des Korans.

Ein Kräuseln auf der Wasseroberfläche veranschaulicht, wie eine normale Belastung im Leben Ihren inneren Frieden beeinflusst: Sie haben die Fähigkeit, einen Zustand von Ruhe und innerem Frieden zurückzuerlangen. Wenn Sie diese Fähigkeit beherrschen, wird es mehr Freude in Ihrem Leben geben. Menschen sollten gestärkt werden, damit sie das Gefühl haben, zufrieden zu sein, ihre Gefühle unter Kontrolle zu haben und ihre Probleme lösen zu können, egal, was in ihrem Leben passiert. Ich helfe Menschen dabei, in unterschiedlichen Situationen positiv zu denken und zu fühlen, in einem ständigen Zustand der Dankbarkeit gegenüber Allah zu leben und letztendlich zu „ihrem eigenen besten Freund" zu werden. Der Heilige Koran ist die wichtigste Quelle des Islam. Ich verwende nachfolgend vier Schlüsselbegriffe, die einen Teil der Glücksweisheit des Korans widerspiegeln: Sinn, positives Denken, Geduld und Verantwortung.

Sinn

Der Koran lehrt uns, dass das Leben ein Test ist, um zu sehen wer „an Werken der Beste" ist. Darin liegt der höhere Sinn unseres Lebens. Gutes zu tun fühlt sich natürlich auch gut an. „Gesegnet sei der, … der den Tod und das Leben erschaffen, um euch zu prüfen, wer von euch an Werken der Beste ist" (67:1–2). Der Koran beschreibt auch die „Klippe", **den steilen Pfad zu guten Taten**. Zu diesen guten Taten gehört es, Sklaven zu befreien, die Hungrigen zu speisen und Geduld und Barmherzigkeit zu üben. „Und was lehrt dich wissen, was die Klippe ist? Das Lösen eines Nackens, oder zu speisen am Tag der Hungersnot eine verwandte Waise, oder einen Armen, der im Staub liegt! Alsdann zu denen zu gehören, die glauben und zur Geduld und Barmherzigkeit mahnen" (90:12–17).

Der Koran hält uns dazu an, gute Werke über materielle Vergnügungen zu stellen: „Gut und Kinder sind des irdischen Lebens Schmuck; das Bleibende aber, die guten Werke, sind besser " (18:46). Dieser höhere Sinn motiviert uns dazu, inneres Glück wichtig zu nehmen, denn gute Gefühle führen zu gutem Handeln.

Positives Denken

Uns auf das Gute zu konzentrieren und Dankbarkeit zu fühlen, nützt uns: „Wer dankbar ist, der ist nur zu seinem eigenen Besten dankbar" (31:12).

Als der Prophet Mohammed (Fsai) den tragischen Tod eines weiteren Kindes erlebte, sandte im Gott, so glauben die Muslime, einen Koranvers, der ihn mit positivem Denken trösten sollte: „Wahrlich, wir haben dir Überfluss gegeben" (108:1). Der Prophet wurde dazu ermutigt, in einer Zeit unermesslichen Verlusts an das Positive zu denken.

Probleme sind Chancen zum Lernen. Der Koran lehrt, dass das Ziel unseres Wachstums in dieser Welt das Erlernen von Weisheit: „Er ist's, der euch erschuf aus Staub, alsdann aus einem Samentropfen, alsdann aus geronnenem Blut; alsdann lässt er euch als Kindlein hervorgehen, alsdann lässt er euch die Vollkraft erreichen … und vielleicht habt ihr Einsicht" (40:67).

Suchen Sie das Beste in sich selbst. Sie müssen nicht perfekt sein, aber Sie haben positive Eigenschaften. Der Koran lehrt, dass unser Gott das Beste in uns sucht: „Wer das Rechte tut, sei es Mann oder Weib, wenn er nur gläubig ist, den wollen wir lebendig machen zu einem guten Leben und wollen ihn belohnen für seine besten Werke" (16:97).

Geduld

Der Koran lehrt, dass Probleme ein Teil des Lebens sind. Die beste Antwort darauf ist Geduld: Ruhe zu bewahren, wenn man auf etwas warten oder mit Problemen umgehen muss. „Und wahrlich, prüfen werden wir euch mit Furcht und Hunger und Verlust an Gut und Seelen und Früchten; aber Heil verkünde den Standhaften" (2:155).

Viele Muslime empfinden die aktuellen Ereignisse in Teilen der muslimischen Welt als herzzerreißend. Unschuldige Menschen leiden und meine Religion, die mir Frieden und Sinn gibt und Respekt vor allem Leben lehrt, wird von Kriminellen entstellt. Dies sind Zeiten für Geduld und für positives Handeln. Eine geduldige Reaktion verbessert den Selbstrespekt wie auch die Fähigkeit zum Lösen von Problemen. Mit negativen Gefühlen zu reagieren, verschärft in Wahrheit die Probleme.

Außerdem lehrt der Koran, dass wir manchmal etwas ablehnen, das sich letztlich als gut erweist: „So ihr Abscheu gegen sie empfindet, empfindet ihr vielleicht Abscheu wider etwas, in das Allah reiches Gut gelegt hat" (Ende des Koranverses 4:19). Wir wissen nie, welche positiven Auswirkungen unsere Probleme tatsächlich haben könnten.

Manchen Menschen fühlen sich vielleicht schuldig oder beschämt, wenn sie nicht glücklich sind. **Ich ermutige die Menschen, Geduld mit sich zu haben.** Sich manchmal niedergeschlagen zu fühlen, ist ganz normal. Es ist wichtig zu akzeptieren, dass das Leben nicht einfach ist. Es ist wichtig, die eigenen Gefühle zu akzeptieren. Akzeptanz ist der erste Schritt zu positiven Veränderungen. Geduld ist ebenfalls eine ausgezeichnete Option, wenn wir nicht sicher sind, was zu tun ist. Abzuwarten, bis die Dinge klarer werden, ist manchmal die beste „Lösung" für ein Problem. „Drum gedulde dich in geziemender Geduld" (70:5).

Persönliche Verantwortung

Der Koran lehrt, dass wir dafür verantwortlich sind, unser Leben zu verbessern. Wir sollten in unserem Inneren nach unserer persönlichen Verantwortung und nach Lösungen suchen. „Siehe, Allah verändert nicht sein Verhalten zu einem Volk, ehe es nicht seiner Seelen Gedanken verändert" (13:11).

Im Koran übernehmen Adam und Eva die Verantwortung für ihren Fehler, vom verbotenen Baum gegessen zu haben: „Sie (Adam und Eva) sprachen: ‚Unser Herr, wir haben wider uns selber gesündigt'" (7:23). Satan allerdings gibt Gott die Schuld für seine Lage: „Er (Satan) sprach: ‚Darum, dass Du mich in die Irre geführt hast, will ich ihnen auflauern auf Deinem rechten Wege'" (7:16).

Persönliche Verantwortung hat damit zu tun, dass wir unsere Rolle in unserer eigenen Lebensgeschichte anerkennen. Dies gibt uns Kraft, Glück von innen nach außen zu erschaffen. Ein Teil unserer persönlichen Verantwortung liegt im Umgang mit negativen Gefühlen. Bemühen Sie sich, ihre besten „Bewältigungsstrategien" zu entdecken – Gedanken, die ihnen helfen, in aufreibenden Zeiten zur Ruhe zu kommen.

Die Glücksschlüssel

→ **Der höhere Sinn unseres Lebens liegt darin, Gutes zu tun.**

→ **Positives Denken heißt, dankbar zu sein, uns auf das Gute zu konzentrieren, aus Problemen zu lernen und das Beste in uns selbst zu suchen.**

→ **Geduld ist notwendig, weil Probleme ein Teil des Lebens sind.**

→ **Wir müssen persönliche Verantwortung für unser Leben und unsere Gefühle übernehmen.**

Sheima Salam Sumer hat an der Universität von South Carolina (USA) einen Mastertitel im Fach Beraterausbildung erworben. Sie hat in verschiedenen Umfeldern als professionelle Beraterin gearbeitet (Schule, Heim und Büro) und Individuen, Familien und Gruppen beraten. Sie betreibt die Internetseite www.howtobeahappymuslim.com und hat die Bücher *The Basic Values of Islam* (Die Grundwerte des Islam) und *How to Be a Happy Muslim* (Wie man ein glücklicher Muslim wird) verfasst.

Glück in der Bibel

Es scheint, als könnten sich viele Muslime mit den Ergebnissen der wissenschaftlichen Glücksforschung identifizieren. Glücklicherweise gilt das auch für die meisten anderen Religionen. Die deutsche evangelische Nachrichtenagentur Idea und Livenet, ein Schweizer Nachrichtenportal für Christen, haben eine Studie veröffentlicht, die Zitate aus *Glück – The World Book of Happiness* mit Bibelzitaten vergleicht. Für Dutzende von Zitaten aus den wissenschaftlichen Texten fand sie Parallelen sowohl im Alten als auch im Neuen Testament. Ein paar Beispiele:

Der von den Glücksforschern am häufigsten gegebene Rat betrifft den Umgang mit unseren Nächsten. „Suchen Sie das Glück nicht in sich selbst, sondern in Ihren Beziehungen zu anderen", empfiehlt etwa der Psychologieprofessor Christopher Peterson (Michigan, USA), der als einer der Gründungsväter der Positiven Psychologie gilt. „Lieben und ehren Sie die Menschen, die Ihnen wichtig sind: Ihre Eltern, Lehrer, Familienmitglieder, Kollegen und Freunde." Ganz ähnlich heißt es im Römerbrief 12,10: „Seid einander in herzlicher geschwisterlicher Liebe zugetan! Übertrefft euch in gegenseitiger Achtung!"

Auf den Zusammenhang zwischen Selbst- und Nächstenliebe weist der spanische Psychologieprofessor José L. Zaccagnini (Madrid) hin: „Um glücklich zu sein, müssen Sie damit anfangen, Ihr ‚wahres Selbst', Ihr Leben, zu lieben … Auf der anderen Seite rate ich Ihnen, außerhalb Ihrer selbst zu suchen, weil wir heute auch wissen, dass der beste Weg zum Glück darin liegt, sich den Menschen um einen herum zu widmen."

Bibelkenner denken dabei unweigerlich an Jesu Rat in Matthäus 22,39: „Liebe deinen Nächsten wie dich selbst." Wie das praktisch funktionieren kann, zeigt ein Glückstipp des südafrikanischen Psychologieprofessors D. J. W. Strümpfer (Kapstadt): „Rechnen Sie mit der Unterstützung aller Menschen in Ihrer Umgebung, bemühen Sie sich aktiv darum und unterstützen Sie andere ebenfalls." Oder mit den Worten des Galaterbriefes 6,2: „Einer trage des andern Last, so werdet ihr das Gesetz Christi erfüllen."

„Ihre Zeiteinteilung spiegelt Ihre Entscheidungen."

Die Zeit – Freund oder Feind?

„Time is the enemy" und *„Time is your friend"* – beide Redensarten tauchen in populären Liedtexten auf. Bei Geschäftsleuten gehören Kurse zum Zeitmanagement zu den beliebtesten Seminaren. Aber die Zeit lässt sich nicht steuern. Das Einzige, was wir steuern können, ist unser eigenes Tun. *„Time is a mustang that you cannot tame."* (Die Zeit ist ein Wildpferd, das man nicht zähmen kann.) Bei ihren Forschungen zum Glück hat **Ilona Boniwell** die entscheidende Bedeutung des Zeitfaktors entdeckt. Im Hintergrund hört man immer noch den Liedtext: *„Time is a wish, you can throw coins at a fish but you're still going to have to feed it."* (Die Zeit ist ein Wunsch; wenn man einem Fisch Münzen hinwirft, muss man ihn trotzdem füttern.)

Die Zeit ist ein Freund

Ich finde es extrem interessant zu untersuchen, welches Verhältnis Menschen zu ihrer Zeit entwickeln – und die Wirkung, die die Zeit auf unser Glück und unser Wohlbefinden hat. Zeit ist heutzutage das zentrale Problem. Nur sehr wenige von uns beherrschen die Kunst, sie im Gleichgewicht zu halten. Wissenschaftliche Untersuchungen zeigen: **Zufriedenheit mit unserer Zeit**

ist eine der wichtigsten Voraussetzungen für unser allgemeines Wohlbefinden. Dies erreicht man allerdings nicht, indem man jede letzte Sekunde ausquetscht, um sogar noch effizienter zu werden. Es geht darum zu lernen, mit der verfügbaren Zeit zufrieden zu sein, und das kann manchmal auch bedeuten, weniger zu arbeiten.

Die wichtigste Lehre aus meinen Untersuchungen ist, dass man jeden Tag Zeit für sich selbst haben muss. Menschen, die diese „Ich-Zeit" für sich beanspruchen, sind insgesamt viel glücklicher mit ihrer Zeiteinteilung. Sie sind besser in der Lage, eine Balance zu finden zwischen der Zeit für sich und der Zeit für andere; Zeit für die Dinge aufzubringen, die getan werden müssen, und für die, die sie tun wollen. Ein weiteres Ergebnis ist, dass es wichtig ist, jeden Tag „etwas" fertigzustellen. **Wir sind mit unserer Zeit zufrieden, wenn wir etwas erreichen.** Das muss nichts Großes sein; es kann einfach heißen, einen kleinen Teil von einem größeren Projekt zu beenden. Außerdem gilt, dass nur die Menschen, die Verantwortung für ihre Zeit übernehmen, wirklich mit ihr glücklich sind. Es ist sehr einfach, die Schuld jemandem oder etwas zuzuschieben – Ihrem Arbeitgeber, den E-Mails, der Arbeitsbelastung –, aber nur wenn und erst wenn Sie die Verantwortung für Ihre Zeit übernehmen, wird sich etwas ändern.

Haben Sie das Gefühl, dass Sie Ihre Zeit mit Dingen verbringen, die Ihnen etwas bedeuten, oder fühlen Sie sich, als ob Ihnen die Zeit zwischen den Fingern zerrinnt, ohne Spuren zu hinterlassen? Ihre Zeiteinteilung spiegelt die Entscheidungen, wie Sie Ihr Leben führen möchten, und bietet insofern einen Schlüssel zum Glück.

Die Glücksschlüssel

→ **Sorgen Sie dafür, dass Sie jeden Tag etwas Zeit für sich haben.**

→ **Stellen Sie jeden Tag zumindest „etwas" fertig.**

→ **Nur die Menschen, die Verantwortung für ihre Zeit übernehmen, sind wirklich mit ihr glücklich.**

Dr. Ilona Boniwell (University of East London, Großbritannien) leitet den ersten Masterstudiengang für angewandte Positive Psychologie (mapp) in Europa. Sie ist in der Forschung aktiv und war eine der ersten Positiven Psychologinnen in Großbritannien. Das Europäische Netzwerk für Positive Psychologie enpp wurde von ihr gegründet und sie war dessen erste Vorsitzende. Sie hat die erste Europäische Konferenz für Positive Psychologie organisiert, war Beraterin der bbc2 für die Serie *Happiness Formula* und ist Autorin des Bestsellers *Positive Psychology in a Nutshell* (Positive Psychologie kurz und bündig). Als gefragte Vortragsrednerin spricht sie oft bei internationalen Konferenzen und psychologischen Fachkongressen.

„In zehn Sitzungen eine positive Haltung erlernen.“

Das Glück depressiver Patienten steigern

Wie wirksam kann eine Lebensqualitätstherapie das Glück von Patienten mit einer Depression steigern? **Hossein Jenaabadi** hat seine Patienten in zwei Gruppen eingeteilt. Die eine bekam zehn Therapiesitzungen von je 45 Minuten und Hausaufgaben zum Üben. Die andere Gruppe erhielt diese Behandlung nicht. Wie sehen die Ergebnisse aus?

Aus diagnostischer Sicht gehört eine Depression zu den gängigsten seelischen Störungen; wie eine Epidemie befällt sie Menschen aus den verschiedensten Gesellschaftsschichten. Es gibt Prognosen, nach denen diese Störung 2020 für sämtliche Altersgruppen und Geschlechter weltweit die zweithäufigste Diagnose sein wird, doch **weniger als 25 Prozent der betroffenen Patienten werden Zugang zu einer wirksamen Therapie haben**.

Eine depressive Episode dauert mindestens zwei Wochen; typischerweise sind die Betroffenen entweder deprimiert oder verlieren das Interesse an den meisten Aktivitäten. Menschen, bei denen eine Depression diagnostiziert wird, sollten mindestens vier Symptome aus einer Liste zeigen, zu der Veränderungen von Appetit, Gewicht, Schlaf oder Aktivität gehören, außerdem Antriebslosigkeit, Schuldgefühle, Schwierigkeiten beim Denken und Treffen von Entscheidungen und wiederholte Todes- und Suizidgedanken. Eine Depression ist eine wiederkehrende Krankheit mit einer Vielzahl sozialer, wirtschaftlicher, körperlicher und seelischer Folgen; sie beeinträchtigt die Lebensqualität erheblich durch lang anhaltende Schmerzen, Unterbrechungen im Berufsleben, Schwierigkeiten in Beziehungen oder führt gar zum Selbstmord. Sie bringt hohe wirtschaftliche Verluste wegen Arbeitsunfähigkeit und langen Abwesenheitsphasen mit sich.

Wirksame Therapie

Angesichts der lähmenden Wirkung und der gravierenden menschlichen, wirtschaftlichen und sozialen Probleme, die mit dieser Störung einhergehen, ist eine Vielzahl von Ansätzen zur Behandlung von Depressionen entwickelt worden. Einer der gängigsten Therapieansätze ist die kognitive Verhaltenstherapie. Das Problem dieser Behandlungsmethode ist allerdings die hohe Anzahl von Rückfällen nach einer scheinbar erfolgreichen Therapie. **Eine mögliche Erklärung für die geringe Wirksamkeit dieses Ansatzes ist, dass sie Glück und Lebensqualität nicht berücksichtigt.** Dank des Aufkommens und der zunehmenden Verbreitung von Gesundheitspsychologie und Positiver Psychologie geht die Einstellung gegenüber psychischen Störungen inzwischen über rein medizinische, monokausale Modelle hinaus. Verschiedene Wissenschaftler glauben, dass die Entstehung seelischer Störungen sich besser durch einen schlechten Lebensstil und eine niedrige Lebensqualität erklären lässt. Sie schlagen vor, Therapien sollten den Lebensstil hinterfragen und neu entwerfen, um individuelle Fähigkeiten zu verbessern, persönliche Ressourcen und Stärken herauszuarbeiten und mehr Lebenszufriedenheit für Individuen und Gesellschaften zu schaffen.

Es besteht Einigkeit unter Wissenschaftlern, dass das Konstrukt „Lebensqualität" objektive und subjektive Faktoren (Wohlbefinden) umfasst. Zu den objektiven Faktoren gehören Bildungsniveau, Einkommenshöhe, Arbeitsbedingungen, Familienstand, Sicherheit, sozioökonomischer Status und seelische Faktoren auf der Basis individueller Bewertungen von Zufriedenheit, Glück etc. Eine Steigerung des Glücks trägt zur subjektiven Komponente der Lebensqualität bei und erhöht diese.

Fünf Strategien

Michael B. Frisch hat einen neuen Ansatz entwickelt, der kognitive Verhaltenstherapie und Positive Psychologie weiterentwickelt: die Lebensqualitätstherapie, die den Einfluss des Glücks auf die Lebensqualität von Menschen und Gesellschaften berücksichtigt und nutzt, um Rückfälle in die Depression zu verhindern. Diese Therapieform gehört zu den zahllosen Ansätzen der Positiven Psychologie, die bei der Lebenszufriedenheit ansetzen, um das menschliche Glück und die Lebensqualität zu steigern. Diese Herangehensweise kombiniert Aaron T. Becks kognitiven Ansatz, Mihaly Csikszentmihalyis Aktivitätstheorie und Martin Seligmans Positive Psychologie. Sie richtet sich nicht nur an Menschen mit seelischen Störungen wie Depressionen, sondern auch an gesunde Personen, die dadurch mehr Wohlbefinden, seelische Gesundheit und allgemeine Lebensqualität erlangen. Bei diesem Ansatz erlernen Patienten **Prinzipien und Fähigkeiten, die ihnen dabei helfen, Bedürfnisse, Ziele und Wünsche in wichtigen, wertvollen Lebensbereichen zu erkennen, zu verfolgen und zu verwirklichen.** Zu diesen Bereichen gehören körperliche Gesundheit, Selbstwertgefühl, Ziele und Werte, Beruf, Geld, Spielen, Lernen, Kreativität, Hilfe für andere, Liebe, Freunde, Kinder, Verwandte, Heim und Nachbarn, Gesellschaft, Partner und das Leben ganz allgemein.

Die Lebensqualitätstherapie zielt vor allem darauf, Glück und Lebenszufriedenheit durch kognitive Verhaltensänderungen bei fünf wichtigen Themen zu erreichen: den Lebensumständen, Einstellungen, selbst gesetzten Zielen, Prioritäten und anderen Faktoren, die unsere Lebenszufriedenheit beeinflussen. Hier setzen fünf Strategien an, welche die Lebensqualität verbessern, indem sie Zufriedenheit schaffen über die Kluft zwischen dem, was man will, und dem, was man hat. Das Modell verändert diese fünf Aspekte und verhilft Patienten zu mehr Wohlbefinden und Glück. Außerdem nennt die Methode Grundlagen der Zufriedenheit: positive Konzepte, Einstellungen, Stärken und Überzeugungen, die dazu beitragen, dauerhaftes Glück und Zufriedenheit zu schaffen.

Seelische Gesundheit

Aktuelle Depressionstherapien haben relativ wenig Erfolg und widmen der Steigerung des Glücks depressiver Menschen kaum Aufmerksamkeit; die Lebensqualitätstherapie zielt dagegen darauf, Fähigkeiten und Glück zu erhöhen. Wir wollten die Wirksamkeit dieses Ansatzes zur Glückssteigerung bei Depressiven wissenschaftlich untersuchen. Dabei stellte sich heraus, dass die Lebensqualitätstherapie bei Menschen mit einer Depression **hohe Wirkungsraten bei Depressionsminderung und Glückssteigerung zeigte.**

Diese Ergebnisse entsprechen den Resultaten anderer Untersuchungen, die bestätigen, dass eine Lebensqualitätstherapie seelische Erkrankungen wirksam reduzieren und das Glück mehren kann. Beispielsweise zeigte eine Studie von Ghasemi, dass eine Lebensqualitäts-Gruppentherapie in Kombination mit Positiver Psychologie und kognitiv-verhaltensorientierten Ansätzen die seelische Gesundheit und geistiges Wohlbefinden verbesserte. In ähnlicher Weise wiesen Toghyani et al. darauf hin, dass die Lebensqualitätstherapie Zuneigung steigern und Abneigung reduzieren kann. Auch Sin und Lyubomirsky vermuten, dass positive Psychotherapien das Glück steigern können. Außerdem passen die Ergebnisse auch zu einer Studie von Mitchell et al., die zeigte, dass positive Psychotherapien das Glück viel stärker steigerten als problemlösungsorientierte Therapien oder der Einsatz von Placebos.

Direkte Beziehung

Es gibt verschiedene Erklärungen für diese Resultate:

1. Dieser Ansatz betrachtet das Leben ganz generell, und seine Ziele stehen in jeder Phase in Beziehung zu den allgemeinen Lebenszielen der Patienten. So können die Patienten eine **direkte Beziehung** zwischen einer Intervention oder Hausaufgabe und der Verwirklichung wichtiger Bedürfnisse, Ziele und Anforderungen wahrnehmen.

2. Außerdem bietet der Ansatz eine **universelle Sicht** auf das Leben, da er die Schwierigkeiten und Fähigkeiten der Patienten in 16 alltäglichen Lebensbereichen mit allen seelischen oder körperlichen Schwierigkeiten und Störungen bewertet.

3. Ein weiterer Grund für die Wirksamkeit dieses Ansatzes ist die Suche nach wirkungsvollen **Zielen und Werten**. Dabei erlernen die Patienten grundlegende Fähigkeiten zur Regulierung ihres Lebens und Temperaments, um zu verhindern, dass sie in Unbeweglichkeit verharren und chronische Krankheiten und Schwierigkeiten entwickeln. Außerdem lernen sie, negative Gefühle zu beherrschen und ihr Leben so zu organisieren, dass sie ihre Ziele in wichtigen Lebensbereichen verfolgen können.

4. Insbesondere handelt es sich um eine Logotherapie; sie hilft Patienten, die **Dinge zu finden, die ihrem Leben am meisten Sinn geben** und jetzt wie in Zukunft zu Glück und Gesundheit führen.

Die Glücksschlüssel

→ **Für Menschen mit einer Depression ist die Lebensqualitätstherapie eine gute Alternative zur weniger wirksamen kognitiven Verhaltenstherapie.**

→ **Unsere Forschungen zeigen, dass eine Lebensqualitätstherapie auch solche Depressionen wirksam behandeln kann, die als behandlungsresistent gelten.**

→ **Eine Ausrichtung auf Glück kann beim Behandeln einer schweren Depression erheblich zur Heilung der Patienten beitragen.**

Hossein Jenaabadi ist außerordentlicher Professor für Psychologie an der Universität Sistan und Belutschistan in Zahedan (Iran). Er erforscht vor allem die Wirksamkeit der Lebensqualitätstherapie für die Glückssteigerung von Patienten mit Depressionen.

Bahareh Azizi Nejad arbeitet am Fachbereich Erziehungswissenschaften der Payame-Nur-Universität in Teheran (Iran).

Ghazal Fatehrad arbeitet im Bereich Wissenschaft und Forschung des Fachbereichs Betriebs- und Volkswirtschaftslehre der Islamischen Azad-Universität in Teheran (Iran).

Zehn Sitzungen

Für diese Studie verwendeten wir das Beck Depressions-Inventar und den Oxford-Happiness-Test. Sie liefern die Hauptthemen der Therapiesitzungen. Die Hausaufgaben bestehen vor allem darin, die erlernten Fähigkeiten im Alltagsleben zu nutzen.

1. Eine Beziehung aufbauen; die Depression und die Wirkung von Glück auf diese Störung erklären; den Ansatz der Lebensqualitätstherapie beschreiben; 16 Bereiche der Lebenszufriedenheit besprechen; Umfang des Problems feststellen. Hausaufgabe: darüber nachdenken, wie wir unsere Lebensqualität verbessern können.

2. Das Selbstwertgefühl, dessen Rolle für die Glückssteigerung und die aktuellen Fähigkeiten auf diesem Feld besprechen.

3. Das Modell des Selbstrespekts besprechen, Gesundheitsaspekte darlegen und entsprechende Fähigkeiten vorstellen.

4. Ziele und Werte besprechen, dabei die Prinzipien der Lebensqualität und deren Anwendung zur Steigerung der Zufriedenheit erklären.

5. Die Bedeutung von Freunden und Verwandten für die Lebenszufriedenheit erklären und die relevanten Fähigkeiten vorstellen, beispielsweise Briefe zu schreiben.

6. Die Rolle der Freizeit für die Glückssteigerung und die zugehörigen Fähigkeiten besprechen. Hausaufgabe: geplante Freizeitroutine oder Hobby umsetzen.

7. Die Rolle des Lernens und entsprechende Fähigkeiten besprechen. Hausaufgabe: Problemlösungstechniken im Alltag anwenden.

8. Techniken der Positiven Psychologie zum Schutz vor Rückfällen vorstellen. Hausaufgabe: drei Grundprinzipien des Glücks praktizieren – inneren Reichtum, Muße und die Suche nach Sinn.

9. Die Prinzipien und ihre Anwendungen im Bereich der Beziehungen besprechen.

10. Rückschau auf die Therapiesitzungen halten und Schlussfolgerungen ziehen.

„Für die meisten Teenager ist die Schule ein langweiliger und uninspirierender Ort.“

Die beste Teenagerdroge

MTV hat Teenager gefragt, was sie glücklich mache. Die Antwort war nicht die, an die die meisten besorgten, erschöpften Eltern denken würden (*„Sex and Drugs and Rock 'n' Roll?“*). Zeit mit der Familie verbringen war die häufigste Antwort. Die Helden? Für die Hälfte der Teenager: ihre Eltern. **Katie Hanson** ist nicht überrascht: „Die Jugendzeit muss kein Problem sein.“ Sie hat die beste Droge für Teenager gefunden: Flow.

Die Teenagerjahre werden häufig als problematisch angesehen, wobei die traditionelle psychologische Forschung und die Darstellungen in den Medien sich auf Themen wie Teenagerschwangerschaften, Drogenmissbrauch, Gewalt, Selbstmord, Essstörungen und Schulschwierigkeiten konzentrieren. Die Positive Psychologie pflegt eine andere Sicht auf Jugendliche; sie glaubt, dass die meisten Teenager sich gut benehmen und keine Straftäter, Drogenabhängigen oder Schulabbrecher werden. **Tatsächlich erleben weniger als 10 Prozent der Familien mit Jugendlichen ernsthafte Beziehungsprobleme.** Trotzdem herrscht seit vielen Jahren die Ansicht vor, dass die Jugendzeit eine Phase von traumatischen Erfahrungen, Stress und Kriminalität ist. Ein Großteil der Forschung zu Jugendlichen hat sich auf Bildungserfolge konzentriert und versucht, die Gründe für die schlechten Schulleistungen bestimmter Gruppen aufzugliedern. Die Positive Psychologie bietet viele Ansätze an, die helfen können, schlechte Schulleistungen von Jugendlichen zu verstehen. Einer der Schlüsselbegriffe heißt Flow.

Viele wissenschaftliche Studien haben herausgefunden, dass das Auftreten von Flow bei Jugendlichen mit segensreichen Wirkungen einhergeht, wie gesteigerter Konzentration, Freude, Glück, Stärke, Motivation, Selbstbewusstsein, Optimismus und Zukunftsorientierung. Diese Ergebnisse bleiben sogar dann gültig, wenn andere Faktoren wie sozioökonomischer Status, Bildungs-niveau und ethnischer Hintergrund berücksichtigt werden. **Wissenschaftler haben auch her-ausgefunden, dass Jugendliche, die mehr Zeit im Flow verbringen, glücklicher, fröhlicher, freundlicher und geselliger sind.** Außerdem konnte gezeigt werden, dass Flow positiv mit intrinsischer Motivation und Genuss bei Jugendlichen und negativ mit Pessimismus zusammen-hängt. Heranwachsende, die wenige Phasen des Flow erleben, tendieren dazu, sich öfter zu langweilen, sich weniger zu engagieren und weniger enthusiastisch und begeistert zu sein.

Erfolg

Jugendliche verbringen den größten Teil ihrer Zeit im Pflichtunterricht. Ob im schulischen Umfeld Flow vorkommt, ist eine der wichtigsten Fragen, auf die sich die zukünftige Forschung konzentrieren sollte. Wissenschaftler haben bereits bestätigt, dass die Schule für die meisten Teenager ein langweiliger und uninspirierender Ort ist. **Tatsächlich ist die Langeweile so verbreitet, dass die meisten Teenager Überdruss für einen normalen Teil ihrer Entwick-lung halten.** Allerdings winkt für diejenigen Schüler, die doch versuchen, sich positiv auf das Erziehungssystem einzulassen, ein großer Nutzen. Zum Beispiel zeigen die Schüler mit hohen Flow-Niveaus mehr Engagement bei ihrer Ausbildung und höhere Erfolgsraten als ihre Schulka-meraden mit niedrigerem Flow – das Ausmaß der Flow-Erfahrung in einem Unterrichtsfach war ein besserer Vorhersagefaktor für Erfolg als Messungen der schulischen Fähigkeiten. Aller-dings wird in diesen Studien nicht klar, ob diese segensreichen Wirkungen dem Flow zu ver-danken sind, der während der Lernaktivität entwickelt wird, oder der Tendenz, Flow-Aktivitä-ten bevorzugt zu wiederholen. Das bedeutet, dass Jugendliche, die höhere Flow-Niveaus erleben, tendenziell mehr für die Schule arbeiten, weil sie es als solches lohnend finden. Im Durchschnitt verbringen Schüler mit starkem Flow pro Woche sieben Stunden mehr mit pro-duktiven Aktivitäten als Schüler mit schwachem Flow. Außerdem verbringen Schüler mit star-kem Flow auch mehr Zeit mit Schularbeit und Hausaufgaben und sehen weniger fern.

Lernumgebung

Es hat sich gezeigt, dass schulische Aktivitäten bei Teenagern den meisten Flow bewirken, aber wenn wir aktiv eine Lernumgebung schaffen wollen, die Flow-Erfahrungen begünstigt, ist es hilfreich, die Arten des Lernens zu untersuchen, die am wahrscheinlichsten zu Flow führen. **Prüfungen, Einzel- und Gruppenarbeit bewirken jeweils überdurchschnittliche Flow-Niveaus,** während es wenige Gelegenheiten für Flow bot, Lehrervorträgen zuzuhören oder Lehrfilme anzusehen. Die Schulfächer, die tendenziell zu den größten Flow-Erfahrungen füh-ren, sind (technische) Berufsbildung, Informatik und Kunst. Unter den wissenschaftlichen Fächern, die an Schulen unterrichtet werden, bringt Mathematik die höchsten Flow-Niveaus, während Fächer wie Englisch oder Naturwissenschaften viel niedrigere Niveaus haben und Geschichte sich immer wieder als das am wenigsten flow-induzierende Fach erweist.

Das Erleben von Flow ist extrem segensreich für Teenager. Nicht nur erbringen sie bessere schulische Leistungen (was sich günstig für ihr zukünftiges Leben auswirkt), sondern sie sind auch glücklicher, motivierter und optimistischer. Weil Flow im Bildungsumfeld so nützlich ist, könnte die Flow-Theorie für Erziehende beim Entwerfen zukünftiger Lehrpläne von Nutzen sein. Wenn wir es schaffen, Jugendliche einzubinden und ihnen beizubringen, wie sie bei ihren Aufgaben und Aktivitäten Flow finden können, werden sie mit höherer Wahrscheinlichkeit ein konzentriertes, engagiertes und glückliches Leben führen.

Was ist Flow?

Flow ist ein Begriff, den der Psychologe Mihaly Csikszentmihalyi geprägt hat. Er bezeichnet eine Erfahrung, in der wir so vollkommen aufgehen, dass die Zeit zu verfliegen scheint und wir nichts um uns herum wahrnehmen, nicht einmal Hunger, Hitze und Kälte oder Verlegenheit. Es wird vermutet, dass Flow extrem hilfreich für unser Glück ist. Diese Erfahrung tritt auf, wenn wir uns auf eine herausfordernde, aber handhabbare Tätigkeit einlassen, die ein großes Maß an Können erfordert. Aktivitäten, die Flow-Erfahrungen hervorbringen, sind in sich motivierend, weil sie einen Seinszustand bewirken, der einen Selbstzweck darstellen kann. Darüber hinaus nimmt man an, dass solche Aktivitäten einer Person erlauben, aufzublühen und auf ihrem höchsten Leistungsniveau zu arbeiten.

Die Glücksschlüssel

→ **Die Jugendzeit muss kein Problem sein.**
→ **Flow ist für Teenager extrem segensreich: Sie sind glücklicher, erbringen bessere Leistungen und sind stärker motiviert.**
→ **Erziehende müssen stimulierende Lernumgebungen schaffen, mit Aufgaben und Aktivitäten, die Flow-Erfahrungen begünstigen.**

Katie Hanson hat lebhafte und vielfältige Interessen an allen Gebieten der Positiven Psychologie, des Wohlbefindens und des Glücks. Zurzeit arbeitet sie an der Sheffield Hallam University. Sie untersucht das Wohlbefinden und den Erfolg von Studierenden, besonders im Hinblick auf die Frage, wie wir akademischen Erfolg bei den Studentengruppen, die an den Hochschulen unterrepräsentiert sind und klassischerweise schlechte Leistungen erbringen, vorhersagen und fördern können.

„Optimismus mindert Schmerzbeschwerden.“

Auf dem Weg zum Bestmöglichen Ich

„Optimismus kann sogar vor (chronischen) Schmerzen schützen“, verraten **Marjolein M. Hanssen** und **Madelon L. Peters**. „Wir haben wissenschaftlich zu enträtseln versucht, warum Optimisten weniger Schmerzen empfinden und ein höheres Wohlbefinden genießen, auch wenn sie Schmerzen haben. Außerdem untersuchen wir, wie mehr Menschen die Vorteile von Optimismus nutzen könnten.“

Kennen Sie Menschen, die normalerweise optimistisch sind, was ihre Zukunft angeht? Aller Wahrscheinlichkeit nach werden sie auch mehr Positives erleben und es leichter finden, ihre Träume zu verwirklichen. Optimisten oder Menschen, die im Leben generell positive Ergebnisse erwarten, leben nachweislich länger und glücklicher, verdienen mehr Geld, haben bessere soziale Netzwerke und weniger körperliche Beschwerden.

Schmerzexperiment

In einer unserer Studien wurden gesunde Studierende ins Labor eingeladen, um an einem Schmerzexperiment teilzunehmen. Sie mussten ihre Hand in einen Behälter mit 5° C kaltem Wasser tauchen und ihren Schmerz beschreiben. Obwohl kaltes Wasser vielleicht nicht sehr schmerzhaft klingt, ist dieser Versuch schon mehrfach erfolgreich durchgeführt worden, um

Schmerz im Labor zu erzeugen. Vor dem Experiment stimmten wir die eine Hälfte der Gruppe optimistisch, indem wir sie baten, über ihr „Bestmögliches Ich" zu schreiben und es sich bildlich vorzustellen. Die andere Hälfte der Testpersonen beschrieb und visualisierte ein neutrales Thema.

Die Ergebnisse des Experiments lieferten uns mehrere wichtige Erkenntnisse. Es zeigte sich, dass die optimistische Gruppe über erheblich weniger Schmerz berichtete als die neutrale Gruppe – mehr Optimismus führt also zu weniger Schmerz. Der zweite Befund war: **Die optimistische Gruppe hatte während der Schmerzübung deutlich weniger negative Gedanken.** Hier könnte der Grund liegen, warum Optimisten weniger schmerzempfindlich sind. Außerdem zeigte das Experiment, dass es möglich ist, durch eine einfache Schreib- und Visualisierungsübung zeitweilig einen optimistischen Zustand herbeizuführen. Das bedeutet, die Vorteile von Optimismus könnten für alle Menschen erreichbar sein, selbst für diejenigen, die keine geborenen Optimisten sind.

Visualisieren

Zwei andere Studien zeigten uns, dass Optimismus zu höherem Wohlbefinden führt, sowohl bei Menschen ohne körperliche Beschwerden als auch bei Menschen mit chronischen Schmerzen. Interessanterweise scheint die Art, wie Optimisten ihre Lebensziele verfolgen, zu ihrem Wohlbefinden beizutragen. **Optimistische Menschen scheinen nicht nur sehr gut im aktiven Verfolgen ihrer Lebensziele zu sein, sondern auch Experten darin, ihre Ziele bei Bedarf anzupassen.** Diese Fähigkeit könnte besonders wichtig sein, wenn bestimmte Ziele (einen Marathon laufen, eine Prüfung bestehen, eine berufliche Aufgabe erfüllen) wegen chronischer Schmerzen oder anderer Beschwerden unerreichbar scheinen.

1. Was können wir im Alltagsleben tun, um die gleichen Vorteile wie Optimisten zu genießen? Schreiben Sie über Ihr Bestmögliches Ich in der Zukunft. Stellen Sie sich vor, dass sich alles zum Besten entwickelt hat. Sie haben hart gearbeitet und es geschafft, Ihre Lebensziele zu verwirklichen. Betrachten Sie es als die Verwirklichung Ihrer Träume. Schreiben Sie über die bestmögliche Art, wie sich die Dinge in Ihrer Familie, bei der Arbeit, im Liebesleben, bei Freundschaften etc. entwickeln könnten. Sorgen Sie sich beim Schreiben nicht um Rechtschreibfehler oder Wiederholungen … schreiben Sie einfach 15 Minuten am Stück. Nach diesen 15 Minuten schließen Sie die Augen und stellen Sie sich Ihr Bestmögliches Ich 5 Minuten lang so lebendig wie möglich vor.

2. Welchen Nutzen hat das? Wenn Sie Ihr Bestmögliches Ich beschreiben und visualisieren, spüren Sie möglicherweise, dass Sie die Zukunft optimistischer sehen. Sie sehen vielleicht klarer, was in Ihrem Leben wichtig ist. Wenn Sie diese Übung täglich durchführen, ist es hilfreich, an verschiedenen Tagen über verschiedene Lebensbereiche zu schreiben (Berufs-leben, Sozialleben, Gesundheit etc.), damit die Übung interessant bleibt.

3. Wo sind die Risiken? Beim Beschreiben und Visualisieren Ihres Bestmöglichen Ichs in der Zukunft könnte Ihnen bewusst werden, dass Sie es noch nicht unbedingt erreicht haben oder dass Ziele gar unerreichbar scheinen. Damit können Sie auf zweierlei Weise umgehen. Erstens können Sie die Übung anpassen. Beispielsweise bitten wir Schmerzpatienten, mit denen wir diese Übung durchführen, sich ihr Bestmögliches Ich mit Schmerzen vorzustellen, damit sie nicht den Kontakt zur Wirklichkeit verlieren. Zweitens können Sie sich Ihr Bestmögliches Ich ohne Einschränkungen vorstellen und sich fragen, was Sie tun können, um kurz- und lang-fristig an diesen Zielen zu arbeiten. Wie schon erwähnt, hilft diese Übung Ihnen herauszu-finden, was Ihnen wichtig ist. Selbst kleine Schritte tragen dazu bei, das wertvolle und sinn-stiftende Leben zu führen, von dem Sie träumen.

Die Glücksschlüssel

→ **Mehr Optimismus führt zu weniger Schmerz und weniger negativen Gedanken.**

→ **Es ist möglich, zeitweilig einen optimistischen Zustand herbeizuführen durch eine einfache Schreib- und Visualisierungsübung: Ihr Bestmögliches Selbst.**

→ **Auch kleine Schritte tragen dazu bei, das sinnvolle Leben zu führen, von dem Sie träumen.**

Marjolein M. Hanssen ist Dozentin und Forscherin am Fachbereich für klinische Psychologie der Universität Maastricht (Niederlande). Sie untersucht psychologische Determinanten für (chronischen) Schmerz und konzentriert sich dabei vor allem auf Belastbarkeitsfaktoren.

Madelon L. Peters ist Professorin an der Universität Maastricht, wo sie einen Lehrstuhl für experimen-telle Gesundheitspsychologie innehat. Ihre Forschungsinteressen konzentrieren sich auf psycholo-gische Aspekte chronischer Schmerzen, Psychoonkologie sowie Positive Psychologie und Gesundheit.

„Es geht nicht um das Hochglanzmagazin-Glück,

das Sex und Lächeln durch das Nacherzählen von

Orgasmusgeschichten verbindet.“

Und was ist mit Sex?

„Sexuelle Energie kann man nutzen, um die eigene generelle Vitalität und Lebensfreude zu steigern. Sie kann als Antrieb für die Erschaffung von Kunst, Literatur, Musik und sogar für soziale oder politische Ziele dienen. Wenn sexuelle Energie natürlich fließt, erleben wir in unseren menschlichen Beziehungen die höchstmögliche Harmonie“, sagt **Cassie Robinson** aus London.

Im Jahr 1994 erklärte eine Versammlung von Sexualwissenschaftlern: „Sexuelles Vergnügen, einschließlich der Autoerotik, ist eine Quelle des körperlichen, seelischen, intellektuellen und spirituellen Wohlbefindens.“ Trotzdem befasst sich die öffentliche Debatte heute immer noch vor allem mit Risiken und Gefahren: Missbrauch, Abhängigkeit, Funktionsstörungen, Infektionskrankheiten, Pädophilie, Teenagerschwangerschaften und dem Kampf sexueller Minderheiten um ihre Menschenrechte. Ein öffentlicher Diskurs über die physiologischen und psychosozialen Gesundheitsvorteile sexueller Ausdrucksformen, darunter ihre positiven körperlichen, intellektuellen, emotionalen und sozialen Aspekte, fehlt fast vollständig.

Vieldimensional

In meiner wissenschaftlichen Arbeit möchte ich ergründen, wie unterschiedlich und vieldimensional Sexualität erlebt und verkörpert wird und wie dies mit Wohlbefinden und Glück in Verbindung gebracht werden kann. Indem ich meine Forschungen von den Leistungsdefinitionen

sexueller Reaktionen wegbewegt habe – ich betrachte Sex nicht durch eine medizinische, konsumorientierte oder politische Brille –, habe ich stattdessen die Möglichkeiten eines erotischen Bewusstseins unterstützt, das komplex, veränderungsorientiert und entwicklungsfähig ist. **Wenn ich von Glück spreche, meine ich nicht das Hochglanzmagazin-Glück, das Sex und Lächeln durch das Nacherzählen von Orgasmusgeschichten verbindet** und immer noch so sehr auf Leistung und Ästhetik fixiert ist. Ich habe das hedonistisch/eudaimonistisch-Paradigma verwendet, um über Wohlbefinden nachzudenken. Hedonismus ist der Wunsch nach Stabilität und Vertrautheit, mit Widerstand gegen Veränderungen, während Eudaimonie sich an das Streben nach Wandel, Sinn, Möglichkeiten, Neugierde und Interesse anlehnt. Wenn wir über sexuelle Ausdrucksformen als Teil des eudaimonistischen Wohlbefindens reden, bewegen wir uns weg von der Tendenz, sie nur als etwas zu sehen, das gesteuert und kontrolliert werden muss.

Meine Untersuchungen haben verschiedene Faktoren ermittelt, die Sexualität mit dem Wohlbefinden verbinden. Zu diesen gehören die emotionalen Aspekte von Sex, die sich auf die Bindungsfähigkeit sich selbst und anderen gegenüber auswirken, der Prozess der Selbsterkenntnis, die Selbstakzeptanz, die Übernahme von Verantwortung, das Handeln, das Lebendig-Werden, der Prozess, sich selbst zu einem Ganzen zu integrieren und ein Gleichgewicht gegenüber dem eigenen sexuellen Selbst zu finden sowie die stärkenden Energien, die er spendet, und seine resultierende Entwicklungs- und Veränderungswirkung. Die Ergebnisse legen nahe, dass das Reich der Sexualität einen umfassenderen und wichtigeren Sinn bekommt, wenn man die positiven Affekte der sexuellen Ausdrucksformen mit eudaimonistischem Wohlbefinden verbindet. **Die Sexualität bietet einen Weg, die Potenziale jeder Person zu entdecken, und die Umsetzung dieser Potenziale gibt größte Erfüllung.**

Sexualität willkommen heißen

Möchte eine Person ihr Glück vertiefen oder verbessern, kann sie dies tun, indem sie Sexualität als zentralen Bestandteil ihres Lebens willkommen heißt und sich zu der Absicht bekennt, ihre Erfahrungen, ihr Verständnis und ihre Anwendung dieser großartigen Energie zu erweitern. Teilnehmer meiner Studien, die ihr authentisches sexuelles Selbst kennenlernten und entdeckten, beschrieben, wie sie sich dank dieser Energie für ihr direktes Umfeld öffneten und ein Gefühl von Vollständigkeit, Flow und Lebendigkeit erlebten. Wenn man jenseits des körperlichen Aktes die emotionalen, zwischenmenschlichen und spirituellen Dimensionen sexueller Erfahrungen betrachtet, **wird es möglich, Verbindung zu einer breiteren Perspektive der Sexualität zu bekommen, die Selbstwahrnehmung, Liebe, Kreativität und Wohlbefinden erweitern kann.** Während Hedonismus Menschen motivieren kann, ihre innere und äußere Umwelt auf stabilere Weise wahrzunehmen, motiviert Eudaimonismus die Menschen dazu, sich selbst und das Universum zu verstehen, indem sie ihre Wissensstrukturen erweitern. Für mich sind sexuelle Ausdrucksformen ein Weg, auf dem man dies erreichen kann, und insofern ein Mittel, mit dem eine Person ihr Leben mit größerer Komplexität und Sinnhaftigkeit führen kann.

Potenzial

Ein Glaubenssystem, das Sexualität als bereichernde, lebensbejahende und natürliche Energie darstellt, und es Individuen damit ermöglicht, ihr eigenes Selbst zu respektieren, zu schätzen und in Besitz zu nehmen, wird es ihnen auch möglich machen, andere besser und tiefgehender zu akzeptieren. Vor allem werden Menschen, sobald sie die notwendige Erlaubnis und Information haben, um ihr bestes sexuelles Selbst zu werden, mit größerer Wahrscheinlichkeit ein Sozialsystem verlangen (und schaffen), das allen besser dient – Gesundheit, Sexualität, Beziehungsentscheidungen und Vergnügen. Dies fördert auch gegenseitige Rücksichtnahme und die Art, wie Menschen sich auf der Welt engagieren, um ihr Potenzial zugunsten höherer Ziele voll auszuschöpfen.

Ihre sexuelle Erfahrung wird letztlich von Ihnen selbst gestaltet und ich möchte Sie dazu ermutigen, Ihrer Sexualität einen lebendigen, positiven Platz in Ihrem Leben einzuräumen, wie es Ihr gutes Recht ist – damit können Sie die Bedingungen schaffen, Ihre Sexualität mit Ihrer Gesundheit, Ihrem Wohlbefinden und Ihrem Lebenssinn zusammenzuführen.

Die Glücksschlüssel

→ **Ordnen Sie sexuelle Ausdrucksformen gedanklich neu ein, sodass Sie sie nicht mehr als etwas sehen, das gesteuert oder kontrolliert werden muss.**

→ **Heißen Sie Sexualität als zentralen Bestandteil Ihres Lebens willkommen, um Ihre Erfahrungen, Ihr Verständnis und Ihre Anwendung dieser großartigen Energie zu erweitern.**

→ **Wenn wir lernen, unser eigenes Selbst auf sexueller Ebene zu respektieren, zu schätzen und in Besitz zu nehmen, werden wir auch andere besser und tiefgehender akzeptieren können.**

Cassie Robinson ist Positive Psychologin und kreative Pionierin (Master of Science in Positiver Psychologie, University of East London, Großbritannien). Ihr Hauptinteresse gilt sozialen Möglichkeiten und sozialen Entstehungsprozessen. Sie arbeitet als Wissenschaftlerin zu den Themen Innovation, Design und Psychologie in London.

„Es geht um Wahlfreiheit und um Kontrolle der Auswahl."

Das universelle Gesetz der Auswahl

Die beiden Studierenden erwarteten nur maximal sieben von zehn Punkten, aber sie erzielten acht. Die eine ist glücklich („Meine Leistung!"), der andere nicht („Schicksal!"). Für beide ist die Wirklichkeit die gleiche, nicht aber ihre Reaktion darauf. Und warum werden wir nicht glücklicher, wenn sich die Produktauswahl im Supermarkt verdoppelt? **Paolo Verme** hat mehr als 80 Länder besucht und enthüllt das universelle Gesetz der Auswahl.

Wer oder was bestimmt das Resultat Ihrer Wahl?

Bei Glück geht es um Wahlfreiheit und um die Kontrolle über Wahlprozesse. Menschen, die ein Gefühl freier Auswahl haben, fühlen sich auch glücklicher – aber nur, wenn sie glauben, das Auswahlergebnis selbst kontrollieren zu können. Mehr Wahlfreiheit führt nicht unweigerlich zu mehr Glück. Wir müssen die Wahlfreiheit schätzen und darauf vertrauen, dass Auswahl ein wertvolles Gut ist, damit wir Glück daraus ableiten können.

Es gibt Beweise dafür, dass solches Vertrauen von einem Aspekt der Persönlichkeit abhängt, der Situationskontrolle oder Kontrollüberzeugung genannt wird. Menschen, die glauben, dass der Ausgang ihrer Entscheidungen von ihren eigenen Fähigkeiten und Anstrengungen abhängt (hohe Situationskontrolle/interne Kontrollüberzeugung), legen größeren Wert auf Wahlfreiheit als Menschen, die glauben, die Wirkungen ihrer eigenen Entscheidungen werde von Schicksal und Vorsehung gesteuert (niedrige Situationskontrolle/externe Kontrollüberzeugung).

Forschungsergebnisse aus Psychologie und Volkswirtschaft haben gezeigt, dass solche Überzeugungen nicht einfach ein genetisches Mitbringsel sind, sondern das Ergebnis von Erziehung und sozialem Umfeld, mit all dem, was man in Familie und Schule erlernt hat. Sowohl Eltern als auch Lehrer spielen für das Glück zukünftiger Erwachsener eine Rolle. Wenn Kindern die Zuversicht vermittelt wird, dass ihre eigenen Fähigkeiten den Ausgang ihrer Entscheidungen beeinflussen, ist das von unschätzbarem Wert für das Glück von Individuen wie Gesellschaften.

Die Glücksschlüssel

→ **Wahlfreiheit macht uns nur glücklich, wenn wir glauben, das Resultat unserer Entscheidung mitzubestimmen.**

→ **Wir sind glücklicher, wenn wir mehr an unsere eigenen Fähigkeiten und Leistungen glauben als an Schicksal und Vorsehung.**

→ **Diese Haltung kann man erlernen. Eltern und Lehrer sollten Kindern mehr Zutrauen zu ihrer eigenen Fähigkeit vermitteln, das Ergebnis ihrer Entscheidungen selbst zu bestimmen.**

Paolo Verme begann seine Laufbahn als Freiwilliger bei einer nichtstaatlichen Organisation in Afrika und hat als hochrangiger Politikberater in Schwellen- und Entwicklungsländern für Regierungen und internationale Organisationen gearbeitet, darunter die Europäische Union, unicef und unesco. Zurzeit ist er Lehrbeauftragter für Volkswirtschaft an der Universität Turin und an der Bocconi-Universität in Mailand (Italien) sowie Berater für die Weltbank.

„Sie bestimmen Ihr Leben selbst.“

Glück: Werte und Bedürfnisse

„Wir wollten die inneren und äußeren Faktoren besser verstehen, die mit Wohlbefinden zusammenhängen“, erläutert **Iva Šolcová**. Sie ist seit 1971 klinische Psychologin und hat für ihre theoretischen und empirischen Forschungen über Stress den nationalen Psychiatrie-Preis gewonnen. Heute konzentriert sie sich auf Glück und Wohlbefinden. Für ihre aktuellen Studien hat sie mit **Vladimír Kebza** mehr als 500 Studierende und über 1000 weitere tschechische Bürger untersucht – hier sind die Ergebnisse.

Was sind die wichtigsten Bestimmungsfaktoren für Wohlbefinden?

Drei Werte: *Konformität, Sicherheit und Humanismus.* Werte sind unterschiedlich wichtige erstrebenswerte Ziele, die Menschen als Leitprinzipien für ihr Leben nutzen (Definition nach Shalom Schwartz). Menschen, die Gehorsam gegenüber klaren Regeln und Strukturen anstreben (Konformität), Gesundheit und Sicherheit höher schätzen als andere (Sicherheit) und sehr freigiebig sind, anderen helfen wollen und generell wohltätig sind (Humanismus), haben tendenziell höhere Wohlbefindenswerte.

Drei Selbstbestimmungsbedürfnisse: *Autonomie, Kompetenz und soziale Eingebundenheit,* die drei Selbstbestimmungsbedürfnisse, erwiesen sich als wichtig für das Wohlbefinden, genauer gesagt (1) das Bedürfnis nach Autonomie – Menschen möchten das Gefühl haben, ihrem eigenen Willen gemäß zu handeln, (2) das Bedürfnis nach Kompetenz – Menschen haben den natürlichen Wunsch, sich im Umgang mit ihrer Umgebung effektiv zu fühlen, und (3) das Bedürfnis nach sozialer Eingebundenheit – jeder Mensch hat die innere Neigung, sich mit anderen verbunden zu fühlen, Mitglied einer Gruppe zu sein, zu lieben und zu umsorgen bzw. geliebt und umsorgt zu werden (Definitionen von Edward L. Deci und Richard M. Ryan).

Drei Resilienzfaktoren: *Unabhängigkeit, Selbstwirksamkeitserwartung und internale Kontrollüberzeugung.*

(1) Unabhängigkeit erwies sich als einer der wichtigen Einflussfaktoren für das Wohlbefinden. Sie betont die individualistischen Aspekte des Ichs und wahrt seine getrennte, eigenständige Individualität. Unabhängigkeit hängt positiv mit Wohlbefinden zusammen.

(2) Unsere Befunde lassen darauf schließen, dass Selbstachtung, also eine positive Einstellung zu sich selbst (Selbstwirksamkeitserwartung) ein weiterer zentraler Faktor für Wohlbefinden ist. Selbstwirksamkeitserwartung führt zu positiver Selbstverwirklichung, einem gelingenden Leben und Reife.

(3) Ein weiteres Hauptmerkmal von Wohlbefinden ist Selbstbestimmung – das Gefühl, das eigene Leben unter Kontrolle zu haben, und die Steuerung des eigenen Verhaltens von innen (internale Kontrollüberzeugung).

Gesundheit: Der Zusammenhang zwischen Wohlbefinden und dem subjektiven Gesundheitszustand ist in der psychologischen Fachliteratur gut belegt. Die Gesundheitsdefinition der Weltgesundheitsorganisation WHO umfasst bekanntermaßen beide Elemente. Auch wenn frühere Untersuchungen den Beitrag der Gesundheit zum Wohlbefinden betonten, zeigen aktuelle Studien, dass die Beziehung wahrscheinlich wechselseitig ist – das Wohlbefinden beeinflusst die Gesundheit und umgekehrt.

Bildung. Dieser Faktor wird im Allgemeinen nicht mit Wohlbefinden in Verbindung gebracht. Unsere Ergebnisse zeigen allerdings, dass im Vergleich zur einfachen Schulbildung ein Universitätsstudium das subjektive Wohlbefinden auf das Zweieinhalbfache steigert, ein höherer Schulabschluss auf das Doppelte. John Mirowsky und Catherine E. Ross haben gezeigt, dass Menschen durch Bildung die Fähigkeit erlangen, im eigenen Leben wirkungsvoll zu handeln. Bildung entwickelt Gewohnheiten, Fähigkeiten, Ressourcen und Talente, die es Menschen ermöglichen, ein besseres Leben zu führen. Bildung ist so etwas wie „erlernte Effektivität", das heißt, gebildete Menschen können die Herausforderungen des Alltags besser meistern und sind so wahrscheinlich zufriedener mit ihrem Leben. Wohlbefinden ist folglich nicht nur von der individuellen Konstellation von Werten, Bedürfnissen und persönlichen Ressourcen abhängig, sondern auch sozial verteilt – ein niedriges Bildungsniveau vermindert die Wahrscheinlichkeit von Wohlbefinden. Höhere Ausgaben für Bildung und Zugang zu Bildung für alle Bürger können also als Investition in das Glück der Menschen verstanden werden.

Auf Basis dieser Ergebnisse empfehlen wir Folgendes:

→ **Denken Sie über Ihre wichtigsten Werte nach.** Konformität, Sicherheit und Humanität sind gut für Ihr Wohlbefinden.

→ Ihre Bedürfnisse nach Selbstbestimmung müssen erfüllt sein, damit Ihr Wohlbefinden wächst. Stärken Sie Ihre **Autonomie, Kompetenz und soziale Eingebundenheit**.

→ Wenn Sie das Gefühl haben, **Ihr Leben selbst zu bestimmen**, Ihren eigenen Weg zu gehen und Alltagsprobleme meistern zu können, ist das gut für Ihr Wohlbefinden.

→ **Kümmern Sie sich um Ihre Gesundheit**, denn diese ist entscheidend für Ihr Wohlbefinden.

→ Lebenslanges Lernen sowie das **Erwerben von neuem Wissen und neuen Fähigkeiten** ist für Ihr Wohlbefinden sehr wichtig.

Die Glücksschlüssel

→ **Wohlbefinden wird von drei Werten (Konformität, Sicherheit und Humanismus) und drei Selbstbestimmungsbedürfnissen (Autonomie, Kompetenz und soziale Eingebundenheit) bestimmt.**

→ **Drei Resilienzfaktoren (Unabhängigkeit, internale Kontrollüberzeugung und Selbstwirksamkeitserwartung), der subjektive Gesundheitszustand und Bildung spielen ebenfalls eine wichtige Rolle.**

→ **Sie können versuchen, diese Faktoren durch Ihre eigenen Entscheidungen zu beeinflussen.**

Iva Šolcová ist Wissenschaftlerin am Institut für Psychologie an der Akademie der Wissenschaften in Prag (Tschechische Republik). Für ihre theoretische und empirische Forschungsarbeit über psychischen Stress hat sie den nationalen Psychiatrie-Preis gewonnen.

Vladimir Kebza ist Professor für klinische Psychologie an der wirtschaftswissenschaftlichen Fakultät der Tschechischen Agraruniversität Prag und an der philosophischen Fakultät der Karls-Universität in Prag. Er ist leitender Wissenschaftler und Koordinator mehrerer nationaler und internationaler Forschungsprojekte, unter anderem über die psychosozialen Determinanten von Gesundheit

Zehn Prioritäten für ein glückliches Leben

Mexiko gehört zu den Ländern, die in Glücks-Ranglisten oft gut abschneiden. **Léon R. Garduño** ist ehemaliger Direktor des Zentrums für Lebensqualitätsstudien in Mexiko. Was hat er aus seiner eigenen Lebenserfahrung und seinen Forschungen über Glück und subjektives Wohlbefinden gelernt? Zehn Prioritäten für ein glückliches Leben.

Seitdem Geld ein Teil des menschlichen Lebens geworden ist, gilt es als sehr wichtiger Baustein zum Erlangen von Glück. Obwohl viele wissenschaftliche Studien das Verhältnis zwischen Einkommen und Glück untersucht haben und verschiedene Theorien es aus dieser Perspektive erklären, gibt es nach wie vor keine gesicherten Erkenntnisse diesbezüglich. Generell scheint aber Einigkeit darüber zu bestehen, dass weitere Glückszuwächse minimal sind, sobald wir genügend Geld für Grundbedürfnisse wie Essen, Unterkunft, Gesundheit etc. haben.

Ein Anstieg des Einkommens hat nur eine kurzfristige Wirkung auf das Glück. Mit Geld können wir zwar glückliche Momente erkaufen, wenn wir beispielsweise Kleidung, ein Auto oder ein Haus erwerben, aber diese sind nicht von Dauer. Bedenken Sie, dass in vielen Ländern die Menschen einem konstanten Konsum-Bombardement durch die Medien ausgesetzt sind und ihre Entscheidungen daher niemals ganz frei von Medieneinflüssen sind. **Materialismus bestimmt unsere Optionen und begrenzt unsere Wahl**, und so wird unser Glück von Konsum abhängig.

Andererseits können wir viel Reichtum in dem finden, was die großen Denker, Philosophen und Mystiker über das Glück gesagt haben. Viele scheinen sich einig darüber zu sein, dass Glück nichts ist, das außerhalb von uns liegt – es ist in unserem Inneren begründet. Wahres Glück ist unter anderem in den kleinen Dingen des Lebens zu finden, darin, jeden Moment zu genießen und die positive Seite der Dinge zu sehen, die uns im Alltagsleben passieren. Nach Buddhas Lehre finden wir wahre Selbstverwirklichung erst, wenn unser Interesse am eigenen Ego und die Verhaftung an weltlichen Dingen erloschen sind. Erst wenn wir erkennen, dass nichts von Dauer ist, sind wir wahrhaft frei und werden eins mit der Unendlichkeit des Lebens.

Zehn Ratschläge zur Erweiterung, Vertiefung oder Verbesserung des Glücks:

→ **Suchen Sie das Glück nicht im Außen, sondern in Ihrem Inneren.** Arbeiten Sie an Ihrem Selbstwertgefühl und Selbstvertrauen. Entwickeln Sie ein Gefühl der Erfüllung bei allem, was Sie tun. Das Glück ist in Ihnen. Finden Sie Glück in allem, was Sie tun.

→ **Glück besteht nicht nur aus objektiven Lebensbedingungen.** Wichtiger ist die subjektive Wahrnehmung des Lebens – wie wir unser Leben entwerfen und empfinden. Vergessen Sie nicht, dass Sie Ihre Wirklichkeit selbst erschaffen.

→ **Denken Sie daran, dass das, was wir sind, das Ergebnis unseres Denkens ist.** Achten Sie also auf Ihre Gedanken.

→ **Schenken Sie Geld nicht zu viel Aufmerksamkeit.** Es wird Ihren Charakter in Richtung Gier und Egoismus verändern. Es ist wissenschaftlich erwiesen, dass Geld nur eine relative und kurze Wirkung auf das Glück hat. Denken Sie daran, dass Sie nur das verlieren können, was Sie als Ihr Eigentum betrachten. Alles ist in Veränderung, und nichts gehört wirklich uns.

→ **Versuchen Sie, die wahrscheinlich grundlegendste Frage zu beantworten:** Worauf wollen Sie Ihren Geist, Ihr Sein ausrichten? Was ist es, was Sie als Mensch wirklich am meisten wertschätzen in einer Welt mit so vielen Problemen? Versuchen Sie, einen Teil Ihrer Zeit dafür zu verwenden und tun Sie Ihr Bestes, um es zu erreichen.

→ **Achten Sie nicht zu sehr auf Ihr Ego.** Das Leben wandelt sich ständig: bei der Arbeit, in der Familie, beim Autofahren etc. Bei jedem Kontakt mit einem anderen Menschen kann es passieren, dass Sie nicht das bekommen, was Sie erwarten. Lassen Sie nicht zu, dass Ihr Ego leicht verletzt wird. Ärger, Hass, Bitterkeit, Gewalt, Abneigung – all das sind Beispiele für ein verletztes Ego.

→ **Leben Sie optimistisch in der Gegenwart und sehen Sie hoffnungsvoll in die Zukunft.** Tragen Sie weder Ihre Vergangenheit als Schuldgefühle mit sich herum noch Ihre Zukunft als Stress.

→ **Seien Sie sich bewusst, dass Ihr Leben aus mehreren Bereichen besteht:** Ihr physisches Selbst, Ihr Innenleben, Familie, Freunde, Natur etc. Bedenken Sie, dass jeder dieser Bereiche eine andere Bedeutung für Sie hat. Versuchen Sie, die Qualität und Quantität der Zeit, die Sie jedem Bereich widmen, seiner Bedeutung anzupassen.

→ **Erkennen Sie das Privileg, das im Genießen einfacher Dinge liegt.** Widmen Sie den Dingen, die das Leben uns schenkt, mehr Aufmerksamkeit, wie beispielsweise der Natur, Sonnenuntergängen etc.

→ **Versuchen Sie, Ihre Spiritualität zu kultivieren.** Ob Sie an Gott glauben oder nicht – betrachten Sie sich als Teil des Ganzen. Wir alle stehen in ständiger Beziehung zum Leben, und unser Handeln hat Einfluss darauf. Schätzen Sie das Leben in jeder Form. Nehmen Sie aktiv an Ihrem vielfältigen Umfeld teil und tragen Sie dazu bei, es zu verbessern.

Die Glücksschlüssel

→ **Ein Anstieg des Einkommens hat nur eine kurzfristige Wirkung auf unser Glück.**

→ **Wir machen unser Glück abhängig von Konsum; Materialismus bestimmt unsere Optionen und begrenzt unsere Wahl.**

→ **Wahre Selbstverwirklichung finden wir erst, wenn unser Interesse am Ego und die Verhaftung an weltlichen Dingen erloschen sind.**

→ **Es gibt mindestens zehn Prioritäten für ein glückliches Leben und zur Verbesserung des Glücks.**

Léon R. Garduño ist Professor und ehemaliger Direktor des Studienzentrums zu Lebensqualität und Sozialer Entwicklung an der Universidad de las Américas in Puebla (Mexiko). Seine Hauptinteressen sind Glück, soziale Programme, Bildung und Lebensqualität. Er ist der Autor des Handbuchs *Calidad de vida y bienestar subjetivo en México* (Lebensqualität und subjektives Wohlbefinden in Mexiko).

„Das Streben nach Glück ist immer

eine dialektische Begegnung mit

der unglücklichen Seite des Lebens."

Glück in einer feindlichen Welt

Die meisten Menschen haben ständig ein „Feindliche-Welt-Szenario" im Kopf – das Bild einer tatsächlichen oder potenziellen Bedrohung ihres Lebens. Es wird von Annahmen über Katastrophen und Schicksalsschläge genährt. **Dov Shmotkin** enthüllt, wie wir ständig zwischen diesem Szenario und glücksfördernden Systemen hin- und herverhandeln.

Das wissenschaftliche Modell, das ich mit Studierenden und Kollegen entwickelt habe, wird oft „Das Streben nach Glück in einer feindlichen Welt" genannt, was auf seine dynamische, dialektische Glücksperspektive anspielt. Dieses Modell befasst sich mit dem Konflikt zwischen zwei Kategorien empirischer Belege. Die erste besteht aus zahlreichen Umfragen in aller Welt, die belegen, dass die allermeisten Befragten Glückswerte oberhalb der Mitte angeben, darunter auch Menschen mit ungünstigen Lebensbedingungen, die alt, arm, behindert oder Trauma-Überlebende sind. Analysen dieser Befunde zeigen, dass die meisten Menschen glücklich sind. Tatsächlich ist es evolutionär und sozial gesehen allgemein vorteilhaft, glücklich zu sein. Deshalb wagen wir nur selten, eine negative Antwort zu geben, wenn wir gefragt werden, wie es uns geht.

Widrige Welt

Die zweite Kategorie empirischer Ergebnisse zeigt dagegen, dass unerwünschte, schädliche oder unangenehme Ereignisse stärkere psychologische Auswirkungen haben als wünschenswerte, nützliche oder angenehme. Auch wenn Menschen sich normalerweise den meisten widrigen Bedingungen anpassen, können bestimmte negative Ereignisse (zum Beispiel Behinderung oder Arbeitslosigkeit) das Glück daher dauerhaft mindern. Ein psychisches Trauma verursacht oft unabänderliches Leid und verankert seine schädliche Wirkung dauerhaft, indem es eine weitere Abwärtsspirale von Verlustgefühlen in Gang setzt. Analysen dieser Ergebnisse kommen zu dem Schluss: **Das Schlechte ist stärker als das Gute.** Dies lässt sich erklären durch die entscheidenden Auswirkungen, die negative Erlebnisse auf Schutz und Überleben einer Person haben.

Aber wie können die meisten Menschen glücklich sein, wenn in ihrem Leben das Schlechte stärker ist als das Gute? Mein psychologisches Modell bestätigt, dass dies ein lebenslanges Dilemma ist, in dem Menschen ständig aktiv hin- und herverhandeln zwischen glücksfördernden Systemen und dem Feindliche-Welt-Szenario, einem Bild tatsächlicher oder möglicher Bedrohungen des Lebens bzw. der seelischen und geistigen Unversehrtheit einer Person. Es wird vom Glauben an Katastrophen und Schicksalsschläge genährt – Unfälle, Gewalt, Naturkatastrophen, Kriege, Krankheit, Scheitern von Beziehungen, Verlust, Altern und Tod. **Das Feindliche-Welt-Szenario sucht im menschlichen Geist ständig nach potenziell negativen Lebensumständen**; so hilft es dem Menschen bei seinem Kampf um Sicherheit und Wohlbefinden wachsam gegenüber Bedrohungen zu bleiben.

Traumwelt

Während die meisten Ansätze Glück als *Ergebnis* betrachten, sieht mein Modell es als *Prozess*. **Glück wird durch das ständige Aktivieren von zwei wichtigen Systemen angestrebt:** *Subjektives Wohlbefinden* (wie befriedigend und angenehm das eigene Leben ist) und *Lebenssinn* (ob das geführte Leben den eigenen Werten und Möglichkeiten entspricht). Beide Systeme mildern das Feindliche-Welt-Szenario ab, indem sie entweder seine Bedeutung relativieren („Ich genieße mein Leben so sehr, dass ich kaum an das Schlechte denke, das mir zustößt") oder seine Basisthemen neu einordnen („Das Leben, das ich führe, finde ich so sinnvoll, dass sich jede Anstrengung lohnt, um auftretende Schwierigkeiten zu überwinden"). Trotzdem kann das Feindliche-Welt-Szenario manchmal außer Kontrolle geraten. Bei manchen Menschen wird es einfach abgestellt, sodass sie in der absoluten Sorglosigkeit einer Traumwelt leben, bei anderen ist es so ausgeprägt, dass jede Eventualität das schreckliche Gefühl einer katastrophalen Welt heraufbeschwört. Wissenschaftlich erwiesen ist, dass dieser komplexe Zusammenhang bestimmten Mechanismen folgt: **Subjektives Wohlbefinden und Lebenssinn mildern überzogene Feindliche-Welt-Szenarien.** Die beiden Systeme können einander bei ernsthaften Bedrohungen verstärken (unter solchen Bedingungen hängen sie stärker zusammen) oder sich gegenseitig kompensieren (wenn eines schwach ausgeprägt ist, übernimmt das andere eine größere Rolle beim Abmildern schwieriger Umstände).

Warnsystem

Eine Vielzahl empirischer Studien belegt die Grundthesen meines Modells, insbesondere Untersuchungen notleidender oder benachteiligter Gruppen wie traumatisierter oder alter Menschen. Ihr Feindliche-Welt-Szenario ist sensibilisiert für schlechte Erfahrungen und akute Bedrohungen. Es ist empirisch belegt, dass Menschen ihre glücksfördernden Systeme unter solchen Umständen oft so anpassen, dass sie widerstandfähiger werden – durch Strategien wie die Regulierung der eigenen Emotionen (positive über negative Gefühle zu stellen und damit das subjektive Wohlbefinden zu steigern) oder die Anpassung der eigenen Zeitperspektive im Leben (Prioritäten bei der Einordnung von Vergangenheit, Gegenwart und Zukunft so zu setzen, dass der Lebenssinn verstärkt wird). Insofern ist es normalerweise falsch, innerhalb benachteiligter Bevölkerungsgruppen zwischen verletzlichen und widerstandsfähigen Menschen zu unterscheiden – **Verletzbarkeit und Widerstandsfähigkeit koexistieren innerhalb des gleichen Menschens**, entsprechend meinem dialektischen Ansatz.

Abschließend sei erwähnt, dass Menschen von Natur aus nach subjektivem Wohlbefinden und Lebenssinn streben. Glück liefert Menschen in beiden Systemen ein günstiges seelisches Umfeld, das ihnen erlaubt, trotz des drohenden Feindliche-Welt-Szenarios normal und kompetent zu funktionieren. Dieses Szenario spiegelt zwar einerseits die subjektiv empfundenen Bedrohungen einer einschüchternden, gnadenlosen Welt – andererseits dient es als Anpassungs- und Warnsystem. Insofern ist das Streben nach Glück immer eine dialektische Begegnung mit der unglücklichen Seite des Lebens.

Die Glücksschlüssel

→ **Glück umfasst zwei positive Systeme – Wohlbefinden und Lebenssinn. Sie bieten ein günstiges seelisches Umfeld, in dem Menschen trotz des drohenden Feindliche-Welt-Szenarios normal und kompetent funktionieren können.**

→ **Bei ernsthaften Bedrohungen können subjektives Wohlbefinden und Lebenssinn einander verstärken oder kompensieren. Das Feindliche-Welt-Szenario hilft den Menschen bei ihrem Kampf um Sicherheit und Wohlbefinden wachsam gegenüber Bedrohungen zu bleiben.**

→ **Es ist falsch, zwischen verletzlichen und widerstandsfähigen Menschen zu unterscheiden. In den meisten Fällen koexistieren Verletzbarkeit und Widerstandsfähigkeit innerhalb eines Menschens.**

Dov Shmotkin ist Professor für Psychologie und Leiter des Herczeg Institute on Aging an der Universität Tel Aviv (Israel). Er hat ein theoretisches Modell über die Rolle entwickelt, die das Glück im Kontext schwieriger Lebenssituationen spielt. Dieser integrative Ansatz ergänzt seine Studien zu Wohlbefinden im Verlauf der Lebensspanne und zu den Langzeitfolgen von Lebenstraumata (auch bei Holocaust-Überlebenden).

„Glück ist kein Zuschauersport."

Glück zur Gewohnheit machen

Erfolgreiche Athleten wissen, dass sie sich aufs Gewinnen konzentrieren müssen, nicht aufs Verlieren. Warum also richten Menschen, die glücklicher werden wollen, ihre Aufmerksamkeit oft auf das eigene Unglück? **Miriam Akhtar** ist Positive Psychologin und hat sich auf die Entwicklung von Trainingsprogrammen für die Glücksmuskeln entwickelt: wie man Glück zur Gewohnheit macht.

Meine wichtigste Erkenntnis aus der Tätigkeit als Beraterin für Positive Psychologie ist: Wenn es darum geht, das eigene Wohlbefinden zu steigern, ist das ein klarer Fall von „Worauf du schaust ist was du kriegst". Glück ist wie ein Muskel, der aufgebaut werden kann – es wächst, wenn wir uns darauf konzentrieren. Es gibt zahlreiche neurowissenschaftliche Erkenntnisse, die das bestätigt haben, seit die erste Ausgabe von *Glück – The World Book of Happiness* erschienen ist. Das Gehirn entwickelt sich als Ergebnis von Erfahrung und Übung: *Neurons that fire together wire together* (Neuronen, die gleichzeitig feuern, vernetzen sich). Verschiedene Praktiken wirken glücksfördernd, das ist wissenschaftlich belegt: positive Erfahrungen auszukosten, Dankbarkeit auszudrücken, die eigenen Stärken anzuwenden, Beziehungen zu pflegen und Optimismus zu erlernen. Mehr noch: Diese Praktiken erhöhen nicht nur Ihr Wohlbefinden, sondern können Ihnen auch dabei helfen, es wiederzuerlangen. Es wird angenommen, dass Depressionen noch in diesem Jahrhundert zur weltweit häufigsten Krankheitsursache werden – **diese empirisch erprobten Praktiken sind natürliche Antidepressiva, die Menschen dabei helfen können, sich besser zu fühlen und gut zu funktionieren.**

Praxis

Die Praktiken der Positiven Psychologie wirken ein bisschen wie Krankengymnastik für den Geist. „Glück ist kein Zuschauersport", hat einer der Gründerväter der Positiven Psychologie, Chris Peterson, dazu gesagt. Wenn Sie Ihr Glücksniveau anheben wollen, dürfen Sie nicht nur darüber lesen oder es studieren. Sie müssen die Ebene der intellektuellen Neugier verlassen und von der Zuschauertribüne aufs Spielfeld treten. **Es ist die Praxis, die neue Nervenbahnen schafft und das Glück zur Gewohnheit macht.** Das gilt für die moderne Wissenschaft ebenso wie für uralte spirituelle Praktiken. Bei buddhistischen Mönchen, die jeden Tag Achtsamkeitsmeditation praktizieren, ist der linke Präfrontalkortex des Gehirns, der positive Gefühle steuert, stärker aktiviert. Je häufiger Sie also Achtsamkeit praktizieren, desto mehr Kapazität für positive Gefühle wie Freude, Ruhe und Gelassenheit entwickeln Sie.

„Glück ist nichts Fertiges, es entsteht aus Ihren eigenen Handlungen" – mit diesen Worten betont der Dalai Lama die Bedeutung der Praxis. Er ist der Schirmherr von *Action for Happiness*, einer weltweiten Bewegung für positiven sozialen Wandel.

Körper und Seele

Sie können das Denken auf Glück trainieren, aber Glück findet nicht nur in Gedanken statt. Glückstraining ist ganzheitlich – es umfasst auch Körper und Seele. Das Essen, das Sie zu sich nehmen, hat Auswirkungen auf Ihre Stimmung, genau wie körperliche Aktivität. Wenn Sie deprimiert und unmotiviert sind, versuchen Sie es mit körperlicher Betätigung. Die Freisetzung von Endorphinen hebt sofort die Stimmung, ohne irgendeine Geistesgymnastik Besonders nützlich ist Bewegung im Grünen. Es dauert nur ein paar Minuten, bis beispielsweise ein Spaziergang im Park positive Gefühle auslöst. Spiritualität ist ebenfalls wichtig. Dabei geht es nicht nur darum, einen Glauben oder eine spirituelle Praxis zu pflegen. Das Gefühl, dass das eigene Leben einen Sinn und Zweck hat und mit etwas jenseits des eigenen Ichs in Verbindung steht, ist eine Form von eudämonistischem Wohlbefinden, einer tieferen Form von Glück. Anders als bei hedonistischem Wohlbefinden, der anderen Art von Glück, die aus positiven Gefühlen und Lebenszufriedenheit besteht, gibt es keine Begrenzungen. An diese Form des

Glücks gewöhnt man sich nie derart, dass sie nicht mehr funktioniert. Eudämonistisches Wohlbefinden ist ein Weg zu nachhaltigem Glück.

Oft stelle ich fest, dass meine Beratungsklienten sehr auf das fixiert sind, was sie unglücklich macht. Anders als viele andere Therapien, bei denen die Quellen der Unglücksgefühle erkundet werden, besteht eine Coaching-Sitzung in der Positiven Psychologie daraus, Praktiken zu beschreiben und zu verschreiben, die den Klienten dabei helfen, seelisches Wohlbefinden zu erschaffen.

Die Glücksschlüssel

→ **Glück ist wie ein Muskel, der aufgebaut werden kann – es wächst, wenn wir unseren Fokus darauf ausrichten.**

→ **Glück ist ein ganzheitliches Unterfangen, nicht nur für den Geist, sondern auch für Körper und Seele.**

→ **Die wissenschaftlich fundierten Praktiken der Positiven Psychologie erhöhen nicht nur Ihr Wohlbefinden – sie können Ihnen auch dabei helfen, es wiederzuerlangen.**

Miriam Akhtar, M.Sc., lebt als Positive Psychologin, Coach, Trainerin und Autorin in Bristol (Großbritannien). Sie ist auf Interventionen der Positiven Psychologie spezialisiert und hat ein Buch über Positive Psychologie und Depressionen geschrieben. Sie trägt einen Mastertitel in angewandter Positiver Psychologie (MAPP) und war unter den ersten Positiven Psychologen, die in Europa praktizierten. Inzwischen ist sie Gastdozentin bei MAPP-Studiengängen in Großbritannien und dem EMAPP-Programm der Universität Lissabon.

„Fangen Sie mit einem guten Ofen an."

Das Rezept

„Für Glück gibt es kein Rezept", sagen Skeptiker, „was sollte man denn in die Töpfe und Pfannen füllen?" Trotzdem haben sich **Dubravka Miljkovic** und **Majda Rijavec** ein Rezept ausgedacht, das diesen Skeptikern beweisen könnte, dass sie unrecht haben. Sie haben festgestellt, welche Zutaten absolut unerlässlich sind und welche den Geschmack noch verbessern. Die Mengenverhältnisse können variieren, je nach individuellen Vorlieben und Abneigungen. Aber – das ist das Wichtigste – warten Sie nicht bis zur großen Party, um das Rezept auszuprobieren! Dies ist ein Rezept für eine alltägliche Glücksmahlzeit.

Sechs unerlässliche und fünf mögliche Zutaten

Fangen Sie mit einem guten Ofen an (einem, der seit Langem im Besitz Ihrer Familie ist), ein paar ordentlichen Kochkenntnissen, der passenden Temperatur und genug Zeit zum Backen.

Sechs unerlässliche Zutaten: Einige gute, zuverlässige Freunde (und vielleicht ein schlechter, damit man sich den Unterschied bewusst macht). Eine (jeweils nur eine gleichzeitig) stabile Liebesbeziehung. Die Herausforderungen einer Arbeit, die zu Ihren Fähigkeiten passt. Genug Geld für Ihre Grundbedürfnisse (und für ein paar Extras hier und da). Mindestens drei schöne Erlebnisse am Tag. Dankbarkeit für alle genannten Zutaten.

Fünf mögliche Zutaten: Ein Kind oder mehrere (mit einer zusätzlichen Portion Dankbarkeit). (Meistens) ein Gott und ein paar Heilige. Ein paar Zusatzjahre an Ausbildung. Physische und (mehr oder weniger) mentale Gesundheit. Einige Enttäuschungen.

Alles mit unausgegorenen Überzeugungen mischen. Mit mehr positiven als negativen Gefühlen anrichten. Manchmal Sorgen machen, aber glücklich(er) sein. Und nicht aufhören, neugierig zu sein, Neues zu lernen und als Person zu wachsen.

Die Glücksschlüssel

→ **Ihre persönliche Geschichte und Ihre Fähigkeiten sind die Grundlage.**

→ **Rühren Sie eine persönliche Mischung aus allen unerlässlichen und einigen möglichen Zutaten an.**

→ **Erst die positive Sauce gibt Ihrem Glücksgericht den letzten Pfiff.**

Dubravka Miljkovic und **Majda Rijavec** sind die Autorinnen von mehreren erfolgreichen Büchern über Ziele und Lebenszufriedenheit. Sie arbeiten in der Lehrerfortbildung und haben ein Programm für Positive Psychologie an weiterführenden Schulen eingeführt. Als Psychologinnen und Universitätsprofessorinnen arbeiten sie in Zagreb (Kroatien) oft zusammen: „Glück? Glück liegt darin, die eigenen Talente zu finden und anzuwenden. Wir können für uns sagen, dass wir am besten schreiben und unterrichten können und dass wir das am besten miteinander können. Teilen ist die entscheidende Zutat zum Glück. Und wir genießen es sehr."

„Welche Art von Hoffnung brauchen wir am meisten,

wenn wir das Steuer nicht mehr in der Hand halten?"

Hoffnung verbreiten

Neben den traditionellen Messungen von „Sorgen" und „Angst" untersuchen immer mehr Länder das Maß an Hoffnung, das ihre Bevölkerung empfindet. **Andreas M. Krafft** gehört zu den weltweit führenden Forschern, was die Entwicklung wissenschaftlich fundierter Hoffnungsbarometer angeht, und zwar nicht nur zu akademischen Zwecken, sondern auch, um Hoffnung in der Gesellschaft zu verbreiten. Welches Verständnis von Hoffnung bringt die besten Ergebnisse: kognitive Hoffnung, gefühlte Hoffnung oder bloßer Optimismus?

Seit 30 Jahren befragen zwei führende Schweizer Finanzinstitute für ihr jährliches „Sorgen- und Angstbarometer" die Schweizer nach ihren größten Sorgen (zum Beispiel Arbeitslosigkeit, Rente, Gesundheitsversorgung, persönliche Sicherheit etc.) und danach, wie viel (oder wie wenig) Vertrauen sie zu den Entscheidungsträgern in Politik, Wirtschaft und Gesellschaft haben. Interessanterweise steht die Schweiz seit vielen Jahren im internationalen Index der Lebensqualität auf dem vierten Platz. Das lässt vermuten, dass es jenseits der Sorgen der Menschen noch etwas Größeres und Weitreichenderes gibt.

Als Alternative zu den traditionellen Sorgen- und Angstbarometern hat swissfuture in Zusammenarbeit mit der größten Schweizer Tageszeitung 2009 eine jährliche nationale Umfrage zu den Hoffnungen der Bevölkerung und anderen positiven Eigenschaften gestartet. Unser Ziel war es, ein neues „Hoffnungsbarometer" zu entwickeln – nicht nur um wissenschaftliche Zwecke zu erfüllen, sondern auch, um Hoffnung in der Gesellschaft zu verbreiten. 2012 erweiterten wir die Umfrage auf Deutschland, 2013 kam die Tschechische Republik dazu und so nehmen jedes Jahr über 10.000 Menschen an der Umfrage teil. Die Ergebnisse werden jedes Jahr zwischen Weihnachten und Neujahr veröffentlicht, um „gute Nachrichten" in einer besonders hoffnungsvollen Jahreszeit zu verbreiten.

Drei Konzepte

Neben zahlreichen weiteren interessanten Erkenntnissen haben unsere Untersuchungen gezeigt, dass anscheinend zwei unterschiedliche Grundtypen von Hoffnung existieren: Das erste Konzept hängt mit einer kognitiven Vorstellung von Hoffnung zusammen. Es wurzelt in unserem Vertrauen zu unserem eigenen Können, zu unserer Handlungsfähigkeit (*agency*) und zu möglichen Lösungswegen (*pathways*) auf dem Weg zur Erfüllung unserer Ziele. Das zweite Konzept bezieht sich auf ein breiteres Hoffnungsgefühl. Zum Beispiel sagen wir: „Obwohl …, fühle ich mich eigentlich ziemlich hoffnungsvoll." Das zeigt, dass Hoffnung auch ein Gefühl oder eine Wahrnehmung im Zusammenhang mit einem fundamentalen Glauben an einen positiven Ausgang sein kann, und zwar trotz bestimmter negativer Fakten. Diese Art von Hoffnung ließe sich natürlich einfach als Optimismus definieren.

Unsere wissenschaftliche Arbeit hat gezeigt, dass die drei Konzepte – kognitive Hoffnung, gefühlte Hoffnung und Optimismus – zwar miteinander verbunden sind, aber doch deutliche Unterschiede zeigen, insbesondere in Bezug auf ihre Quellen, Praktiken und Ergebnisse. Beispielsweise hängt kognitive Hoffnung mit bestimmten äußeren Zielen wie zum Beispiel Leistungen in der Schule oder im Beruf zusammen und wird von vergangenen persönlichen Erfolgen und dem Glauben an die eigenen Fähigkeiten genährt. **Das tiefgreifendere Hoffnungsgefühl dagegen kann sich sowohl auf bestimmte persönliche Ziele beziehen, aber auch auf Dinge, die außerhalb unserer Kontrolle liegen oder zu liegen scheinen.**

Tieferes Gefühl

Aber wie unterscheidet sich dann Hoffnung von Optimismus? Unsere Befragungen von Menschen, die eine traumatische Erfahrung durchlebt haben, zeigten, dass negative Folgen wie geringeres Selbstvertrauen und weniger Vertrauen zu anderen eher mit mangelndem Optimismus und mangelnder gefühlter Hoffnung zu tun haben als mit mangelnder persönlicher

Kompetenz. Was aber die positiven Folgen wie persönliches Wachstum und mehr Toleranz angeht, zeigten unsere Untersuchungen, dass persönliche Kompetenz nur eine geringe Bedeutung hatte und Optimismus überhaupt keine. Die stärkste Verbindung zu den positiven Effekten bestand eindeutig mit dem tieferen Hoffnungsgefühl. Das bedeutet, wenn wir uns im tieferen Sinne hoffnungsvoll fühlen, verleiht uns dies – vor allem in schwierigen Situationen und in Momenten, in denen wir nicht mehr „das Steuer in der Hand halten" – ein Grundvertrauen in das Positive im Leben.

Mehr noch: **Wir erkannten, dass die Quellen dieses tieferen Hoffnungsgefühls vor allem mit dem Glauben an etwas zusammenhängen, das größer ist als wir selbst, sowie mit der Unterstützung von Menschen, die wir lieben und denen wir vertrauen.** Diese Art von Hoffnung hängt mit selbsttranszendenten Phänomenen zusammen, wie zum Beispiel einen Lebenssinn zu empfinden, anderen Menschen helfen zu wollen, gute und vertrauensvolle Beziehungen zu genießen sowie religiöse oder spirituelle Erfahrungen zu machen.

Im Vergleich dazu hängt die Art von Hoffnung, die auf persönlichen Fähigkeiten basiert, eher mit selbstzentrierten Aspekten wie persönlicher Unabhängigkeit und Selbstbestimmung zusammen. Bemerkenswerterweise ist unter den demografischen Faktoren der Familienstand der stärkste Vorhersagefaktor für höhere oder geringere gefühlte Hoffnung. Verheiratete Menschen zeigten ein höheres Maß an Hoffnung als Alleinstehende und sogar als unverheiratete Paare. Die kognitive Hoffnung hängt dagegen eng mit dem eigenen beruflichen Status auf der Karriereleiter zusammen.

Selbstvertrauen

Die Ergebnisse unserer Studie haben gezeigt, dass sich nur sehr wenige Menschen auf selbsttranszendente Hoffnungsquellen verlassen. Das hängt mit den schwachen religiösen und/oder spirituellen Überzeugungen und dem geringen Stellenwert religiöser Institutionen in unserer modernen Gesellschaft zusammen. **Die meisten Menschen ziehen es vor, nachzudenken, die Umstände zu analysieren und konkret zu handeln, um ihre persönlichen Ziele zu erreichen**; nur wenige entscheiden sich dafür, zu meditieren, zu beten, zur Kirche zu gehen oder einfach auf Gott zu vertrauen. Interessanterweise bekundeten Menschen mit stärkeren religiösen und/oder spirituellen Überzeugungen aber auch ein höheres Maß an gefühlter Hoffnung. Wenn man Menschen befragte, wie optimistisch oder pessimistisch sie ihr persönliches Leben im kommenden Jahr sehen, bekundeten hoffnungsvolle Menschen positivere Erwartungen als diejenigen, die nur auf ihre persönlichen Fähigkeiten vertrauten. Das Gleiche galt für Fragen nach den wirtschaftlichen, politischen, sozialen und ökologischen Aussichten.

Obwohl Hoffnung mehrere Quellen und Ziele hat, beobachteten wir, dass diese unterschiedlichen Arten von Hoffnung einander ergänzen und verstärken. Die größte Lebenszufriedenheit wird erreicht, wenn beide Arten von Hoffnung zusammenkommen: Hoffnung auf der Grundlage persönlicher Fähigkeiten und Hoffnung, die auf selbsttranszendente Sphären vertraut. Das Gleiche gilt in Bezug auf positive Gefühle: Menschen mit starker selbsttranszendenter Hoffnung genießen eine positivere Stimmung, und diese wird noch verstärkt, wenn sie sich auf ihre eigenen Stärken verlassen.

Abschließend lässt sich, zumindest aus psychologischer Sicht, sagen, **dass es gut ist, an sich selbst zu glauben und sich auf die eigenen Fähigkeiten und Ressourcen zu verlassen, aber es ist auch gut, an etwas zu glauben, das größer ist als wir**; dies verleiht uns eine tiefere Zuversicht, dass die Dinge sich zum Guten entwickeln werden – auch wenn es auf den ersten Blick nicht so aussieht. In vielen Fällen ist zu beobachten, wie Menschen, die an eine wohlwollende, fürsorgliche, liebende Höhere Macht glauben, auch ein robustes und gesundes Selbstvertrauen entwickeln können.

Die Glücksschlüssel

→ **Die drei Konzepte – kognitive Hoffnung, gefühlte Hoffnung und Optimismus – sind zwar miteinander verbunden, zeigen aber doch klare Unterschiede, insbesondere in Bezug auf ihre Quellen, Praktiken und Ergebnisse.**

→ **Hoffnung im breiteren Sinne lässt uns grundsätzlich auf positive Ergebnisse vertrauen, vor allem in schwierigen Situationen.**

→ **Die unterschiedlichen Arten von Hoffnung ergänzen und verstärken einander. Die größte Lebenszufriedenheit wird erreicht, wenn beide Arten von Hoffnung zusammenkommen: Hoffnung aufgrund persönlicher Fähigkeiten und Hoffnung, die auf selbsttranszendente Sphären vertraut.**

Dr. Andreas M. Krafft ist wissenschaftlicher Mitarbeiter und Dozent am Institut für Systemisches Management und Public Governance der Universität St. Gallen (Schweiz) und gehört zum Vorstand von swissfuture, der Schweizerischen Vereinigung für Zukunftsforschung. Außerdem arbeitet er ehrenamtlich für eine vor allem in Lateinamerika tätige gemeinnützige Organisation, die insbesondere Menschen mit chronischen, unheilbaren oder tödlichen Krankheiten unterstützt.

„Kummer kann uns helfen zu wachsen,

aber er kann uns auch zerstören."

Richtig leiden – aber wie?

„Ein Schlüssel zum Glück liegt wohl darin, richtig zu leiden – die Grenzen des Glücks und den angemessenen Raum für Kummer im Leben zu kennen", sagt **Pedro Tabensky**. Er ist in Chile geboren, als Sohn einer ungarischen Mutter, die den Holocaust überlebt hat, und eines polnischstämmigen, aber in China geborenen Vaters. „Inzwischen lebe ich in Südafrika – einem seltsamen Ort, der sowohl inspirierend als auch erschreckend ist. Bin ich hier glücklich? Ja und nein."

Ich habe einen Großteil meines Lebens in einer nomadischen Existenz verbracht. In Chile studierte ich Kunst, in Australien Philosophie … Glück ist etwas Komplexes, das sich einfachen Formeln entzieht und vom Leid nicht zu trennen ist. Aber ich bin oft genug fröhlich.

Enttäuschung

Eines der größten Kümmernisse ist der Kummer über unseren Kummer, sozusagen der Kummer zweiter Ordnung. Er erwächst aus Enttäuschung, aus dem Gefühl, dass das Leiden umsonst, nutzlos oder absolut bereuenswert, kurz: sinnlos war. Enttäuschung kann viele Formen

annehmen und viele Gründe haben, aber nur einer ist hier relevant: **die Enttäuschung darüber, dass es nicht gelungen ist, ein unmögliches Glück zu erlangen** – Glück, das für Wesen wie uns unerreichbar und letztendlich auch nicht wünschenswert scheint. Wir werden das Leiden nie ausrotten können, insofern sollten wir nicht auf das Unmögliche hoffen, sondern lernen, mit ihm zu leben, statt uns von ihm mitreißen zu lassen. Wir müssen viel tun, damit das Leiden etwas für uns tut. Aber nicht jedes Leid wird uns nutzen. Kummer kann uns helfen zu wachsen, aber er kann uns auch zerstören – **tragische Ereignisse lassen sich nicht kleinreden.** Aber diese Gefahr, das Unvorhersehbare, das oft zu Leiden führt, spielt eine Schlüsselrolle, denn es macht unser Leben interessant und lohnend (ein lohnendes Leben ist aus meiner Sicht eine Schlüsselbedingung für das Glück, das wir anstreben). Wir wissen nicht, was die Zukunft für uns bereithält – das hält uns wach, erwartungsvoll und im Idealfall auf kreative Weise anpassungsfähig. Aber wie sehr wir uns auch bemühen, wir können nicht kontrollieren, was auf uns zukommt. Das motiviert uns dazu, uns anzustrengen und ohne Garantien für eine bessere Zukunft zu arbeiten. Allerdings bringt all diese kreative Unvorhersehbarkeit die sehr reale (und nicht nur theoretische) Möglichkeit des Leidens mit sich.

Balance

Einer der Grundirrtümer der Verfechter unerreichbarer Glücksvorstellungen ist ihre Blindheit dafür, dass glücksfördernde, gute Dinge ein komplexes System bilden, in dem zu viel von einem „Gut" die fragile Gesamtarchitektur aus dem Gleichgewicht bringt. Um es provokanter – und in Übereinstimmung mit Nietzsches Gedanken – zu sagen: **Das glückliche Leben, das freudvolle Leben kann nicht nur aus Gutem bestehen**; Schlechtes ist der Preis für jenes Gute, das die Bedingung für eine freudvolle Existenz ist, die wir lohnend finden. Die Sterblichkeit, wohl eine der schlimmsten Widrigkeiten, ist möglicherweise eines der ordnenden Grundprinzipien des menschlichen Daseins, eine notwendige Bedingung für ein bestmögliches menschliches Leben. Und Unbehagen, jene allgegenwärtige, übermächtige Muse, kann uns nutzen, indem es uns dazu antreibt, kreativ voranzukommen. Ohne Unbehagen – das Gefühl, die Dinge könnten besser sein, als sie zurzeit sind – wäre Hoffnung nicht möglich, oder zumindest würde ihre entscheidende positive Wirkung auf unser Leben stark abgeschwächt.

Wenn man sich das Unmögliche wünscht, kann man nur scheitern. Solche Fehlschläge passieren, wenn wir die natürlichen Grenzen unserer kreatürlichen Existenz ignorieren, die letztlich auch die Zutaten des Glücks definieren. Zu vieles von dem, was üblicherweise als gut gilt, kann sich schlecht auswirken: **Zu viel Wasser bringt Wurzeln zum Faulen, und zu viel Sonne lässt Pflanzen welken.** Ich verwende hier absichtlich eine aristotelische Metapher; auch wenn ich kein Anhänger mehr von Aristoteles' philosophischen Grundthemen bin, glaube ich an seine Vorstellung, dass ein glückliches Leben ein aufblühendes Leben ist. Allerdings können zu viele positive Gefühle zu Fäulnis führen und uns selbstgefällig, langweilig, zurückhaltend, fade, alles in allem: erbärmlich und daher unglücklich machen, selbst wenn wir mit Vergnügen übersättigt sind – ein weiteres Argument dafür, dass Glück an menschliches Maß angepasst werden sollte.

Perfektionismus

Wenn wir überlegen, was uns glücklich machen würde, denken wir normalerweise an einzelne, unabhängige Güter. Üblicherweise denken wir nicht an externe Effekte, ein Konzept, das aus der Ökonomie entlehnt ist: an den tatsächlichen Preis, den wir für dieses oder jenes Gut zahlen, oder daran, was wir opfern müssten, um das angeblich glücksfördernde Gut zu erwerben. Anders gesagt, denken wir nicht daran, was wir verlieren würden, wenn wir dieses oder jenes oberflächlich glückverheißende Gut in einer bestimmten Menge besäßen. **Wir stellen uns vor, dass ein Gut nichts oder sehr wenig kostet** – wenn wir nicht achtsam sind; dieser Grundirrtum führt zu dem Perfektionismus, der uns einschläfert und unweigerlich zu Enttäuschung führt. Hier dürfte, so möchte ich behaupten, einer von Aristoteles' zentralen Irrtümern liegen.

Die Glücksschlüssel

- → **Wir werden das Leiden nicht ausrotten können, insofern sollten wir nicht auf das Unmögliche hoffen, sondern lernen, mit dem Leid zu leben anstatt uns von ihm mitreißen zu lassen.**
- → **Glücksfördernde, gute Dinge sind Teil eines Systems. Ein glückliches Leben kann nicht nur aus guten Dingen bestehen; unangenehme Dinge sind der Preis, den wir dafür bezahlen müssen.**
- → **Ein glückliches Leben ist ein aufblühendes Leben. Es sollte an menschliches Maß angepasst werden. Zu viel des Guten kann auch schlecht sein: Zu viel Wasser lässt Wurzeln verfaulen, zu viel Sonne Pflanzen welken.**

Pedro Tabensky ist Direktor des Allan Gray Centre for Leadership Ethics, das zum Fachbereich Philosophie der Rhodes University (Südafrika) gehört.

„Es ist, als ob mein Herz wieder ganz wird.“

Das achtsame, glücklichere Kind

Seit 2011 erkunden **Karen Ager** und **Nicole J. Albrecht**, wie Schüler das Erlernen von Achtsamkeit geistig verarbeiten. „In dieser Zeit haben wir verschiedene Dinge herausgefunden, die uns in unserer Überzeugung bestärkten, wie wahrhaft erstaunlich Kinder sind. Kinder sind am glücklichsten, wenn sie achtsam und voll engagiert sind und wenn sie sich geliebt und verstanden fühlen.“

Gleich zu Anfang entdeckten wir, wie gerne Kinder etwas über Achtsamkeit lernen und sie praktizieren. Schüler können Ruhe in einer lauten Welt finden. Sie lassen sich auf die Übungen ein und scheinen vor lauter Freude, Liebe und Glück zu leuchten, wenn sie sich die Zeit für *Achtsamkeit* nehmen. Achtsamkeitsübungen fördern bei Kindern das Bewusstsein für das eigene Glück und für Glücksgefühle. Nach täglichen Achtsamkeits-Atemübungen gestand ein Kindergartenkind: „Mein Herz ist wie in zwei Teile gebrochen. Aber wenn ich hier bin, denke ich an Liebe und Freundlichkeit, und es ist, als ob mein Herz wieder ganz wird.“

„Ich hab dich lieb“

Indem wir den Kinderstimmen genau zuhörten, entdeckten wir, dass Achtsamkeit in ihrer Seele nachhallt. Diese Praxis verbessert die Verbindung zu ihrem eigenen Selbst und zu ihren Freunden, Geschwistern, Eltern, Lehrern und der Gemeinschaft insgesamt. Außerdem sind sie in der Lage, das Erlernte an ihre Eltern weiterzugeben. **Kinder werden zu Lehrern ihrer Eltern** und helfen ihnen, jeden Augenblick zu sein, ihn zu erleben und zu schätzen, anstatt hektisches Multitasking zu betreiben.

Wir haben herausgefunden, dass Familie und Freunde einen enorm wichtigen Teil des Glücks von Kindern ausmachen. Kinder schrieben über die Glücksgefühle, wenn sie umarmt wurden,

und über ihren Wunsch, die eigene Liebe beispielsweise gegenüber ihren Eltern in Worten wie „Ich hab dich lieb" auszudrücken. Vertrauen, Liebe und Verbundenheit, die durch ein achtsames Sein genährt wurden, haben ihr Glücksgefühl erweitert.

Friedlich

Als wir untersuchten, wie Kinder das Erlernen von Achtsamkeit geistig verarbeiten, fanden wir heraus, dass zum kindlichen Glück Selbstverwirklichung gehört. Wenn die Kinder achtsamer waren und ihren Atem als Anker nutzten, hatten sie das Gefühl, ihr Denken, ihre Aufmerksamkeit und ihre Gefühlsreaktionen besser unter Kontrolle zu haben. Manche von ihnen fingen sogar an, ihre Worte sorgfältiger zu wählen und konnten Stress und Ärger besser ertragen oder managen.

Ein achtsames Kind ist ein glücklicheres Kind. Wenn Kinder durch freundliche Gesten, Komplimente und das Zeigen von Dankbarkeit ein mitfühlendes Herz kultivieren, fühlen sie sich glücklicher und ruhiger. Kinder, die dazu ermutigt werden, das Leben über achtsames Tun zu erfahren, sind sich ihres eigenen Glücks stärker bewusst und erleben Freude.

Die Glücksschlüssel

→ **Achtsamkeitsübungen fördern bei Kindern das Bewusstsein für das eigene Glück und für Glücksgefühle.**

→ **Kinder sind am glücklichsten, wenn sie achtsam und voll engagiert sind und wenn sie sich geliebt und verstanden fühlen.**

→ **Wenn Kinder durch freundliche Gesten, Komplimente und das Zeigen von Dankbarkeit ein mitfühlendes Herz kultivieren, fühlen sie sich glücklicher und ruhiger.**

Karen Ager hat ihren Master of Wellness an der RMIT University (Australien) erworben. 2014 war sie eine der Preisträgerinnen des Health Science Award für die höchste kumulative Durchschnittsnote in Gesundheitswissenschaften. Sie gehört zum Lehrpersonal der United Nations International School in New York und arbeitet als Wellness-Coach. Für die erfolgreiche Integration von Achtsamkeitsübungen in die schulische Praxis hat sie 2014 mit einem Kollegen den CTAUN Best Practices Award der UNO erhalten. Sie ist Autorin zahlreicher Veröffentlichungen, darunter eine Autobiografie, die beschreibt, wie sie ihren Weg zum Glück trotz einer chronischen Autoimmunerkrankung fand.

Nicole Jacqueline Albrecht, Ph.D., praktiziert Meditation seit ihrer Kindheit. Heute lehrt und forscht sie an Australiens größter Universität, der RMIT, und hat kürzlich ihre Doktorarbeit über Achtsamkeitserziehung an der Flinders University (Australien) abgeschlossen. Sie war bei mehreren Projekten in Australien und Neuseeland als Beraterin für staatliche, konfessionelle und Förderschulen tätig und hat diverse Fachartikel in wissenschaftlichen Zeitschriften veröffentlicht.

Der Weg zu einem achtsameren, glücklicheren Kind

Wenn wir uns auf unsere Sinne und unsere emotionale Verbindung zu unserem Ich, zu anderen und zur Umwelt einstimmen, kann das unser Gefühl von Freude und Glück vertiefen.

→ Hören Sie Ihrem Kind zu – hören Sie wirklich zu.

→ Lassen Sie Raum für Stille – Kindern Zeit zum Denken und Sprechen zu lassen, stärkt sie.

→ Achten Sie darauf, was Ihrem Kind Freude macht.

→ Ermutigen Sie Kinder, die Sie betreuen, sich spezifische „machbare" Ziele zu setzen und feiern Sie das Erreichen dieser Ziele.

→ Beobachten Sie das Stressniveau Ihres Kindes – achten Sie auf körperliche Reaktionen.

→ Entschleunigen Sie – fahren Sie das Multitasking herunter.

→ Seien Sie ganz präsent.

→ Elektronische Geräte können „Flow-Erfahrungen" unterbrechen; Kinder spüren das.

→ Loben Sie Ihr Kind für die Dinge, die gut laufen.

→ Seien Sie verspielt und spielen Sie mit Ihrem Kind.

→ Stärken Sie Ihr Kind durch Wahlmöglichkeiten, um ihm ein Gefühl von Kontrolle zu geben.

→ Ermutigen Sie Tätigkeiten, die Ihr Kind liebt, und fördern Sie seine „Flow-Erfahrungen".

→ Inspirieren Sie Ihr Kind dazu, achtsam am Leben teilzunehmen – achtsam zu gehen, zu essen, zu atmen und Umwelt, Beziehungen und Lernen zu erleben.

→ Beginnen Sie Fragen lieber mit „Ich frage mich …" als mit „Warum".

→ Sprechen Sie die universelle Sprache der Liebe.

„Langfristig überleben nur glückliche Gesellschaften."

Das Glück erlernen

„Die ersten Auswirkungen der neuen Möglichkeit, größeres Glück durch experimentell erprobte sozialpolitische Maßnahmen zu erzeugen, zeigen sich auf vielen Gebieten: in der Bildung wie in der Wirtschaft, im Gesundheitswesen wie im Wohnungsbau, in Kirchen wie in Sportvereinen", sagt **Ernst Gehmacher**. Es gibt gute und schlechte Formen des Glücks. Aber können wir die guten ohne Schulung erlernen?

Als Sozialwissenschaftler arbeite ich seit 40 Jahren in der Glücksforschung und habe dabei zwei grundlegende Naturgesetze erlernt:

→ Langfristig überleben nur glückliche Gesellschaften – sie sind die Gewinner im Prozess der kulturellen Evolution. **In der gesamten Geschichte war menschliches Glück der entscheidende Erfolgstest für Zivilisationen, Kulturen, Gemeinschaften und Volkswirtschaften – und ist es noch heute.** Es ist auch das universelle Kriterium für sozialen Zusammenhalt in jeder sozialen Einheit, von der einfachen Familie bis zur Menschheit als Ganzes.

→ Fortschritt beruht auf Wissen, Wissen beruht auf objektiver Beobachtung, und **objektive Beobachtung beruht auf genauen Messungen.** Wir haben gelernt, alles zu vermessen – die Größe von Atomen, die Ausmaße des Kosmos, die Tätigkeit von Neuronen im Gehirn, die Wirtschaftszyklen von Angebot und Nachfrage – aber wir haben keine allgemein akzeptierte Maßeinheit für Glück. Eine funktionierende und objektive Maßeinheit für das „Bruttosozialglück" hat in unserer neuen globalen Weltordnung hohe Priorität, wenn wir zukünftige Katastrophen vermeiden wollen.

Aber Glück ist nicht leicht zu finden – und noch schwerer zu bewahren. Es gibt gute, haltbare Arten von „nachhaltigem" Glück: Es liegt Freude im Selbermachen, in Liebe und Freundschaft, in Gesundheit und Fitness, im Finden von Freunden und in der Arbeit an einer besseren Gesellschaft. Aber es gibt auch schlechte Arten von „abhängig machendem" Glück: Alkohol und Drogen, die Jagd nach Erfolg und Status, langweilige Unterhaltungen und Einsamkeit in Gesellschaft. Langfristig werden solche Abhängigkeiten Sie selbst, Ihre Umwelt und die Gesellschaft zugrunde richten. **Die guten Arten des Glücks müssen erlernt und trainiert werden.** Menschen lassen sich leicht von den schlechten Arten verführen, vor allem, wenn sie unter Stress oder Entbehrungen leiden. Aber gutes Glück ist nicht nur gut für Ihre Freunde, Ihre Nachbarn und die Gesellschaft – sogar für die gesamte Menschheit. Es ist auch gut für Sie selbst! Glück ist grundsätzlich demokratisch – niemand kann glücklich sein, der sich nicht persönlich engagiert, aber persönliches Engagement kann Sie ohne soziale Unterstützung nicht glücklich machen.

Fitness, Freunde und Freude

Die Glücksforschung hat eine klare Botschaft: Glück kann auch im Alter entwickelt und sogar gesteigert werden, wenn drei Faktoren stimmen – Fitness, Freunde und Freude.

→ **Fit?** Chronische Krankheiten treffen mehr als 80 Prozent der über 50-Jährigen, die einen einsamen und ungesunden Lebensstil pflegen. Sie treffen nur 5 Prozent der Menschen mit gutem „Sozialkapital" (Leben in einer Gemeinschaft), Spaß an der Arbeit oder aktiven Hobbys.

→ **Freunde?** Die beste Chance für „soziales" Glück besteht, wenn Menschen in ihrem Familien- und Freundeskreis mindestens vier, aber nicht mehr als zwölf enge Beziehungen pflegen – mit vollem gegenseitigem Vertrauen und verlässlichen Hilfeleistungen. Gleichzeitig haben sie 15 (ohne Obergrenze) andere freundschaftliche, kooperative Beziehungen zu Personen, die sie gut kennen, und das ausgeprägte Gefühl, zu einer größeren sozialen Einheit zu gehören (die Kriterien für „optimales Sozialkapital").

→ **Freude?** Wohlstand (die Menge an Einkommen und materiellem Besitz) macht die Armen glücklicher und die Reichen unglücklicher. Wohlstandssteigerungen (Gewinne, Wertzuwächse, Karriere, Gehaltserhöhungen, allgemeines Wirtschaftswachstum) machen Menschen kurzfristig glücklicher, aber nicht dauerhaft. Große Wohlstands-Ungleichheit fördert Aggressionen und das Unglück aller. Bemühen Sie sich, gute und nachhaltige Formen des Glücks zu erreichen.

Glück muss erlernt werden. Glück kann sogar in der Schule gelehrt werden. Die ersten Experimente mit „Glücksunterricht" an weiterführenden Schulen haben sich als erfolgreich erwiesen.

Die Glücksschlüssel

→ **Geben Sie schlechte, abhängig machende Formen des Glücks auf und wählen Sie gute, nachhaltige Formen.**

→ **Ihr Glück wird wachsen, wenn drei Grundbedingungen stimmen: Fitness, Freunde und Freude.**

→ **Glück kann und muss erlernt werden. Also fangen wir sofort mit dem Lernen an!**

„Mein Beitrag für Glück. *The World Book of Happiness* war ein Beitrag zu meinem eigenen Glück", sagt **Prof. Ernst Gehmacher** vom Club of Rome und dem BoaS, Büro für die Organisation angewandter Sozialforschung, in Wien (Österreich). Er arbeitet eng mit der Organisation für wirtschaftliche Zusammenarbeit und Entwicklung (oecd) zusammen. Das oecd-Programm „Sozialkapital" (*Measuring Social Capital*) fördert die Glücksforschung als ersten Schritt, um der Politik weltweit Instrumente zur „Glücksförderung" (pursuit of happiness) zur Verfügung zu stellen.

Das Goldene Dreieck des Glücks

„Es ist erstaunlich, wie stabil eine glückliche Gemütslage ist", sagt **Robert A. Cummins**, internationale Autorität auf dem Gebiet der Lebensqualitätsforschung. Als Mittel gegen Depressionen können wir unsere selbstregulativen Abwehrkraft stärken – mit Hilfe der Ressourcen aus dem Goldenen Dreieck des Glücks.

Glück ist ein beliebtes Forschungsthema der zeitgenössischen Sozialwissenschaften. Das war nicht immer so. In der Vergangenheit galt Glück als rätselhafte, flüchtige Seelenverfassung, die keine wissenschaftliche Betrachtung verdient hatte. Aber in den letzten Jahrzehnten haben Forscher den Schleier des Geheimnisses gelüftet und Glück als normalen Geisteszustand enthüllt, der erforscht und verstanden werden kann. Das macht das Glück interessant.

Vorab sollte erwähnt werden, dass „Glück", wie so viele Wörter, lästigerweise mehrere Bedeutungen hat. Für die meisten Menschen bedeutet es eine vergängliche Empfindung, die mit einem erfreulichen Erlebnis einhergeht – einer Tasse Tee an einem heißen Tag oder dem Ausruhen nach erfolgreich getaner Arbeit. Aber das wissenschaftliche Interesse richtet sich vor allem auf eine ganz andere Art von Affekt: Glück als Gemütslage.

Während Empfindungen flüchtig sind, sind Gemütslagen stabiler. Glück als Gemütslage (*mood happiness*) stellt ein Grundgefühl dar, das ständig präsent ist, auch wenn wir manchmal den Kontakt verlieren. Es ist einer der wichtigsten Bestandteile dessen, was Wissenschaftler als subjektives Wohlbefinden bezeichnen, und hat einige überaus interessante Eigenschaften.

Die vielleicht wichtigste ist die Tatsache, dass Glück als Gemütslage ein positiver Zustand ist. Aus diesem Grund fühlen sich Menschen normalerweise wohl in ihrer Haut. Mehr noch: Ihre positiven Gefühle sind so bemerkenswert stabil, dass die Idee aufkam, Menschen könnten einen „Sollwert" für ihr Glücksniveau haben, der genetisch festgelegt ist. In der Tat konnte die Existenz solcher Sollwerte inzwischen nachgewiesen werden.

Glück als Gemütslage ist erstaunlich stabil. Daten aus 32 Umfragen zum australischen Einheitsindex für Wohlbefinden (*Australian Unity Well-Being Index*) zeigen, dass sich das durchschnittliche Glücksniveau in Australien über die letzten 15 Jahre nur um drei Prozentpunkte verändert hat.

Wie kann das sein? Wir nehmen an, dass Glück von einem Steuerungssystem kontrolliert wird, der Selbstregulation des subjektiven Wohlbefindens (*subjective Well-Being Homeostasis*). Analog zu physiologischen Kontrollsystemen wie der Körpertemperatur sorgt sie dafür, dass wir unser Glück innerhalb einer relativ engen Bandbreite halten, die bei allen Menschen acht Prozentpunkte über bzw. unter dem Sollwert beträgt.

Eine Kerneigenschaft aller Selbstregulationssysteme ist ihre Widerstandsfähigkeit. Starke Gefühle können diese Selbstregulierung für kurze Zeit besiegen, aber dann springt sie wieder zurück und stellt das Glück im normalen Bereich wieder her. Zumindest passiert dies im Normalfall. Allerdings können alle Selbstregulationssysteme Anfechtungen nur begrenzt verarbeiten. Wenn zu starke negative Erfahrungen zu lange andauern, kann das System sich nicht erholen. Dann liegt das Glück dauerhaft unterhalb seines normalen Wertebereichs, mit einem entsprechend hohen Risiko für Depressionen.

Externe Ressourcen

Aber wie können Menschen ihre selbstregulative Abwehrkraft erhöhen und Depressionen vermeiden? Sie brauchen dafür die Ressourcen aus dem Goldenen Dreieck des Glücks. Diese drei „externen" Ressourcen sind Beziehungen, ein Gefühl von Lebenssinn und Geld. Eine emotional innige Partnerschaft ist die mächtigste Abwehr. Auch eine vertrauensvolle Freundschaft kann helfen, negative Herausforderungen zu umgehen und Probleme zu besprechen – ein uraltes und wirksames Heilmittel gegen Unglücksgefühle.

Jeden Tag im Vorgefühl auf eine sinnvolle Aktivität zu erwachen, bildet die zweite Ressource. **Das Gefühl von Lebenssinn ist eine Quelle von Selbstwertgefühl und aktiver Teilnahme an der Welt.**

Geld bildet die dritte Ecke des Dreiecks. Es deckt nicht nur die materiellen Lebensbedürfnisse, sondern erlaubt es auch, Mittel zur Selbstregulation zu kaufen. Sie putzen nicht gern Ihr Haus? Kein Problem, wenn Sie Geld haben – bezahlen Sie einfach jemand anderen dafür. Aber beachten Sie: Es geht nicht darum, Glück zu „kaufen", indem man Luxusgüter erwirbt. Solche Käufe bringen allenfalls glückliche Empfindungen, die sich schnell anpassen und somit vergänglich sind. Eine Putzfrau zu bezahlen, dient der Verteidigung einer glücklichen Gemütslage.

Also gilt für die Ressourcen des Goldenen Dreiecks: Je mehr, desto besser? Wir sind so programmiert, dass wir daran glauben. Die Evolution hat uns einen hoch entwickelten Einschaltknopf zur

Verfügung gestellt, der uns antreibt, immer mehr zu wollen. Das ist in einer ressourcenarmen Umgebung eine sinnvolle Strategie – zum modernen Leben passt sie nicht gut. So steigt im australischen Durchschnitt das Glück oberhalb eines Brutto-Haushaltseinkommens von 100.000 Dollar (72.000 Euro) nur noch marginal, und jenseits von 150.000 Dollar gibt es keine verlässlichen weiteren Steigerungen mehr. Der Grund für diese Obergrenze ist, dass manche Schwierigkeiten der Selbstregulation mehr als Geld erfordern: Probleme wegen einer schlechten Ehe oder anstrengenden Kindern lassen sich nicht durch mehr Geldverdienen lösen. Hier sind Investitionen in persönliche Beziehungen die entscheidende Ressource. **Ganz generell ist das Aufbauen persönlicher Beziehungen eine großartige Strategie zur Stärkung der eigenen Abwehrkräfte.**

Wenn diese externen Ressourcen versagen, was unweigerlich manchmal passiert, ist nicht alles verloren. Nun kommt die Verarbeitung über Denkprozesse in Gang, mit dem Ziel, den schlimmen Vorfall abzumildern. Sie sind gefeuert worden? Bald werden Sie sich selbst überzeugen, dass es ein miserabler, chancenloser Job war und dass Sie froh sein können, entkommen zu sein. Eine solche „kognitive Restrukturierung" befähigt uns, eine Situation zu unserem eigenen Vorteil vernünftig zu begründen und uns wieder im normalen Ausmaß gut zu fühlen.

Zusammen erlauben uns diese externen und internen Ressourcen, mit den meisten Schwierigkeiten im Leben fertig zu werden. Es ist daher völlig normal, ein positives Lebensgefühl zu haben. Auf diesem Weg sagen uns unsere Gene, dass wir in Ordnung sind.

Die Glücksschlüssel

→ **Empfindungen sind flüchtig, Gemütslagen stabil. Glück als Gemütslage ist ein Grundgefühl, das ständig präsent ist, auch wenn wir manchmal den Kontakt zu ihm verlieren. Es ist erstaunlich stabil.**

→ **Menschen können ihre selbstregulative Abwehrkraft erhöhen, um Depressionen zu vermeiden. Dafür brauchen sie die Ressourcen des Goldenen Dreiecks: Beziehungen, ein Gefühl von Lebenssinn und Geld.**

→ **Wenn diese drei externen Ressourcen versagen, kommen interne Denkprozesse in Gang, mit dem Ziel, einen schlimmen Vorfall abzumildern und uns wieder im normalen Ausmaß gut zu fühlen.**

Robert Ashley Cummins ist seit 2014 emeritierter Professor; von 2007 bis 2013 hatte er einen Lehrstuhl für Psychologie an der Deakin University (Australien) inne. Er ist eine internationale Autorität in der Lebensqualitätsforschung und Fellow der Australian Psychological Society sowie der International Society for Quality of Life Studies. Cummins ist Mitglied der Herausgebergremien von 15 Zeitschriften und Mitherausgeber des *Journal of Happiness Studies*. Was macht ihn glücklich? Über subjektives Wohlbefinden zu lesen, zu forschen und zu schreiben.

„Glückliche Menschen sind gesünder."

Die Medizin

Mehr als 20 Jahre lang wurden in Finnland über 20.000 Menschen im Alter von 18 bis 64 in der finnischen Zwillingskohorte begleitet und deren Lebenszufriedenheit und Glücksbewertungen gemessen. Die Wissenschaftlerin **Heli Koivumaa-Honkanen** ist zu dem Schluss gekommen, dass gesunde Menschen nicht glücklicher sind. Der Umkehrschluss ist richtig: Glückliche Menschen sind gesünder. Drei Zutaten gehören in eine wirkungsvolle Medizin des Glücks.

Eine Analyse unserer Statistiken über 20 Jahre zeigt, dass es letztlich keine Rolle spielt, ob Menschen gesund oder krank sind, und dass es nicht wirklich wichtig ist, wie sich ihre Gesundheit in späteren Jahren entwickelt (sogar, wenn sie von einer Behinderung betroffen werden): Denjenigen, die mit ihrem Leben zufrieden sind, geht es immer besser – sie sind glücklicher – als denjenigen, die unzufrieden sind. Ihre Lebenszufriedenheit basiert auf vier Faktoren (Glück, Zurückgezogenheit, Interessen und Lebensstandard). Diese Zufriedenheit ist ein wirksamer Anzeige- und Vorhersagefaktor für Gesundheit in allen Altersgruppen. **Zufriedene Menschen leben länger und begehen seltener Selbstmord.**

Sowohl im Zusammenhang mit Depressionen als auch mit Schizophrenie ist ein gutes soziales Unterstützungsnetz ein Vorhersagefaktor für bessere Lebenszufriedenheit und bessere Behandlungserfolge.

Die Menschen haben in der gesamten Geschichte nach Glück und geistigem Frieden gestrebt, ohne je wirklich zu wissen, dass Lebenszufriedenheit und Glück ihrer Gesundheit zugutekommen. Jetzt wissen wir das mit Sicherheit. **Positive seelische Gesundheit hat langfristige Vorteile.** Die wichtigsten Faktoren sind die Fähigkeit, sich an sich selbst und am Leben zu erfreuen; die Fähigkeit, andere zu respektieren, zu brauchen und zu lieben; und die Fähigkeit, gute Beziehungen zu schaffen und aufrechtzuerhalten. Diese Fähigkeiten gedeihen nicht von selbst. Sie brauchen Unterstützung und Pflege, schon von Beginn des Menschenlebens an. Positive seelische Gesundheit kann und sollte in verschiedensten Sektoren der Gesellschaft aufgebaut,

erhalten und gefördert werden. **Wenn wir das jetzt nicht tun, werden zukünftige Generationen die Rechnung bezahlen müssen.**

Ich hoffe, dass dieses Buch weltweite Aufmerksamkeit für die Bedeutung des Glücks und des subjektiven Wohlbefindens wecken wird – sie sind Mittel, um die seelische Gesundheit der Gesamtbevölkerung einzuschätzen und die körperliche und seelische Gesundheitsvorsorge in einem frühen Stadium voranzubringen.

Die Glücksschlüssel

→   Denjenigen, die mit ihrem Leben zufrieden sind, geht es immer besser.

→   Ein gutes soziales Unterstützungsnetz ist ein Vorhersagefaktor für bessere Lebenszufriedenheit und bessere Behandlungserfolge.

→   Positive seelische Gesundheit kann und sollte aufgebaut, erhalten und gefördert werden.

Heli Koivumaa-Honkanen ist Professorin an der Abteilung für Psychiatrie der Universität Oulu, am Lapland Hospital District und an der Universitätsklinik Kuopio (Finnland). Sie glaubt, dass es besonders gut für die geistige Gesundheit ist, wenn man abends nach der Sauna in einem ruhigen finnischen Sommerhaus den Sonnenuntergang genießt.

„Wir lernen mehr aus unseren Fehlern als aus unseren Erfolgen.“

Können Perfektionisten je glücklich sein?

„Es ist wissenschaftlich erwiesen, dass der Schlüssel zur Qualität der eigenen Lebensreise im Akzeptieren liegt. Können Perfektionisten also jemals glücklich sein? Es kommt auf die ‚Art‘ der Perfektion an, die von den Auswirkungen unterschiedlicher Verstärkermechanismen auf unsere Gefühle abhängt“, erläutert **Lawrence Burns**. Er untersucht positiven Perfektionismus und die Rolle des gesunden Ehrgeizes.

Bei meiner Navigationsausbildung habe ich gelernt, mich auf meinen Sextanten und eine Vielzahl von Sternen zu verlassen, um meine Position festzustellen und meine Route über jeden Ozean sicher zu planen. Der Polarstern ist standhaft und das Kreuz des Südens atemberaubend, aber mein liebstes Sternbild ist der Orion. Die Sterne haben mich immer schon fasziniert und inspiriert; sie waren während all meiner Reisen eine gewisse Konstante. Im Lauf der Jahre sind diese Himmelskörper zu einem vertrauten und tröstlichen Anblick geworden. **Mitten in der Nacht einen Ozean zu überqueren, erfordert perfektionistische und unbeirrbare Aufmerksamkeit für eine Vielzahl repetitiver Kleinigkeiten.** Paradoxerweise findet das zusammen mit den unvermeidlichen Veränderungen statt, die Zeit und Natur hervorrufen: unvorhersehbare Strömungen, Wind und Stürme, die ruhige Phasen unterbrechen. Der Wissenschaftler Lars-Gunnar Lundh ist der Auffassung, dass der Schlüssel zur Qualität der eigenen Lebensreise in der Akzeptanz liegt: Selbstakzeptanz und auch das Akzeptieren der eigenen Situation. Wir streben danach, unseren Kurs zu perfektionieren und die Sicherheit unseres Schiffs zu wahren. Trotzdem wissen wir intuitiv, dass wir ständig unsere Ziele anpassen müssen, weil sich die Umstände wandeln.

Hohe Ansprüche

Aktuelle Forschungsarbeiten zum Thema Perfektionismus zeigen, dass verbesserte Theoriemodelle und deren Anwendung beträchtliche Veränderungen bewirkt haben – so starke Veränderungen, dass der Begriff „Perfektion" ein modernes Januswort geworden ist, ein Wort mit zwei gegensätzlichen Bedeutungen.

Lange galt Perfektionismus als pathologisch, aber zahlreiche neuere Befunde zeigen, dass viele Menschen Perfektionismus als Begleiterscheinung einer gesunden Lebenseinstellung sehen. **Negative Perfektionisten**, deren Motivation Angst vor dem Versagen ist, berichten oft von anhaltenden perfektionistischen Sorgen und nagender Angst vor negativen Beurteilungen durch andere. **Positive Perfektionisten** dagegen beschreiben einen fürsorglichen Familienhintergrund, zu dem in der Regel bedingungslose Akzeptanz und viel positive Unterstützung für das perfektionistische Streben nach den eigenen Zielen gehören. Aus diesem Grund besteht ein beträchtlicher Unterschied zwischen selbsternannten Perfektionisten, die sich unglücklich an unerreichbar hohe Ansprüche klammern oder unerbittlich Makellosigkeit von sich selbst erwarten, und Menschen, die gezielt verschiedene Ziele und Ideale anstreben, mit Begeisterung, Fröhlichkeit, Einsicht und – ganz wichtig – Selbstakzeptanz.

Einstellung

Von außen gesehen, können zwei Perfektionisten die gleiche Entscheidung treffen – vielleicht gehen beide zum Vorspielen beim New York Philharmonic Orchestra. Es ist die innere emotionale Verfassung, die sie unterscheidet: Negative Perfektionisten werden von Versagensängsten geplagt; die Motivation positiver Perfektionisten ist die mögliche Zufriedenheit nach einer gemeisterten Aufgabe. Positive Perfektionisten sind mit sich und ihrem Leben zufriedener. Sie sind nachweislich bessere Problemlöser und haben genug Selbstvertrauen, um Fehlschläge zu akzeptieren und zu überwinden. Ihre Einstellung ist: *Besser, man versucht etwas und scheitert, als man versucht es gar nicht erst.* **Negative Perfektionisten haben oft das Gefühl, sie könnten die Ereignisse in ihrem Leben nicht kontrollieren, und werden von Versagensängsten getrieben.** Positive Perfektionisten suchen das Erfolgserlebnis und den Stolz nach einer guten Leistung. Wenn sie beim Verfolgen eines Zielen auf Hindernisse oder unvorhergesehene Schwierigkeiten stoßen, denken sie nach, entwickeln Alternativstrategien und versuchen es mit einem neuen Ansatz.

Fehlschläge

Das Leben ist ein Strom von Erfahrungen. Träume und Ehrgeiz können ein lebendiger, integraler Bestandteil dieser Landschaft sein. Das Leben verwandelt sich in eine Reise, wenn Menschen dazu bereit sind sich anzustrengen und im Streben nach Glück erfüllt aufblühen. Positive Perfektion ist untrennbar mit Zielen verbunden, und Menschen beschreiben oft, dass ihre Zufriedenheit und ihr Glück am größten sind, wenn sie sich sinnvoll engagieren und ihre Fehlschläge genauso akzeptieren wie ihre Erfolge. Alfred Adler hat sogar behauptet, dass wir aus unseren Fehlschlägen mehr lernen als aus unseren Erfolgen. **Positive Perfektionisten fühlen sich belebt, wenn sie die Schwierigkeiten des Lebens erfolgreich bewältigt haben.** Sie verfügen über genug Beharrlichkeit, um durchzuhalten, und genug Heiterkeit, um das zu feiern. Sie sind in der Lage, ihre Ärmel begeistert hochzukrempeln und beim Verfolgen ihrer Träume Risiken einzugehen. Angesichts von Schwierigkeiten passen sie sich an und nutzen ihre Erfolge als Antrieb für neue Ziele, die letztendlich den Weg zu Wohlbefinden und dauerhaftem Glück bilden.

Positiver Perfektionismus inspiriert, Träume zu finden, die uns auf unserer Lebensreise leiten. Die Wahrheit ist: Glück ist kein zu erreichender Zustand, sondern eine Art des Reisens, und perfektionistisches Streben erweist sich dabei als inspirierender Reisebegleiter. Mein Rat? Feiern Sie Ihre Siege. Brüten Sie nicht über Niederlagen. Denken Sie sich eine andere Herangehensweise aus und versuchen Sie es noch einmal.

Die Glücksschlüssel

→ **Negative Perfektionisten werden von Versagensängsten geplagt; die Motivation positiver Perfektionisten ist die mögliche Zufriedenheit nach einer gemeisterten Aufgabe.**

→ **Positive Perfektionisten sind mit sich und ihrem Leben zufriedener. Sie sind bessere Problemlöser und haben genug Selbstvertrauen, um Fehlschläge zu akzeptieren und zu überwinden.**

→ **Positiver Perfektionismus ist die Inspiration, nach neuen Träumen zu suchen und zu streben. Feiern Sie Ihre Siege. Grübeln Sie nicht über Niederlagen. Versuchen Sie eine andere Herangehensweise.**

Lawrence Burns ist Professor für klinische und Persönlichkeitspsychologie am Fachbereich Psychologie der Grand Valley State University in Allendale, Michigan (USA). Er studierte nautische Industrietechnologie an der kalifornischen Marineakademie und erwarb 1996 seinen Ph.D. in klinischer Psychologie an der Stony Brook University. Zu seinen Forschungsinteressen zählen positiver und negativer Perfektionismus, seelisches Wohlbefinden, Achtsamkeit, Prokrastination und soziale Kompetenz. Seine Arbeit befasst sich vor allem mit dem Nutzen von positivem Perfektionismus und dessen theoretischen und angewandten Aspekten. Seine Freizeit verbringt er gerne mit Gartenarbeit, Radfahren am Seeufer und Laufen. Dauerhaftes Glück findet er, wenn er Zeit mit seiner Familie verbringt.

„Du bist ich und ich bin du."

Omoi-kiri

„Es gibt zwei Arten von Glück: das ‚Glück des Handelns' und das ‚Glück des Besitzens'", erklärt **Kohji Hayase**. Er will herausfinden, welche für wahres Glück wichtiger ist. Ein tieferes Verständnis für das japanische Wort *omoi* könnte dabei helfen.

In zwei japanischen Studien mit mehr als 2000 Befragten (2010 und 2011) zog die große Mehrheit das ‚Glück des Handelns' gegenüber dem ‚Glück des Besitzens' vor. Bei Frauen war diese Vorliebe ausgeprägter als bei Männern und bei Älteren ausgeprägter als bei Jüngeren; alle vier Gruppen bewerteten allerdings „Handeln" höher als „Besitzen". Es ist hochinteressant, nach den Ursachen für dieses Phänomen zu suchen, da es höchstwahrscheinlich mit einer Schlüsselfrage zusammenhängt: „Was ist wahres, nicht episodisches menschliches Glück?"

Handeln

Warum ziehen die meisten Menschen „Handeln" gegenüber „Besitzen" vor, um Glück zu erlangen? Die Kommentare der Befragten liefern Einblicke dazu.

→ **Vergänglichkeit von Habseligkeiten**

Menschen mögen Dinge nicht, die flüchtig, unaufrichtig, unauthentisch, unspirituell oder rein materiell erworben sind; Dinge sind vergänglich und wir können sie nicht mitnehmen, wenn wir sterben.

→ **Vorzüge des Handelns**

Menschen ziehen das Glück vor, das daraus entsteht, etwas Wertvolles mit anderen oder für andere zu tun. Fast alle werden generell gerne aktiv, um etwas Angenehmes zugunsten von oder mit Bekannten, Freunden, Verwandten, Eltern, Kindern, Partnern und anderen nahestehenden Menschen zu tun.

→ **Besitzen und Handeln im Vergleich**

Das Glück des Handelns ist aktiv und grenzenlos; es führt zu Entwicklung, nicht zu Sättigung. Dagegen ist das Glück des Besitzens passiv und begrenzt; es erreicht einen End- oder Sättigungspunkt. Daher streben Menschen lieber durch ihr Handeln nach Glück als durch Besitz.

→ **Philosophisch transzendente Aspekte des Besitzens**

Einer der Befragten war der Meinung, dass wir Materielles aus philosophischer Sicht nicht besitzen können: „Materielle Besitztümer, die wir für unser Eigentum halten, sind nur Dinge, die die Erde uns anvertraut hat", schrieb er. Dieser Satz erinnert uns an grundlegende philosophische Fragen wie „Können wir überhaupt Dinge auf der Erde besitzen?"

Omoi

Lassen Sie uns zum Thema materieller Besitz folgendes Szenario betrachten: In einem Raum liegt ein Bleistift, der niemandem gehört. Nehmen wir an, eine Person betritt allein den Raum und sieht ihn. Diese Person weiß, dass der Bleistift nicht ihr gehört. Aber nachdem sie ihn gefunden hat, wird sie ihn mitnehmen, wenn sie ihn haben möchte, und ihn von da an als ihr Eigentum betrachten. Die betreffende Person hat also ihre Meinung geändert – erst dachte sie, der Bleistift gehöre ihr nicht, dann dachte sie, er gehöre ihr. Japaner verwenden dafür das Wort *omoi*: Sie sagen beispielsweise, die Person habe das eigene *omoi* vom Nichtbesitzen zum Besitzen geändert.

Andererseits würde die Person den Bleistift nicht mitnehmen, wenn sie nicht den Wunsch hätte, ihn zu besitzen. Insofern könnte man sagen, sie habe ihre Meinung nicht geändert. In dieser Situation würde man normalerweise sagen, ihr *omoi* sei gleich geblieben. **Der Besitz einer Sache hängt also nur davon ab, ob man sie zu besitzen glaubt oder nicht**, weil es keine objektiven Beweise dafür gibt, wer etwas besitzt.

Was materielle Güter angeht, findet Besitz also nur im Geist und/oder der Fantasie der Menschen statt und hängt nicht von absoluten Kriterien ab. Mit anderen Worten: Besitz wird nur vom *omoi* des Menschen bestimmt. *Omoi* bezeichnet unter anderem auch die Quelle von „Sorge", „Anteilnahme", „Gefühl" und/oder „Einstellung".

Besitz

Frühe politische Philosophen wie John Locke haben mit ähnlichen Argumenten gezeigt, dass es im Naturzustand kein Eigentum gibt. **Generell lässt sich sagen, dass kein materieller Gegenstand von Natur aus irgendeinem Menschen gehört.** Allerdings sollte diese Frage unbedingt näher untersucht werden, weil zum Thema Nicht-Besitz kaum praktische psychologische Studien vorliegen.

Sowohl in Japan als auch bei ähnlichen Studien in den USA zogen die meisten Menschen das Glück des Handelns gegenüber dem des Besitzens vor; daraus können wir schließen, dass Handeln, nicht Besitzen, entscheidend ist für das menschliche Glück. Dann müssen wir die wichtige

Frage „Wobei werden wir aktiv?" beantworten, um glücklich zu werden. Außerdem sollten wir möglichst bald das bedeutsame Thema „Was sollten wir tun, wenn die Dinge nicht gut für uns laufen?" praktisch und experimentell für uns klären. Ob wir über **„die Fähigkeit, uns von der Sorge um das Ich zu lösen"** (= *Omoi-kiri*) verfügen oder nicht, ist zu meinem persönlichen Dauerthema geworden. Fast alle Menschen denken zwar, das sei nicht so einfach, aber ich weiß, dass jeder die Möglichkeit hat, richtig zu handeln. Zu diesem Thema untersuche, verbessere, teste und genieße ich es, gute Dinge mit anderen und für andere Menschen zu tun. „Du bist ich und ich bin du."

Vor 45 Jahren sang John Lennon, „Imagine no possessions, I wonder if you can" (Stell dir vor, es gibt keinen Besitz; ich frage mich, ob du das kannst). Wie in seinem Lied ist das wahre Glück der Menschheit in einer Welt zu finden und zu erschaffen, in der „das Handeln mit anderen oder für andere" wichtiger wird als Besitz.

Die Glücksschlüssel

→ In Japan und in den **USA** ziehen die meisten Menschen das Glück des Handelns gegenüber dem des Besitzens vor; Handeln, und nicht Besitzen ist folglich ausschlaggebend für das menschliche Glück.

→ Menschen bevorzugen das „Glück, etwas Wertvolles mit anderen und/oder für andere zu tun" gegenüber dem „Glück durch materiellen Besitz".

→ Wenn wir das japanische Wort *omoi* verstehen, lernen wir, dass Besitz nur davon abhängt, ob wir glauben oder nicht glauben, etwas zu besitzen.

Kohji Hayase verfolgt seit über 40 Jahren eine vielfältige wissenschaftliche Laufbahn. Sein ursprüngliches Forschungsgebiet war die physikalische Chemie oberflächenaktiver Substanzen, worüber er promovierte. Dann verlagerte und erweiterte er seine Forschungsinteressen auf Geochemie, Meereschemie, Umweltwissenschaften, experimentelle Soziologie und Umweltökonomie; zuletzt landete er bei der Psychologie und Philosophie des menschlichen Glücks, das seiner Meinung nach nur erlangt und gefestigt werden kann, wenn Kunst und Wissenschaft vereint werden. „Solange ich lebe, werde ich das menschliche Glück weiter erforschen, indem ich tief in meinem Inneren suche und durch aktives Handeln realisiere: ‚Du bist ich und ich bin du.'"

„Glück mag einfach sein – Einfachheit nicht unbedingt."

Die BASICS des Glücks

In ihrem Streben nach Glück suchen moderne Menschen oft mehr. Mehr Besitz. Mehr Aktivitäten. Manche allerdings wählen bewusst weniger. Weniger Sachen, weniger Horten. Weniger Verpflichtungen, weniger Stress. **Hein Zegers** hat mehr als 500 freiwillige „Vereinfacher" aus aller Welt und aus allen Gesellschaftsschichten befragt. Das wichtigste Ergebnis seines großangelegten Forschungsprojekts: Menschen, die sich für „BASICS" entscheiden, haben mehr Zeit und Energie für das, was sie wirklich lebenswert finden. Sechs Schritte zur Einfachheit.

Immer mehr Menschen wählen bewusst ein einfacheres Leben. Einerseits kann das räumlich stattfinden, indem sie beispielsweise weniger Wohnraum nutzen oder unnötige Besitztümer weggeben. Man könnte das „Simplifying", „einfaches Leben" oder „Entrümpeln" nennen. Andererseits kann das einfachere Leben auch zeitlich stattfinden, indem man überfrachtete Terminkalender, Aktivitäten und Verpflichtungen reduziert. Das könnte man „Entschleunigen", „langsamer Leben", oder „Herunterschalten" nennen. In beiden Fällen ist eine bewusste persönliche Entscheidung für Einfachheit ausschlaggebend.

Auf der ganzen Welt habe ich mehr als 500 Menschen und Familien interviewt, die sich bewusst für Einfachheit entschieden haben. Was können wir von diesen Einfachheitsexperten aus allen Gesellschaftsschichten lernen? Nach einer gründlichen wissenschaftlichen Analyse

begann sich ein verblüffendes Muster aus der Informationsfülle herauszukristallisieren. Ich taufte dieses Muster „BASICS" – ein Akronym aus den Anfangsbuchstaben von sechs Schritten:

1. Bestandsaufnahme: „Wenn man mich so anschaut, stecke ich voll in der Tretmühle"; „Was um Himmels willen mache ich hier?"; „Gibt es nicht mehr im Leben?" Viele Interviewpartner berichteten, ihr erster Schritt zu einem einfacheren Leben sei gewesen, einen Schritt zurückzutreten und ihr Leben mit etwas Abstand zu betrachten.

2. Achtsamkeit: Ein überraschend hoher Anteil der freiwilligen Vereinfacher schreiben der Achtsamkeit eine Schlüsselrolle zu. Achtsamkeit für die kleinen Dinge im Alltag, Achtsamkeit für die Natur, für Farben, Formen, Strukturen, Düfte, Klänge, Aromen etc. Sie widmen auch ihrem Innenleben Aufmerksamkeit – ihren eigenen Gedanken, ihrem Verhalten, ihren Gefühlen etc.

3. Selektion: Auf der Grundlage der ersten Schritte werden sich erfolgreiche Vereinfacher oft ihrer persönlichen Werte deutlich bewusst: Was finde ich wichtig im Leben? Was ist für mich entbehrlich? Sie treffen eine bewusste Selektion dessen, worum es in ihrem Leben geht.

4. Investition: In diesem Stadium werden Vereinfacher aktiv und lassen Taten folgen. Sie investieren in Dinge und Aktivitäten, die zu ihren selbstgewählten Werten passen. Vereinfachen bedeutet nicht unbedingt, dass man aufhört zu konsumieren. Allerdings bedeutet es, dass man sehr bewusst in das investiert, was man persönlich als wertvoll empfindet.

5. Cut: Dann folgt der Cut – was nicht zu einem sinnvolleren Leben beiträgt, wird letztlich entfernt. Dieser Schnitt findet nicht aufs Geratewohl statt, sondern am Ende eines Prozesses. Wie beim Baumschnitt: Erst, wenn ganz bestimmte Äste eines Baumes zur richtigen Zeit abgeschnitten werden, kann der Baum voll und ganz gedeihen.

6. Sinn: Jeder Mensch hat eine andere Lebensgeschichte, und doch schienen alle Interviewpartner, die diesem BASICS-Muster folgten, sich in einem Punkt einig zu sein: Sie erleben ihr jetziges einfaches Leben als viel sinnvoller. Ihr Leben hat jetzt einfach einen Sinn.

Glück mag einfach sein – der Weg zur Einfachheit nicht unbedingt. Insofern können die BASICS hilfreiche Wegweiser sein: Bestandsaufnahme, Achtsamkeit, Selektion, Investition, Cut und zuletzt der Punkt, an dem das „Leben einfach Sinn hat".

Die Glücksschlüssel

→ **Nicht jeder profitiert von einer Vereinfachung – das freiwillige Element ist entscheidend.**

→ **Eine Entscheidung für BASICS (Bestandsaufnahme, Achtsamkeit, Selektion, Investition, Cut, Sinn) kann zur Erfahrung eines sinnvollen Lebens führen.**

→ **Glück mag einfach sein – Einfachheit nicht unbedingt.**

Hein Zegers hat Philologie und Psychologie studiert. Er war an verschiedenen Universitäten tätig – der KU Leuven (Belgien), der Universität zu Köln, der UC Berkeley (USA) und der UvH Utrecht (Niederlande). Seit über 20 Jahren arbeitet und reist er in mehr als 100 Ländern in aller Welt, wo er Feldforschung zu Themen wie Einfachheit, Wohlbefinden und Sinn betreibt.

„Konfuzianische, buddhistische und taoistische Gedanken geben Stoff zum Nachdenken.“

Yin und Yang

„Ein Fünftel der Weltbevölkerung lebt in China. Das bedeutet, dass jede Theorie, die universelle Gültigkeit für sich beansprucht, relevante Daten aus China einschließen muss. Besonders in Hinsicht auf die allgemeine Anwendbarkeit von Glückstheorien, die auf Forschungsergebnissen aus dem westlichen Umfeld beruhen, sind Studien aus dem abweichenden chinesischen Umfeld unerlässlich", berichtet **Daniel T.L. Shek** aus Hongkong.

Der Begriff des Glücks und dessen kulturelle Erscheinungsformen sind in der chinesischen Kultur anders als in der westlichen. Die traditionellen Werte der 5000 Jahre alten Kultur Chinas, die in enger Verbindung mit konfuzianischen, buddhistischen und taoistischen Gedanken stehen, sind die Grundbausteine dieser chinesischen Glücksbegriffe und -formen. **In der amerikanischen Kultur sind positive Gefühle und offene Ausdrucksformen wichtige Bestandteile des Glücks, während Menschen in China widerstreitende Gefühle und zurückhaltende Glücksäußerung betonen.** Insofern ist es wichtig, mehr Untersuchungen zur chinesischen Kultur durchzuführen, um interkulturelle Unterschiede in den Glücksbegriffen und -formen besser zu verstehen. Offensichtlich liefern chine- sische Philosophien, kulturelle Werte und traditionelle Glücksbegriffe westlichen Glücksforschern Stoff zum Nachdenken. Das Glück des chinesischen Volkes wird üblicherweise auf individueller Ebene untersucht. Durch die wachsende Beliebtheit ökologischer Modelle, die unterstellen, dass menschliches Verhalten in verschiedene Systeme eingebettet ist – wie das Familiensystem oder auf der Makroebene das soziokulturelle System –, wird offenkundig, dass für diese verschiedenen Systeme ein ganzheitliches Verständnis des Glücksbegriffs und verwandter Phänomene gebraucht wird. Obwohl einige Studien existieren, die die Anwendbarkeit westlicher Glückstheorien auf die chinesische Bevölkerung bekräftigen, bleiben immer noch viele Fragen ungelöst.

Verwandlung

Es ist wichtig zu untersuchen, wie sich das Glück chinesischer Familien, Gemeinden und Städte in den letzten Jahrzehnten gewandelt hat, in Folge der Einführung eines sozialistischen politischen Systems im Jahr 1949, der Veränderungen durch die Kulturrevolution Mitte der 1960er und der Einführung der Politik der Offenen Tür und der Wirtschaftsreformen seit den späten 1970er-Jahren. Durch die Intensivierung der Wirtschaftsreformen sind die Chinesen für die Einflüsse wirtschaftlicher Veränderungen anfälliger geworden. Die Wirtschaftsreformen haben eine höhere Lebensqualität mit sich gebracht (was das Glück mehren könnte) – **individuelle, familiäre und soziale Probleme haben allerdings auch als Folge dieser ökonomischen Reformen zugenommen** (was das Glück mindern könnte). Darüber hinaus sind Themen wie Arbeitslosigkeit und wirtschaftliche Benachteiligung, die in sozialistischen Systemen theoretisch nicht-existent sind, im gegenwärtigen China präsenter geworden.

Innere Harmonie

Die in chinesischen Philosophien und Religionen enthaltene Weisheit könnte für Nichtchinesen bedeutsam sein, die ihr eigenes Glück „fördern" wollen. Allerdings müssen sie vorher einen „Paradigmenwechsel" in ihrer Vorstellung dessen, was Glück bedeutet, vollziehen. Obwohl das konfuzianische Denken Glück nicht unbedingt als etwas Schlechtes betrachtet, wird das Ausdrücken intensiver Gefühle in der Lehre vom „Goldenen Mittelweg" nicht ermutigt. Außerdem ist Selbstdisziplinierung im Konfuzianismus ein Vorläufer des Glücks. Im buddhistischen Denken sind die Begriffe des „Loslassens" und eine Mentalität des Disputes wichtige Vorläufer des wahren Lebensglücks. **Tatsächlich wird Glück im hedonistischen Sinne als Illusion betrachtet, die einem sogar den Weg zum wahren Glück versperren kann.** Im taoistischen Denken zielt das Glück auf Harmonie mit dem Selbst, der Natur und dem Universum. Diese Schwerpunkte sind im Einklang mit den existenziellen und humanistischen Gedanken, dass man inneren Frieden und eine gute Beziehung zur Umwelt haben sollte. Schließlich wird das Gleichgewicht zwischen „Yin" und „Yang" von der traditionellen chinesischen Medizin als Idealform der menschlichen Existenz hochgehalten. Durch den Gebrauch chinesischer pflanzlicher Medikamente, Meditation und das Betreiben chinesischer Kampfkunst – wie Tai Chi – kann man einen Zustand innerer Harmonie erzielen, der letztlich ein Gefühl des inneren Glücks fördert.

Die Glücksschlüssel

→ Während positive Gefühle und freie Ausdrucksmöglichkeiten in der amerikanischen Kultur wichtige Bestandteile des Glücks sind, betonen Menschen in China widerstreitende Gefühle und zurückhaltende Glücksäußerungen.

→ Wir brauchen einen „Paradigmenwechsel" bei den gängigen Glücksvorstellungen, um die Weisheit, die chinesische Philosophien und Religionen enthalten, für Nichtchinesen bedeutsam zu machen.

→ Durch das Gleichgewicht zwischen „Yin" und „Yang" kann man einen Zustand innerer Harmonie erreichen, der letztendlich ein inneres Gefühl des Glücks fördert.

Prof. Daniel T.L. Shek (The Hong Kong Polytechnic University, China) ist beratender Herausgeber des *Journal of Clinical Psychology* und Mitglied des wissenschaftlichen Beirats von *Research on Social Work Practice*. Er hat mehr als 100 Artikel in internationalen Zeitschriften veröffentlicht, über Heranwachsende, ganzheitliche Gesundheit, Wohlfahrtspolitik und Lebenszufriedenheitsforschung im chinesischen, westlichen und globalen Kontext.

„Wohlbefinden an Schulen ist kein Zufall.“

Positive Bildung

„Schauen Sie zu, wenn Kinder die Gelegenheit nutzen, ihre Welt zu erkunden – sie nehmen Kontakt auf, beobachten, hören zu, experimentieren, stellen Fragen, spielen mit Ideen. Sie lernen schnell und bilden pro Sekunde 700 bis 1000 neue Nervenverbindungen. Diese kleinen Menschenwesen saugen Informationen auf wie Schwämme und generieren Kreativität wie Dynamos“, schwärmt **Sue Roffey**. „Mit diesem Lernen gehen oft lebensverbessernde Gefühle wie Neugier, Begeisterung, Staunen, Faszination und Gefühle einher. Und dann kommen sie in die Schule …“

Glückliche Kinder finden sich in einer Lernumgebung wieder, die weiterhin anregend, unterstützend und kreativ ist. Sie werden dazu ermutigt, zu spielen, zu reden und mit anderen zusammenzuarbeiten, Risiken einzugehen und auch mal Fehler zu machen. Sie werden nicht einfach als „Informationsdepots“ betrachtet, sondern als aktiv Lernende – dazu gehört **Lernen zusammenzuleben**, **Lernen Wissen zu erwerben**, **Lernen zu handeln** und **Lernen für das Leben**, die von der UNESCO definierten vier Säulen der Bildung im 21. Jahrhundert.

Kinder und Jugendliche springen montagmorgens wahrscheinlich leichter aus dem Bett, wenn sie sich in der Schule willkommen fühlen und einen Schultag erwarten, an dem lauter unterhaltsame Herausforderungen von begeisterten, umgänglichen Lehrern präsentiert werden.

Gegenmittel

Leider konnten wir in den letzten 20 Jahren beobachten, dass die Bildungskultur immer stärker auf Wettbewerb und Prüfungen ausgerichtet wird. So haben sich viele Schulen von lebendigen

Lerninstitutionen in Orte verwandelt, die für Schüler fürchterlich sein können, wenn deren vielfältige Fähigkeiten außerhalb der akademischen Welt liegen oder sie mit Schwierigkeiten kämpfen. Wir ziehen eine Generation junger Menschen mit schwacher seelischer Gesundheit heran – besorgt, ob ihre Leistung den Ansprüchen genügt und deprimiert oder unruhestiftend, wenn sie diese verfehlen. Fehlschläge motivieren Menschen nicht, äußere Anreize ebensowenig. Was funktioniert? Lernende dazu befähigen, ihre Stärken zu nutzen und Entscheidungen zu treffen (Handlungsfähigkeit und Mitspracherecht) sowie die eigenen schrittweisen Fortschritte zu sehen (Meisterschaft und persönliche Bestleistungen) und ihnen das Gefühl geben, dass ihr Tun für sie selbst einen Sinn hat. Es ist hilfreich, wenn das Niveau der Herausforderungen so gewählt wird, dass Engagement und Freude (Flow) entstehen und die Anstrengung lohnt. **Diese intrinsischen Belohnungen führen dazu, dass man sich gut fühlt – als Lernender, aber auch als der Mensch, zu dem man wird.** Positive Bildung ist – neben dem Wohlergehen von Schülern und Schulen – ein willkommenes Gegenmittel bei negativen Szenarien und entwickelt weltweit in Bildungskreisen Zugkraft. Was ich sowohl in der Forschung als auch bei meiner Arbeit mit Lehrern, Schülern und Familien gelernt habe, ist: Wenn sich eine Schule im Kern auf Wohlbefinden ausrichtet, folgt alles andere daraus: Schüler zeigen mehr Engagement und bessere Schulleistungen, verhalten sich sozialer und sind belastbarer – unabhängig von ihrem Familienhintergrund oder ihren Fähigkeiten. Auch Lehrer fühlen sich mehr geschätzt und bleiben mit größerer Wahrscheinlichkeit bei ihrem Job.

Schulklima

Wie sieht Wohlbefinden in der Bildung also aus? Wohlbefinden ist ein proaktiver, präventiver und universeller Ansatz, bei dem jeder Lehrer ein Lehrer für Wohlbefinden ist und jeder Austausch eine Gelegenheit, die Belastbarkeit zu verbessern – ein Zustand, der mit der Kultur einer Schule verwoben ist.

Wohlbefinden als Kerngeschäft fängt oft bei Schulleitern an, die jedes Kind in seiner Ganzheit schätzen. Allerdings muss diese Vision von der ganzen Schulgemeinschaft getragen werden, damit Individuen aufblühen können. Auch wenn Lehrer manches nicht ändern können, liegt doch einiges in ihrer Kontrolle, und vieles können sie beeinflussen, wenn sie Wohlbefinden fördern. **In einem Schulklima mit hohem Sozialkapital fühlen sich alle sicher und als diejenigen akzeptiert, die sie sind.** Das Gegenteil ist eine vergiftete Umgebung, in der nur die Starken gedeihen. Gesunde Beziehungen basieren auf dem Glauben an das Beste der Anderen und dem Wunsch, ihnen dazu zu verhelfen, außerdem dem Willen zur Zusammenarbeit, der emotionalen Bildung zum Aufbauen und Erhalten positiver Beziehungen sowie der Fähigkeit, mit Konflikten umzugehen. Bei gegenseitigem Verständnis und Respekt wächst Vertrauen, und gemeinsame Ziele können entwickelt werden. Das Wohlbefinden an einer Schule entsteht nicht durch Zufall. Es muss definiert, entwickelt und beobachtet werden. Es zeigt sich auf dreierlei Weise: im Glauben an den Sinn von Bildung, darin, wie Menschen sich fühlen, und darin, was sie tun – sowohl als Einzelne als auch gemeinsam.

Lehrer wertschätzen

Schulen sind Ökosysteme: was in einem Bereich der Schule passiert, hat Auswirkungen anderswo. Kinder genießen das Lernen mit größerer Wahrscheinlichkeit, wenn ihre Lehrer sich unterstützt fühlen. Eltern engagieren sich stärker an der Schule, wenn sie als „Experten" für ihre Kinder behandelt werden und die Kommunikation zwischen Schule und Zuhause positiv ist. Es gibt weniger Mobbing, wenn Schüler über Gefühle, Freundschaft und Integration diskutieren und Verantwortung für das Klassenklima übernehmen. Kultur entsteht durch Gespräche – was über andere gesagt wird, mündlich oder auch schriftlich. Prüfungen mögen vorgeschrieben sein, aber wenn sie nicht dominieren, sondern nur ein Thema unter anderen sind, relativieren sie sich im Kontext der Gesamtaktivitäten einer Schule.

Unsere Kinder verdienen eine Bildung, die sie zu ihrem bestmöglichen Selbst aufblühen lässt – wie auch immer es aussehen mag. Eine Bildung, die jungen Menschen dabei hilft, ihre Stärken, Werte, Identität und Beziehungen zu entwickeln, ist für ihre Zukunft ebenso wichtig wie Lesen und Rechnen. Wir brauchen so viel Fürsorge, Flexibilität und Spaß an den Schulen, dass das Lernen allen Schülern Energie gibt und sie Vertrauen entwickeln – Vertrauen in die eigene Person und deren möglichen Beitrag.

Also: Wir müssen neu bewerten, was Kinder lernen, damit Individuen und Gemeinschaften aufblühen können. Achten wir darauf, wie Lernen stattfindet und welche Qualität die Lernumgebung hat. Sozialkapital ist entscheidend: Kultivieren wir Beziehungen, die Unterschiede respektieren und Vertrauen schaffen. Positive Gefühle erleichtern das Lernen. Dazu gehören Spaß, das Gefühl, geschätzt zu werden und dazuzugehören, ein Mitspracherecht, Herausforderungen und der Glaube daran, dass die eigene Person und der eigene Lernfortschritt wahrgenommen werden. Damit Kinder aufblühen, müssen wir Lehrer wertschätzen.

Die Glücksschlüssel

→ Leider konnten wir in den letzten 20 Jahren beobachten, dass die Bildungskultur immer stärker auf Wettbewerb und Prüfungen ausgerichtet wird.

→ Besser ist es, wenn Schüler ihre Stärken nutzen und Entscheidungen treffen können, die eigenen schrittweisen Fortschritte sehen und das Gefühl haben, dass ihr Tun einen Sinn hat.

→ Wohlbefinden ist ein proaktiver, präventiver und universeller Ansatz, bei dem jeder Lehrer ein Lehrer für Wohlbefinden ist und jeder Austausch eine Gelegenheit, die Belastbarkeit zu verbessern – ein Zustand, der mit der Kultur einer Schule verwoben ist.

Sue Roffey ist außerordentliche Professorin an der Western Sydney University (Australien) und Fellow der Royal Society of Arts. Sie arbeitet am Well-being Institute der Universität Cambridge und am University College London (Großbritannien) und ist Gründerin des Netzwerks „Wellbeing Australia". Ihre zahlreichen Veröffentlichungen behandeln den Themenbereich Wohlbefinden und Bildung, darunter schulische Kultur, sozial-emotionales Lernen, Resilienz, Beziehungen sowie Wohlbefinden und Verhalten von Lehrern. Sie ist eine leidenschaftliche Verfechterin sozialer Gerechtigkeit, und wenn sie nicht in ihrem Garten herumwerkelt, liebt sie die Gesellschaft von Freunden, Familie und Gleichgesinnten.

„Wer sich gut fühlt, tut Gutes.“

Die zehn Gebote des Glücks

Stellen Sie sich vor, dass Sie seit über 15 Jahren Spezialist für Glücksforschung sind und mehr als 17 Bücher geschrieben haben. Dann wagt es *Glück. The World Book of Happiness*, Sie darum zu bitten, Ihre Forschungsergebnisse in 20 Zeilen zusammenzufassen. **David G. Myers** seufzt und lacht – und versucht dies in seinen zehn Geboten des Glücks.

Wollen Sie ein glücklicheres Leben?

Machen Sie sich klar, dass dauerhaftes Glück nicht aus Erfolgen stammt. Menschen passen sich an wechselnde Umstände an – auch an Wohlstand oder Behinderungen. Insofern gilt für Wohlstand das Gleiche wie für Gesundheit: Sein völliges Fehlen ruft Unglück hervor, aber wenn man ihn hat (wie jeden anderen Umstand, den wir ersehnen), garantiert er nicht das Glück. **Geben Sie engen Beziehungen Vorrang.** Innige Freundschaften mit jenen, die sich wirklich für Sie interessieren, können Ihnen helfen, schwierige Zeiten durchzustehen. Sich jemandem anzuvertrauen tut Seele und Körper gut. Beschließen Sie, Ihre engsten Beziehungen zu pflegen, indem Sie die geliebten Menschen nicht als selbstverständlich betrachten, indem Sie ihnen die Freundlichkeit erweisen, die Sie Dritten entgegenbringen, indem Sie ihnen Bestätigung geben, mit ihnen spielen und mit ihnen teilen. Um Ihre Zuneigungen zu beleben, entscheiden Sie sich dafür, liebevoll zu handeln. **Suchen Sie sich Arbeit und Hobbys, die Ihre Fähigkeiten in Anspruch nehmen.** Glückliche Menschen befinden sich oft in einem Zustand, den man „Flow" nennt, versunken in Aufgaben, die sie herausfordern, aber nicht überfordern. Die teuersten Formen der Freizeitgestaltung (auf einer Jacht zu sitzen) bieten oft weniger Flow-Erfahrungen als Gartenarbeit, Treffen mit Freunden oder handwerkliche Aufgaben. **Übernehmen Sie die Kontrolle über Ihre Zeit.** Glückliche Menschen haben das Gefühl, ihr Leben unter Kontrolle zu haben. Um Ihren Umgang mit der Zeit zu meistern, setzen Sie sich Ziele und teilen Sie sie in tägliche Zielvorgaben auf. Obwohl wir oft überschätzen, wie viel wir an einem bestimmten Tag leisten können (und frustriert enden), unterschätzen wir im Allgemeinen, wie viel wir in einem Jahr leisten können, wenn wir jeden Tag nur einen kleinen Fortschritt erzielen.

Handeln Sie glücklich. Manchmal können wir uns durch Handeln in eine glücklichere Geistesverfassung versetzen. Wenn man Menschen dazu bringt, einen Ausdruck des Lächelns zu zeigen, fühlen sie sich besser; wenn sie finster blicken, scheint die ganze Welt zurückzuschmollen. Also setzen Sie ein glückliches Gesicht auf. Reden Sie so, als ob Sie sich selbst positiv einschätzen würden, optimistisch und kontaktfreudig wären. „Zu tun als ob" kann die richtigen Gefühle auslösen. **Treten Sie der Bewegungs-Bewegung bei.** Eine Lawine von Forschungsergebnissen weist nach, dass Gymnastikübungen leichte Depressionen mildern können und gleichzeitig Gesundheit und Energie fördern. Gesunde Geister leben in gesunden Körpern. Also stehen Sie auf, Sie Stubenhocker! **Geben Sie Ihrem Körper den Schlaf, den er braucht.** Glückliche Menschen leben aktiv und energiegeladen, aber sie nehmen sich auch Zeit für die Regeneration durch Schlaf und Alleinsein. Viele Menschen leiden unter Schlafmangel und dessen Folgen – Müdigkeit, Aufmerksamkeitsdefiziten und trüber Stimmung. **Blicken Sie über Ihr Selbst hinaus.** Gehen Sie auf Menschen in Not zu. Glück vermehrt die Hilfsbereitschaft (wer sich gut fühlt, tut Gutes). Aber wenn Sie Gutes tun, fühlen auch Sie sich noch besser. **Nähren Sie Ihr geistiges Selbst.** Vielen Menschen bietet ihr Glaube eine Unterstützungsgemeinschaft, einen Grund, über sich selbst hinauszublicken und ein Gefühl von Sinn und Hoffnung. Eine Studie nach der anderen weist nach, dass aktiv religiöse Menschen glücklicher sind und Krisen besser bewältigen. **Führen Sie ein Danktagebuch.** Wer jeden Tag innehält, um über einen positiven Aspekt des eigenen Lebens nachzudenken (Gesundheit, Freunde, Familie, Freiheit, Bildung, Sinneserfahrungen, Natur), erlebt gesteigertes Wohlbefinden.

Die Glücksschlüssel

→ **Sie Ihre Fähigkeiten, behalten Sie Ihre Zeit unter Kontrolle.**

→ **Lächeln Sie. Bewegen Sie sich ausreichend und schlafen Sie genug.**

→ **Tun Sie anderen Gutes, nähren Sie Ihr geistiges Selbst und führen Sie ein Danktagebuch.**

Der Sozialpsychologe **Prof. David G. Myers** hat wissenschaftliche Artikel und erfolgreiche Bücher geschrieben, darunter *The Pursuit of Happiness: Who is happy and why* (Das Streben nach Glück: Wer ist glücklich und warum). Die zehn Gebote sind eine Zusammenfassung der Gedanken aus diesem Buch. Für seine wissenschaftlichen Schriften ist ihm der Gordon Allport Prize verliehen worden. David G. Myers ist Allwetter-Radfahrer und arbeitet an einer Universität, deren Name perfekt zur Glücksforschung passt: Hope College (Michigan, usa), das „College der Hoffnung".

„Suchen Sie nach einem Leben,

in dem Glück und Sinn gleichzeitig vorkommen.“

Der Optimalpunkt

„Auf den ersten Blick gibt es viele Situationen, in denen etwas, das wir tun, uns zwar glücklicher macht, aber unserem Leben nicht mehr Sinn gibt", berichtet **Thaddeus Metz**. Er führt uns an den Optimalpunkt, an dem sich Glück und Sinn endlich treffen.

Zu den neueren Beispielen aus meinem Leben, in denen es Glück, aber keinen Sinn gab, gehören: unter einer wunderbar heißen Dusche stehen, mehrere Folgen der HBO-Comedyserie *Veep* anschauen und dazu Schokoladeneis essen oder einen besonders eleganten Anzug tragen. Professionelle Philosophen illustrieren diesen Punkt mit „phantastischen" oder „hypothetischen" Gedankenexperimenten: Sie stellen sich ein Leben in einer Virtual-Reality-Maschine vor, die ihren Bewohnern den anschaulichen Eindruck vermittelt, interessante Dinge zu tun (was sie nicht tun), oder ein Leben, dass daraus besteht, einen Felsen bis in alle Ewigkeit bergauf zu rollen, das aber zu genießen, weil die Götter das eigene Hirn so strukturiert haben.

Umgekehrt gilt: **Es gibt viele Gelegenheiten, bei denen es unser Leben anscheinend nicht glücklicher macht, wenn wir etwas Sinnvolles tun.** Stellen Sie sich vor, Sie würden Ihren alten kranken Vater pflegen, der ständige Aufmerksamkeit braucht oder in einem entfremdeten Job schuften, um Ihre Kinder zu ernähren. Für noch eingängigere Beispiele denken Sie an Menschen, die für ihren Kampf gegen Ungerechtigkeit einen hohen Preis bezahlt haben, wie Nelson Mandela, der für seinen Kampf gegen die Apartheid 27 Jahre im Gefängnis verbrachte, oder an Helden, die ihr Leben für andere opfern, indem sie beispielsweise ihren Platz in einem zu kleinen Rettungsboot freiwillig abgeben.

Intuitiv sieht das aus wie Fälle von sinnlosem Glück und sinnvollem Unglück. Ein vielversprechender Weg, die möglichen Abweichungen dieser menschlichen Werte zu verstehen, ist, sich Glück als angenehme Erfahrung vorzustellen und Sinn als etwas, das Wertschätzung oder Bewunderung verdient.

Pflegen und Tanzen

Konfrontiert mit der Aussicht, dass Glück und Sinn uns auf unterschiedliche Lebenswege führen, könnten unbeschwerte Menschen („Hedonisten") empfehlen, das Glück zu wählen und alles Mögliche zu tun, um das Vergnügen langfristig zu maximieren. Andere, tiefgründigere Charaktere („Stoiker") würden darauf beharren, dass Glück überbewertet wird und Sinn das einzige ist, was zählt.

Ich sehe das anders. Ich glaube, die beste Art von Leben, oder zumindest ein wirklich gutes, enthält sowohl Glück als auch Sinn. Obwohl wir manchmal zwischen diesen beiden Werten wählen müssen, sollten wir nach einem Leben streben, das reichlich von beidem enthält.

Wie geht das? Manchmal ist das Beste, was wir tun können, beides abwechselnd zu suchen. Krankenschwestern, die täglich mit schwerem Leid und Tod konfrontiert sind, kommen nicht umhin, ihre „Sinn-Zeit" zu investieren und können danach in einem Club tanzen gehen oder sich mit einem Glas Wein bei einem Computerspiel vergnügen.

Eine andere Strategie könnte darin bestehen, nach einem Leben zu suchen, in dem Glück und Sinn gleichzeitig vorkommen, sodass wir nicht das eine für das andere aufgeben müssen. **Das heißt sicherlich nicht, dass wir einfach eine Glückspille schlucken sollten, um die Monotonie am Fließband zu ertragen.** Es wäre besser, sich stattdessen Aktivitäten zu widmen, die sowohl Wertschätzung und Bewunderung verdienen als auch tendenziell angenehme Erfahrungen hervorrufen.

Blumengarten

Die Beispiele, an die ich denke, bieten Glück durch Anstrengung und Sinn ohne Aufopferung. Die bisher genannten Glücks-Fälle waren passive, bei denen Menschen angenehme Gefühle einfach „in sich aufnehmen", während bei den Sinn-Fällen die Menschen große Opfer zugunsten anderer bringen. **Es gibt aber aktivere Formen von Glück und weniger aufopfernde Arten von Sinn.** Wenn diese zusammenkommen, betrachten die Menschen, die sie erleben, das oft als die „höchste" oder „ideale" Daseinsform in ihrem Leben. Stellen Sie sich vor, durch harte Arbeit einen Blumengarten für Ihre Familie anzulegen. Oder Gedichte zu schreiben, die gut ankommen. Oder eine geistige Entdeckung zu machen, die ein Wissensgebiet beeinflusst.

Oder ein neues Gerät zu erfinden, um das Leben der Menschen zu verbessern. Oder stolz darauf zu sein, eine Neurose überwunden zu haben. Oder Sport zu treiben und die eigenen Fortschritte in der Kondition zu bemerken. Oder ein Haustier zu versorgen. Oder ein Musikinstrument zu erlernen, bis Sie ein wunderschönes Lied spielen können. Oder ein Gespräch mit Ihren Kindern darüber zu führen, wie sie die Welt sehen und wie sie die Welt auf aufschlussreichere Weise sehen könnten. Oder einer Gruppe von Leuten dazu zu verhelfen, gut zusammenzuarbeiten. **Oder Sex mit einem geliebten Menschen zu haben.** Oder einen kurzen Essay für eine breite Leserschaft zu schreiben – darüber, wie man so lebt, dass zwei menschliche Grundwerte gleichzeitig verwirklicht werden können.

Ich empfehle nicht, dass Krankenschwestern ihren Beruf aufgeben oder wir kein Schokoladeneis mehr essen sollten. Aber wenn Sie – wie ich – so viel Glück und Sinn in Ihrem Leben wollen, wie Sie nur bekommen können, werden Sie reichlich Lebenszeit an jenem Optimalpunkt verbringen, wo beide zusammenkommen.

Die Glücksschlüssel

→ **Glück und Sinn sind zwei unterschiedliche menschliche Werte, daher kann es sinnloses Glück und sinnvolles Unglück geben.**

→ **Ein besonders gutes Leben ist eines, in dem es sowohl Glück als auch Sinn gibt; Glück allein (zumindest eine gewisse Art davon) reicht nicht.**

→ **Eine gute Strategie für ein Leben voller Glück und Sinn ist, sich Aktivitäten zu widmen, die sowohl Wertschätzung und Bewunderung verdienen als auch tendenziell angenehme Erfahrungen auslösen.**

Thaddeus Metz ist Professor für Philosophie an der Universität Johannesburg (Südafrika). Er hat mehr als 175 wissenschaftliche Schriften zu Ethik und menschlichen Werten veröffentlicht, darunter das Buch *Meaning in Life* (Sinn im Leben). Außerdem berät er Organisationen wie die Brookings Institution, den südafrikanischen National Heritage Council und die Regierung von Bhutan zu westlichen, afrikanischen und ostasiatischen Werten.

„Menschen verfügen über ein bemerkenswertes Ausmaß
an Zähigkeit.“

Puffermechanismen

Durch das Leben und Arbeiten in Beirut hat **Huda Ayyash-Abdo**
die positiven Persönlichkeitsabläufe von Menschen in einem turbul-
enten Land wie dem Libanon entdeckt: „Innere Charakterzüge sind
wichtiger als äußere Bedingungen“, sagt sie. Und sie muss es wissen:
Sie unterrichtet den ersten Kurs für Positive Psychologie im Libanon,
vielleicht in der ganzen arabischen Region.

Wie man negative Wirkungen umkehrt

Subjektives Wohlbefinden (oder Lebenszufriedenheit) ist in den letzten beiden Jahrzehnten
zum Forschungsgebiet einer wachsenden Zahl von Psychologen und Sozialwissenschaftlern
geworden. Unsere Forschungen auf diesem Gebiet in einem Entwicklungsland wie dem Libanon haben uns gelehrt, dass Menschen keine Idealbedingungen brauchen, um glücklich zu
sein. Erträgliche bis akzeptable Bedingungen genügen ihnen, um Lebenszufriedenheit zu verspüren. Der sozioökonomische Status spielt anscheinend ebenfalls eine herausragende Rolle
für das subjektive Wohlbefindensniveau. Gleichwohl scheinen auch Charakterzüge signifikant
mit dem Niveau des subjektiven Wohlbefindens zusammenzuhängen. Zu diesen Charakterzü-
gen gehören Anpassungsfähigkeit, Geselligkeit, Belastbarkeit, Selbstwertgefühl, Optimismus,
Wertorientierung, realistische Erwartungsbildung und Toleranz. Tatsächlich zeigen unsere
Studien, dass diese inneren Charakterzüge wichtiger sind als äußere Bedingungen.

Im Libanon herrschen schwierige äußere Bedingungen, insbesondere chronische politische Instabilität, die manchmal zu Gewaltausbrüchen führt. Unsere Untersuchungen weisen darauf hin,
dass Menschen über ein bemerkenswertes Ausmaß an Zähigkeit verfügen, das ihnen hilft, den
Einfluss der Instabilität auszugleichen. **Menschen verwenden eine Vielzahl von Mechanis-**

men, um den negativen Einfluss politischer Gewalt und Unsicherheit zu mildern. Zu diesen Mechanismen gehören Gewöhnung, Leugnen, Sublimierung, soziale Anbindung und das Engagement für konstruktive Tätigkeiten, die ihnen helfen, eine andere und positivere Realität zu schaffen als die existierende negative – genauer die der politischen Gewalt.

Die oben erwähnten Charakterzüge sind innere mildernde Umstände zwischen dem Individuum und seiner Umwelt. Es gibt auch äußere Faktoren, die als wichtige Puffer zwischen dem Individuum und potenziell widrigen Bedingungen fungieren. Ein solcher mildernder Umstand ist das Vorhandensein von Familienzusammenhalt und stabiler sozialer Unterstützung. Ein weiterer äußerer Faktor ist, dass man ein Ziel hat und darauf hinarbeitet. Dies gibt einem Menschen das Gefühl von Zielbewusstsein und Leistung.

Was lernen wir daraus? Das Vorhandensein negativer Gefühle sollte nicht vermieden oder unterdrückt werden. Negative Emotionen sind in der Tat unter bestimmten Umständen natürlich. Zum Beispiel verdient der Verlust eines geliebten Menschen für eine gewisse Zeitspanne Kummer und Trauern. Allerdings ist das Verhältnis von positiven zu negativen Gefühlen – wenn eine Person insgesamt mehr positive als negative Gefühle erlebt – ein bedeutsamerer Einflussfaktor für das subjektive Wohlbefinden. **Außerdem sind die Wahrnehmung eines Ereignisses, seine Interpretation und die ihm zugemessene Wichtigkeit gleichermaßen wichtig für die Lebenszufriedenheit.** Ein Mensch muss nicht nur die Vorkommnisse filtern, die negative Emotionen auslösen, sondern aktiv Tätigkeiten ausführen, die positive Gefühle hervorrufen.

Die Glücksschlüssel

→ **Innere Charakterzüge sind wichtiger als äußere Bedingungen: von Anpassungsfähigkeit und Selbstwertgefühl bis hin zu Toleranz und Wertorientierung.**

→ **Menschen verwenden eine Vielzahl von Mechanismen, um den negativen Einfluss politischer Gewalt und Unsicherheit zu mildern: von Gewöhnung und Leugnen bis zu sozialer Anbindung und Engagement für konstruktive Tätigkeiten.**

→ **Das Vorhandensein negativer Gefühle sollte nicht vermieden oder unterdrückt werden – wir müssen uns stattdessen aktiv solchen Tätigkeiten widmen, die letztlich positive Gefühle auslösen.**

Huda Ayyash-Abdo ist Lehrbeauftragte für Psychologie und Leiterin der Abteilung für Sozialwissenschaften an der School of Arts and Sciences der Lebanese American University in Beirut (Libanon). Ihre Forschungsinteressen umfassen entwicklungspsychologische Beratung, die Entwicklung von Jugendlichen und die Anwendung passender Beratungsmethoden auf den Libanon und andere arabische Länder. Sie hat sechzehn Jahre in den usa gelebt und unterrichtet, bevor sie in den Libanon zurückkehrte.

„Kinder, die ständig im Wettbewerb stehen, entwickeln unsoziales und aggressives Verhalten gegenüber anderen Kindern.“

Ein Bedürfniskonflikt

Menschen sind eine gesellige Gattung. Die Entwicklung unserer Gehirne ist vor allem vom Bedürfnis nach Kommunikation mit unseren Mitmenschen vorangetrieben worden. Die Weltreligionen ebenso wie die Theorien über Glück und Wohlbefinden befassen sich mit der Rolle sozialer Beziehungen. Üblicherweise stellen sie Überlegungen zu drei Grundbedürfnissen an. Wie können wir sie erfüllen? Und wie versöhnen wir potenziell widersprüchliche Bedürfnisse? **Martin Guhn** und **Anne Gadermann** teilen ihre Erkenntnisse mit uns.

Höhere kollektive Glücksniveaus

Die Selbstbestimmungstheorie nimmt an, dass es drei universelle menschliche Grundbedürfnisse gibt, die erfüllt sein müssen, wenn wir glücklich sein wollen (unter der Annahme, dass die Grundbedürfnisse nach Nahrung, Unterkunft, körperlicher Gesundheit und Sicherheit bereits gestillt sind). Diese sind:

→ das Bedürfnis nach anderen, die uns nahestehen und denen wir nahestehen (soziale Eingebundenheit);

→ das Bedürfnis danach, sich in Tätigkeitsbereichen, die von anderen geschätzt werden, kompetent zu fühlen (Kompetenz);

→ das Bedürfnis nach einem Gefühl der Kontrolle über unser eigenes Verhalten (Autonomie).

Die drei Grundbedürfnisse sind umfassend untersucht worden. Forschungen zur sozialen Eingebundenheit (oder ihren Varianten wie menschliche Nähe oder soziale Unterstützung) haben gezeigt, dass soziale Unterstützung (von Freunden, Familie, Nachbarn und Kollegen) mit Glück, subjektivem Wohlbefinden, Lebenszufriedenheit und Gesundheit einhergeht. In ähnlicher Weise hängt die Wahrnehmung der eigenen Kompetenz (oder ähnliche Konstrukte wie das

Selbstbewusstsein bzw. die Selbstwirksamkeitserwartung oder das Leistungsmotiv) mit dem Wohlbefinden zusammen; das Gleiche gilt für hohe Niveaus wahrgenommener Autonomie.

Die Frage, warum oder wie einige Menschen – andere aber nicht – zu hohen Niveaus von sozialer Eingebundenheit, Kompetenz und Autonomie kommen, hat andere Forschungszweige angespornt. Aus entwicklungspsychologischer Sicht scheint es entscheidend zu sein, dass Kinder mit einem sicheren Gefühl der menschlichen Nähe zu ihren Betreuungspersonen aufwachsen, das genährt wird von einer vorhersehbaren und gleichbleibenden Versorgung mit Fürsorge, Unterstützung, hohen (und erfüllbaren) Erwartungen und einem klaren Satz von (moralischen) Regeln. Mit anderen Worten: Kinder brauchen das andauernde und liebende Engagement von einem oder mehreren Erwachsenen, die sich um das Kind kümmern und an seinen Aktivitäten teilnehmen.

Sind soziale Eingebundenheit und Autonomie widersprüchliche Bedürfnisse? Nicht unbedingt. Die Selbstbestimmungstheorie sagt aus, dass Eingebundenheit und Autonomie nebeneinander bestehen können, und es gilt aus entwicklungspsychologischer Sicht als ideal, wenn eine Person einen Zustand der „autonomen Eingebundenheit" erreicht. Allerdings werden die Bedürfnisse nach sozialer Eingebundenheit und Autonomie phasenweise als widersprüchlich oder sogar unvereinbar wahrgenommen, und man hat herausgefunden, dass soziale Umfelder, die Konflikte zwischen Grundbedürfnissen erzeugen, dazu beitragen, die Bedingungen für Entfremdung und psychopathologische Störungen zu schaffen.

In Gesellschaften, die zunehmend multikulturell werden, kann die Koexistenz verschiedener Subkulturen mit ihren jeweiligen Wertesystemen zu Konflikten führen – zu Konflikten von Mitgliedern einzelner Subkulturen zwischen ihrem Bedürfnis nach sozialer Eingebundenheit und dem nach Autonomie, aber auch zu Konflikten zwischen Mitgliedern verschiedener Subkulturen. Beispielsweise kann ein Konflikt zwischen den Generationen einer Einwandererfamilie entstehen, wenn ein Kind Aktivitäten nachgehen möchte, die von seinen Freunden aus der „neuen" Kultur geschätzt werden (zum Beispiel Ausgehen zu einer Party), die aber in der Kultur der Familie und/ oder des Heimatlandes nicht akzeptabel sind. In ähnlicher Weise können sich Mitglieder verschiedener Subkulturen entweder in ihrer Autonomie oder in ihrem Wunsch, soziale Eingebundenheit zu erzielen, eingeschränkt fühlen, wenn in bestimmten Situationen Gebräuche und Rollenerwartungen in Konflikt geraten (wie Kleidungsvorschriften, Geschlechterrollen, Menschenrechte).

Wie können Individuen oder ganze Gesellschaften Konflikte zwischen ihren Bedürfnissen nach sozialer Eingebundenheit und nach Autonomie aussöhnen, die aus verschiedenen Werten und Rollenerwartungen entstehen? Der Schlüssel zu dieser Herausforderung, so unsere These, liegt im Verständnis dafür, wie soziale Kompetenzen (wie Einfühlungsvermögen, Hilfsbereitschaft und die Fähigkeit zum Zuhören) Wege ebnen können, auf denen Individuen und Gruppen aus verschiedenen Subkulturen ihre jeweiligen Rollenerwartungen und Werte so lange neu aushandeln können, bis sie sich nicht mehr widersprechen, sondern ergänzen.

Außerdem sind wir der Auffassung, dass Gesellschaften mehr Infrastruktur und Mittel zur Verfügung stellen müssen, um die Interaktion zwischen Menschen aus verschiedenen Subkulturen so zu erleichtern, dass gemeinsame Quellen von Freude und Stolz entstehen, zum Beispiel, indem Schul- oder Gemeindeveranstaltungen veranstaltet werden, zu denen Kinder und Eltern mit ihren kulturellen Ressourcen wie Musik, Kunst oder Kochrezepten beitragen.

Ein Entwurf für die Prinzipien, die der Planung solcher Gemeinschaftsaktivitäten zugrunde liegen könnte, findet sich in den Gruppenexperimenten von Muzafer and Carolyn Sherif. Bei diesen Experimenten entwickelten Kinder, die ständig in Gruppenwettbewerbe einbezogen waren (wie bei Sportwettkämpfen), unsoziales und aggressives Verhalten gegenüber Kindern aus den anderen Mannschaften – sogar außerhalb der Wettbewerbe (zum Beispiel beim Frühstück). Wenn die Kinder allerdings einer Herausforderung gegenüberstanden, die alle betraf (zum Beispiel eine abgestellte Wasserleitung zum Lager), arbeiteten sie nicht nur zusammen, um das Problem zu lösen, sondern ihr Verhalten wurde durchgängig freundlich und hilfsbereit, auch gegenüber Kindern, die sie nur wenige Tage vorher respektlos behandelt hatten.

Viele Gesellschaften investieren hohe Beträge, um menschliche Grundbedürfnisse zu erfüllen, zum Beispiel über Bildungssystem, Gesundheitsversorgung, Sozialhilfe, Kinderbetreuung, Elternzeiten und Mitbestimmungsstrukturen. Das eine Gebiet, das aus unserer Sicht in unseren modernen postindustriellen Gesellschaften unterrepräsentiert ist, ist das Maß, in dem Strukturen und Mittel der Gemeinschaften dazu eingesetzt werden, die Bürgerinnen und Bürger regelmäßig in gemeinschaftliche, sozial nützliche und multikulturelle Tätigkeiten einzubinden und Kindern häufige Gelegenheiten zu bieten, ihre sozialen Fähigkeiten zu entwickeln.

Die Glücksschlüssel

→ **Drei universelle menschliche Grundbedürfnisse müssen erfüllt sein, wenn wir glücklich sein wollen: soziale Eingebundenheit, Kompetenz und Autonomie.**

→ **Es ist entscheidend, Kinder zu sozialer Kompetenz und sozial nützlichem Verhalten zu erziehen.**

→ **Widersprüchliche Bedürfnisse können zu komplementären Bedürfnissen versöhnt werden, wenn Gesellschaften Strukturen und Mittel zur Verfügung stellen, die Menschen in gemeinschaftliche, soziale und interkulturelle Tätigkeiten einbinden.**

Martin Guhn, Ph.D., ist Postdoctoral Fellow bei der Michael Smith Foundation for Health Research an der Universität British Columbia (Kanada). Sein spezielles Interesse gilt kulturellen und kontextuellen Einflussfaktoren und der sozialen und emotionalen Kompetenz von Kindern.

Anne Gadermann, Ph.D., ist Postdoctoral Fellow an der Abteilung für Gesundheitspolitik der Universität Harvard (USA) mit speziellem Interesse für das Wohlergehen von Kindern und Jugendlichen.

Vitamin U: Die Glückswirkung von Urlaub

Heute hängen jeder elfte Job und 9 Prozent des weltweiten Bruttosozialprodukts vom Reisen ab. Nach aktuellen Umfragen würden viele Arbeitnehmer mehr Urlaubstage einem höheren Gehalt vorziehen. Die Leute glauben anscheinend, dass ihre Zeit und ihr Geld in Urlaube gut investiert sind. Aber welche Wirkungen hat ein Urlaub auf Gesundheit, Wohlbefinden und Arbeitsleistung? **Jessica de Bloom** und **Sebastian Filep** nehmen Sie mit auf eine Reise in die neue Welt der Urlaubsforschung.

„Artikel 24: Jeder hat das Recht auf Erholung und Freizeit und insbesondere auf eine vernünftige Begrenzung der Arbeitszeit und regelmäßigen bezahlten Urlaub", heißt es in der Allgemeinen Erklärung der Menschenrechte der Vereinten Nationen. Freizeit ist eine anerkannte Quelle des Wohlbefindens für Berufstätige, weil sie ihnen die Möglichkeit bietet, sich von der Arbeit zu erholen, soziale Beziehungen aufzubauen und zu pflegen und Tätigkeiten eigener Wahl nachzugehen. Urlaub, die längste ununterbrochene Freizeitphase, ist eine kraftvolle Waffe gegen Arbeitsstress und eine Kernzutat für Lebensqualität.

Nutzen

In letzter Zeit wurden diverse wissenschaftliche Belege dafür gefunden, dass Urlaub die Gesundheit und das Wohlbefinden Berufstätiger verbessert. **Regelmäßige Urlaube verringern das Risiko für Herz-Kreislauf-Erkrankungen, Herzinfarkte und sogar vorzeitigen Herztod, das haben mehrere epidemiologische Langzeitstudien gezeigt.**

In einer neuen Umgebung mit anderen Tagesabläufen können Menschen sich leichter von ihren Alltagssorgen freimachen, Anspannung lösen und sich ausruhen. Während der Arbeitszeit werden die täglichen Abläufe Berufstätiger von straffen Zeitplänen, Kollegen, Kunden und Vorgesetzten bestimmt. Freizeit gibt ihnen die Freiheit, zu tun was sie mögen. **Freizeit erlaubt es auch, Zeit mit geliebten Menschen zu verbringen, positive Gefühle zu erzeugen und das eigene Denken und Tun zu erweitern.** Das Reisen an fremde Orte kann außerdem das Verständnis für andere Kulturen vertiefen. Eine Studie mit jungen Rucksackreisenden zeigte, dass die meisten bei ihrer Rückkehr überzeugt sind, sich auf positive, sinnvolle Weise verändert zu haben und in entscheidenden Aspekten ihrer Persönlichkeit reifer geworden zu sein.

Außerdem geben Menschen im Urlaub höhere Stimmungs-, Energie- und Glückswerte an. Der Ausstoß von Stresshormonen, körperliche Anspannung und Erschöpfung lassen nach. **Das gilt insbesondere für Urlauber, die viel Freiraum genießen, gut schlafen, sich entspannen und sich geistig von ihrer Arbeit lösen.** Studien haben außerdem gezeigt, dass Urlauber unterwegs durch gute Gespräche eine neue Verbindung zu geliebten Menschen aufbauen und dass die gemeinsame Freizeit Kommunikation und Zusammenhalt in Familien verbessert.

Überraschenderweise sind diese positiven Wirkungen weitgehend unabhängig von der Art oder Dauer des Urlaubs. Das heißt, es spielt kaum eine Rolle, womit Menschen ihre Urlaubszeit verbringen oder wie lange sie nicht zur Arbeit gehen. Selbst ein kurzer Urlaub zu Hause kann das Wohlbefinden steigern. Entscheidend ist, dass Urlaubsaktivitäten den persönlichen Vorlieben und Bedürfnissen entsprechen.

Die Arbeitgeberperspektive

Das Recht auf bezahlten Jahresurlaub wurde eingeführt, um die volle Arbeitskraft der Beschäftigten zu erhalten und wiederherzustellen; inzwischen ist es ein fester Bestandteil des modernen Arbeitslebens. Allerdings sehen viele Arbeitgeber Urlaubstage immer noch als verlorene Tage an, was die Produktivität angeht. Was sagt die Wissenschaft dazu?

Mehrere Studien, für die Berufstätige wochenlang Tagebücher über ihre Arbeit und Freizeit führten, zeigten: **Ausgeruhte Mitarbeiter finden ihre Arbeit weniger anstrengend, sind hilfsbereiter gegenüber Kollegen und melden sich freiwillig für Zusatzaufgaben.** Nach Betriebsferien ist außerdem der Krankenstand niedriger.

Eine experimentelle Studie untersuchte mit einer Aufgabe zur Ideensuche, wie sich die Kreativität nach einem dreiwöchigen Sommerurlaub verändert hatte. Das Niveau der Originalität blieb zwar gleich, aber die Bandbreite der Ideen jeder Person war nach einem Urlaub größer, das heißt, **Urlauber waren nach der Rückkehr an den Arbeitsplatz geistig flexibler.**

Eine Kubareise macht Sie vielleicht nicht gerade zu einem Hemingway, aber nach den Ferien werden Sie eher verschiedene Aspekte eines Problems sehen und sich nicht unbedingt auf konventionelle Vorstellungen und Routinelösungen verlassen. Reisen kann tatsächlich den Geist erweitern.

Kurze Wirkung

Es gibt auch schlechte Nachrichten. Die positiven Wirkungen von Urlaub auf Gesundheit und Wohlbefinden halten generell nur kurze Zeit an; oft verschwinden sie schon in der ersten Arbeitswoche. Und was die ökologische Nachhaltigkeit angeht, gefährden die von Reisen verursachten Treibhausgase unsere Umwelt.

Mehr noch: **Urlaubsreisen hängen auch mit Leistungsminderungen zusammen.** Beispielsweise schneiden Schüler bei Leistungstests nach den Sommerferien schlechter ab als im Frühling, vor allem in Mathematik und Rechtschreibung. Noch ausgeprägter ist dieser Leistungsabfall bei Schülern aus benachteiligten Verhältnissen, die in den Sommermonaten möglicherweise keine Unterstützung von ihren Eltern bekommen, was diese Fähigkeiten angeht. In den Krankenhäusern gibt es während der Ferienzeit im Sommer mehr Todesfälle aufgrund medizinischer Fehler. Dies mag zum Teil daran liegen, dass neue Ärzte die erfahrenen leitenden Mediziner während der Ferien vertreten, aber der Abbau von Fähigkeiten während einer längeren Abwesenheit vom Arbeitsplatz könnte auch eine Rolle spielen. Insgesamt stellen diese Befunde die in vielen westlichen Ländern übliche Praxis in Frage, die gesamte Belegschaft mehrere Wochen am Stück zu beurlauben.

Neue Ufer

Unsere Ratschläge:
1. Machen Sie regelmäßig Urlaub (nicht unbedingt weit weg von zu Hause), um den Arbeitsstress auszugleichen.
2. Versuchen Sie, sich im Urlaub geistig von der Arbeit zu lösen und zu entspannen.
3. Bemühen Sie sich um ein hohes Maß an Freiraum im Urlaub.
4. Halten Sie sich Urlaubszeit für geliebte Menschen frei und unterhalten Sie sich viel mit ihnen.
5. Sorgen Sie nach dem Heimkommen für einen sanften Übergang zwischen Urlaub und Arbeit.

Um die individuelle und gesellschaftliche Wirkung von Urlaub zu optimieren, lohnt es sich, Konventionen in Frage zu stellen und Strategien zu suchen bzw. auszuprobieren, mit denen sich die positive Wirkung von Urlaub vielleicht verlängern lässt. Gleichmäßiger über das Jahr verteilte Urlaubstage, häufigere Kurzurlaube und ein allmählicher Ausklang vor der Rückkehr zur Arbeit könnten Wege dazu sein.

Trotz seines Nutzens genießt ein großer Teil der Beschäftigten in aller Welt immer noch kein Recht auf Urlaub. Es bleibt abzuwarten, ob und wann Urlaub ein universelles Gut wird.

Die Glücksschlüssel

→ **Aktuelle wissenschaftliche Befunde zeigen, dass Urlaub die Gesundheit und das Wohlbefinden berufstätiger Menschen verbessert. Das gilt insbesondere für Urlauber, die viel Freiraum genießen, gut schlafen, sich entspannen und sich geistig von ihrer Arbeit lösen.**

→ **Entscheidend ist, dass Urlaubsaktivitäten den persönlichen Vorlieben und Bedürfnissen entsprechen.**

→ **Ausgeruhte Mitarbeiter finden ihre Arbeit weniger anstrengend, sind hilfsbereiter gegenüber Kollegen, melden sich freiwillig für Zusatzaufgaben und sind geistig flexibler.**

Die Arbeits- und Organisationspsychologin **Jessica de Bloom** ist wissenschaftliche Mitarbeiterin am Institute for Advanced Social Research der Universität Tampere (Finnland).

Sebastian Filep ist spezialisiert auf Tourismus- und Wohlbefindensforschung; er arbeitet als Dozent an der University of Otago (Neuseeland) und ist Honorary Fellow der Victoria University (Australien). Gemeinsam versuchen die beiden Globetrotter, die Lücke zwischen ursprünglich getrennten Forschungsgebieten mit interdisziplinären Forschungsprojekten zur Psychologie des Tourismus zu überbrücken.

„Wir müssen lernen, Pessimismus als Rezept für Fröhlichkeit zu verwenden."

Ein gutes Leben

„Als Individuen sollten wir nach einem guten Leben streben, nicht nach einem glücklichen Leben. Als Gemeinschaft sollten wir nach einer gerechten Gesellschaft streben, nicht nach einer glücklichen Gesellschaft. Nur wenn wir Glück haben, wird all dieses Streben unser Leben und damit unsere Gesellschaften glücklicher machen, als sie es sonst gewesen wären. Aber es gibt keine Garantie." **Philippe Van Parijs** fragt sich: Warum nicht? Und spielt das eine Rolle?

Was würde unsere Gesellschaften gerechter machen? Was würde sie glücklicher machen? Sind diese beiden nicht aufs Engste verbunden? Das sind sie, auf mehrere Arten. Wenn unsere Gesellschaften gerechter werden sollen, müssen wir jedem Menschen grundlegende materielle Sicherheit gewähren. Dies würde die große Sorge beheben, die das Leben jener überschattet, die zurzeit zu einer prekären Existenz verurteilt sind. Unsere Gesellschaft gerechter zu machen umfasst auch die Abschaffung offenkundig unfairer Privilegien. Dies würde helfen, die Missgunst, Empörung und Verärgerung zu mildern, die oft das Leben jener vergiften, die nicht an Privilegien teilhaben.

Und dennoch gibt es keine Garantie dafür, dass wir unsere Gesellschaft, wenn wir sie möglichst gerecht gestalten, auch so glücklich machen wie möglich. Größere Gerechtigkeit könnte verlangen, dass wir begünstigten Menschen einige der Dinge wegnehmen, an die sie gewohnt sind (und die sie sehr vermissen werden), und diesen „Wohlstand" (in welcher Form auch immer) anderen Menschen übertragen, die objektiv stärker benachteiligt, aber glücklicher sind, weil sie ihre Bedürfnisse ihren bescheidenen Verhältnissen angepasst haben. Größere Gerechtigkeit macht es auch notwendig, für Chancengleichheit zu sorgen. Wie die soziologischen Untersuchungen „American Soldier" von Samuel Stouffers aus dem Jahr 1949 bis heute dokumentieren, kann es eine Dynamik relativer Benachteilung entfesseln, wenn man einer bestimmten Gruppe von Menschen Gelegenheiten zum sozialen Aufstieg gibt, die sie vorher nicht hatten:

Dies kann letztendlich größere Unzufriedenheit als zuvor schaffen, sowohl in der Gruppe, deren Chancen sich verbessert haben, als auch bei denen, für die sie schlechter geworden sind.

Ganz allgemein gilt: Beim Unglücklichsein geht es um die Kluft zwischen dem, was man hat, und dem, was man will – bei der Ungerechtigkeit dagegen um die Kluft zwischen dem, was man hat, und dem, was man gerechterweise fordern kann. Es gibt keinen generellen Grund zu erwarten, dass Wünsche und gerechte Forderungen notwendigerweise zusammenfallen. **Insofern überrascht es nicht, dass wir, wenn wir die Ungerechtigkeit mindern, wie es unsere Aufgabe ist, das Unglück auch mehren können.**

Nebenprodukt

Während der Gedanke der Erlangung maximalen Glücks als Kollektivziel sinnlos ist, könnte er als unser individuelles Lebensziel sinnvoll sein, wenn auch innerhalb der Grenzen, die durch gerechte Gemeinschaftsregeln gesetzt werden. Es gibt zwei – und nur zwei – Wege, auf denen jeder und jede von uns versuchen kann, glücklicher zu werden: das, was wir haben, dem anzunähern, was wir wollen, und das, was wir wollen, dem anzunähern, was wir haben. Keine dieser beiden Strategien ist auf materielle Güter beschränkt. Jede von ihnen ist für unsere philanthropischen Bestrebungen genauso bedeutsam wie für unseren Konsumhunger. Jede ist für unsere Machtgier genauso relevant wie für unsere romantischen Wünsche.

Welche der beiden Strategien wir auch immer erwägen – ist es richtig zu sagen, dass es unser Lebensziel ist, Glück zu erlangen? Nein, das ist es nicht. Unser Ziel sollte es sein, ein gutes Leben zu führen, ein Leben, das wir bei reiflicher Überlegung nach unseren eigenen Maßstäben für gut befinden können. **Uns allen fallen wahrscheinlich Menschen ein, die wir verachten, die aber ein einigermaßen glückliches Leben führen oder geführt haben** – und Menschen, die wir bewundern, die aber ziemlich unglücklich sind, weil sie ständig versuchen oder versucht haben, das Unerreichbare zu erreichen. Es gibt nicht wenige Künstler, die sich selbst ins Grab gequält haben, oder Rebellen, die ihr Leben und ihre Familien bei dem vergeblichen Versuch verloren haben, sich gegen Situationen aufzulehnen, an die sich ihre Nachbarn willig anpassten. Insofern ist es nicht das Glück, das unser Leben im Sinne begrifflicher oder moralischer Notwendigkeit gut macht. Allerdings kann es oft ein Beitrag und manchmal ein Nebenprodukt sein, wenn wir ein Leben führen, das wir als gut ansehen.

Luxusfieber

Glück kann uns dabei helfen, ein gutes Leben zu führen, weil es uns glücklicher macht. Frustration, Neid, Enttäuschung, Verzweiflung, Trübsal sind allesamt hinderlich. Es ist deshalb hilfreich, wenn wir versuchen, unsere Psyche so zu steuern, dass wir uns von diesen Gefühlen

wegbewegen, nicht nur, um unser Leben glücklicher zu machen, sondern auch, um sie zu lindern. Zum Beispiel ist es weise, dem „Luxusfieber" zu entrinnen, dem sinnlosen Wettrennen um immer üppigeren materiellen Konsum, indem wir uns einen nüchterneren Geschmack zulegen, der es uns erlaubt, auch unterhalb unserer Möglichkeiten glücklich zu leben. **Im gleichen Geist müssen wir lernen, Rückschläge in Chancen zu verwandeln.** Wir müssen lernen, unsere Fehlschläge und Schnitzer zu vergessen – außer um zu lernen, wie wir sie nicht wiederholen –, und immer nach vorne schauen, statt unsere Zeit mit zweckloser Reue zu vergeuden. Wir müssen, vor allem jenseits eines gewissen Alters, lernen, jeden zusätzlichen Tag als ein weiteres der unverdienten Geschenke zu sehen, die uns das Leben macht. Wir müssen lernen, die Dinge, die wir nicht ändern können, ruhig als Tatsachen des Lebens hinzunehmen, darunter auch die Unvermeidbarkeit unseres eigenen Todes. Und wir müssen lernen, Pessimismus als Rezept für Fröhlichkeit zu verwenden: Wenn wir unsere positiven Erwartungen dämpfen und unsere negativen Vorhersagen übertreiben, wird unser Leben von angenehmen Überraschungen erfüllt sein.

Auf diesen mannigfachen Wegen können wir lähmende Traurigkeit vermeiden und dadurch die Hoffnung, das Gleichgewicht und die Begeisterung weiterhin nähren, die wir brauchen, um die vielen großen und kleinen Dinge anzugehen und zu verfolgen, die unser Leben gut machen. Umgekehrt kann auch die Güte unseres Lebens zu unserem Glück beitragen. Wenn unser Leben nach unseren eigenen Maßstäben ein gutes Leben ist, oder jedenfalls so gut wie möglich, dann ist es vielleicht nicht ganz so wichtig, wenn es nicht das glücklichste Leben ist, das es hätte sein können. **Wenn wir versuchen, unser Leben so gut wie möglich zu gestalten, dann sollte uns dies eine heitere Gelassenheit und einen Seelenfrieden geben, die wir sonst nicht hätten.** Zumindest vorausgesetzt, dass bestimmte Bedingungen erfüllt sind. Damit wir diese Art Glück erlangen können, müssen wir das Projekt unseres Lebens vielleicht als Beitrag zu etwas ansehen, das über die Grenzen unserer eigenen vergänglichen Person hinausgeht, zu einer Familie, zu einer Sache, zu einer Organisation oder einer Gemeinschaft, zu etwas, dem wir einen Teil unserer Sorgfalt, unserer Anstrengung und unserer glücklichen – und weniger glücklichen – Augenblicke widmen.

Viele der Dinge, die unser Leben gut machen, werden erst sichtbar oder werden erst Früchte tragen, wenn wir gegangen sind. Dies ist natürlich etwas, was wir nie wissen werden, aber wir können hoffen. Und wenn wir das tun, können wir das Glück finden. Nicht weil wir versucht haben, glücklich zu sein, sondern einfach als willkommenes Nebenprodukt davon, das zu tun, was wir tun zu müssen glaubten.

Die Glücksschlüssel

→ **Als Individuen sollten wir nach einem guten Leben streben, nicht nach einem glücklichen Leben. Als Gemeinschaft sollten wir nach einer gerechten Gesellschaft streben, nicht nach einer glücklichen Gesellschaft.**

→ **Es gibt zwei – und nur zwei – Wege, auf denen jeder und jede von uns versuchen kann, glücklicher zu werden: das, was wir haben, dem anzunähern, was wir wollen, und das, was wir wollen, dem anzunähern, was wir haben.**

→ **Unser Ziel sollte es sein, ein gutes Leben zu führen, ein Leben, das wir bei reiflicher Überlegung nach unseren eigenen Maßstäben für gut befinden können. Glück kann ein willkommenes Nebenprodukt dieses guten Lebens sein.**

Philippe Van Parijs (Hoover-Lehrstuhl für Wirtschafts- und Sozialethik, Belgien) hat Philosophie, Jura, politische Ökonomie, Soziologie und Linguistik in Brüssel, Louvain, Oxford, Bielefeld und Berkeley studiert. Er ist Doktor der Sozialwissenschaften und der Philosophie und war als Gastprofessor an Universitäten auf der ganzen Welt. Er hat zahlreiche Artikel und Bücher veröffentlicht, zuletzt *Linguistic Justice for Europe and for the World* (Linguistische Gerechtigkeit für Europa und die Welt). Er ist Mitgründer und Präsident des Basic Income Earth Network (Netzwerk Basiseinkommen für die Welt). Für seine herausragenden Forschungsleistungen wurde er sogar durch ein Porträt auf einer offiziellen belgischen Briefmarke geehrt.

„Mehr Fernsehen = weniger Glück.

Also schalten Sie den Fernseher ab und das Glück an."

Affluenza

Norwegen gehört zu den führenden Öl- und Gasländern der Welt, mit einem beneidenswerten Bruttosozialprodukt und einer riesigen Rentenkasse. Aber **Reidulf G. Watten** hat bemerkt, dass die norwegische Gesellschaft von „Affluenza", der Wohlstandsgrippe, befallen zu sein scheint und damit das Glücksparadox beispielhaft illustriert – den schwachen Zusammenhang zwischen Glück, Wohlstand und Einkommen, wie ihn Studien über verschiedene Länder in aller Welt enthüllen. Glück beruht auf mehr als Öl und Gas.

Sein, Sinn, Schönheit und … Würde

Der Homo oeconomicus bietet uns nur ein unvollständiges Bild des menschlichen Wesens. Mit Daten aus dem Norwegischen Monitor (nm) hat uns Ottar Hellevik, Politologe an der Universität Oslo, faszinierende Erkenntnisse über andere Aspekte des norwegischen Lebens und der Gesellschaft der letzten Jahre vorgelegt. Der nm ist eine einzigartige Datenbank, sowohl in Hinsicht auf seinen methodologischen Ansatz (die Befragungen werden alle zwei Jahre durchgeführt) als auch auf seine Stichprobengröße (2200–4000 Befragte pro Interviewrunde). Der nm umfasst die Jahre 1985 bis 2007 und konzentriert sich als Mehrthemenumfrage auf mehrere Gebiete, darunter Glück, politisches Verhalten, Wertorientierung etc. Die Stichproben sind repräsentativ für die Bevölkerung ab dem 16. Lebensjahr.

Von 1985 bis 2007 gab es einen deutlichen Anstieg des Einkommensniveaus und des materiellen Wohlergehens in Norwegen. Allerdings war kein paralleler Anstieg des Glücksniveaus zu beobachten. Es scheint, als ob der Vorrang, der Einkommen und materiellem Besitz gegen Ende des letzten Millenniums eingeräumt wurde, eine nachteilige Wirkung auf das Glück hatte, obwohl es in der Zeit von 2001 bis 2007 leicht anstieg. Zu den übrigen wesentlichen Ergebnissen und Schlussfolgerungen gehören:

→ Es gibt keinen Zusammenhang zwischen Glücksempfinden und Wohnort, weder in Großstädten, Kleinstädten, noch im ländlichen Raum.

→ Politische Wertvorstellungen sind ebenfalls weniger wichtig.

→ Das Bildungsniveau und andere typische Lebensstil-Faktoren wie Rauchen oder Trinken steigern das Glück nicht.

→ Moderne materialistische Faktoren wie der passive Fernsehkonsum haben schädliche Wirkungen. Je mehr Zeit die Norweger vor einem Fernsehbildschirm verbringen, desto weniger glücklich sind sie.

→ Einige Aspekte der wirtschaftlichen Lage einer Person mehren das Glück – wenn auch nicht das eigentliche Einkommensniveau, sondern eher die subjektive Zufriedenheit, die dieses Einkommensniveau mit sich bringt.

→ Größeres Glück ist gekoppelt an Zufriedenheit mit der persönlichen Gesundheit und Fitness.

→ Beziehungsfaktoren sind im Bereich des Seins und des Sinns entscheidend: Unsere Zufriedenheit mit Familie, Freunden und Nachbarn ist ein Kernkriterium für Glück.

→ Dass wir unsere Arbeit genießen ist wichtiger als die Art und/oder Bedeutung dieser Arbeit.

→ Zufriedenheit mit dem Niveau der sozialen und wirtschaftlichen Gleichheit, Vertrauen gegenüber den politischen Institutionen und gegenüber anderen Menschen sowie die Existenz wichtiger sozialer Institutionen sind entscheidend.

→ Existenzielle Faktoren wie Religion und religiöse Aktivitäten sind positiv mit Glück verbunden: je stärker die Aktivität, desto größer das Glück.

→ Gemäßigte körperliche Betätigung und der Genuss der freien Natur tragen zu unserem Glück wesentlich bei.

→ Je stärker wir aktiv an künstlerischen und kulturellen Aktivitäten teilnehmen (wie Konzerten, Kunstausstellungen, Museen, Theater oder Oper), desto glücklicher sind wir.

Unsere Werte stehen auch in Beziehung zu unserem Glücklichsein. Der nm hat in den letzten fünf Jahren interessante Veränderungen bei den Werten beobachtet, die in der norwegischen Gesellschaft vorherrschen. Während materialistische Werte zu weniger Glück führen, mehren idealistische Werte das Glück, unabhängig von Alter, Geschlecht, sozialer Schicht oder wirtschaftlichem Status. Vor allem sind die Werte sehr wichtig, die sozio-emotionale Beziehungen

– anderen Menschen nahe zu sein – umfassen. In ähnlicher Weise sind die Werte des Altruismus, der antimaterialistischen Einstellung, der Selbstverwirklichung und des Respekts vor dem Gesetz alle positiv mit dem Glück korreliert.

Diese Werte legen nahe, dass Glück und Lebensqualität mit so grundlegenden seelischen Bedürfnissen wie emotionalen und sozialen Bindungen zusammenhängen. Enge persönliche Beziehungen, die Fähigkeit, Natur und Schönheit zu genießen, die Gelegenheit „frei durchzuatmen" und die Verfügbarkeit sozialer, wirtschaftlicher und kultureller Möglichkeiten für die lebenslange Entwicklung des eigenen Potenzials scheinen allesamt unerlässlich zu sein. Allerdings muss man einen weiteren Faktor zu der Liste hinzufügen, wenn die Entwicklung dieses Potenzials erfolgreich sein soll – menschliche Würde. Die amerikanische Philosophin Martha Nussbaum hat diesen Punkt sehr nachdrücklich vertreten. **Sie beschreibt elf Faktoren, die für die menschliche Würde vonnöten sind**: Leben, Gesundheit, körperliche Unversehrtheit, die Möglichkeit, menschliche Sinneswahrnehmungen zu entwickeln, die Möglichkeit zu denken und träumen, Gefühle, praktische Vernunft, Verbundenheit mit Menschen und anderen lebenden Wesen, Selbstachtung, die Fähigkeit zum Spiel und die Fähigkeit, das eigene politische und physische Umfeld zu beeinflussen. Ich bin davon überzeugt, dass sich unser Glückspotenzial und eine bessere Lebensqualität nicht voll entwickeln können, wenn der menschlichen Würde in der Gesellschaft nicht mehr Aufmerksamkeit und mehr Respekt gezollt werden.

Die Glücksschlüssel

→ **In einem reichen Land hat es nachteilige Wirkungen auf das Glück, wenn Einkommen und materiellem Besitz zu starker Vorrang eingeräumt wird.**

→ **Immaterielle Werte hängen eng mit dem Glück zusammen: Schönheit, Zuversicht, Vertrauen und sozio-emotionale Bindungen.**

→ **Das Potenzial für Glück kann ohne den nötigen Respekt für die menschliche Würde nicht entwickelt werden.**

Reidulf G. Watten ist Professor für allgemeine Psychologie an der Fakultät für Gesundheit und Sozialarbeit, Fachbereich Psychologie, an der Hochschule Lillehammer (Norwegen). Seine Hauptforschungsinteressen sind Studien zu Lebensqualität, Persönlichkeit, Gesundheitspsychologie, biologischer Psychologie und visueller Wahrnehmung. Aber er mag auch Angeln und Jagen und praktiziert klassischen Gesang.

„Acht Aspekte beeinflussen die Lebensqualität, und

sie sind für alle Menschen auf der Welt gleich."

Fähig behindert

„Orange und Gelb sind positive Farben. Holen Sie diese Farben in Ihr Leben. Lassen Sie Blau, Grau und Braun weg, denn diese Farben werden Sie deprimieren. Ihr Leben ist vom Farbkreis umgeben, aber halten Sie den Zeiger bei den positiven Farben an. Lassen Sie die Sonne in Ihr Leben scheinen!" Diese Worte stammen aus einem Gedicht von Meagan Ipsen. **Ralph Kober** bittet Sie, die Worte noch einmal zu lesen, diesmal im Wissen, dass die Verfasserin ein Mensch mit einer geistigen Behinderung ist. Es gibt Millionen von ihnen. Was können wir über ihr Glücklichsein sagen?

Hoffentlich bringt Sie die Erkenntnis, dass dieses Gedicht von einer Person mit einer geistigen Behinderung geschrieben wurde, dazu, alle vorgefassten Meinungen noch einmal zu überdenken, die Sie vielleicht über die Fähigkeiten von Menschen mit solchen Einschränkungen hatten.

Was wissen wir über die Lebensqualität von Menschen mit geistigen Behinderungen? Als Erstes ist es wichtig zu wissen, dass die Grundbestandteile der Lebensqualität für alle Menschen auf der Welt gleich sind. Es gibt allerdings Abweichungen bei den relativen Werten, die in verschiedenen Kulturen mit diesen Bestandteilen verbunden werden. Die positiven Aspekte, die zu einem guten Leben führen, sind in China die gleichen wie in den usa, aber die Bedeutung, die den verschiedenen Aspekten beigemessen wird, kann abweichen. Zweitens ist es wichtig zu erkennen, dass Lebensqualität sich sowohl aus objektiven (quantitativen) als auch aus subjektiven (qualitativen) Komponenten zusammensetzt. Das Dritte ist, dass Lebensqualität außerdem sowohl von persönlichen (inneren) als auch von Umweltbedingungen beeinflusst wird. Aufbauend auf diesen drei Prämissen ist es einleuchtend, dass Lebensqualität ein mehrdimensionaler Begriff ist.

Die meisten Wissenschaftler sind zu dem Schluss gekommen, dass die Lebensqualität für alle Menschen die gleichen acht Felder umfasst: persönliche Entwicklung, Selbstbestimmung, zwischenmenschliche Beziehungen, soziale Teilhabe, Rechte, emotionales Wohlbefinden, körperliches Wohlbefinden und materielles Wohlbefinden.

Drei Faktoren

Gibt es Dinge, die wir tun können, um die Lebensqualität von Menschen mit geistigen Behinderungen zu verbessern? Bestimmt. Obwohl es zu diesem Thema breit gefächerte Forschungsergebnisse gibt, möchte ich mich auf nur drei Faktoren beschränken. Erstens können wir für **angemessene Wohnverhältnisse** sorgen. Untersuchungen zur Wirkung von Deinstitutionalisierung (große Unterbringungseinrichtungen werden durch kleinere Wohneinheiten ersetzt, die Menschen mit geistigen Behinderungen innerhalb der lokalen Gemeinschaft unterstützen) haben herausgefunden, dass diese einen positiven Einfluss auf die allgemeine Lebensqualität hat. Zweitens können wir Menschen mit geistigen Behinderungen **angemessene Beschäftigung** geben. Wie bei Nichtbehinderten steigert ein Arbeitsplatz die persönliche Selbstachtung und die Lebensqualität. Für Menschen mit leichten Einschränkungen bringen offene Beschäftigungsverhältnisse (bei denen die behinderte Person in einer offenen Umgebung zusammen mit nichtbehinderten Kollegen arbeitet) eine höhere Lebensqualität mit sich als geschützte Arbeitsverhältnisse (bei denen die behinderte Person hauptsächlich mit anderen Behinderten zusammenarbeitet). Es ist noch nicht eindeutig geklärt, auf welche Weise ein Arbeitsplatz die Lebensqualität verbessert. Ist es die Tätigkeit als solche oder das erhöhte Einkommen oder (höchstwahrscheinlich) eine Kombination von beidem? Unabhängig von der Antwort ist die dritte Maßnahme, die wir ergreifen können, eine **Erhöhung des Einkommens** (oder der finanziellen Unterstützung) für Menschen mit geistigen Behinderungen. Meine derzeitigen Untersuchungen weisen darauf hin, dass relativ bescheidene Steigerungen der (meist geringen) Einkommen von Menschen mit geistigen Behinderungen deren Lebensqualität erheblich steigern können. In Bezug auf diese drei möglichen Maßnahmen – Wohnen, Beschäftigung und Einkommen – können wir schon aus vielen Ländern von Veränderungen in der staatlichen Politik berichten, die das Leben von Menschen mit geistigen Behinderungen verbessert haben. Sie werden nicht mehr in Anstalten eingewiesen, spezielle Programme, die ihnen bei der Arbeitssuche helfen, sind eingerichtet worden, und in einigen Ländern dürfen Menschen mit geistigen Behinderungen nicht mehr unterhalb des Mindestlohnniveaus bezahlt werden.

Kernfamilie

Es wäre nachlässig von mir, wenn ich ein aufregendes neues Gebiet der Forschung zur Lebensqualität von Menschen mit geistigen Behinderungen unterschlagen würde, nämlich die familiäre Lebensqualität. Damit meine ich die Lebensqualität der Kernfamilie als Ganzes, im Gegensatz zur Summe der individuellen Lebensqualitäten jedes Familienmitglieds. Angesichts der **Bedeutung der Kernfamilie für das Funktionieren aller Gesellschaften wird deutlich, dass die familiäre Lebensqualität extrem wichtig für die Richtungsbestimmung zukünftiger Behindertenpolitik sein wird.** Wenn ein Mitglied einer Familie eine geistige Behinderung hat, verändert sich die Familiendynamik oft von „normalen" Wechselbeziehungen zwischen den Familienmitgliedern hin zu einer Konzentration auf das Individuum mit einer Behinderung. Diese Veränderung der Dynamik kann unglückliche Folgen für das effektive Funktionieren der Familie haben – deshalb ist es sehr wichtig, dass wir Verständnis für die Lebensqualität innerhalb der Familiengemeinschaft entwickeln. Wenn wir dieses Verständnis gewonnen haben, können wir anfangen, Wege zur Verbesserung familiärer Lebensqualität zu erkunden: vielleicht, indem man verschiedenen Mitgliedern der Familie Hilfe anbietet und nicht nur der Einzelperson mit der geistigen Behinderung.

Leider zeigen wissenschaftliche Untersuchungen, dass die allgemeine Lebensqualität der meisten Menschen mit geistigen Behinderungen und ihrer Familien immer noch unzumutbar niedrig ist, oft wesentlich niedriger als im Bevölkerungsdurchschnitt. Infolgedessen gibt es immer noch viel zu tun, und es obliegt uns allen, dafür zu sorgen, dass es auch getan wird. Angesichts der Energie und Leidenschaft, die Wissenschaftler und Interessenvertreter auf diesem Gebiet aufbringen, bin ich zuversichtlich, dass wir es schaffen werden – eines Tages.

Die Glücksschlüssel

→ **Die Grundbestandteile der Lebensqualität sind universell und gelten für alle Menschen, auch für Menschen mit geistigen Behinderungen.**

→ **Wir können die Lebensqualität von Menschen mit geistigen Behinderungen verbessern, indem wir ihnen angemessene Wohnverhältnisse, Arbeitsplätze auf dem ersten Arbeitsmarkt und ein höheres Einkommen zur Verfügung stellen.**

→ **Die Aufmerksamkeit sollte nicht der Person mit der geistigen Behinderung gelten, sondern der Lebensqualität ihrer gesamten Familie.**

Ralph Kober ist Professor für Rechnungswesen an der Monash University (Australien). Seine Forschungsinteressen umfassen sowohl das Rechnungswesens als auch die Lebensqualität von Menschen mit geistigen Behinderungen. Während der Arbeit an seiner Promotion begann er, sich mit Lebensqualitätsforschung zu beschäftigen, und er hat seither Artikel in Fachzeitschriften zur Lebensqualität, zu geistigen Behinderungen und zur Buchführung veröffentlicht.

„Es ist an der Zeit, unsere Kultur zu modernisieren und Beziehungen die Priorität einzuräumen, die sie verdient haben."

Die fünf Felder des Rundum-Glücks

„Vieles – auch der materielle Lebensstandard – trägt zum Glück eines Menschen bei, aber eines macht den Löwenanteil aus: andere Menschen. Tatsächlich spielt die Qualität und Quantität sozialer und intimer Beziehungen als Glücksquelle eine Schlüsselrolle. Einsame Menschen sind tendenziell sehr unglücklich. Aber Einsamkeit verbreitet sich auf der ganzen Welt", berichtet **Stefano Bartolini**. Wie können wir das Glück aller verbessern? Die fünf Felder des 360°-Glücks.

Das Problem ist, dass Einsamkeit zum Massenphänomen geworden ist. Jeder vierte US-Amerikaner hat niemandem, dem er Vertrauliches erzählen könnte. Wenn Familienmitglieder nicht mitgerechnet werden, erhöht sich dieser Anteil auf mehr als die Hälfte aller US-Bürger. Von 1960 bis 2000 hat sich der Anteil „Alleinstehender" fast verdreifacht, von 6 auf 16 Prozent der US-Bevölkerung. In Europa – vor allem in Großbritannien – sieht es nicht viel besser aus, und ähnliche Phänomene breiten sich in schnell wachsenden Volkswirtschaften wie China und Indien rasant aus. Einsamkeit entsteht in allen Generationen, einschließlich der Kinder und alten Menschen. Solche Trends müssen im Rahmen eines übergreifenden Trends der Verschlechterung von Beziehungen gesehen werden: wachsendes Misstrauen, instabile Familien und Spaltungen zwischen den Generationen; außerdem ein Rückgang von Solidarität, Ehrlichkeit, sozialer und bürgerlicher Teilhabe sowie Kontakten zwischen Freunden, Nachbarn und Familienmitgliedern.

Geht der Zerfall unserer Beziehungen einher mit dem wirtschaftlichen Wohlstand? Die Antwort lautet: nein. Wir können vieles tun, um diesen Trend umzukehren, angefangen mit Veränderungen im städtischen Leben, im Arbeitsleben, in den Schulen, in der Werbung und im Gesundheitswesen.

Stefano Bartolini

Felder des Wandels

1. Unsere Städte nutzen seit ihren Anfängen vor 5000 Jahren Beziehungen als zentrales Organisationsprinzip. Entscheidend für das Entstehen von Beziehungen war der Gemeinschaftsraum, symbolisiert durch den zentralen Platz, auf dem sich Bürger aller Schichten treffen konnten. Städte wurden für Menschen erbaut, alle Straßen waren Fußgängerwege. Dann verwandelte die Ankunft des Automobils die menschlichste aller Umgebungen in einen für Menschen gefährlichen Ort. Autos haben die städtischen Gemeinschaftsräume erobert und damit das soziale Gewebe zersetzt. In modernen Städten sind hochwertige Dinge (schöne Häuser, schicke Nachtlokale, exklusive Läden) privat und teuer, während gemeinschaftliche, kostenlose – das soziale Klima auf den Straßen und Plätzen, die laut, verdreckt und wegen des Verkehrs gefährlich sind – verfallen. Dieser Verfall zwingt uns dazu, Geld auszugeben, zum Beispiel für die Erziehung unserer Kinder. Autos haben die Zeit beendet, in der sich Kinder frei in der Nachbarschaft bewegen konnten.

Das hat ihr Leben radikal verändert; es ist einsam und teuer geworden. Kinder verbringen viel mehr Zeit zu Hause, und wenn sie ausgehen, müssen sie ständig von Erwachsenen überwacht werden. Wie sehr dienen unsere Ausgaben für Spielsachen (neben denen für Babysitter) dazu, Kindern Unterhaltung und Gesellschaft zu bieten, die immer öfter allein sind? Ähnliches ist bei den Betreuungskosten für alte Menschen zu beobachten, denn die moderne Stadt zwingt Ältere in die Abhängigkeit und zerstört ihre Möglichkeiten für autonome soziale Beziehungen. **Ein städtisches Leben dieser Art produziert eine florierende Einsamkeitsindustrie.**

Die Stadtplanung sollte eine Umwandlung unserer zeitgenössischen ökonomischen Städte in beziehungsorientierte Städte fördern, indem sie Raum und Mobilität neu organisiert. Dieser Prozess hat in vielen europäischen und lateinamerikanischen Städten schon begonnen. Seine Kernelemente: Privatautos müssen drastisch beschränkt werden, um alle Einwohner zur Nutzung öffentlicher Verkehrsmittel zu ermuntern. Es sollte eine Vielzahl von Plätzen, Parks, schönen Fußgängerbereichen, Sportzentren etc. geben. Ideale Fußgängerzonen liegen am Wasser – am Meer, an Seen, Flüssen, Bächen oder Kanälen. Solche Bereiche sollten kreuz und quer durch die Stadt verlaufen, damit ein Wegenetz für Fußgänger und Radfahrer entsteht. Es sollte so viele breite Fuß- und Radwege wie möglich geben. Städte sollten von einem breiten Gürtel von Grundstücken in öffentlichem Besitz umgeben sein, auf dem Parks und Wohnsiedlungen entstehen können.

2. Die Zufriedenheit mit der eigenen Arbeit ist eine weitere Grundkomponente des Glücks. Arbeitszufriedenheit hängt eng mit der Qualität der Beziehungen zusammen, die wir im Beruf erleben, und diese wiederum werden stark von der Organisation der Arbeit beeinflusst. In den letzten 30 Jahren hat die Arbeitsorganisation die Bedeutung von Glück vernachlässigt, was zu einem Anstieg von Stress, Anreizsystemen, Wettbewerb, Druck, Konflikten und Kontrollen führte. Diese Entwicklung fördert weder bessere Beziehungen noch glücklichere oder produktivere Arbeiter. Tatsächlich belegen viele Studien eine enge Beziehung zwischen Produktivität und dem Wohlbefinden der Beschäftigten. Zufriedenere Arbeitskräfte sind produktiver; sie machen weniger Fehler, sind pünktlicher und kooperativer, und sie lösen Probleme effizienter. Kurz gesagt: **Unglückliche Menschen arbeiten schlecht.** Daher ist es möglich, Wohlbefinden und Produktivität zu verbinden, wenn man Organisationsmodelle nutzt, die vor allem auf nicht-monetärer Motivation und besserer Vereinbarkeit von Arbeits- und Privatleben aufbauen. Arbeit sollte interessanter und weniger aufreibend sein und als sinnvoll wahrgenommen werden, außerdem als Mittel zum Aufbau von Beziehungen und sozialen Kontakten. In den letzten Jahrzehnten gibt es immer mehr Beispiele erfolgreicher Unternehmen, die derartige Organisationsprinzipien nutzen.

3. Die Schulbildung – die auf den Arbeitsmarkt abzielt und von diesem gesteuert wird – spiegelt zurzeit die Arbeitsorganisation und leidet an den gleichen Schwächen. Die Schlüsselwörter der Arbeitswelt gelten auch für Schulen: Anreizmechanismen, Wettbewerb, Druck etc. So richten sich Schulen einseitig auf die Vermittlung geistiger Fähigkeiten und auf Disziplin und

Wettbewerb aus. **Schulbildung sollte radikal neu gedacht werden, um auch jene emotions- und beziehungsorientierte Bildung zu vermitteln, die sie gegenwärtig eher hemmt.**

4. Werbung kann einen zutiefst negativen Einfluss auf Wohlbefinden, Werte und Beziehungen von Menschen haben; ihr Einfluss auf Kinder ist noch stärker als auf Erwachsene. Werbung regt Konsumträume an und verbreitet die Vorstellung, dass mehr Geld die Lösung für die meisten persönlichen und sozialen Probleme ist. Anzeigen suggerieren, dass Konsum eine Form des individuellen Ausdrucks ist: „Ich kaufe, also bin ich"; „die Konsumgüter, die wir besitzen, sind unser erweitertes Ich". Wenn Menschen so obsessiv in Richtung Besitz getrieben werden, verinnerlichen sie folgende existenzielle Botschaft: „Wenn du dich unsicher, ungenügend, ausgeschlossen oder wie ein Verlierer fühlst, wird es dir besser gehen, sobald du etwas kaufst. Kaufen heißt, als Mitglied dieser Gesellschaft anerkannt zu werden." Andere Heilmittel für Unzufriedenheit funktionieren vielleicht besser – beispielsweise, weniger zu kaufen, um weniger arbeiten zu müssen und mehr Zeit für die Pflege von Beziehungen zu haben – aber sie werden in der Traumwelt der Werbung nicht vorgeschlagen. **Geworben wird nur für Dinge, die verkäuflich sind, und niemand verkauft Zeit oder Liebe.**

Werbung ist ein gefährliches Produkt. Deshalb sollte die Menge an Werbung, der wir ausgesetzt sind, drastisch reduziert werden, vor allem, wenn sie sich an Kinder richtet. Eine hohe Steuer auf Werbung und ein Verbot für Fernsehwerbespots mit Kindern als Zielgruppe (nach dem Beispiel Schwedens) sollte ernsthaft erwogen werden.

Werbung, die sich an Kinder richtet, wird zu wenig reguliert; das spiegelt – genau wie Schulbildung und Stadtplanung – die niedrige Priorität, die unsere Gesellschaft dem kindlichen Glück beimisst. So geraten immer mehr Kinder und Jugendliche in seelischer Not. Schlicht gesagt ist das Problem, dass die Dinge, die einen Großteil der sozialen Erfahrungen von Kindern ausmachen – ihre Städte, Schulen und die Medien – als nicht relevant für ihr Wohlbefinden betrachtet wurden. Die Lösung liegt darin, das Wohlbefinden junger Menschen bei der Organisation ihres gesellschaftlichen Lebens in den Vordergrund zu stellen.

5. Gesundheit. Studien zeigen, dass Glück starke Auswirkungen auf Gesundheit und Lebensdauer hat. Das Gesundheitswesen ist insofern die Endstation seelischer Probleme. **Unglücksgefühle haben die Tendenz, sich in Gesundheitsprobleme zu verwandeln**; sie belasten die Gesundheitssysteme, deren Kosten im Westen immer untragbarer werden. Wir geben wahrscheinlich zu viel für Gesundheitsversorgung aus, obwohl wir mit einer auf Wohlbefinden ausgerichteten Politik bessere Resultate erzielen könnten. Außerdem ist die Qualität der Beziehung zwischen Patienten und Pflegepersonal entscheidend für den Heilerfolg. Allerdings klafft eine Lücke zwischen der Bedeutung dieser Beziehungsaspekte und ihrer niedrigen Priorität in der gegenwärtigen medizinischen Ausbildung und Gesundheitsversorgung.

Entscheidungen

In vielen Ländern scheint die Organisation von Gesellschaft und Wirtschaft zu eng auf wirtschaftliche Aspekte ausgerichtet zu sein. Dadurch wird die Erfüllung materieller Bedürfnisse überbetont, und Beziehungsbedürfnisse bekommen zu wenig Aufmerksamkeit. Die meisten Glücksforscher würden wahrscheinlich Mutter Teresa zustimmen: **„Die schrecklichste Armut ist Einsamkeit und das Gefühl, unerwünscht zu sein."** Aber der Zerfall menschlicher Beziehungen ist keine unvermeidliche Begleiterscheinung des Wohlstands. Sie ist der Preis, den wir bezahlen, weil sich unsere Kultur der Bedeutung von Beziehungen kaum bewusst war. Wir haben uns auf Wohlstand konzentriert, ohne zu erkennen, dass die Beziehungsarmut wuchs. Die meisten Entscheidungen, die wir zur Organisation des gesellschaftlichen Lebens treffen, haben Auswirkungen auf Beziehungen. Trotzdem organisieren wir unsere Schulen, Unternehmen, Städte, Medien und Gesundheitssysteme, ohne diese Wirkung zu bedenken. Wir treffen Entscheidungen nicht, um unsere Beziehungen zu verbessern, und wir lehnen Entscheidungen nicht ab, weil sie Beziehungen verschlechtern. Kurz gesagt, sind Beziehungen kein Entscheidungskriterium. Es ist an der Zeit, unsere Kultur zu modernisieren und Beziehungen die politische Priorität einzuräumen, die sie verdient haben. Sie sind die wichtigste Quelle unseres Glücks.

Die Glücksschlüssel

→ **Die Qualität und Quantität sozialer und intimer Beziehungen spielen als Glücksquelle eine Schlüsselrolle. Dennoch verbreitet sich Einsamkeit auf der ganzen Welt.**

→ **Wir können vieles tun, um diesen Trend umzukehren, angefangen mit Veränderungen im städtischen Leben, im Arbeitsleben, in den Schulen, in der Werbung und im Gesundheitswesen.**

→ **Es ist Zeit, unsere Kultur zu modernisieren und Beziehungen – als wichtigster Quelle unseres Glücks – die Priorität einzuräumen, die sie verdienen.**

Stefano Bartolini ist Professor für Volkswirtschaftslehre an der Universität Siena (Italien). Er erforscht Ursachen und mögliche Lösungen für die zunehmende Verarmung von Wohlbefinden, menschlichen Beziehungen, Zeit und Umwelt in entwickelten und unterentwickelte Ländern. Zu diesen Themen hat er mehrere populärwissenschaftliche Essays und wissenschaftliche Beiträge in angesehenen internationalen Fachzeitschriften veröffentlicht.

„Die gute Nachricht ist, dass wir auch unangenehme Ereignisse vergleichen."

Der soziale Zirkel

Wie ehrlich sind unsere Antworten auf die Frage: „Sind Sie glücklich?" Die meisten Menschen werden den Eindruck vermitteln, dass sie glauben, die Antwort auf diese Frage liege tief in ihrem Inneren. Aber die Wirklichkeit ist etwas anders: Wir schauen in erster Linie auf die Menschen um uns herum. Die Bedeutung des sozialen Zirkels aus der Sicht von **Andrew Clark**.

Für meine Arbeit auf dem Gebiet des Glücks habe ich tausende (oder zehn-, ja sogar hunderttausende) individueller Antworten auf Fragen über Lebenszufriedenheit, Arbeitszufriedenheit und andere Maße subjektiven Wohlbefindens untersucht. Ich war besonders daran interessiert herauszufinden, ob unser Glück davon bestimmt wird, was den Menschen in unserer Umgebung passiert. In anderen Worten: Gibt es einen sozialen Kontext des Glücks?

Vergleiche

Die Ergebnisse dieser Untersuchungen haben mich davon überzeugt, dass es ihn gibt. Und sie sind möglicherweise deprimierend, denn **viele Aspekte des Lebens scheinen über Vergleiche bewertet zu werden**. Ich bin zum Beispiel glücklicher, wenn mein Einkommen steigt, aber weniger glücklich, wenn das Einkommen anderer steigt. Das lässt darauf schließen, dass wir durch eine allgemeine Einkommenserhöhung zwar alle reicher, aber eventuell gar nicht glücklicher werden würden. Die gute Nachricht ist, dass solche Vergleiche auch bei unangenehmeren Ereignissen stattfinden. Arbeitslosigkeit ist eine der unbefriedigendsten oder unangenehmsten

Erfahrungen, die wir kennen. Aber sie scheint Individuen in Gegenden mit hohen Arbeitslosenraten, wo das Stigma der Arbeitslosigkeit geringer ist, weniger zu schmerzen.

Interaktion

Insofern ist Glück ebenso sozialer wie individueller Natur: Andere Menschen sind für unser eigenes Wohlbefinden wichtig. Sie spielen eine Rolle durch ihr Einkommen, durch ihr Agieren auf dem Arbeitsmarkt und wahrscheinlich durch viele andere Dinge, die sie tun. Außerdem spielen sie in einem allgemeinen sozialen Sinn eine Rolle. **Die Qualität der Interaktion zwischen Individuen, und zwischen Individuen und Institutionen, ist wahrscheinlich ein Kernbestandteil des Wohlbefindens.** Einige neuere Studien betrachten die Eigenschaften der Beziehung zwischen Menschen und ihrem Arbeitsplatz. Genauer gesagt, wurden Einzelpersonen gefragt, ob sie bereit seien, „härter zu arbeiten, als ich muss, damit die Firma oder Organisation, für die ich arbeite, Erfolg hat". In den siebzehn Ländern, über die uns Daten vorliegen, haben die Menschen in den usa und Kanada dieser Aussage am ehesten zugestimmt; in Frankreich am seltensten. Ich glaube, diese Art misstrauischer Beziehungen zur Arbeit und zu Institutionen im Allgemeinen macht Menschen wahrscheinlich nicht glücklich. Die schwierige Frage ist natürlich, wie man sie ändern kann …

Die Glücksschlüssel

→ **Glück ist sozial. Wir vergleichen unsere angenehmen und unangenehmen Erfahrungen mit denen der Menschen in unserer Umgebung.**

→ **Die Qualität der Beziehungen zwischen Individuen ist ein Kernbestandteil des Wohlbefindens.**

→ **Wahrscheinlich macht ein vertrauensvolles Verhältnis am Arbeitsplatz und zu Institutionen Menschen glücklich.**

Prof. Andrew Clark (École d'Économie de Paris, Frankreich) hat in Großbritannien und den USA gearbeitet. Seine Forschungsinteressen (170 Tagungsbeiträge und 130 Artikel in 53 wissenschaftlichen Zeitschriften) sind Arbeits- und Lebenszufriedenheit, soziale Interaktion und soziales Lernen. Er hat sogar die Wirkung von Lottogewinnen untersucht. Andrew Clark hat Berichte für die oecd und die britische Regierung verfasst. Er ist Mitglied der Well-Being Group der Vereinten Nationen.

„Erfolg ist fast nie das Ergebnis

einer einzigen Person, die alleine handelt.“

Stolz und Bescheidenheit

„Es ist sehr wichtig, dass man im Leben positive Gefühle empfindet. Gefühle wie Freude, Stolz, Zuneigung, Liebe und Zufriedenheit sind die besten Zutaten für ein glückliches Leben.“ **Michael Eid** hat auch gelernt, wie bedeutsam es ist, diese Gefühle in ein soziales Umfeld einzubetten.

Soziale Beziehungen gehören zu den kraftvollsten Quellen positiver Gefühle, und diese positiven Gefühle sind leichter zu bewahren, wenn wir mit anderen zusammen sind. Genauso wichtig ist es sich klarzumachen, dass die Qualität positiver Gefühle und ihre Wirkung auf das Glück sich wandeln, wenn das soziale Umfeld ins Spiel kommt.

Nehmen wir zum Beispiel den Stolz. Stolz ist in westlichen Kulturen ein wichtiges Gefühl, weil er zeigt, dass man erfolgreich ist, seine Ziele erreicht und ein hohes Selbstwertgefühl hat. Insofern werden Menschen, die oft Stolz empfinden, glücklicher sein. Allerdings ist Erfolg fast nie das Ergebnis einer alleine handelnden Person – er hängt vom Beitrag anderer Menschen und auch von glücklichen Zufällen ab.

Oft sind Menschen stolz auf ihren Erfolg, ohne zu merken, dass er in gewissem Grad, in offenkundiger oder weniger offenkundiger Weise, vom Beitrag anderer abhängt (auch wenn dieser vor langer Zeit geleistet wurde – wie der Einfluss von Eltern, Lehrern oder Kollegen). **Zu erkennen, dass man mit Hilfe anderer und dank günstiger Umstände ein glückliches und erfolgreiches Leben führt, scheint mir eine wichtige Voraussetzung für wahres Glück zu sein.** Warum? Weil es den Stolz mit Bescheidenheit und Dankbarkeit verbindet. Stolz ohne Dankbarkeit ist eine viel schwächere Quelle dauerhaften Glücks als Stolz, der in Dankbarkeit eingebettet ist. Tatsächlich besteht ohne Dankbarkeit sogar eine Gefahr des Narzissmus.

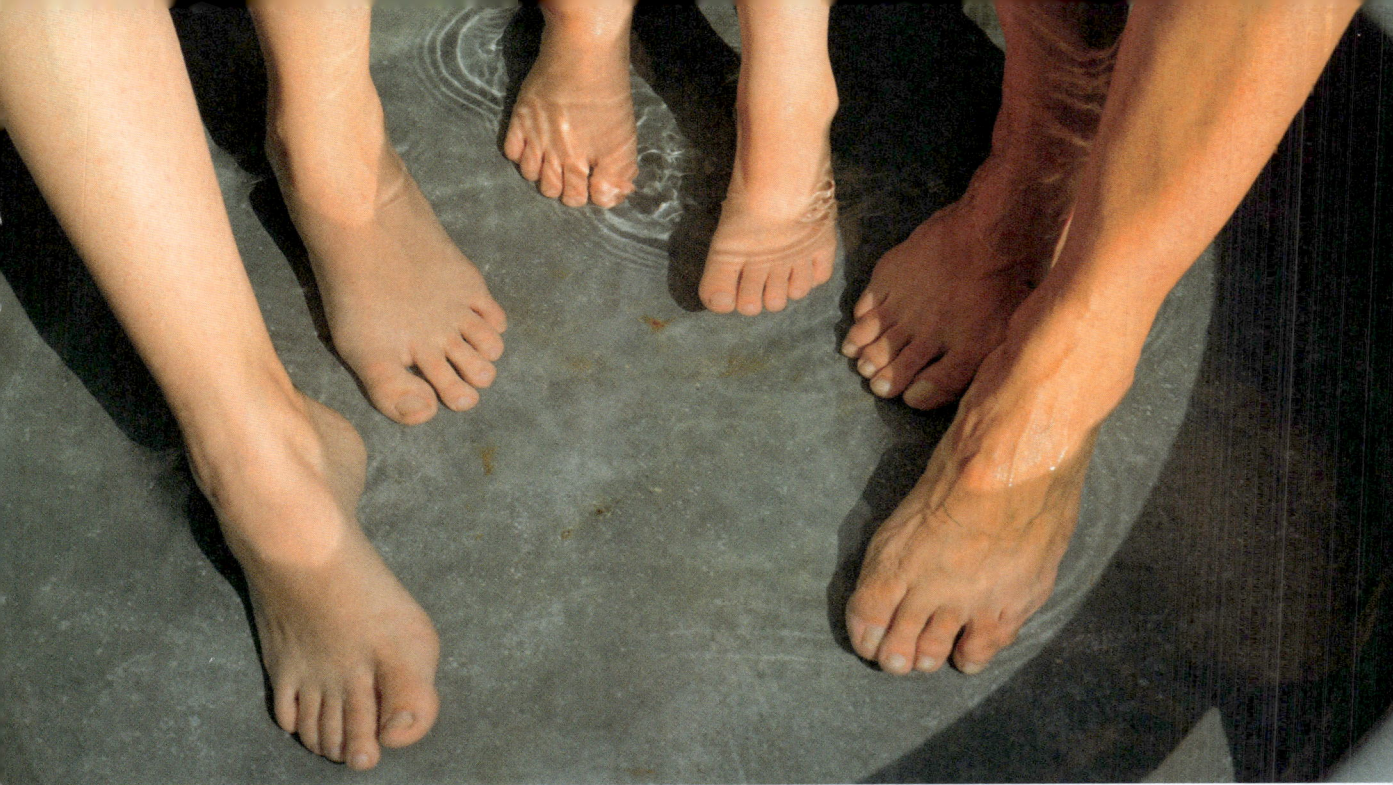

Ein starkes Gefühl der Dankbarkeit gegenüber dem Leben im Allgemeinen und gegenüber anderen im Besonderen ist eine wichtige Glücksquelle. Dies gilt nicht nur für Stolz, sondern auch für viele andere positive Gefühle. Wenn individuelle Gefühle wie Stolz mit sozialen Gefühlen wie Dankbarkeit gepaart sind, werden sie eine viel kraftvollere Wirkung auf unser Glück ausüben. Insofern können Sie, wenn Sie regelmäßig über die erfreulichen Dinge in Ihrem Leben nachdenken und ein tiefes Gefühl der Dankbarkeit wachrufen, den Weg zum wahren Glück finden.

Die Glücksschlüssel

→ **Die Qualität positiver Gefühle und ihre Wirkungen auf das Glück wandeln sich, wenn das soziale Umfeld ins Spiel kommt.**

→ **Zu erkennen, dass man mit Hilfe anderer und dank günstiger Umstände ein glückliches und erfolgreiches Leben führt, scheint mir eine wichtige Voraussetzung für wahres Glück zu sein.**

→ **Wenn individuelle Gefühle wie Stolz mit sozialen Gefühlen wie Dankbarkeit gepaart sind, werden sie eine viel kraftvollere Wirkung auf unser Glück ausüben.**

Michael Eid beschäftigt sich seit 20 Jahren wissenschaftlich mit dem subjekti- ven Wohlbefinden. Er ist Professor für Psychologie an der Freien Universität in Berlin und hat (mit Randy Larsen) das Buch *The Science of Subjective Well-Being* (Die Wissenschaft vom subjektiven Wohlbefinden) herausgegeben.

„Ich bin für dich da."

Die Stimme Ihrer Eltern

Glückliche Kinder: Das ist es, was alle Eltern wollen. Und sie wollen alle die Zauberformel finden, die ihren Söhnen und Töchtern dieses Glück garantiert. Der Kinderpsychologe **Peter Adriaenssens** hat zahlreiche Bücher zu diesem Thema geschrieben. Sein Erfolgsrezept?

Das Glück beginnt in dem Moment, in dem Eltern entscheiden, dass sie Kinder haben wollen, nicht in dem Moment, wo sie entdecken, dass sie tatsächlich unterwegs sind. Elternschaft ist glücklicher – und die daraus entstehenden Kinder sind auch glücklicher –, wenn sie als bewusster Prozess stattfindet. Eltern müssen die Entscheidung, Kinder zu bekommen, überlegt treffen, sie müssen die Hochs und Tiefs der Schwangerschaft zusammen erleben wollen, müssen die Geburt eines Sohnes oder einer Tochter gleichermaßen willkommen heißen, müssen sich auf das neue Leben freuen, das allmählich wachsen und seine eigene Zukunft entwickeln wird. Wenn Sie das können, werden Ihre Kinder mehr sein als nur jemand, der sich um Sie kümmern wird, wenn Sie alt sind, oder jemand, der später das Familienunternehmen übernehmen kann, oder jemand, der die glanzvolle Sportlerkarriere macht, die Sie selbst so gerne gehabt hätten. Wenn Sie das können, werden Sie sicherstellen, dass Ihre Kinder in einer Atmosphäre der Liebe und Zufriedenheit aufwachsen und nicht mit Gewalt und Ablehnung. Wenn wir mehr glückliche Menschen wollen, müssen wir größere Anstrengungen machen, um zukünftige Eltern darüber zu informieren, wie wichtig es ist, sich bewusst für ein Kind zu entscheiden. Denn als Elternteil müssen Sie bereit sein, diesem Kind ein lebenslanges Versprechen zu geben: „Ich werde immer für dich da sein, wo immer du bist, was immer du tust; ich werde dich nie fallen lassen, du kannst immer auf meine Liebe und Unterstützung zählen." Bedingungslos. Sie müssen dieses Versprechen abgeben, ohne zu erwarten (oder gar darauf zu bestehen), dass diese Gefühle erwidert werden. Für das Kind bedeutet das Bedingungslose am Versprechen seiner Eltern, Glück zu haben. **Und das bewusste Gefühl, glücklich zu sein, erwächst aus dem unbewussten Zustand, Glück zu haben.**

Ist das naiv? Bedeutet es, sein Kind zu verwöhnen? Nein, denn Untersuchungen bestätigen, dass Kinder absolut wehrlos zur Welt kommen, vollkommen abhängig von Erwachsenen.

Bedingungslos

Wenn ein Baby nicht versorgt wird, stirbt es. Das ist die harte Wirklichkeit des Lebens. Kinder, die Essen, aber nur wenig Liebe bekommen, entwickeln sich langsam und sind oft zu dünn und zu klein für ihr Alter. Aber wenn Mutter oder Vater ein Baby wertschätzen, mit ihm sprechen, es hätscheln, es füttern, es kitzeln, mit ihm lachen, dann werden Eltern und Kind das wunderbarste aller Geschenke der Natur entdecken: echte Empathie und wahre Verbundenheit zwischen zwei menschlichen Wesen. **Diese Verbundenheit ist eine Art menschlicher „Kleber" – und sie hält ein Leben lang.** Das heißt, Ihr kleines Kind kann in der Schule sitzen, im sicheren Wissen, dass Sie es nicht vergessen haben. Es heißt, Ihre Teenagertochter kann Sie mitten in den Nacht anrufen, wenn es nötig ist, und weiß, dass Sie immer kommen werden. Es heißt, dass Ihre erwachsenen Kinder Sie immer noch anrufen können, wenn sie dringend jemanden brauchen, der auf die Kinder aufpasst, weil ihr üblicher Babysitter nicht auftaucht. Sie alle wissen, dass Sie einen Eid geschworen haben: „Ich habe dir das Leben geschenkt, und deshalb werde ich immer für dich da sein. Bedingungslos."

Neuronale Netze

Wissenschaftler finden immer mehr über die neurobiologische Verankerung der Verbindungsprozesse zwischen Eltern und Kindern heraus, die ihre emotionale, intellektuelle und beziehungsorientierte Entwicklung beeinflussen kann. Wenn Kinder ihrem Schicksal überlassen werden oder gezwungen sind, in einem Klima ständiger elterlicher Anspannung oder partnerschaftlicher Gewalt zu leben, oder wenn Vater oder Mutter ernste seelische Probleme haben, werden Teile ihres Gehirns schwächere neuronale Netze ausbilden als es normalerweise bei Kindern der Fall ist, die in einer liebevollen Umgebung erzogen werden. Diese Defizite können sich später in verschiedenen Formen äußern: geringere sprachliche Fähigkeiten, eine schwächere Fähigkeit, Gefühle zu erkennen und auszudrücken, eine größere Wahrscheinlichkeit für impulsives, aggressives oder hyperaktives Verhalten, größere Probleme beim Erlangen von Reife und eine geringere Fähigkeit zur Empathie, die die Gefahr von Persönlichkeitsstörungen, Jugendkriminalität und Gewalt in der Partnerschaft deutlich erhöht.

Glück ist daher eine Entscheidung, und es ist eine schwere Entscheidung. Es ist nichts Romantisches, das einen plötzlich überkommt. Es ist ein Geschenk, das man hat und das man jemand anderem geben kann. **Wer das Geschenk des Glücks von den Eltern bekommt, wird es im späteren Leben auch einfacher finden, die Verantwortung, dieses Geschenk an andere weiterzugeben, anzunehmen.** Wenn man sich dafür entscheidet, ein Kind zu bekommen, muss man auch den Mut haben, einander zu sagen: Dieses Kind hat das Recht, Glück zu bekommen. Das wird bei einigen Eltern Zweifel wecken, ob sie in der Lage sind, ihre Kinder richtig aufzuziehen, aber allein die Tatsache, dass dieser Zweifel aufkommt, legt nahe, dass die jetzige Elterngeneration ihre Aufgabe erfüllen wird. Zweifel ist eine gute Haltung für alle Pädagogen (und auch Eltern sind Pädagogen!), die eine wirkliche geistige Begegnung mit einem Kind erreichen wollen.

Vorhersehbare Gefahr

Wir sprechen hier über die Harmonisierung des Glücks, indem wir es aus dem rein theoretischen Zusammenhang herausholen und in ein dynamisches Konzept verwandeln. Theoretisches Glück ist linear. Wenn ein Kind geliebt wird, in einem schönen Haus wohnt und in seiner Freizeit seinen eigenen Interessen nachgehen kann, hat es doch sicher alles Notwendige, um glücklich zu werden? Auf dem Papier ja. Aber wir wollen annehmen, dass das fragliche Kind ängstlich veranlagt ist (was bei einem von zehn Kindern der Fall ist) und es schwierig findet, Aufgaben selbstständig zu erledigen, gerne schmust, das gemütliche Umfeld zu Hause liebt und gelegentlich nachts unter die elterliche Bettdecke krabbeln möchte. Wir wollen weiterhin annehmen, dass die Eltern des fraglichen Kindes Schwierigkeiten haben, diese Dinge zu tun oder zu akzeptieren, vielleicht, weil sie zu wenig Zeit haben oder zu ehrgeizig sind und hart arbeiten, um die Zukunft ihrer Kinder zu sichern (wie sie es wahrscheinlich formulieren würden). Unter diesen Umständen wird das Glück des Kindes eine Art Würgegriff, etwas Unbewegliches und Vorherbestimmtes, dem schwer zu entrinnen ist. **Wenn das passiert, ist die Erziehung des Kindes wie ein Zug, der auf einer festen Gleisstrecke läuft** und erst verschiedene, vorher festgelegte Bahnhöfe passieren muss, ehe er bei seiner Endstation, dem Glück, ankommt.

Es gibt allerdings eine ernste – und vorhersehbare – Gefahr, dass dieser Zug irgendwo unterwegs entgleist. Der menschliche Kleber zwischen Kind und Eltern geht ab, die unerschütterliche Bindung löst sich. Was das Kind braucht, ist maßgeschneidertes Glück, nicht Glück von der Stange. Die eine Theorie des Glücks, die für jedes Kind säuberlich passt, gibt es nicht. **Die Entstehung von Glück ist ein dynamischer Prozess zwischen zwei Menschen,** der durch die Beziehung zwischen Vater und Sohn, Mutter und Tochter etc. wächst. Die Eltern besitzen die Weisheit der Erwachsenenwelt, aber es sind die Kinder, die die Weisheit der kindlichen Welt besitzen. Wenn sie hellhörig miteinander und mit den Bedürfnissen des jeweils anderen umgehen, können sie zusammen ein maßgeschneidertes Glück entwickeln, das allen passt – wie angegossen.

Emotionales Netzwerk

Was als spezielle Bindung an die Eltern beginnt, wird sich allmählich zu einem weiteren emotionalen Netzwerk entwickeln, zu dem Familie, Nachbarn, Schulfreunde, Lehrer und andere

„Erziehende" gehören. Im Lauf der Teenagerjahre werden Freunde eine herausragende Stellung in ihrem Leben einnehmen. Das kann manchmal eine gesunde Wirkung auf die Entwicklung junger Menschen haben, aber manchmal kann es auch schaden. Viele Eltern unterschätzen ihren Einfluss in dieser Lebensphase ihres Kindes und fühlen sich vom emotionalen Strudel der schnellen Entwicklung Jugendlicher ins Abseits gedrängt. Der Schein trügt aber, und die scheinbare Gleichgültigkeit Ihrer Sprösslinge ist rein oberflächlich – vorausgesetzt, Sie haben seit dem Tag seiner Geburt genügend Liebe und Zeit in das Wachstum Ihres Kindes investiert. Bei Angst, Einsamkeitsgefühlen oder Problemen wird Ihr Teenager immer wissen, an wen er oder sie sich zuerst wenden kann. Der menschliche Kleber wird seine Aufgabe erfüllen – und Ihr Kind wird sich auf die Suche nach den Eltern machen.

Nicht die angenehmen Momente, die Sie mit Ihren Kindern teilen, bedeuten Glück. Solche Momente machen sicher Spaß und können dem Leben viel zusätzliches Vergnügen geben. Aber Glück ist viel mehr als das. Es ist die stille Zufriedenheit, die aus dem sicheren Wissen stammt, dass es nie einen Moment geben wird, in dem sich Ihr Kind, egal wie alt es ist, jemals wirklich allein auf der Welt fühlen wird. Sie wissen – wie Milton Erickson es ausgedrückt hat –, dass es immer die Stimme seiner Eltern hören wird, die ihm leise ins Ohr flüstert.

Die Glücksschlüssel

→ **Eltern müssen sich bewusst dafür entscheiden, Kinder zu bekommen. Diese Entscheidung darf nicht an Bedingungen geknüpft sein. Dadurch wird dem Kind Glück geschenkt, was ihm erlaubt, glücklich zu sein.**

→ **Eltern müssen ihre Kinder in einen warmen Mantel der Sicherheit hüllen. Dies wird ein unverbrüchliches, lebenslanges Band der Zuneigung sichern.**

→ **Die Bindung an die Eltern wird sich später zu einem breiteren emotionalen Netzwerk entwickeln. Aber in Zeiten des Glücks oder der Not werden Kinder weiterhin die Stimme ihrer Eltern hören.**

Peter Adriaenssens ist Kinder- und Jugendpsychiater und Familientherapeut. Er ist Professor für klinische Psychiatrie an der Katholischen Universität Leuven (Belgien) sowie Gründer und Direktor des Vertrauenszentrums Kindesmisshandlung. Er hat zahlreiche Artikel und Bücher zu diesen Themen verfasst und ist ein bekannter Berater zu Erziehungsthemen.

„Wir müssen nicht mehr Sachen kaufen – wir müssen die richtigen Sachen kaufen."

Glück & Konsum

„Meine wissenschaftliche Arbeit befasst sich mit den Auswirkungen von Konsum und Marketing auf individuelles und gesellschaftliches Wohlbefinden", erläutert die Marketingexpertin **Alexandra Ganglmair-Wooliscroft**. „Ich glaube, dass wir nicht mehr Sachen kaufen müssen, um unser Wohlbefinden zu erhalten und zu steigern – wir müssen die richtigen Sachen kaufen, damit unser Konsum zählt."

Marketing und Konsum haben einen eher negativen Ruf, was ihr Verhältnis zum menschlichen Glück und Wohlbefinden angeht – wir konsumieren zu viel, wollen immer mehr besitzen und sind unzufrieden mit dem, was wir schon haben. **Konsum ist allerdings ein Hilfsmittel:** Er hilft Menschen dabei, Dinge zu tun, die sie glücklich machen können. Studien zum Lebensstil von Konsumenten betrachten das Leben der Menschen als Ganzes, ihre Konsumentscheidungen, Meinungen und (wechselnden) Interessen. Sie zeigen, welche Rolle die Entscheidungen von Konsumenten für ihr Leben und ihr Glück insgesamt spielen.

Automarke

Demografische Kriterien erklären in vielen Ländern nur einen kleinen Teil des subjektiven Wohlbefindens: Es ist wichtig, einen (Vollzeit-)Arbeitsplatz zu haben und in einer festen Beziehung zu leben. In modernen Gesellschaften wie Neuseeland sinkt der Unterschied im subjektiven Wohlbefinden zwischen einer festen Beziehung und der Ehe – früher war es wichtig, verheiratet zu sein, heute ist das Leben in einer festen Beziehung genauso zufriedenstellend. Ein gewisses Mindesteinkommen erlaubt es Menschen, ihre Grund(konsum)bedürfnisse zu decken und am üblichen Sozialleben teilzunehmen. **Sobald die Grundbedürfnisse aber erfüllt sind, spielt das Einkommen für das Glück der Menschen keine große Rolle mehr.**

Das Einkommensniveau bestimmt, welches Modell oder welche Marke eines Konsumgutes Menschen sich leisten können, und vielleicht freuen sie sich (kurz) über ihr nagelneues Auto, ihre Markenkleidung oder ihr exotisches Ferienziel. Aber erst der Konsum dieser Dinge und das, wozu sie Menschen verhelfen, bringen langfristig Zufriedenheit und Wohlbefinden. Beispielsweise ist es eigentlich nicht wichtig, welche Marke das Auto hat: Der Wert des Autos liegt (vor allem) in seinem Nutzen – es dient als Transportmittel und ermöglicht uns dadurch, Dinge zu tun, die wir genießen oder Zeit mit Freunden an einem anderen Ort zu verbringen. Unsere Untersuchungen zum Lebensstil in Neuseeland zeigen immer wieder: **Geselligkeit – Zeit mit anderen Menschen zu verbringen – ist ein Schlüsselfaktor für unser Glück.** Es hängt von den persönlichen Vorlieben ab, und zu einem gewissen Grad von Einkommen und Lebensstandard, wie diese Verabredungen aussehen: Freunde zuhause zum Essen einzuladen oder schick zum Abendessen auszugehen; einen (Mannschafts-)Sport zu betreiben oder mit Freunden die Natur zu genießen. Sehr ähnliche Wohlbefindens- und Glücksniveaus hängen mit sehr unterschiedlichen Betätigungen zusammen, die zum bevorzugten Konsummuster einer bestimmten Gruppe gehören. Eine wichtige Gemeinsamkeit ist allerdings das Zusammensein mit anderen Menschen.

Nachhaltigkeit

Außerdem hängt Konsum mit unterschiedlichen Facetten von Glück und Wohlbefinden zusammen. Wenn wir darüber reden, dass Materialismus – das Streben nach immer mehr Einkommen und Besitz – und Glück negativ zusammenhängen, gilt unser Augenmerk oft der Zufriedenheit mit dem eigenen Leben oder Lebensstandard. Die Zufriedenheit mit dem eigenen Lebensstandard wird kognitiv bewertet. **Materialistische Menschen setzen sich oft ein (unerreichbar) hohes Zielniveau** für diese Bewertung, und ihr – im Vergleich zum erträumten Ideal – relativ geringer Konsum mindert ihr subjektives Wohlbefinden. Konsum trägt aber auch zu anderen Facetten des Wohlbefindens bei: Menschen entscheiden sich dafür, nachhaltig zu konsumieren, sie sorgen sich um die Umwelt und um das Wohlbefinden anderer und treffen ihre Konsumentscheidungen entsprechend. Konsum kann auch damit zusammenhängen, Sinn im eigenen Leben zu entdecken und das Glück in Konsumentscheidungen zu finden, die zum Glück anderer beitragen.

Die Glücksschlüssel

→ **Konsum hilft Menschen dabei, Dinge zu tun, die sie glücklich machen können. Aber sobald die Grundbedürfnisse erfüllt sind, spielt das Einkommen für das Glück der Menschen keine große Rolle mehr.**

→ **Geselligkeit – Zeit mit anderen Menschen zu verbringen – ist ein Schlüsselfaktor für unser Glück.**

→ **Sinn und Glück können auch in Konsumentscheidungen gefunden werden, die zum Glück anderer beitragen.**

Alexandra Ganglmair-Wooliscroft, Ph.D., ist Österreicherin; sie lebt in Neuseeland und arbeitet am Fachbereich Marketing der University of Otago. Sie erforscht Konsumentenverhalten, vor allem nachhaltige Kaufentscheidungen, positive Konsumemotionen und wahrgenommene Lebensqualität. Rennrad zu fahren und gemeinsam mit anderen Menschen Zeit in der Natur zu verbringen, macht sie glücklich.

Ein Quanten-sprung an Glück

„In den letzten Jahren haben wir gelernt, unsere Gehirne künstlich zu stimulieren, um ihnen Glückserfahrungen zu suggerieren. Warum investieren wir hier nicht massiv? Das würde uns sofort einen Quantensprung voranbringen", fragt **Yew-Kwang Ng**. Sein Rezept für menschliches Glück: die vier F von Freude, Fitness, Familie und Freunden.

Wissenschaftliche Untersuchungen (darunter Zwillingsstudien) haben gezeigt, dass das Glück eines Individuums einen genetisch festgelegten Sollwert hat, um den herum Fluktuationen auftreten. Allerdings kann man, zumindest in gewissem Grade, viel glücklicher werden, indem man einfach eine positivere Haltung einnimmt. Denken Sie weniger über Trauriges nach und mehr über Erfreuliches; verbringen Sie mehr Zeit mit Dingen, die Ihnen Spaß machen (ohne Ihrer Gesundheit zu schaden), auch wenn das bedeutet, dass Sie weniger Geld verdienen. Außer für die unglückliche Minderheit, die immer noch von Hunger und Unterernährung bedroht ist, ist Geld kein wirklich wichtiger Glücksfaktor. Das gilt besonders dann, wenn Sie weniger Wert auf materielle Güter und Wettbewerb mit anderen legen und mehr Wert auf die Dinge, die wirklich wichtig sind für das Glück. In dieser Hinsicht glaube ich an die Bedeutung der vier F des Glücks: Freude (religiöse und andere Formen des Glaubens), Fitness (Gesundheit), Familie und Freunde. Diese vier F spiegeln die bekannten vier F des tierischen Verhaltens: *feeding* – Futtersuche, *fighting* – Feinde bekämpfen, *fleeing* – Flucht und *mating* – Paarung (bitten Sie mich nicht zu erklären, warum das nicht mit einem F beginnt).

Genüsse

Langfristig allerdings kann sich eine Gesellschaft nur dann von den genetischen Sollwerten losreißen, wenn sie Wissenschaft und Technik nutzt, besonders in Hinsicht auf Hirnstimulierung und Gentechnologie. Normalerweise erlangen wir Vergnügen über Reize unseres peripheren Nervensystems: über Tastsinn, Sehen, Geschmack etc. Solche Genüsse haben enge Grenzen, die auf Gewöhnungsprozesse (kurzfristig sinkende Grenznutzen) und Anpassung (langfristig sinkende Grenznutzen) zurückzuführen sind. Ein kleines Mädchen fragt seine Mutter: „Stimmt das Sprichwort *Täglich einen Apfel essen, und den Arzt kannst du vergessen?*" „Ja", antwortet die Mutter, „diese Woche habe ich schon sieben Ärzte auf diese Weise ferngehalten, aber ich glaube, jetzt brauche ich einen!" In anderen Worten: **Abnehmende Grenznutzen helfen uns, übermäßigen Konsum zu vermeiden.** Allerdings hat es in den vier Milliarden Jahren des irdischen Lebens noch keine Spezies geschafft, ihr Gehirn direkt zu stimulieren – bis 1954, als der Homo sapiens zufällig für die elektrische Stimulierung des zerebralen „Vergnügungszentrums" von Ratten verantwortlich war. Der Nutzen dieser direkten Stimulierung nimmt nicht ab, weder kurz- noch langfristig. Das heißt, derartige Stimulierung bewirkt intensives und lang anhaltendes Vergnügen. Viele Menschen betrachten das als unnatürlich. Allerdings hätten die Menschen vor 300 Jahren es auch unnatürlich gefunden, wenn man ihnen erzählt hätte, dass die Menschen heute jeden Abend Stunden damit verbringen, zur Unterhaltung Schatten in einem Kasten zu betrachten. Alles Zivilisierte ist „unnatürlich". Vielleicht sollten wir stattdessen Regierungen fragen, warum im letzten halben Jahrhundert keine Finanzmittel für die Entwicklung einer sicheren Methode zur Stimulierung unserer „Vergnügungszentren" zur Verfügung gestellt wurden.

Es ist wahr, dass wir sehr vorsichtig sein müssen, vor allem im Hinblick auf die genetische Manipulation unserer eigenen Fähigkeit zum Glück, wenn wir kontraproduktive Ergebnisse vermeiden wollen. Allerdings hat die Gentechnologie langfristig das Potenzial, Gehirnstimulierung weit hinter sich zu lassen, wenn es darum geht, unser Glück in Quantensprüngen voranzubringen. **Mit passenden Sicherheitsvorkehrungen ist das einzugehende Risiko viel geringer als das unserer gegenwärtigen „Nur weiter so"-Haltung angesichts der Klimaerwärmung.** Warum können Menschen derart unnötige und unerfreuliche Risiken ertragen und weigern sich trotzdem, ein viel kleineres Risiko zu akzeptieren, das verspricht, das Glück dieser Welt vielleicht tausendfach zu erhöhen? Es gibt nur eine Antwort: irrationale Angst vor dem Unbekannten.

Die Glücksschlüssel

→ **Konzentrieren Sie sich auf die vier F: Freude/Glaube, Fitness, Familie und Freunde.**

→ **Messen Sie sinnlichen Vergnügen nicht zu viel Bedeutung bei. Solche Vergnügen sind begrenzt.**

→ **Warum investieren wir nicht in die künstliche, direkte Stimulierung unserer Gehirne, um unsere Glücksniveaus zu heben? Das wäre ein Quantensprung für das Glück dieser Welt.**

Prof. Yew-Kwang Ng wurde in Malaysia geboren. Er hat in Anerkennung seiner Arbeit an der Monash University in Melbourne (Australien) hohe Auszeichnungen erhalten. Yew-Kwang Ng ist bekannt für seine lebenslange Arbeit auf dem Gebiet der Wohlfahrtsökonomik und Wohlfahrtsbiologie. Er hat mehr als 100 Artikel und Bücher geschrieben, darunter *Economics and Happiness* (Wirtschaftswissenschaften und Glück) und *The Unparalleled Mystery* (Das unvergleichliche Rätsel).

„Kernthema ist es, unsere Ziele und Sehnsüchte auf einem breiteren gesellschaftlichen Niveau zu erreichen."

Das Signal „Vertrauen"

Luisa Corrado leitet internationale Untersuchungen zur Analyse der sozialen Geografie des Wohlbefindens, die Daten aus dem European Social Survey verwenden. Für diese Umfrage werden 20.000 Menschen in 180 Regionen von 15 europäischen Ländern regelmäßig gebeten, sowohl ihr allgemeines Glück als auch ihr längerfristiges Gefühl von Erfüllung („Lebenszufriedenheit") zu bewerten. Luisa Corrado hat einen starken Indikator für Glück gefunden: Vertrauen.

Die Landkarte des europäischen Wohlbefindens setzt einige nationale Klischees außer Kraft – insbesondere scheint die Annahme, dass die Menschen an den Küsten des Mittelmeeres am glücklichsten seien, nicht zuzutreffen. Die meisten südeuropäischen Länder sind ständig unter den Ländern mit den niedrigsten Umfragewerten, während die höchsten Werte im kühlen Umfeld von Schweden, Finnland und den Niederlanden registriert werden, wie auch bei den Dänen mit ihrem Spitzenplatz. Frauen schätzen sich generell glücklicher ein als Männer, während die Alten und die Jungen tendenziell glücklicher sind als Menschen in mittleren Jahren.

Regierung

Wir untersuchen jetzt, was die Menschen in einigen Ländern glücklicher macht als andere. Einer der zuverlässigsten Trends ist, dass die Menschen mit den höchsten Glücksniveaus auch die höchsten Vertrauenswerte für ihre Regierungen, die Polizei und das Rechtssystem angeben. Glücklichere Menschen haben meist auch viele Freunde und Bekannte, außerdem mindestens eine sehr enge Freundschaft oder Partnerschaft. Der Bericht scheint die alte Redensart zu bestätigen, dass man Glück nicht kaufen kann. In Ländern, deren Bevölkerung generell angibt, der Regierung und anderen Institutionen zu vertrauen, macht ein hohes Einkommen die Menschen noch glücklicher. **Aber in den Ländern, wo dieses Vertrauen fehlt, sind sogar die**

Reichsten tendenziell unglücklicher. Das Ausbildungsniveau der Menschen hat eine ähnlich begrenzte Wirkung auf ihr generelles Wohlergehen. Allerdings scheint das Ausmaß der Selbstachtung, die Menschen aus ihrer Arbeit beziehen, ihre Glücksniveaus zu beeinflussen.

Die Politik richtet ihren Blick immer stärker darauf, das individuelle Wohlergehen zu unterstützen und zu fördern. Der Hauptgrund für die Einrichtung nationaler „Wohlergehenskonten", die vorhandene Wirtschaftsdaten ergänzen sollen, ist tatsächlich eine Anerkennung der Tatsache, dass öffentliche Zufriedenheit das Ergebnis von individuellen, sozialen und institutionellen Faktoren ist. **Bis jetzt habe ich aus der Forschung auf diesem Gebiet gelernt, dass das Wohlergehen eines Landes und das Wohlergehen seiner Mitbürger nicht voneinander unabhängig sind.**

Maßnahmen

Es ist wichtig, auf der persönlichen Ebene anzufangen – bei Freunden, Familie und den geliebten Menschen. Aber ein Kernthema ist es, unsere Ziele und Sehnsüchte auf einem breiteren gesellschaftlichen Niveau zu erreichen. Insofern sind institutionelle Unterstützung und politische Eingriffe dringend vonnöten. **Nationale politische Maßnahmen, die die Bedeutung der Messung und Förderung individuellen Wohlbefindens anerkennen, können auch positive wirtschaftliche und gesellschaftliche Wirkungen haben**, wie zum Beispiel höhere Arbeitsproduktivität und stärkeren sozialen Zusammenhalt. Insofern könnte die Förderung des Wohlergehens auch zu einer Förderung des Wachstums führen, dem obersten politischen Ziel.

Die Menschen in der gesamten Europäischen Union scheinen relativ glücklich zu sein. Der Hauptgrund dafür ist nicht finanzieller Art. Anscheinend sind die wichtigsten Einflussfaktoren für das Glück die Qualität unserer sozialen Beziehungen zu anderen und das Vertrauen, das wir zu den Institutionen unseres Landes haben.

Die Glücksschlüssel

→ **Es spielt eine wichtige Rolle, wie sehr die Menschen ein Gefühl der Selbstachtung aus ihrer Arbeit beziehen.**

→ **Die Qualität unserer sozialen Beziehungen zu anderen und das Vertrauen, das wir zu den Institutionen unseres Landes haben, haben den stärksten Einfluss.**

→ **Institutionelle Unterstützung und politische Eingriffe sind dringend erforderlich.**

Dr. Luisa Corrado hat für ihre herausragende internationale Forschung zur sozialen Geografie von Einkommen und Wohlbefinden den Europäischen Wissenschaftspreis erhalten. Zurzeit ist sie Marie-Curie-Fellow an der Fakultät für Volkswirtschaft der Universität Cambridge (Großbritannien) und Lehrbeauftragte an der Universität Tor Vergata in Rom (Italien).

„Für unser Wohlbefinden ist die Qualität des Wirtschaftswachstums entscheidend.“

Rezepte für dauerhaftes Wohlbefinden

Weltweit versuchen Regierungen, das menschliche Wohlbefinden durch Wirtschaftswachstum zu fördern – Wissenschaftler sind dazu geteilter Meinung. Politiker vermissen eine klare Richtlinie, welche Maßnahmen geeignet sind: Was sollen sie tun, um ihren Bürgern ein besseres Leben zu bieten? Der Wirtschaftswissenschaftler **Francesco Sarracino** hat mit weltweiten Analysen nach Rezepten für dauerhaftes Wohlbefinden gesucht: fördern, schützen, reduzieren.

Seit vielen Jahren untersuchen Wissenschaftler, ob Wirtschaftswachstum der richtige Weg zu mehr Wohlbefinden ist. Im Moment scheint die Antwort zu lauten: „Kommt darauf an.“ Anfangs standen sich in der Wissenschaft Unterstützer und Gegner von Wirtschaftswachstum als Weg zu Wohlbefinden in feindlichen Lagern gegenüber, aber neuere Befunde deuten darauf hin, dass die Möglichkeit eines besseren Lebens von der Qualität des Wachstums abhängt.

Die USA und China sind zwei exemplarische Fälle von Wirtschaftswachstum, das den Menschen nicht mehr Wohlbefinden gebracht hat. In beiden Ländern gehören zunehmende Einkommensungleichheit und abnehmendes Sozialkapital zu den Ursachen dieser enttäuschenden Ergebnisse.

Reich und Arm

Ob Wirtschaftswachstum das menschliche Wohlbefinden steigert, hängt also von seinen sozialen, politischen, wirtschaftlichen, kulturellen und institutionellen Eigenschaften ab: Wenn es einhergeht mit einer Gesellschaft, die Zusammenhalt bietet und niemanden ausgrenzt, ist anzunehmen, dass es das Wohlbefinden der Menschen mehrt. Wenn Wirtschaftswachstum dagegen zu Isolation und Ungleichheit führt, könnte sich ihr Wohlbefinden vermutlich mindern. Warum? Gesellschaften mit Zusammenhalt bieten ihren Mitgliedern nicht nur materielle Hilfe, sondern auch soziale Unterstützung und gemeinsame Aktivitäten – lauter Aspekte, die das menschliche Wohlbefinden fördern. Beispielsweise leben Menschen mit vielfältigen sozialen Netzwerken tendenziell gesünder und länger; sie leiden seltener an Krankheiten, seelischen Störungen und anderen Problemen. **Zunehmend ungleiche Gesellschaften beeinträchtigen dagegen das**

menschliche Wohlbefinden. Die Volkswirtschaftslehre liefert dafür eine einfache Erklärung: Weil reichere Menschen relativ weniger Nutzen aus zusätzlichem Einkommen beziehen als ärmere, sind ungleiche Gesellschaften mit wenigen Reichen und vielen Armen im Durchschnitt weniger glücklich. Außerdem kann Ungleichheit zu Kriminalität, Gewalt und sozialer Spaltung führen, soziale Verbundenheit, Solidaritätsgefühle und Kooperation schwächen und damit das Wohlbefinden mindern.

Sozialkapital

Welche wissenschaftlichen Belege gibt es für diese Mechanismen? Eine breit angelegte Studie auf Basis von Zeitreihen über beinahe 30 Jahre aus 48 Industrie-, Entwicklungs- und Schwellenländern zeigt: Länder, in denen die Einkommensunterschiede sinken und das Sozialkapital wächst, können mit einem positiven Zusammenhang zwischen Wirtschaftswachstum und Wohlbefinden rechnen. Anders formuliert: **Steigende Ungleichheit und schwindendes Sozialkapital zehren den durch Wirtschaftswachstum bewirkten Wohlbefindenzuwachs auf** und senken das Wohlergehen der Menschen. Sozialkapital wird von der OECD definiert als „Netzwerke sowie gemeinsame Normen, Werte und Übereinkünfte, die die Zusammenarbeit innerhalb oder zwischen Gruppen erleichtern". Es ist mit sozialem Zusammenhalt und Inklusion verbunden.

Es versteht sich von selbst, dass weniger Ungleichheit und steigendes Sozialkapital nur zwei unter vielen Aspekten sind, auf die geachtet werden sollte, wenn Wirtschaftswachstum das menschliche Wohlbefinden erhöhen soll. Auch Umweltqualität, Gesundheit, Toleranz, Religiosität und andere Aspekte sind wichtig und können unter bestimmten Umständen durch Wirtschaftswachstum gefährdet werden. So gesehen fängt die Suche nach weiteren relevanten Aspekten gerade erst an. Trotzdem scheint der Schluss gerechtfertigt, dass das Rezept für mehr Wohlbefinden auf der ganzen Welt lautet: Wirtschaftswachstum sollte ohne Einbußen an sozialem Vertrauen und mit abnehmender Ungleichheit einhergehen.

Qualität des Wachstums

Was sollten Regierungen tun, um ihren Bürgern ein besseres Leben zu bieten? Kurz und knapp ist die Empfehlung der aktuellen empirischen Forschung eine Politik des Förderns, Schützens und Reduzierens:

1. Wirtschaftswachstum **fördern**,
2. soziales Vertrauen **schützen** und unterstützen,
3. Einkommensunterschiede **reduzieren**.

Wie Wirtschaftswachstum können auch Einkommensunterschiede und Sozialkapital der Gegenstand von Regierungspolitik sein. Neuere Studien haben vor allem gezeigt, dass Sozialkapital nicht starr ist – es kann durch politische Maßnahmen verändert werden, beispielsweise durch Stadtplanung, Bildungs- und Arbeitsorganisation, Gesundheitspolitik sowie durch Medien oder Werbung.

Wissenschaftler haben schon lange erkannt, dass die „Qualität" von Wirtschaftswachstum wichtig ist für das Wohlbefinden der Menschen. Heute wissen wir ein wenig mehr darüber, was diese Qualität ausmacht und wie wir ihr nachgehen können, um dauerhaftes Wohlbefinden zu fördern.

Die Glücksschlüssel

→ **Der Weg zu einem besseren Leben hängt von der „Qualität" des Wirtschaftswachstums ab.**

→ **Länder, in denen die Einkommensunterschiede sinken und das Sozialkapital wächst, können mit einem positiven Zusammenhang zwischen Wirtschaftswachstum und Wohlbefinden rechnen.**

→ **Das Rezept für mehr Wohlbefinden auf der ganzen Welt lautet: Wirtschaftswachstum ohne Einbußen an sozialem Vertrauen und mit abnehmender Ungleichheit.**

Francesco Sarracino ist Wirtschaftswissenschaftler beim nationalen Institut für Statistik von Luxemburg (STATEC) und Mitglied des wissenschaftlichen Netzwerks des Labors für komparative Sozialforschung (LCSR) der Hochschule für Wirtschaft (Russland). Er arbeitet daran, politische Maßnahmen zu identifizieren, die Wirtschaftswachstum kompatibel mit menschlichem Wohlbefinden machen und letztendlich nachhaltige Entwicklung ermöglichen. Seine Forschungen befassen sich mit Industrie- und Entwicklungsländern und basieren auf nationalen und internationalen empirischen Ergebnissen. Francesco Sarracino dankt Małgorzata Mikucka und Joshua K. Dubrow, den Koautoren des hier zusammengefassten Artikels.

„Wir geben unserem Leben mit Herz,

Kopf und Händen Sinn."

Optirealismus

„Wenn wir auf das Beste im Menschen setzen, holen wir das Beste ans Licht", versichert **Jacques Lecomte**, Ehrenpräsident des französischen und französischsprachigen Verbandes für Positive Psychologie. Er nennt sich selbst einen Optirealisten. Seine These: Wir können unserem Leben einen Sinn geben, indem wir die Welt verändern.

Ich interessiere mich sehr dafür, was dem Leben der Menschen einen Sinn gibt. Umfassende Forschungen haben letztendlich gezeigt, dass er im Grunde auf drei Aspekte unserer Existenz zurückzuführen ist: auf unsere affektiven Beziehungen (Liebe, Freundschaft, Eltern-Kind-Bindungen etc.), unsere Werte und Überzeugungen (religiös, philosophisch, politisch etc.) und unsere Wirkung auf die Welt (im beruflichen Umfeld, in den Gemeinschaften, denen wir angehören etc.). Mit anderen Worten, wir geben unserem Leben mit Herz, Kopf und Händen Sinn.

Es wäre eine Illusion zu glauben, man könne isoliert glücklich sein. Wir brauchen andere und andere brauchen uns, um erfüllt zu leben. Der Wunsch, die Dinge in unserem Umfeld zu verbessern (und bei manchen der größere Ehrgeiz, die Welt zu verändern) ist, ohne dass unbedingt Absicht dahintersteckt, ein bemerkenswerter Weg, diese drei Sinnquellen zu kombinieren und mit anderen zusammen auf der Basis gemeinsamer Werte zu handeln.

Werte und Einstellungen

Die Unterschiede zwischen Psychologie und Soziologie, zwischen dem Wunsch nach persönlicher Entwicklung und der Sehnsucht, die Welt zu verändern, sind keine unüberwindlichen Hindernisse. Im Gegenteil, diese beiden Lebenseinstellungen können einander in einer positiven Dynamik verstärken. Mir gefällt die Definition der Positiven Psychologie sehr gut, die Shelly Gable und Jonathan Haidt vorgeschlagen haben, als „die Beschäftigung mit den Bedingungen und Prozessen, die zur Erfüllung oder zum optimalen Funktionieren von Individuen, Gruppen und Institutionen führen". Diese Definition zeigt eindeutig: **Positive Psychologie beschränkt sich nicht auf die Erforschung des individuellen Glücks, sondern hat einen kollektiven und sogar gesellschaftlichen Aspekt.** Insofern bringt uns die Positive Psychologie neues Wissen über das menschliche Wesen, das ganz konkrete praktische Anwendungen haben kann.

Aktuelle Forschungen zeigen, dass Werte und Einstellungen wie Vertrauen zu anderen, Kooperation, Respekt, Mitgefühl oder Brüderlichkeit nicht nur für zwischenmenschliche Beziehungen, sondern auch auf sozialer und politischer Ebene von Bedeutung sind und insofern zum Allgemeinwohl beitragen können. Dies ist in so unterschiedlichen Bereichen wie Bildung, Gesundheitswesen, Sozialarbeit, Justiz, Volkswirtschaft, Umwelt, Unternehmen, internationale Beziehungen etc. zu beobachten. Die logische Konsequenz daraus ist ein neues Gesellschaftsmodell, das eher von Kooperation und Solidarität geprägt ist als von Wettbewerb. Kurz: Wenn wir auf das Beste im Menschen setzen, holen wir das Beste ans Licht.

Eine bessere Gesellschaft

Hier sind einige Ergebnisse, als Beispiele unter vielen:
→ **Kooperatives Lernen** ist viel effektiver als wettbewerbsorientiertes Lernen, was die schulischen Ergebnisse, die Atmosphäre im Klassenzimmer, die Lehrer-Schüler-Beziehungen etc. angeht.
→ **Firmen**, in denen Menschen gerne arbeiten, sind ebenso profitabel oder oft sogar erfolgreicher als Firmen, deren Mitarbeiter das Gefühl haben, nicht wertgeschätzt zu werden.
→ **Wiedergutmachende Justiz** (basierend auf Treffen, die beim Aggressor Mitgefühl für die Opfer wecken) erzielt weit bessere Ergebnisse als der traditionelle Strafvollzug – mehr Genugtuung für die Opfer, mehr Rechenschaft für den Täter und eine geringere Rückfallquote.
→ **Verhandlungsorientierte Diplomatie** ist viel wirkungsvoller für internationale Beziehungen als Abschreckungsversuche oder Drohungen, was das Reduzieren der Kriegsgefahr angeht.

Die Hoffnungen auf eine bessere, auf Kooperation und Anteilnahme beruhende Gesellschaft sind insofern kein Wunschtraum, sondern können auf vorhandenen Erfahrungen aufbauen. Und wir alle können handeln, innerhalb unserer eigenen Einflusssphäre, in unserem Alltagsleben. Dieser optimistische Realismus, den ich Optirealismus nenne, ist genau die Sichtweise, die von den großen Sozialreformern der Geschichte eingenommen wurde – Menschen, die einerseits Ungerechtigkeit, Gewalt etc. ganz klar sahen, aber andererseits an die Möglichkeit glaubten, die aktuelle Lage zu verbessern, indem sie auf das Gute in uns allen setzten. Der beste Weg, realistisch und pragmatisch zugleich zu sein, ist zutiefst idealistisch zu sein.

Die Glücksschlüssel

→ **Wir brauchen andere und andere brauchen uns, um erfüllt zu leben.**

→ **Wenn wir auf das Beste im Menschen setzen, holen wir das Beste ans Licht.**

→ **Die Hoffnungen auf eine bessere, auf Kooperation und Anteilnahme beruhende Gesellschaft können auf vorhandenen Erfahrungen aufbauen.**

Prof. Jacques Lecomte ist Doktor der Psychologie und Ehrenpräsident des französischen und französischsprachigen Verbandes für Positive Psychologie. Er hat an der Universität Paris-Nanterre und an der sozialwissenschaftlichen Fakultät des Institut Catholique de Paris gelehrt. Seine Arbeit basiert auf der Positiven Psychologie (insbesondere zu Resilienz, Lebenssinn und Freundlichkeit). Sein Hauptinteresse gilt zurzeit den sozialen Auswirkungen von Einstellungen und Werten wie Vertrauen, Kooperation, Respekt und Solidarität, sei es in der Bildung, im Gesundheitswesen oder in der Wirtschaft. Er hat ein Dutzend Bücher veröffentlicht, zuletzt *Les entreprises humanistes. Comment elles vont changer le monde* (Humanistische Unternehmen. Wie sie die Welt verändern werden) und *La bonté humaine* (Die menschliche Güte).

„Erfolg im Leben ist ein Marathon, kein Sprint."

Kühlschrank-weisheiten

Island wird oft als das glücklichste Land der Welt eingestuft. Allerdings konnte **Dóra Guðrún Guðmundsdóttir**, als sie vor zehn Jahren mit ihrer Forschungsarbeit begann, keine einzige Studie über das Glück in ihrem Land finden. Heute findet man ihre Ergebnisse auf allen isländischen Kühlschränken. Und, ja, es gibt Kühlschränke in Island.

Ein leichtes Leben reicht nicht …

Man kann vielleicht wichtigere Fragen stellen als die, ob Island das glücklichste Land der Welt ist. Herauszufinden, welche Faktoren das Glück vorhersagen, ist viel nützlicher. Als ich anfing, die Daten zu analysieren, entdeckte ich, dass es keine Rolle spielt, ob man Junge oder Mädchen ist, Mann oder Frau, Rentner oder Teenager. Keine dieser Gruppen war glücklicher als die andere. Auch Geld schien keine große Rolle zu spielen. Tatsächlich erklärte das Einkommen nur 1 bis 4 Prozent des Glücks in Island. Diese Ergebnisse sind nicht überraschend, wenn man sich auf dem Gebiet der Glücksforschung auskennt. Allerdings gibt es einen verbreiteten Glauben daran, dass Geld der Schlüssel zum Glück ist. Wenn ich Vorträge halte, bitte ich die Zuhörer oft, zu raten, wie viel vom Glück der Menschen durch ihr Einkommen vorhergesagt wird, und die Schätzungen sind immer zu hoch. Laien tippen oft, dass das Einkommen bis zu 70 Prozent des Glücks beeinflusst. Es ist wichtig, dieses Missverständnis zu korrigieren, um zu vermeiden,

dass Menschen auf ihrer Suche nach persönlichem Glück Irrwege einschlagen. Natürlich streben nicht alle Individuen nach Geld, um persönliches Glück zu gewinnen. Ihr Ziel ist vielleicht einfach, mehr Geld zu verdienen als jemand anders. Allerdings sollte man sie hinreichend darüber informieren, dass ein solches Unterfangen nicht der wirkungsvollste Weg zu einem glücklichen Leben ist.

Wenn das Geldeinkommen nur 4 Prozent des Glücks bestimmt, sind mindestens 96 Prozent durch andere Faktoren erklärbar. Nach meinen (und zahlreichen anderen) Untersuchungen sind soziale Beziehungen der beste Vorhersagefaktor für Glück. Ergebnisse aus den isländischen Daten zeigen, dass das Leben in einer Partnerschaft mit größerer Wahrscheinlichkeit zu einem glücklichen Leben führt als das Leben allein und dass es das Glück ebenfalls steigert, wenn man Zeit mit Freunden und Familie verbringt. Ein weiterer wichtiger Glücksfaktor ist die Gesundheit, besonders die seelische Gesundheit eines Menschen.

Es gibt viele falsche Vorstellungen über das Glück; die Menschen werden von den Medien, der Unterhaltungsbranche und allgemein akzeptierten „Weisheiten" falsch informiert. Während meiner Forschungsarbeit stieß ich auf eine Studie aus den 1960er-Jahren, die behauptete, die glücklichsten Menschen seien diejenigen, die das leichteste Leben hätten. Diese Hypothese wurde von den Fakten nicht gestützt. Die Menschen, die die höchsten Glücksniveaus angaben, hatten in ihrem Leben alle schwere Zeiten erlebt, die sie überwunden hatten. Es waren nicht die Schwierigkeiten, die sie glücklich machten. Die wichtigste Rolle spielte ihre Einstellung gegenüber ihren Schwierigkeiten – wie sie mit ihnen umgingen, wie sie letztendlich mit ihnen fertig wurden.

Als Antwort auf diese Missverständnisse entwickelten und starteten meine Kollegen und ich eine öffentliche Kampagne für bessere seelische Gesundheit und mehr Glück. Wir schufen ein einfaches Hilfsmittel in Form einer Reihe von Sätzen, die Menschen an simple Strategien erinnern sollten, mit denen man seelisch gesund bleibt – und damit glücklicher wird. Wir suchten die Sätze aus, indem wir in der wissenschaftlichen Literatur nach den Eigenschaften glücklicher und erfolgreicher Menschen suchten und unsere eigenen Forschungsergebnisse zur Unterstützung nutzten.

Das Ergebnis dieser Arbeit waren die „Zehn Gebote der seelischen Gesundheit" – ich möchte sie mit Ihnen teilen, in der Hoffnung, dass sie Ihnen helfen werden, Ihr Leben noch mehr zu genießen. Sie wurden auf einen Kühlschrankmagneten gedruckt, damit sie im Alltagsleben der Menschen als sichtbare Gedächtnisstütze dienen konnten. Das isländische Institut für öffentliche Gesundheit verschickte als Weihnachtsgeschenk einen Magneten an jeden Haushalt des Landes. Vorträge und eine Medienkampagne begleiteten diese Aktion. Sie erläuterten, wie wichtig es ist, über seelische Gesundheit nachzudenken und sich um sie zu kümmern.

Wenn Sie jemals in ein isländisches Haus kommen, gehen Sie in die Küche, um nachzusehen, ob Sie die zehn Gebote der seelischen Gesundheit finden. Auf vielen Kühlschranktüren haben sie noch immer ihren Platz.

Die zehn Gebote der seelischen Gesundheit sind:

→ Denke positiv.

→ Schätze die Menschen, die du liebst.

→ Lerne weiter, solange du lebst.

→ Lerne aus deinen Fehlern.

→ Bewege dich jeden Tag.

→ Mache dein Leben nicht unnötig kompliziert.

→ Versuche die Menschen in deiner Umgebung zu verstehen und zu ermutigen.

→ Gib nicht auf – Erfolg im Leben ist ein Marathon, kein Sprint.

→ Entdecke und entwickle deine Talente.

→ Setze dir Ziele und strebe nach deinen Träumen.

Die Glücksschlüssel

→ **Zeigen Sie anderen, dass sie die Bedeutung des Geldes überschätzen. Es sagt nur 4 Prozent des Glücks voraus und nicht 70 Prozent, wie manche Menschen denken.**

→ **Es ist nicht das „leichte" Leben, das uns glücklich macht. Am meisten kommt es auf unsere Haltung gegenüber Schwierigkeiten an und darauf, wie wir mit ihnen umgehen.**

→ **Finden Sie einfache Wege, die Weisheiten der Glücksforschung in das Leben aller Menschen zu tragen. Kühlschrankmagneten könnten helfen!**

Dóra Guðrún Guðmundsdóttir ist Psychologin in Reykjavik (Island) und hat als Generaldirektorin des isländischen Instituts für öffentliche Gesundheit gearbeitet. Ihre wichtigsten Forschungsgebiete sind Glück, seelisches Wohlergehen und das Zusammenspiel von seelischem, körperlichem und sozialem Wohlbefinden. Ihre Leidenschaft gilt dem Übersetzen der Ergebnisse hochkarätiger wissenschaftlicher Untersuchungen in die Alltagssprache.

„Wir können uns selbst zu Hoffnung inspirieren, wenn wir sie vielleicht am wenigsten empfinden, aber am meisten brauchen."

Hoffnung in dunklen Zeiten

Wenn alles gut läuft, erscheint es leicht, hoffnungsvoll zu leben. Aber was geschieht in unseren schwärzesten Momenten, wenn uns Schlimmes widerfährt? Wie finden wir nach einschneidenden Erlebnissen Kraft in der Hoffnung? **Alex Linley** nennt fünf positive Auswirkungen posttraumatischen Wachstums.

Hoffnung ist unser positives Gefühl für die Zukunft. Sie speist sich primär aus unseren Überzeugungen in Bezug auf unsere Motivation und unsere Fähigkeit, diese Zukunft herbeizuführen. Wenn wir hoffen, stellen wir uns der Welt entgegen, entschlossen und zuversichtlich – dabei spricht die Wahrscheinlichkeit vielleicht gegen, vielleicht für uns. Das spielt keine Rolle, denn Hoffnung ist Kalkül, keine Wahrscheinlichkeitsrechnung. Bei Hoffnung geht es um die Umsetzung eines Ergebnisses, nicht um die gewichteten Chancen, es zu erzielen. Je stärker wir an uns und unsere Erfolgschancen glauben, desto größere Hoffnung haben wir.

Aber es kann schwer sein, die Hoffnung zu bewahren, wenn sich alles gegen uns verschworen hat. Zumindest so lange, bis wir merken, dass Hoffnung oft durch eine Feuerprobe bitterer Erfahrungen getestet und geschmiedet wird. Wenn wir leiden, brauchen wir die Hoffnung am dringendsten. Es liegt eine erfreuliche Symmetrie darin, dass wir im Leid auf Hoffnung hoffen können, wenn wir die Resultate des Leidens betrachten.

In allen großen Denkschulen, Religionen und Literaturtraditionen der Welt werden immer wieder Beispiele dafür gegeben, dass es lohnend ist, Leid zu durchstehen. In den letzten 20 Jahren haben die Psychologen bei diesem Thema aufgeholt; sie bezeichnen das Phänomen als posttraumatisches Wachstum.

Wachstum

Vereinfacht gesagt, kann unser Kampf gegen das Leid fünf positive Wirkungen haben; wir sprechen von „posttraumatischem Wachstum".

1. Wir können unsere **Beziehungen zu anderen verbessern**, lernen, Menschen besser wertzuschätzen, vielleicht erkennen, dass sie für uns da sind, und dankbarer verstehen, was sie für uns tun.

2. Wir erkennen vielleicht **neue Möglichkeiten** für unser Leben und die Zukunft und erkunden infolgedessen neue Hobbys, Berufswege oder sogar einen anderen Lebensstil.

3. Wir können neue **Quellen persönlicher Stärke entdecken** und herausfinden, dass wir Dinge können, die wir uns nie hätten träumen lassen, oder dass unsere Reserven tiefer reichen, als wir je vermutet hätten.

4. Wir verändern uns möglicherweise in spiritueller Hinsicht, indem wir eine **tiefere Verbindung zu etwas entwickeln**, das größer ist als wir selbst, und den Glauben an eine höhere Macht entdecken oder stärken.

5. Unsere **Wertschätzung für das Leben kann steigen** – wir bemerken Dinge wie den Wechsel der Jahreszeiten, die warmherzigen Worte einer Freundin oder die Tatsache, dass unser Bus pünktlich ist. Wenn wir merken, dass wir das alles hätten verlieren können, schätzen wir es mehr und nehmen es nicht wie zuvor als selbstverständlich hin.

Freiheit

Wenn wir erkennen, dass Gutes aus unserem Ringen mit dem Leid erwachsen kann – und tatsächlich erwächst –, können wir sehen, dass die Hoffnung inmitten der dunkelsten Stunden unseres Leidens aus dem Wissen neu erblüht und auf der anderen Seite eine strahlendere Zukunft wartet. So können wir uns selbst zu Hoffnung inspirieren, wenn wir sie vielleicht am wenigsten empfinden, aber am meisten brauchen.

Setzt die Hoffnung sich durch, verändert sie den Verlauf unseres Denkens und unserer Fortschritte. Statt alles als falsch und immer schlechter zu betrachten, sehen wir jetzt, was richtig ist und wie wir es besser machen können. **Statt uns hilflos und ohnmächtig zu fühlen, erinnern wir uns unserer eigenen Stärke.** Während wir unsere Stärke neu erwecken, entdecken wir unseren *Willen* wieder, den gleichen Willen, der uns hilft, neue *Wege* zu finden.

Diese Hoffnung lebt in unserem Inneren; sie ist unser Leuchtfeuer, aber auch unsere Verantwortung. Und trotzdem stehen wir manchmal vor Situationen, deren Ausgang wir nicht beeinflussen oder gar kontrollieren können, egal, was wir tun. In solchen Momenten wandelt sich unsere Hoffnung: von einem Glauben, der von unserem Inneren ausgeht, wird sie zum Glauben an die Güte unseres Gottes, wie auch immer wir Ihn oder Sie definieren, oder auch nur zum Glauben an die Macht eines gütigen Universums. Hier begegnet die Hoffnung ihrem engen Verwandten, dem Glauben. **Hoffnung ist für die Fälle, in denen wir das Ergebnis beeinflussen und kontrollieren können, Glauben für die übrigen.**

Viktor Frankl schrieb die berühmten Worte, „die letzte menschliche Freiheit", die uns nie genommen werden könne, sei die Freiheit, uns „zu den Verhältnissen so oder so einzustellen". Wenn wir das annehmen, können wir Hoffnung wählen. Und mit der Hoffnung wählen wir eine bessere Zukunft. Selbst in den schlimmsten Zeiten, wenn alles andere verloren scheint, können wir uns immer für die Hoffnung entscheiden.

Die Glücksschlüssel

→ **Bei Hoffnung geht es um die Umsetzung eines Ergebnisses, nicht um die gewichteten Chancen, es zu erzielen.**

→ **Zu posttraumatischem Wachstum können bessere Beziehungen, das Entdecken neuer Möglichkeiten, die Wahrnehmung der eigenen Kraft, spirituelle Veränderungen oder eine höhere Wertschätzung für das Leben gehören.**

→ **Die letzte Freiheit, die uns nie genommen werden kann, ist die Freiheit, uns zu den Verhältnissen so oder so einzustellen. Selbst in den schlimmsten Zeiten können wir uns immer für die Hoffnung entscheiden.**

Alex Linley, Ph.D., st Geschäftsführer von Capp, einem führenden Anbieter stärkenorientierter Testverfahren. Er hat sein Psychologiestudium an der Universität Leicester (Großbritannien) mit der Bestnote abgeschlossen und lehrt dort als Gastprofessor; seinen Ph.D. hat er an der Universität Warwick erworben. Er ist international anerkannt als führender Experte für Positive Psychologie und ihre Anwendungen. Zu den sieben Büchern, die er verfasst hat, gehört *The Strengths Book*, ein Bestseller über menschliche Stärken.

Der andere in uns

→ **Ganz allein auf dem Gipfel eines Berges. Glücklich?**

→ **Sie sind allein zu Hause, halten Fenster und Türen aber geschlossen. Glücklich?**

→ **„Ich komm schon alleine zurecht." Glücklich?**

Kann jemand, auf sich allein gestellt, vollkommen glücklich sein? **Christopher Peterson** glaubt das nicht. Seiner Meinung nach empfangen wir das größte Glück von anderen. Peterson hat die Grundlagen der Positiven Psychologie entwickelt. Ob er es schaffen würde, sein Wissen und seine Erkenntnisse in 20 Zeilen zusammenzufassen? „Drei Worte reichen", sagt er. Zum Glück hat er 20 Zeilen hinzugefügt, die diese drei Worte erklären.

Andere Menschen zählen

Positive Psychologie befasst sich wissenschaftlich mit der Frage, was das Leben besonders lebenswert macht. Die Themen dieses neuen Forschungsgebietes reichen von den biochemischen Grundlagen der Freude bis zum Wohlergehen ganzer Nationen. Trotzdem kann man sie in drei Worten zusammenfassen: Andere Menschen zählen. In der Positiven Psychologie unterstreicht jeder Beweis, jede Theorie, die Bedeutung anderer Menschen für unser Glück und unsere Gesundheit.

Schönes lässt sich am besten in Gesellschaft anderer genießen. Die wichtigsten Bausteine eines zufriedenen Lebens sind sozialer Art. Gute Beziehungen zu anderen können sogar eine notwendige Bedingung für ein glückliches Leben sein. Glück kann man kaufen – wenn man sein Geld für andere ausgibt. Erfolge verdanken wir nicht nur unserer eigenen Begabung und Beharrlichkeit, sondern auch den Lehren und der Unterstützung der Menschen, die sich um uns kümmern. Charakterstärke erlernen wir von unseren Eltern und Lehrern. Eine gute Freundschaft am Arbeitsplatz zählt mehr als Gehalt oder Status. Menschen mit engen Beziehungen sind gesünder als solche ohne, obwohl sie – wie wir annehmen – mehr Krankheitserregern ausgesetzt sind.

Die Beatles haben uns gesagt: „All you need is love" – die Positive Psychologie erklärt, warum. Ein gutes Leben folgt aus liebevollen Beziehungen zu Freunden, Nachbarn, Kollegen, Familienmitgliedern und Partnern.

Andere Menschen zählen. Und wir alle sind für irgendjemanden der oder die „andere".

Die Glücksschlüssel

→ **Suchen Sie das Glück nicht in sich selbst, sondern in Ihren Beziehungen**
→ **zu anderen.**
→ **Lieben und ehren Sie die Menschen, die Ihnen wichtig sind: Ihre Eltern, Lehrer, Familienmitglieder, Kollegen und Freunde.**
→ **Machen Sie sich klar, dass auch Sie immer für jemanden der oder die „andere" sind.**

Christopher Peterson war Professor für Psychologie an der Universität Michigan (USA). Er wurde oft als Gründungsvater der Positiven Psychologie bezeichnet. Er war Mitglied der Steuerungsgruppe Positive Psychologie und Wissenschaftlicher Direktor des via Institute on Character in Cincinnati. Christopher Peterson ist für seine Studien über Charakter, Gesundheit, Optimismus und Wohlergehen weltweit anerkannt.

„Nicht mehr Dinge tun, sondern andere."

Neue Prioritäten

„Menschen fragen immer häufiger: Was ist Fortschritt? Seit 50 Jahren streben wir nach höheren Einkommen – und haben sie bekommen. Trotzdem hat es im gleichen Zeitraum keine Steigerung des Glücks gegeben (weder in Großbritannien noch in den USA), wie Umfragen gezeigt haben. Es gab jedoch einen erschütternden Anstieg bei der Zahl unglücklicher und verhaltensgestörter Kinder. Wir haben eindeutig falsche Prioritäten und unsere Gesellschaft braucht einen radikalen Kurswechsel." **Richard Layard** ist Spezialist für die Ökonomie des Glücks, auf Basis der modernen Glücksforschung.

Wenn wir die Ursachen für Unterschiede beim Glück von Individuen und Gesellschaften betrachten, tauchen sieben wichtige Faktoren auf: Einkommen, Beziehungen zu Hause, Beziehungen bei der Arbeit (wenn man Arbeit hat), Beziehungen in der Gemeinschaft, Gesundheit, persönliche Werte und persönliche Freiheit. Einkommen ist den Menschen enorm wichtig. Während eine Gesellschaft durch den Fortschritt reicher wird, werden ihre Bürger nicht glücklicher. Der wichtigste Faktor, mit dem man Schwankungen des Glücks erklären kann, ist die Qualität der persönlichen Beziehungen. Und das Schlüsselelement jeder Beziehung ist Vertrauen. Bei empirischen Untersuchungen wird seit Jahren in vielen Ländern gefragt: „Denken Sie, dass man den meisten anderen Menschen trauen kann?" Das ist eine sehr interessante Frage. Vertrauensvolle Menschen sind glücklicher – vertrauensvollere Gesellschaften auch, wie die in Skandinavien. 60 Prozent der Menschen antworteten vor 50 Jahren in Großbritannien und den USA mit „ja". Heute liegt der Anteil bei 30 Prozent. Das ist ein Maß für das, was wir verloren haben, weil wir übermäßigen Nachdruck auf den Wettbewerb zwischen den Menschen legen –

alles im Namen von höherer Effizienz und mehr Wohlstand. Aber Solidarität und Kamerad-schaftsgefühl sind ebenfalls entscheidend für Lebensfreude. Wettbewerb zwischen Organisa-tionen ist gut und notwendig, aber übertriebener Wettbewerb zwischen Individuen kann das Glück zerstören.

Das Bekenntnis zu einer glücklicheren Gesellschaft hat wichtige Folgen, sowohl für unser individuelles Leben als auch für die Struktur staatlicher Politik. Als Individuen sollten wir uns eindeutig für eine Arbeit entscheiden, die anderen nützt – wenn sie nur Profite erhöht, aber keinen ernsthaften Nutzen für die Gesellschaft erbringt, sollten wir sie nicht tun. Und wir soll-ten nicht durch Überarbeitung die Qualität unseres häuslichen Lebens schmälern. Bei unse-rem Privatleben sollten wir all diejenigen berücksichtigen, deren Glück wir beeinflussen. Ein gutes Wort, um dieses Bestreben zu beschreiben, ist „Harmonie", denn es hebt die Tatsache hervor, dass alle Beteiligten, auch wir selbst, davon profitieren.

Politik

Wenn Regierungen versuchen, das Glück zu fördern – bedeutet das, sie greifen immer mehr in das Leben der Menschen ein? Regierungen versuchen schon seit Langem, Glück als eines ihrer Ziele zu fördern. Aber als ich mein Buch über Glück veröffentlicht hatte, trug eine Buchkritik den Titel *Die Glückspolizei* und eine andere *Die Bürokraten der Seligkeit*. Nach Meinung eini-ger Leute ist es vollkommen akzeptabel, wenn die private Moral einem Prinzip des „größten Glücks" folgt, nicht aber die staatliche Politik, weil das zu einem „Kindermädchenstaat" oder sogar auf den „Pfad zur Knechtschaft" führen würde. In seiner zugespitzten Form ist dieses Argument absurd. **Jeder weiß – und es liegen klare Beweise dafür vor –, dass der Verlust der Freiheit Unglück verursacht**: Die Staaten der ehemaligen Sowjetunion waren die un-glücklichsten Länder, wie Untersuchungen zeigen – sogar noch weniger glücklich als die Dritte Welt.

Eine glücksorientierte Politik würde zu einigen neuen staatsfinanzierten Aktivitäten führen – Schulen würden Belastbarkeit lehren, Eltern bekämen mehr Unterstützung angeboten, es gäbe mehr Hilfen bei seelischen Erkrankungen etc. Der Staat würde außerdem Gefühlen und Ver-haltensweisen im Vergleich zu den materiellen und verdienstorientierten Aspekten des Lebens mehr Aufmerksamkeit widmen. Aber er würde nicht notwendigerweise mehr Dinge, sondern andere Dinge tun. Er müsste eventuell sogar weniger Aufmerksamkeit auf die materiellen Lebensaspekte richten – weil die umständlichen Regelungen des Wirtschaftslebens viele Men-schen in den Wahnsinn treiben, ebenso wie Reorganisationen und andere Maßnahmen, die Bürokraten fröhlich anzetteln, ohne Rücksicht darauf, welche Wirkungen sie auf das Glück haben. Insgesamt lässt sich nicht von vornherein sagen, ob ein glücksorientierter Staat im Leben der Menschen mehr oder weniger aktiv wäre.

Neue Prioritäten

Wir brauchen nicht unbedingt mehr Staat – zu viel Regulierung mindert das Glück. Was wir brauchen, ist ein anderer Staat. Wenn das Hauptziel des Regierens wirklich das Glück des Volkes ist, muss es einen gewaltigen Umbruch bei den Prioritäten der Regierung geben.

Schulen. Mit der Entwicklung des Charakters müssen sich Schulen ebenso beschäftigen wie mit der Vermittlung von Wissen. Junge Menschen müssen lernen, ihre Gefühle und ihr Verhalten zu steuern, und müssen die Belastbarkeit erwerben, mit der sie Unglück überstehen können. Gleichzeitig müssen sie lernen, sich um andere Menschen zu kümmern. Diese Lebensfähigkeiten können zum Teil über ein gutes Schulethos erworben werden, das stark auf Werten wie Respekt und harmonischem Zusammenleben beruht. Aber diese müssen auch über gezielten Unterricht in Lebensfähigkeiten entwickelt werden. Nur gut ausgebildete Lehrer können das gewährleisten; sie sollten in höheren Schulen Spezialisten für dieses Fach sein. Ein wenig überraschendes Ergebnis neuerer Untersuchungen zeigt die Bedeutung einer positiven Einstellung. Wenn wir unter Jugendlichen Drogen, Übergewicht, Rauchen, Trunkenheit und lieblosen Sex einschränken wollen, dann sind die wirksamsten Programme diejenigen, die sich auf die Entwicklung positiver Interessen richten – sich also auf das konzentrieren, was man tun sollte, statt auf das, was man nicht tun sollte. Dieses Ergebnis gehört zu den wiederkehrenden Merkmalen der Glücksforschung.

Seelische Gesundheit. Entscheidend für das Glück ist Gesundheit, vor allem die seelische Gesundheit. In Großbritannien geht beinahe die Hälfte der Behinderungen auf seelische Erkrankungen zurück, und die Auswirkungen von Depressionen auf das Alltagsleben sind 50 Prozent höher als die von gängigen chronischen Krankheiten wie Arthritis, Angina, Asthma und Diabetes. In Großbritannien erklären Messungen der seelischen Gesundheit mehr vom gegenwärtigen Unglück als familiäre Armut. Seelische Erkrankungen sollten genauso ernst genommen werden wie körperliche. In Großbritannien ist bei jedem zehnten Kind und bei jedem sechsten Erwachsenen diagnostizierbar, dass er oder sie an einer Depression, einer Angststörung oder einer Verhaltensstörung leidet. Allerdings sind nur ein Viertel dieser Menschen in Behandlung – verglichen damit sind es bei Menschen, die an körperlichen Krankheiten leiden (die in vielen Fällen weniger ernst sind) über 90 Prozent.

Beschäftigung. Es ist weitaus wichtiger, allen Menschen Beschäftigung zu bieten, als die langfristige Rate des Wirtschaftswachstums zu steigern. Junge Menschen, die die Schule verlassen, brauchen das Gefühl, dass die Gesellschaft sie will, da sie ihnen sinnvolle Arbeitsplatzangebote offeriert.

Gemeinschaft und Gleichheit. Wir wollen eine vertrauensvolle Gesellschaft, in der die Menschen zuversichtlich auf den guten Willen ihrer Mitbürger setzen. Wissenschaftliche Untersuchungen bestätigen, dass höheres Vertrauen und weniger Gewalt stärker verbreitet sind, wenn in Gesellschaften mehr Gleichheit herrscht. Die Glücksforschung bestätigt auch, dass zusätzliches Geld für ärmere Leute wertvoller ist als für jene, die schon mehr haben. Insofern ist eine gesunde Gemeinschaft eine, in der es keine übermäßige Ungleichheit gibt.

Umwelt. Es wird wenig zukünftiges Glück in einer Welt geben, die von Dürren, Hochwasser und Massenmigration bedrängt wird. Insofern herrscht vollkommene Übereinstimmung zwischen einer Bewegung, die auf eine humanere Gesellschaft zuarbeitet, und einer, die auf eine harmonischere Beziehung zwischen den Menschen und ihrem Planeten abzielt.

Messung. Letzten Endes werden Regierungen das Glück nur dann ernst nehmen, wenn sie es auch messen. Auf einer oecd-Konferenz zum Thema „Was ist Fortschritt?" sagte Joseph Stiglitz vor Kurzem: „Wenn Sie das Falsche messen, werden Sie das Falsche tun." Wie recht er hat! Nationale und regionale Regierungen müssen regelmäßig Befragungen zum Glück ihrer Bürger durchführen, um Trends zu überwachen, Inseln des Unglücks zu identifizieren und eine

Informationsbasis aufzubauen, die unser Verständnis für die Ursachen des Glücks vertieft. Die Sozialwissenschaften sollten vor allem die Wissenschaft von der Entstehung des Glücks werden.

Unsere Gesellschaft ist unnötig grob und voll unnötigen Leidens. Wir können uns mit Sicherheit auf eine höhere Ebene bewegen, mit mehr Glück und weniger Leid. Aber zwei Dinge sind notwendig, damit dies geschieht: Zuerst müssen wir uns darüber einig werden, dass dies das Ziel ist. Und dann müssen wir alles verfügbare Wissen und all unsere geistige Kraft dafür einsetzen, dorthin zu gelangen.

Die Glücksschlüssel

→ **Wir brauchen eine andere Art Staat, der auf Vertrauen, Solidarität, Kameradschaftsgefühl und Harmonie beruht.**

→ **Regierungen sollten das Glück aktiv fördern: Lebensfähigkeiten an Schulen unterrichten, seelische Krankheiten ernst nehmen, Beschäftigung für alle anbieten, Gleichheit fördern, die Umwelt schützen …**

→ **Wir müssen uns darüber einig werden, dass mehr Glück und weniger Unglück unser gemeinsames Ziel ist. Und dann müssen wir alles verfügbare Wissen und all unsere geistige Kraft dafür einsetzen, dorthin zu gelangen.**

Lord Richard Layard ist Direktor des Forschungsprogramms zum Wohlbefinden an der London School of Economics (Großbritannien). Er ist eine Autorität für Politikgestaltung und Ökonomie des Glücks und berät seit vielen Jahren wichtige politische Entscheidungsträger und Organisationen auf der ganzen Welt. Layard hat sein Studium 1967 abgeschlossen und seither über 40 Bücher und zahlreiche Artikel veröffentlicht. Sein Buch *Die glückliche Gesellschaft: Was wir von der Glücksforschung lernen können* (Happiness: lessons from a new science) ist in mehr als 20 Sprachen übersetzt worden.

„Lernen, wie man freundlicher, fürsorglicher

und zielgerichteter lebt.“

Action for Happiness

Action for Happiness ist eine schnell wachsende Bewegung von Menschen, die für eine glücklichere und freundlichere Welt aktiv werden. Seit ihrer Gründung im Jahr 2011 haben sich Millionen von Menschen in 170 Ländern mit den Ideen dieser Bewegung beschäftigt, und über 70.000 sind der weltweiten Gemeinschaft beigetreten. Ihr Direktor **Mark Williamson** erklärt, wie diese globale Bewegung praktische Schritte zu einer glücklicheren Welt anbietet.

Der Kerngedanke ist einfach, aber tiefgründig: Menschen streben danach, auf eine Weise zu leben, die mehr Glück schafft – für sich selbst wie für andere. Die Bewegung ist nicht religiös, wissenschaftsbasiert und steht allen offen. Schirmherr ist Seine Heiligkeit der Dalai Lama, dessen universelle Botschaften zu Glück und Frieden Widerhall bei Menschen jeglicher Herkunft finden. Mitgründer sind der Wirtschaftswissenschaftler Baron Richard Layard, der Sozialinnovator Geoff Mulgan und der Pädagoge Sir Anthony Seldon.

Die Mitglieder werden auf viele verschiedene Arten aktiv. Lehrer bringen Ideen von *Action for Happiness* mit ins Klassenzimmer, Manager nutzen sie, um glücklichere Arbeitsplätze zu schaffen und Freiwillige organisieren Veranstaltungen, Kurse oder „Happy Cafés“ in ihren Heimatorten. **Tausende von Menschen bewirken auf diese Weise sinnvolle Veränderungen in ihrem Leben.** Dazu gehören mehr Achtsamkeit und Dankbarkeit, das bessere Bewältigen von Schwierigkeiten und häufigere freundliche Gesten.

Warum ist das nötig? Im Kern des modernen Lebens steckt ein Paradox. Trotz Jahrzehnten des Wirtschaftswachstums und materiellen Fortschritts zeigen Umfragen durchgängig, dass das Niveau des Wohlbefindens in vielen reichen, erfolgreichen Demokratien heute nicht höher ist als vor 60 Jahren. *Action for Happiness* ist eine Antwort auf diese Herausforderung und zielt auf drei wichtige Themen ab, die das Wohlbefinden untergraben haben: seelische Gesundheitsprobleme wie Stress, Ängste und Depression; sozialer Zerfall wegen zunehmender gesellschaftlicher Isolation und weniger Vertrauen; die ethische Leerstelle, die der Niedergang der Religion und der Aufstieg des Materialismus hinterlassen haben.

Seelische Gesundheitsprobleme angehen

Psychische Erkrankungen sind das große heimliche Problem der modernen Gesellschaft; sie stecken hinter 40 Prozent aller Krankheitsfälle – mehr als Krebs, Diabetes und Krankheiten des Herz-Kreislauf-Systems, des Bewegungsapparats, des Verdauungssystems oder der Atemwege zusammen. Die Verwendung von Antidepressiva ist in den letzten 20 Jahren um 500 Prozent gestiegen, und mehr als ein Drittel der Bevölkerung wird im Lauf des Lebens seelische Gesundheitsprobleme erleben. Eine wichtige Versorgungslücke sind mangelnde Vorsorgemaßnahmen, um den Millionen von Menschen zu helfen, die Gefahr laufen, psychische Probleme zu entwickeln. Es ist wissenschaftlich erwiesen, dass Menschen bestimmte Fähigkeiten erlernen können, um ihr seelisches Wohlbefinden zu erhalten. Aber die überwältigende Mehrheit ist sich dessen nicht bewusst und bekommt in ihrem Umfeld oder am Arbeitsplatz wenig proaktive Unterstützung für ihr Wohlbefinden.

Action for Happiness **hilft Menschen bei praktischen Aktivitäten zur Verbesserung ihres seelischen Wohlbefindens**, um dieses Problem anzugehen. Entscheidend dafür ist das Programm *Zehn Schlüssel zu einem glücklicheren Leben* (*Ten Keys to Happier Living*); es vermittelt auf verständliche Weise die neuesten wissenschaftlichen Erkenntnisse über Möglichkeiten zur Verbesserung der seelischen Gesundheit. Die Methoden von *Action for Happiness* sind zwar nicht dazu gedacht, schwere oder chronische psychische Erkrankungen zu behandeln, können aber Menschen helfen, die Gefahr laufen, Depressionen oder Ängste zu durchleben. Sie können dazu beitragen, dass solche Störungen gar nicht erst entstehen oder nicht schlimmer werden, und sie können Menschen zu der Erkenntnis verhelfen, dass Veränderungen möglich sind.

Sozialen Zerfall umkehren

Soziale Beziehungen sind die wichtigste Zutat zum generellen menschlichen Wohlbefinden, aber immer mehr Menschen geraten in die soziale Isolation. Schätzungen zufolge erhöht Einsamkeit das Risiko eines vorzeitigen Todes um etwa 30 Prozent, und sie ist für jüngere Leute ein ebenso großes Problem wie für ältere – fast 60 Prozent der Menschen zwischen 18 und 34 fühlen sich nach eigenen Angaben oft oder manchmal einsam. Parallel zu dieser wachsenden Unverbundenheit ist das Vertrauen zu anderen dramatisch gefallen. Noch in den 1980er-Jahren war das Niveau des Vertrauens in den USA und Großbritannien über 30 Prozent höher als heute. Das hat beträchtliche Auswirkungen – beispielsweise zeigen empirische Untersuchungen, dass die Verbrechensrate niedriger ist, wenn Menschen mehr Vertrauen zueinander haben.

Action for Happiness **hilft Menschen dabei, aktiv zu werden, um mehr Vertrauen und stär-**
kere soziale Bindungen innerhalb ihrer lokalen Gemeinschaft zu entwickeln – durch persönliche Beziehungen, die bei örtlichen Treffen entstehen und durch eine veränderte Einstellung
gegenüber anderen. Die Kurse von *Action for Happiness* – die in örtlichen Gemeinschaftsräumen,
Schulen, Gesundheitszentren und Cafés stattfinden – helfen dabei, eine stärkere lokale Identität
und mehr nachbarschaftliche Verbundenheit zu entwickeln.

Die ethische Leerstelle füllen

In den letzten Jahrzehnten hat der Anteil der Menschen, die aktiv eine Religion ausüben, stark
abgenommen. In Großbritannien ist beispielsweise zwischen 1983 und 2013 der Anteil der Men-
schen, die sich selbst als keiner Religion angehörig bezeichnen, von 31 auf 51 Prozent angestiegen.
Traditionell lieferte die Kirche vielen Menschen die Grundlage für ein ethisches Leben und gab
ihnen das Gefühl, ihr Leben habe einen größeren Sinn. Aber die Mitgliederzahl der Church of
England hat sich mehr als halbiert, von 40 Prozent der Bevölkerung 1983 auf nur 16 Prozent im
Jahr 2013. In einer immer weltlicheren und individualistischen Gesellschaft fehlt den meisten
Menschen eine Form regelmäßiger Rituale oder Zusammenkünfte, die sie zum Nachdenken dar-
über anregt, wie man ein gutes Leben lebt, Gleichgesinnte trifft und Sinn daraus bezieht, zu
etwas zu gehören, das größer ist als man selbst.

Action for Happiness **hilft Menschen dabei, sich auf das einzulassen, was ihnen wirklich**
wichtig ist, und ein freundlicheres, fürsorglicheres und zielgerichteteres Leben zu führen.
Die Bewegung heißt Menschen mit oder ohne Glauben jedweder Art willkommen – und sie ermutigt die Ausrichtung auf universelle Werte und „säkulare Ethik". Viele Menschen nehmen an
Action-for-Happiness-Kursen vor allem mit der Motivation teil, selbst glücklicher zu werden, aber
dieselben Menschen verlassen die Kurse oft mit dem starken oder verstärkten Wunsch, zur Verbesserung des Wohlbefindens anderer beizutragen und einen positiven Beitrag zu ihrer Gemeinschaft zu leisten.

Für eine glücklichere Gesellschaft braucht es Veränderungen auf vielen Ebenen. Die zunehmende politische und institutionelle Aufmerksamkeit für die Messung und Priorisierung von Wohlbefinden ist entscheidend und muss fortgesetzt werden. Aber sie muss auch von einem breiteren
gesellschaftlichen Wandel gestützt werden, der dem seelischen Wohlbefinden höhere Priorität
einräumt und eine achtsamere, anteilnehmendere Lebensweise fördert. *Action for Happiness* ist
eine Bewegung, die bei diesem Wandel eine Schlüsselrolle spielen könnte und in den kommenden Jahren hoffentlich weiterhin Hunderttausende von Menschen auf der ganzen Welt inspirieren und unterstützen wird.

Die Glücksschlüssel

→ **Psychische Erkrankungen sind das große heimliche Problem der modernen Gesellschaft. Das Programm *Zehn Schlüssel zu einem glücklicheren Leben* bietet praktische, wissenschaftlich erprobte Möglichkeiten zur Verbesserung der seelischen Gesundheit.**

→ **Soziale Beziehungen sind die wichtigste Zutat zum allgemeinen menschlichen Wohlbefinden. *Action-for-Happiness*-Kurse tragen dazu bei, Menschen mit ihrer lokalen Gemeinschaft zu verbinden, und fördern Anteilnahme und soziales Vertrauen.**

→ **In einer immer weltlicheren und individualistischen Gesellschaft fehlen den meisten Menschen regelmäßige Praktiken oder Zusammenkünfte, die sie zum Nachdenken darüber ermutigen, wie man ein gutes Leben lebt. Wir sollten ihnen diese Gelegenheiten bieten.**

Mark Williamson ist Direktor von *Action for Happiness*; seine Leidenschaft gilt der Erschaffung einer glücklicheren und anteilnehmenderen Welt. Er hat vielfältige Erfahrungen im privaten und gemeinnützigen Bereich gesammelt und trägt einen MBA-Titel der IMD-Wirtschaftshochschule in der Schweiz sowie einen Ph.D. im Fach Electronics and Communications der Universität Bristol (Großbritannien). Er ist Sainsbury Management Fellow, Diplom-Ingenieur und Mitglied des Institute of Directors.

GREAT DREAM – zehn Schlüssel zu einem glücklicheren Leben

Giving (Fürsorge): Dinge für andere tun.

Relating (Verbundenheit): Beziehungen zu anderen knüpfen.

Exercising (Bewegung): sich um den eigenen Körper kümmern.

Awareness (Achtsamkeit): ein achtsames Leben führen.

Trying out (Neugier): ständig Neues lernen.

Direction (Ausrichtung): Ziele haben, auf die Sie sich freuen.

Resilience (Belastbarkeit): Wege finden, um sich zu regenerieren.

Emotions (Gefühle): Ausschau nach Gutem halten.

Acceptance (Selbstakzeptanz): sich selbst annehmen.

Meaning (Sinn): Teil von etwas Größerem sein.

Entdecken, was zählt

Exploring What Matters (Entdecken, was zählt) ist ein acht-wöchiger Kurs, den Freiwillige von *Action for Happiness* in ihren Heimatgemeinden veranstalten. Er führt Gruppen von 10 bis 25 Menschen zusammen, die jede Woche eine „große Frage" erkunden. Tausende von Freiwilligen haben sich ge-meldet, um Kurse zu leiten, und die ersten Resultate sehen sehr vielversprechend aus. In Bezug auf das persönliche Wohl-befinden zeigen die Ergebnisse, dass die Lebenszufriedenheit um durchschnittlich 20 Prozent steigt, das seelische Wohl-befinden um 13 Prozent. Was prosoziale Einstellungen an-geht, nimmt das Maß an Anteilnahme um durchschnittlich 10 Prozent zu, das soziale Vertrauen um 16 Prozent.

Die Fragen bzw. Themen für die acht Sitzungen sind: Was zählt im Leben wirklich? Was macht uns tatsächlich glücklich? Können wir Seelenfrieden finden? Wie sollten wir mit anderen umgehen? Was macht eine gute Bezie-hung aus? Können wir bei der Arbeit glücklicher werden? Können wir glück-lichere Gemeinschaften aufbauen? Wie können wir eine glücklichere Welt schaffen?

Der Kurs verfolgt zwei Ziele: erstens, das Wohlbefinden der Teilnehmer direkt zu mehren, indem er ihnen dabei hilft, positive Veränderungen in ihrem eige-nen Leben herbeizuführen; zweitens, zum Wohlbefinden in einem breiteren Umfeld beizutragen, indem die Teilnehmer zu mehr prosozialem Verhalten ermutigt werden. Vier Grundprinzipien des Kurses unterstützen diese Ziele:

→ **Anreize statt Stigmatisierung.** Statt Defizite und Probleme (zum Beispiel seelische Erkrankungen oder Einsamkeit) direkt anzusprechen oder eine stig-matisierende Sprache zu verwenden, konzentriert sich der Kurs auf Stärken und Chancen (zum Beispiel Freundlichkeit und Glück) und verwendet eine engagierte, inspirierende Sprache. So ist sichergestellt, dass der Kurs maß-geblich für ein möglichst breites Publikum ist.

→ **Inklusiv statt zielgruppenorientiert.** Statt nur Menschen anzusprechen, die gerade Probleme wie Ängste oder Isolation durchleben, zielt der Kurs auf eine ausgewogene Mischung von Teilnehmern ab. Eine typische Teilnehmergrup-pe schließt Menschen ein, die Gefahr laufen, solche Probleme zu entwickeln (für sie kann der Kurs vorbeugende Wirkung haben), und Menschen mit höhe-rem Wohlbefinden (die oft in einer guten Ausgangslage sind, um Hilfsbedürf-tige zu unterstützen). Dennoch zeigt eine Analyse der bisherigen britischen Teilnehmer, dass der Kurs mehr Menschen mit niedrigem oder sehr niedrigem Wohlbefinden anzieht (51 Prozent der Kursteilnehmer), als deren Anteil an der Gesamtbevölkerung ausmacht (27 Prozent).

→ **Kommunikation unter Gleichen statt Expertenwissen.** Statt von „Exper-ten", die einen komplizierten Ausbildungs- und Zulassungsprozess durch-laufen haben, wird der Kurs von Freiwilligen geleitet und basiert auf einem Lernprozess unter Gleichen. Die Rolle der Kursleiter besteht eher darin, die Gespräche zu moderieren, als auf der Basis fundierter Kenntnisse formal zu unterrichten. Die Teilnehmer können ihre eigenen Antworten auf die gestell-ten Fragen erforschen, dadurch entsteht eine engagiertere und einprägsamere Lernumgebung. Als Grundlage für diesen Ansatz werden die Kursleiter nach passender Motivation und Erfahrung ausgesucht; sie bekommen strukturierte Materialien und Hilfe beim Organisieren und Moderieren des Kurses.

→ **Spendenbasis statt fester Preis.** Die Kursleiter organisieren den Kurs auf freiwilliger (unbezahlter) Basis. Als Kostenbeitrag für Raummiete, Erfrischun-gen und Kursmaterial wird eine Spende nach eigenem Ermessen erbeten, sodass die Kurse für alle Menschen zugänglich sind, unabhängig von ihrer finanziellen Lage. Kurse in eher wohlhabenden Gegenden, die tendenziell Überschüsse erwirtschaften, tragen zur Finanzierung von Kursen in benach-teiligten Gebieten bei, wo die Kosten höher sind als die Spenden.

Unter **www.actionforhappiness.org** können Sie mehr erfahren und sich der Bewegung anschließen.

„Glückliche Menschen brauchen Raum zum Atmen."

Die letzten drei

„Seit fast 20 Jahren erforsche ich das Glück. Im Laufe meiner Karriere habe ich aus nahezu jedem denkbaren Blickwinkel über das Glück gelesen, nachgedacht und geforscht", schreibt **Eunkook M. Suh**. „Angesichts meines Berufes werde ich oft gefragt: ‚Also, was ist denn nun Ihr Tipp für die entscheidenden Bedingungen des Glücks?' Peinlicherweise versuche ich normalerweise, dieser Frage – es ist eine schwierige! – auszuweichen, aber für dieses Buch habe ich endlich meine Antworten zusammengestellt."

Entscheidende Bedingungen

Die Wissenschaft bietet eine endlose Liste von Faktoren an, die in irgendeiner Weise mit dem Glück zusammenhängen (zum Beispiel einen Hund zu haben). Allerdings sind die meisten dieser Zusammenhänge relativ unbedeutend oder in Wahrheit von anderen, versteckten Gründen verursacht. Dies trifft nicht für die drei Bedingungen zu, die ich vorschlagen möchte. Jede von ihnen scheint eine bemerkenswerte Wirkung auf das Glück zu haben, unabhängig von beruflicher Stellung, Religion, Einkommen, Hautfarbe oder Alter.

→ **Erstens ist ein optimistisches, fröhliches Temperament möglicherweise der stärkste Einzelfaktor für die Festlegung des Glücksniveaus einer Person.** Ob man es fair findet oder nicht – das ist die Wahrheit. Wer versucht, sie zu leugnen, verhält sich wie der Vogel Strauß, der den Kopf in den Sand steckt. Hunderte von Studien stützen diesen Schluss, darunter auch solche, die das Glück von Zwillingen verglichen haben. Untersuchungen finden verblüffend geringe Unterschiede in den objektiven Lebensbedingungen von glücklichen im Vergleich zu unglücklichen Menschen. Der Hauptunterschied allerdings scheint in der Art und Weise zu liegen, wie glückliche und unglückliche Menschen auf das Leben reagieren und es interpretieren. Diese Faktoren werden stark von der Persönlichkeit des oder der Betreffenden geprägt. Wenn Sie glauben, Sie seien mit dem „Weniger-glücklich"-Gen geboren, versuchen Sie, aus dem Teufelskreis auszubrechen, der aus bitteren Gefühlen gegenüber der eigenen Person und dem Gefühl, noch unglücklicher zu werden, besteht. Erkennen Sie stattdessen diesen Teil Ihrer selbst an (wie die Tatsache, dass Sie braune Augen haben statt blauer) und versuchen Sie, den positiven und energiegeladenen Lebensstil glücklicher Menschen nachzuahmen. Manchmal klappt das.

→ **Ein weiteres sehr verlässliches Ergebnis über glückliche Menschen ist, dass sie ein viel reicheres Sozialleben als andere haben.** Das Normalverhalten einer glücklichen Person ist es, andere Menschen zu suchen; Depressionszustände verstärken dagegen das Bedürfnis, alleine zu sein. Stellen Sie sich das Schicksal einer Person vor, die unfähig ist, Freude an sozialen Kontakten zu empfinden. Angesichts der entscheidenden Rolle, die andere für unser langfristiges Überleben spielen, werden solche Individuen vom Evolutionsprozess langsam ausgemerzt werden. Aus genau diesem Grund wurden Glück und soziale Kontakte von den allerprimitivsten Kräften der Evolution zusammengefügt. Sogar introvertierte Menschen sind, anders, als man annehmen würde, in geselligen Situationen glücklicher. Mit anderen Worten, Ihr Beziehungsleben sollte ziemlich weit oben auf Ihrer Checkliste für Glücksbedingungen stehen. Aber seien Sie vorsichtig: Achten Sie darauf, dass Sie aus den richtigen Gründen gesellig sind. Ist das Zusammensein als solches bereichernd, unterhaltsam und sinnvoll, oder ist es vor allem von Spannung und Verpflichtungen geprägt?

→ **Ein Gefühl der persönlichen Freiheit ist mein letzter Kandidat für die entscheidenden Bedingungen des Glücks.** Von den drei Faktoren auf meiner Liste ist dieser vielleicht der am besten kontrollierbare. Ich spreche nicht unbedingt über die Freiheit von körperlicher Einschränkungen (zum Beispiel Haftstrafen), sondern eher über die subjektive Art von Freiheit, die im eigenen Geist wohnt. Als soziale und kulturelle Wesen sorgen wir uns oft übermäßig darum, wie andere uns einschätzen. Ein Leben, dessen einziger Zweck es ist, beliebt und bei anderen willkommen zu sein, wird sowohl ermüdend als auch eintönig sein. Es fällt mir sehr schwer, mir irgendeine Art persönlichen Glücks in einem solchen Leben vorzustellen. Tatsächlich geben Mitglieder übermäßig kollektivistischer und hierarchischer Gesellschaften, wie Japan, überraschend niedrige Glücksniveaus an. Menschen sind in diesen Gesellschaften sozial darauf konditioniert, zu viel Aufmerksamkeit auf andere zu richten, auf Kosten ihres eigenen Gefühls persönlicher Freiheit. Um glücklich zu sein, brauchen Menschen Raum zum Atmen und hin und wieder Gelegenheit, Erwartungen, Regeln und Richtlinien zu übertreten, die andere definiert haben.

Ich möchte weder unterstellen, dass diese drei Bedingungen als solche genügen, noch dass sie für Glück garantieren. Wenn Sie allerdings anstreben, Ihr Glück wiederherzustellen oder zu mehren, würde ich vorschlagen, dass Sie hiermit anfangen. Dies ist das Entscheidende – alles andere sind Details..

Die Glücksschlüssel

→ **Der stärkste Faktor ist ein positives, optimistisches und fröhliches Temperament. Wenn Sie es nicht selbst haben, versuchen Sie es sich bei anderen abzuschauen.**

→ **Bauen Sie sich ein reiches Sozialleben auf – nicht als Verpflichtung, sondern weil es bereichernd, sinnstiftend und unterhaltsam ist.**

→ **Suchen Sie nach persönlicher Freiheit und Raum zum Atmen, damit Sie die Erwartungen, Regeln und Richtlinien, die andere gesetzt haben, überschreiten können.**

Eunkook M. Suh ist Professor für Psychologie an der Yonsei-Universität in Seoul, Republik Korea. Er hat seinen Ph.D. an der Universität Illinois erworben und studierte dort bei Dr. Ed Diener, dem weltweit führenden Glücksexperten. Suh hat einflussreiche wissenschaftliche Artikel über Glück, Kultur und das Selbst veröffentlicht, die mehr als 2500-mal von anderen Forschern zitiert worden sind. Zusammen mit Ed Diener hat Suh das Buch *Culture and Subjective Well-Being* (Kultur und subjektives Wohlbefinden) herausgegeben.

Was wir über „Glück" wissen

Lange bevor es das Internet gab, gründete **Ruut Veenhoven** die World Database of Happiness, eine Datenbank, die der Welt ständig aktualisierte Einblicke in Tausende von Studien, empirischen Untersuchungen und statistischen Befunden über das Glück gewährt. Mit seinen Antworten auf fünf Fragen fasst er abschließend zusammen, was wir über das Glück wissen.

Glück ist ein Hauptziel der modernen Gesellschaft. Die meisten Menschen betrachten Glück als etwas sehr Wertvolles. Gleichzeitig wächst die Unterstützung für den moralischen Standpunkt, dass wir auf größeres Glück einer größeren Zahl von Menschen abzielen sollten. Als Folge davon steht das Glück auch auf der politischen Agenda immer weiter oben.

Dieses Streben nach Glück erfordert Verständnis für die Vorbedingungen des Glück, das wiederum systematische Untersuchungen des Themas notwendig macht. Die Erforschung des Glücks war lange ein Tummelplatz für philosophische Spekulationen, und das hat nicht zu einer soliden Beweisgrundlage geführt. In den letzten Jahrzehnten haben empirische Umfragetechniken aus den Sozialwissenschaften einen Durchbruch ermöglicht. Verlässliche Maße für das Glücklichsein wurden entwickelt, mit deren Hilfe ein bedeutender Wissensfundus entstanden ist. Diese wissenschaftliche Literatur über das Glück kann man über fünf Kernfragen erschließen, die aufeinander aufbauend den schrittweisen Prozess der Schaffung „größeren Glücks für eine größere Zahl" beschreiben.

1. Was ist „Glück"?

Das Wort „Glück" ist im weitesten Sinne ein Überbegriff für alles, was gut ist. In dieser Bedeutung wird es oft synonym mit Begriffen wie „Wohlbefinden" oder „Lebensqualität" verwendet, und es beschreibt sowohl individuelles als auch gesellschaftliches Wohlergehen. Spezifischer bedeutet das Wort auch „subjektive Wertschätzung des Lebens". Glück ist definiert als der Grad, in dem ein Individuum die allgemeine Qualität seines oder ihres Lebens als Ganzes günstig bewertet. Mit anderen Worten: wie gut einem das Leben gefällt, das man führt.

2. Kann man Glück messen?

Nachdem das Glück als etwas definiert ist, das wir im Kopf haben, kann es durch den Einsatz von Fragen gemessen werden. Eine gängige Frage ist:

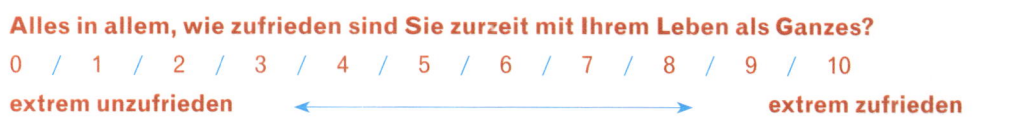

Alles in allem, wie zufrieden sind Sie zurzeit mit Ihrem Leben als Ganzes?
0 / 1 / 2 / 3 / 4 / 5 / 6 / 7 / 8 / 9 / 10
extrem unzufrieden ⟵―――――――――⟶ **extrem zufrieden**

Es gibt viel Kritik an solchen Fragen. Es wird bezweifelt, dass Antworten auf derart simple Fragen die wahre Wertschätzung des Lebens zutreffend widerspiegeln; es gibt Zweifel an der interkulturellen Vergleichbarkeit solcher Bewertungen; und es wird behauptet, dass subjektive Einschätzungen des Lebens bedeutungslos sind. Diese Bedenken wurden durch seriöse Studien von Diener, Saris und anderen widerlegt. Auch die Zweifel an der interkulturellen Vergleichbarkeit der Antworten auf solche Fragen habe ich in früheren Untersuchungen ausgeräumt.

3. Wie glücklich sind wir?

Sehen Sie sich ein Beispiel an. Unten ist die Antwort auf diese Frage in Deutschland dargestellt. Die am häufigsten gewählten Optionen sind 7, 8 und 9, und nur 14 Prozent liegen bei Werten unter 5. Der Durchschnitt beträgt 7,2. Die meisten Deutschen müssten sich also meistens glücklich fühlen. Wir können dies mit den Ergebnissen aus anderen Ländern vergleichen und eine weltweite Rangliste zusammenstellen.

Übersicht 1: Glück in Deutschland – Quelle: European Social Survey 2014

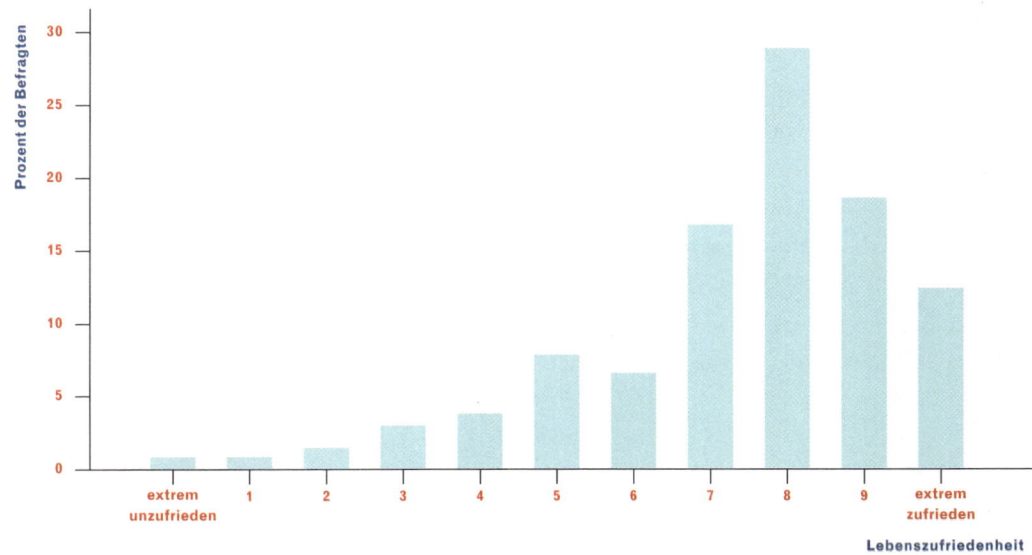

An welcher Stelle das Glücksgefühl der Deutschen im Vergleich zu anderen Nationen rangiert, ist in Übersicht 2 dargestellt. Deutschland gehört in den Top-Bereich der Welt. Wie man sehen kann, liegt das durchschnittliche Glück zwischen 8.4 (Dänemark) und 2.6 (Togo).

Übersicht 2: Glück in Nationen um 2010; Durchschnittswerte auf einer Skala von 0 bis 10.

LAND	DURCHSCHNITT	LAND	DURCHSCHNITT
• Dänemark	8,4	• Japan	6,4
• Schweiz	8,0	• Türkei	6,0
• Schweden	7,8	• Russland	5,6
• USA	7,3	• Simbabwe	4,1
• **Deutschland**	**7,2**	• Togo	2,6
• Frankreich	6,4		

Quelle: World Database of Happiness (Veenhoven 2016a)

4. Was macht uns glücklicher oder weniger glücklich?

Nachdem wir gesehen haben, *dass* Menschen unterschiedlich glücklich sind, ist die nächste Frage: *Warum?* Verschiedene Faktoren spielen eine Rolle: kollektives Handeln und individuelle Verhaltensweisen, einfache Sinneserfahrungen und höhere Erkenntnisse, stabile Eigenschaften der Person und ihres Umfelds, aber auch Launen des Schicksals. Übersicht 3 zeigt den Versuch einer Anordnung der Faktoren und Prozesse in einem Verlaufsmodell.

Das Modell unterstellt, dass sich die Beurteilung des Lebens auf die Erfahrungen im Lebensfluss stützt, vor allem auf positive und negative Erfahrungen. Der Erfahrungsfluss ist eine geistige Reaktion auf die Ereignisse im Lauf des Lebens. Dazu gehören große einmalige Ereignisse wie eine Hochzeit oder eine Auswanderung, aber auch sich wiederholende Alltagsereignisse wie morgens Aufstehen oder Geschirrspülen. Die Ereignisse, die im Leben vorkommen, sind zum Teil eine Frage von Glück oder Pech, wie zum Beispiel bei Unfällen. Ob Lebensereignisse eintreten, hängt auch von den gegebenen Umständen und Fähigkeiten ab. Verkehrsunfälle sind in gut organisierten Gesellschaften und zwischen aufmerksamen Menschen weniger häufig. Insofern sind die Wahrscheinlichkeiten von „lohnenden" oder „unangenehmen" Ereignissen nicht für jeden gleich. Dies wird üblicherweise als Lebenschancen bezeichnet. Gegenwärtige Lebenschancen wurzeln in vergangenen Ereignissen und Chancenverteilungen, in Gesellschaftsgeschichte und individueller -Entwicklung.

Übersicht 3: Bewertung des Lebens: Ein Stufenmodell von Bedingungen und Prozessen

LEBENSCHANCEN ⟶	LAUF DER EREIGNISSE ⟶	ERFAHRUNGSFLUSS ⟶	LEBENSBEWERTUNG
Qualität der Gesellschaft			
• Wirtschaftliche Wohlfahrt	**Auseinandersetzung mit:**	**Erfahrungen von:**	Einschätzung des durchschnittlichen Gefühlszustands
• Soziale Gleichheit	• Mangel oder Wohlstand	• Verlangen oder Sättigung	
• Politische Freiheit	• Bedrohung oder Schutz	• Angst oder Sicherheit	
• Kulturelle Vielfalt		• Einsamkeit oder Liebe	Vergleich mit Richtschnur des guten Lebens
• Moralische Ordnung	• Alleinsein oder Gesellschaft	• Ablehnung oder Respekt	
• Etc.	• Demütigung oder Verehrung	• Langeweile oder Begeisterung	
	• Routine oder Herausforderung	• Ekel oder Entzücken	Ziehen einer allgemeinen Lebensbilanz
Soziale Position		• Etc.	
• Materieller Besitz	• Hässlichkeit oder Schönheit		
• Politischer Einfluss	• Etc.		
• Soziales Geschick			
• Familiäre Bindungen			
• Etc.			
Individuelle Fähigkeiten			
• Körperliche Fitness			
• Seelische Stärke			
• Soziale Fähigkeiten			
• Geistige Fähigkeiten			
• Etc.			
Bedingungen für Glück		**Bewertungsprozess**	

Ein Beispiel ist hilfreich, um dieses Vier-Stufen-Modell zu illustrieren: Die Lebenschancen eines Menschen können schlecht sein, weil er oder sie in einer gesetzlosen Gesellschaft lebt, innerhalb dieser Gesellschaft in einer machtlosen Lage dasteht und als Person weder intelligent noch nett ist (Stufe 1). Diese Person wird sich vielen widrigen Ereignissen gegenübersehen. Er oder sie wird beraubt, betrogen, gedemütigt und ausgeschlossen werden (Stufe 2). Als Folge davon wird sich die Person oft ängstlich, wütend und einsam fühlen (Stufe 3). Aufgrund dieses Erfahrungsflusses ist es sinnvollanzunehmen, dass die Person ihr Leben als Ganzes negativ bewerten wird (Stufe 4).

Qualität der Gesellschaft

Warum unterscheidet sich das Glück so sehr von Land zu Land? Übersicht 4 stellt einige der gesellschaftlichen Faktoren dar, die den Unterschieden zugrunde liegen. Viele von diesen Faktoren gehören zum „Modernitäts"-Syndrom: je moderner ein Land, desto glücklicher seine Bürger. Dieses Ergebnis wird jene Untergangspropheten überraschen, die Moderne mit Regellosigkeit und Entfremdung verbinden. Obwohl die Modernisierung tatsächlich derartige Probleme mit sich bringen kann, sind ihre Vorteile eindeutig größer. Die folgenden Eigenschaften einer Gesellschaft sind positiv mit Glück korreliert (in absteigender Reihenfolge): Wohlstand wirtschaftliche Freiheit, Verstädterung, Schulbildung, politische Freiheit, Bürgerrechte, Toleranz gegenüber Minderheiten, persönliche Freiheit, Vielfalt (Anteil von Migranten). Die stärkste negative Korrelation ist die zu Korruption, in einigem Abstand gefolgt von Ungleichheit zwischen den Geschlechtern und Einkommensungleichheit.

Übersicht 4: Glück und Gesellschaft in 146 Ländern, um 2015

EIGENSCHAFTEN DER GESELLSCHAFT	KORRELATION MIT DEM GLÜCK
Wohlstand	+ .67
Rechtsstaatlichkeit	
• Bürgerrechte	+ .49
• Korruption	− .70
Freiheit	
• Wirtschaftlich	+ .60
• Politisch	+ .50
Gleichheit	
• Einkommensungleichheit	− .15
• Geschlechterungleichheit	− .59
Vielfalt	
• Anteil Migranten	+ .38
• Toleranz gegenüber Minderheiten	+ .57
Modernität	
• Schulbildung	+ .59
• Verstädterung	+ .70

Wie liest man diese Tabelle?
Das Maximum ist jeweils +1,00 und −1,00. Je höher die positive Zahl, desto stärker die positive Beziehung. Je niedriger die negative Zahl, desto schwächer die negative Beziehung.
Quelle: World Database of Happiness (Veenhoven 2016)

Soziale Position

Zahlreiche Studien aus aller Welt haben Unterschiede des individuellen Glücks innerhalb einzelner Länder betrachtet. Weil die meisten dieser Studien von egalitärer Sozialpolitik inspiriert sind, liegt ihre Betonung oft auf sozialen Ungleichheiten wie Einkommens-, Bildungs- und Beschäftigungsunterschieden. Anders als man erwarten würde, haben diese Positionsunterschiede nur wenig Beziehung zum Glück, zumindest nicht in modernen Wohlstandsgesellschaften. Zusammengenommen erklären die Positionsvariablen nur 10 Prozent der Abweichungen des Glücks. Die wichtigsten Ergebnisse sind in Übersicht 5 zusammengefasst.

Übersicht 5: Glück und gesellschaftliche Position: Zusammenfassung der Forschungsergebnisse

	KORRELATION *innerhalb* westlicher Länder	ÄHNLICHKEIT DER KORRELATION *zwischen* allen Ländern	
Soziale Stellung			
· Einkommen	+	+	
· Bildung	±	±	
· Berufliches Ansehen	+	+	
Soziale Teilhabe			
· Beschäftigung	±	+	
· Mitgliedschaft in Vereinen etc.		+	+
Primäres Netzwerk			
· Partnerschaft		++	+
· Kinder		0	±
· Freundschaften		+	+

++ stark positiv	+ Ähnliche Korrelationen
+ positiv	± Uneinheitlich
0 keine Beziehung	
− negativ	
± Uneinheitlich	

Quelle: World Database of Happiness, Sammlung „Ergebnisse zu Korrelationen" (Veenhoven 2016)

Lebensfertigkeiten

Glückliche Menschen sind typischerweise intellektuell besser ausgestattet als unglückliche. Die Varianz, die oft durch solche Variablen erklärt wird, liegt meist um 30 Prozent. Einige der wichtigsten Ergebnisse sind in Übersicht 6 zusammengefasst. Viele der Erkenntnisse zu individuellen Abweichungen des Glücks lassen sich auf Unterschiede in der Fähigkeit zur Kontrolle des eigenen Umfelds reduzieren. Dieses Muster scheint universell zu sein.

Übersicht 6: Glück und Lebensfertigkeiten: Zusammenfassung der Forschungsergebnisse

	KORRELATION *innerhalb* westlicher Länder	ÄHNLICHKEIT DER KORRELATION *zwischen* allen Ländern
Fähigkeiten		
· Körperliche Gesundheit	+	+
· Seelische Gesundheit	++	+
· IQ	0	+
Persönlichkeit		
· Internale Kontrollüberzeugung	+	+
· Extroversion	+	+
· Gewissenhaftigkeit	+	±
Lebenskunst		
· Genussfähigkeit	+	+
· Geselligkeit	++	+

++ stark positiv	+ Ähnliche Korrelationen
+ positiv	± Uneinheitlich
0 keine Beziehung	
− negativ	

Quelle: World Database of Happiness, Sammlung „Ergebnisse zu Korrelationen" (Veenhoven 2016)

5. Ist größeres Glück möglich?

Ein Großteil der wissenschaftlichen Arbeit über das Glück wird von der Hoffnung getragen, Wege zur Schaffung größeren Glücks für eine größere Zahl von Menschen zu finden. Allerdings gibt es mehrere Theorien über das Glück, die nahelegen, dass eine Verbesserung der Lebensbedingungen die Unzufriedenheit nicht mindern wird. Eine solche Theorie ist, dass das Glück relativ ist. Eine weitere ist die Theorie, dass Glück ein Charakterzug ist. Unsere Untersuchungen haben beide Theorien widerlegt. Eine weitere tröstliche Erkenntnis ist, dass das durchschnittliche Glück auf einer Skala von 0 bis 8 bei einem Wert von 8 liegen kann.

Ruut Veenhoven ist emeritierter Professor für „Soziale Bedingungen des menschlichen Glücks" an der Erasmus-Universität Rotterdam (Niederlande). Er wird oft „der Glücksprofessor" genannt und genießt weltweit Anerkennung für seine Forschungsarbeit zur subjektiven Lebensqualität. Seine wichtigsten Veröffentlichungen sind *Conditions of Happiness* (Bedingungen des Glücks), *Happiness in Nations* (Glück in Nationen) und *Happy Life-expectancy* (Glückliche Lebenserwartung). Ruut Veenhoven ist Gründer und Direktor der Datenbank *Word Database of Happiness* und Herausgeber des *Journal of Happiness Studies*.

The World Database of Happiness – die Datenbank des Glücks

Für größeres Glück einer größeren Zahl von Menschen braucht man besseres Wissen über die notwendigen Bedingungen für Glück. Für besseres Wissen wiederum braucht man nicht nur mehr Forschung, sondern auch eine bessere Verknüpfung der verfügbaren Forschungsergebnisse.

Die *World Database of Happiness* ist ein Werkzeug, mit dem man den wachsenden Strom der Forschungsergebnisse über das Glück bewältigen kann – sowohl die Befunde zu Verteilungen (wie glücklich die Menschen sind) als auch die zu Korrelationen (Begleitumstände des Glücks). Mit seinem Fokus auf „Befunde" unterscheidet sich das System von Datenarchiven, die „Untersuchungen" speichern, und von Bibliografien, die „Veröffentlichungen" auflisten.

Der Schwerpunkt dieser Datenbank liegt auf der subjektiven Freude am eigenen Leben als Ganzes. Die Datenbank enthält zu diesem Thema fünf verwandte Datensammlungen: (1) Die „Bibliografie des Glücks", die ungefähr 4000 Veröffentlichungen erfasst; (2) eine Sammlung akzeptabler „Glücksmaße", die ungefähr 800 Varianten enthält; (3) die Sammlung „Glück in Nationen", die Verteilungsergebnisse aus ungefähr 3000 allgemeinen Einwohnerbefragungen auf nationaler Ebene aufführt; (4) die Sammlung „Glück in Gruppen", die Ergebnisse aus ungefähr 3000 Untersuchungen zu besonderen Kategorien innerhalb einzelner Nationen umfasst; und (5) die Sammlung „Ergebnisse zu Korrelationen", die Querverweise zu ungefähr 15.000 Befunden über Kovariaten des Glücks enthält.

Diese Sammlungen kann man im Internet einsehen: www.worlddatabaseofhappiness.eur.nl

Durchschnittliches Glück in 159 Nationen, 2000–2014

Lebenszufriedenheit: Wie sehr genießen Menschen ihr Leben insgesamt, auf einer Skala von 0 bis 10?

	2000–09	2005–14		2000–09	2005–14
Ägypten	5,7	5,5	Georgien	4,3	4,3
Äthiopien	4,2	4,2	Ghana	5,2	5,4
Afghanistan	4,1	4,1	Griechenland	6,3	6,5
Albanien	4,6	4,6	Großbritannien	7,2	7,1
Algerien	5,4	5,7	Guatemala	7,2	7,2
Andorra	6,8	6,8	Guinea	4,5	4,5
Angola	4,3	4,3	Guyana	6,5	6,5
Argentinien	7,3	7,1	Haiti	3,9	3,9
Armenien	5,0	4,9	Honduras	7,0	7,0
Aserbaidschan	5,3	5,8	Hongkong	6,0	6,7
Australien	7,7	7,6	Indien	5,5	5,5
Bangladesch	5,3	5,3	Indonesien	6,1	6,1
Belgien	7,3	7,2	Irak	4,7	4,9
Belize	6,6	6,6	Iran	5,8	5,8
Benin	3,0	3,0	Irland	7,6	7,5
Bhutan		5,6	Island	8,2	8,1
Bolivien	6,5	6,3	Israel	6,9	7,4
Bosnien-Herzegowina	5,8	5,8	Italien	6,7	6,6
Botsuana	4,7	4,7	Jamaika	6,7	6,7
Brasilien	7,5	6,9	Japan	6,2	6,4
Bulgarien	4,4	4,6	Jemen	4,8	5,1
Burkina Faso	4,4	4,4	Jordanien	6,2	6,2
Burundi	2,9	2,9	Kambodscha	4,9	4,9
Chile	6,6	6,8	Kamerun	3,9	3,9
China	6,4	6,2	Kanada	8,0	8,0
Costa Rica	8,5	8,5	Kasachstan	6,1	6,5
Dänemark	8,3	8,4	Katar	6,8	7,3
Deutschland	7,1	7,2	Kenia	3,4	3,7
Dominikanische Republik	7,6	7,5	Kirgisistan	5,5	5,8
Dschibuti	5,7	5,7	Kolumbien	7,7	7,9
Ecuador	6,4	6,8	Komoren		3,9
Elfenbeinküste	4,5	4,4	Kongo (Demokr. Republik)	4,4	
El Salvador	6,7	6,7	Kongo (Republik)	3,7	3,7
Estland	5,9	6,2	Kosovo	5,4	5,7
Finnland	7,9	7,9	Kroatien	6,0	6,0
Frankreich	6,6	6,4	Kuwait	6,6	6,8
Gabun		4,2	Laos	6,2	6,2

	2000–09	2005–14		2000–09	2005–14
Lesotho		5,2	Russland	5,6	5,6
Lettland	5,3	5,5	Sambia	5,0	5,0
Libanon	4,7	5,4	Saudi-Arabien	6,5	6,3
Liberia	4,3	4,4	Schweden	7,8	7,8
Libyen		5,8	Schweiz	8,0	8,0
Litauen	5,5	5,8	Senegal	4,5	4,5
Luxemburg	7,7	7,7	Serbien	5,6	5,6
Madagaskar	3,7	3,7	Sierra Leone	3,6	3,5
Malawi	4,8	6,2	Simbabwe	2,8	4,1
Malaysia	6,6	6,6	Singapur	6,7	6,8
Mali	4,7	4,7	Slowakei	5,8	6,3
Malta	7,1	7,2	Slowenien	6,9	7,0
Marokko	5,3	5,3	Spanien	7,3	7,0
Mauretanien	5,0	4,9	Sri Lanka	5,1	5,1
Mauritius		5,9	Sudan	5,0	5,0
Mazedonien	4,7	4,7	Südafrika	6,0	6,3
Mexiko	7,9	8,3	Südkorea	6,1	6,1
Moldawien	4,9	5,3	Surinam		6,7
Mongolei	5,7	5,7	Syrien	5,9	5,9
Montenegro	5,2	5,2	Tadschikistan	5,1	5,1
Mosambik	3,8	3,8	Taiwan	6,2	6,4
Myanmar		4,9	Tansania	2,6	2,5
Namibia	5,2	5,2	Thailand	6,6	6,8
Nepal	5,3	5,3	Togo	2,6	2,6
Neuseeland	7,5	7,4	Trinidad und Tobago	7,0	7,1
Nicaragua	7,1	7,1	Tschad	5,4	5,4
Niederlande	7,6	7,6	Tschechische Republik	6,5	6,6
Niger	3,8	3,8	Tunesien	5,9	5,5
Nigeria	5,7	5,3	Türkei	5,8	6,0
Norwegen	7,9	8,0	Turkmenistan		7,2
Österreich	7,7	7,2	Weißrussland	5,7	5,5
Oman		7,5	Uganda	4,5	4,5
Pakistan	5,4	6,0	Ukraine	5,0	5,1
Palästina	5,0	5,0	Ungarn	5,5	5,5
Panama	7,8	7,8	Uruguay	6,8	7,0
Paraguay	6,9	6,8	USA	7,4	7,3
Peru	6,3	6,5	Usbekistan	6,0	6,8
Philippinen	5,5	7,0	Venezuela	7,2	7,8
Polen	6,3	6,8	Vereinigte Arabische Emirate	7,3	7,3
Portugal	5,7	5,8	Vietnam	6,1	6,1
Ruanda	4,3	4,9	Zentralafrikanische Republik	4,6	4,6
Rumänien	5,7	6,0	Zypern	7,0	7,1

„**Glück in zwei Wörtern?**
Andere Menschen."

Und wir alle sind für irgendjemanden der oder die „andere".

Christopher Peterson –
Gründungsvater der Positiven Psychologie